Klaus Parker
zum Andenken
(1952–2006)

Inhalt

II. Akteure, Kunden und Kampagnen

III. Eine Herausforderung für Politik und Öffentlichkeit, Wissenschaft und Bildungsarbeit

IV. Anhang

Vorwort

Stephan Braun und Ute Vogt

Jahrelang hatte die „Junge Freiheit" (JF) gegen ihre Nennung in Verfassungsschutzberichten geklagt. Im Mai 2005 war es dann soweit: Das Bundesverfassungsgericht hat die Pressefreiheit stärker gewichtet und eine weitere Aufnahme
dieses Blattes in die Berichte der Behörden erschwert.[1] Seitdem wurde die JF in
keinem Verfassungsschutzbericht aufgeführt. Jetzt sind Politik und Öffentlichkeit, Wissenschaft und Bildungsarbeit gefragt. Denn an der politischen Bewertung dieser neurechten Wochenzeitung hat sich kaum etwas geändert.

Das Urteil des Bundesverfassungsgerichts ist bemerkenswert. So legte der Erste
Senat in seiner Begründung dar,

- dass eine bloße Kritik an Verfassungswerten nicht für eine Veröffentlichung
  in den Verfassungsschutzberichten ausreiche;
- dass es im Rahmen der Pressefreiheit auch möglich sei, ein Forum nur für
  ein bestimmtes politisches Spektrum zu bieten, dort aber den Autoren große
  Freiräume zu gewähren und sich in der Folge nicht mit allen Veröffentlichungen zu identifizieren;
- dass es bei Artikeln, die nicht aus der Feder von Redaktionsmitgliedern
  stammen, besonderer Anhaltspunkte bedürfe, warum aus diesen Artikeln
  rechtsextremistische Bestrebungen von Redaktion und Verlag abgeleitet
  werden könnten.[2]

Diese Kriterien schließen also keineswegs aus, dass die JF auch rechtsradikales
bis rechtsextremes Gedankengut verbreitet. Das Gericht hat lediglich die Pressefreiheit stärker gewichtet und die Hürde für eine Aufnahme in Verfassungsschutzberichte angehoben.

Nach wie vor gilt die JF als die zentrale Publikation der Neuen Rechten in
Deutschland, einer Strömung, die unter dem Deckmantel des Konservatismus
ein Scharnier zwischen Rechtsextremismus und demokratischem Spektrum bil-

---

1   BVerfG-Entscheidung 1BvR1072/01 vom 24.05.2005, S. 325 ff.
2   Siehe BVerfG 1BvR1072/01 sowie die Begründung des baden-württembergischen Innenminis-
    teriums in der Drucksache 14/128 des Landtags Baden-Württemberg.

det. „Hinter ihrem gemäßigten Duktus verbergen sich oft antidemokratische und fremdenfeindliche Konzepte", weiß das nordrhein-westfälische Innenministerium zu berichten.[3] Und der baden-württembergische Innenminister Heribert Rech bekennt offen: „Die Junge Freiheit unterliegt auch weiterhin der Beobachtung durch das Landesamt für Verfassungsschutz".[4] Grund genug, die Auseinandersetzung mit diesem Blatt, seinen Inhalten und Netzwerken zu suchen.

Der Band gliedert sich grob in vier Teile. Teil eins gibt einen ersten Überblick. *Stephan Braun, Martin Gerster* und *Alexander Geisler* widmen sich den Medien der Neuen Rechten und dem Phänomen JF aus bundes- und landespolitischer Perspektive. Nach wie vor spielt das Blatt für die Vernetzung von alter und neuer, extremer und demokratischer Rechter eine zentrale Rolle, so die Autoren. Es gelte wachsam auf Versuche dieser Wochenzeitung zu reagieren, die Grenzen zwischen demokratischem und rechtsextremem Spektrum zu verwischen.

Helmut Kellershohn zeichnet in einer Chronologie die Entwicklung der JF von einem achtseitigen Blättchen im Kleinformat zum wichtigsten Publikationsorgan der Neuen Rechten in Deutschland nach, beleuchtet die Entstehung und Entwicklung des JF-Verlags und nennt Ross und Reiter: Herausgeber, Anteilseigner, Personen sowie Organisationen, die im Hintergrund der JF wirken.

Ein Blatt im „Grenzraum des Verfassungsbogens"[5]

Der zweite Teil setzt sich vertieft mit Inhalten und Programmatik der JF auseinander. *Thomas Pfeiffer* und *Michael Puttkamer* schildern, weshalb das Blatt über zehn Jahre in den Berichten des nordrhein-westfälischen Verfassungsschutzes erwähnt wurde. Sie beleuchten das Programm und die Codes der JF, ihre strategischen Ziele und fremdenfeindlichen Positionen sowie die Unterstützung rechtsextremistischer Straftäter innerhalb des Berichtszeitraums. Die veränderte Rechtslage nach dem Urteil des Bundesverfassungsgerichts ändere nichts an der Tatsache, dass die Berichterstattung über die JF in den Jahren 1994 bis 2003 rechtmäßig und notwendig war, betonen die Autoren.

Wolfgang Gessenharter weist nach, dass der nach wie vor in der JF verbreitete „Schmittismus" mit dem Grundgesetz unvereinbar ist. Carl Schmitt, der „Kronjurist" der Nationalsozialisten, hat Zeit seines Lebens antiparlamentarische und antiliberale Einstellungen gepflegt und die in der Verfassung verbürgten Grundrechte als „unveräußerliche Eselsrechte" verspottet. Die JF, so Gessenhar-

---

3   Innenministerium des Landes Nordrhein-Westfalen, Presseinformation vom 28.06.2005.
4   Drucksache 14/128 des Landtags Baden-Württemberg.
5   Helmut Kellershohn: Das Doppelspiel der Jungen Freiheit am Beispiel der Hohmann-Affäre, in: Stephan Braun/ Daniel Hörsch (Hrsg.): Rechte Netzwerke – ein Gefahr, Wiesbaden 2004: 79.

ter, habe seit ihrem Bestehen kaum eine Möglichkeit ausgelassen, Carl Schmitts Denken als vorbildlich hinzustellen und ihn in einer Art zu preisen, die bis zur Heroisierung reiche.

Michael Pechel konstatiert der Wochenzeitung ein zutiefst rückwärtsgewandtes Geschichtsverständnis, welches eine offene Flanke zum Geschichtsrevisionismus aufweise. Anstatt einer kritischen Auseinandersetzung mit der deutschen Geschichte fordere die JF einen unhinterfragbaren nationalen Mythos nach dem Modell von deutschen Heldensagen ein. Das Blatt gerate somit in die Nähe einer Geschichtsklitterung. Dessen zeitgeschichtliche Beiträge bewegten sich oft in einer Grauzone zum Rechtsextremismus, so der Verfasser.

Helmut Kellershohn analysiert in seinem zweiten Beitrag das Selbstverständnis der JF. Unter dem Etikett „Nation, Konservatismus, Freiheitlichkeit" arbeite sie daran, den Sagbarkeitshorizont in Deutschland nach rechts zu verschieben. Die Wochenzeitung habe sich zu einem Blatt mit reduziertem Weltanschauungsangebot entwickelt, um ihre Anschlussfähigkeit nach allen Seiten zu ermöglichen. Sie stütze sich bewusst auf die Gedanken eines völkischen Nationalismus, auch wenn sie im Rahmen ihrer Akkomodationsstrategie nicht selten den „Schafspelz" überstreife.

Eine aktualisierte Form eines christlichen Antisemitismus konstatiert *Regina Wamper* der neurechten Wochenzeitung. Dieser werde jedoch nicht separat vermittelt. Viel mehr sei eine Verschränkung von Elementen eines völkischen Nationalismus mit traditionell-christlichem Gedankengut Stil prägend. Erst die Analyse aller Diskursfragmente ermögliche ein umfassendes Bild der christlichen antisemitischen Ideologeme in der JF.

Fabian Virchow widmet sich in seinen Ausführungen der Rezeption bundesdeutscher Außenpolitik durch die JF. In zahlreichen Artikeln befasse sich die Wochenzeitung mit Überlegungen zu Auslandseinsätzen der Bundeswehr. Dabei werde der Bundeswehr eine „Dauerkrise" attestiert und mangelnde Wahrnehmung nationaler Interessen kritisiert. Auch der Versuch einer Rehabilitierung der deutschen Wehrmacht und der Waffen-SS gehöre zum regelmäßigen Kanon der JF-Berichterstattung.

Akteure, Kunden und Kampagnen

Der dritte Teil des Bandes beschäftigt sich mit Akteuren, Kunden und Kampagnen der JF.

Anton Maegerle beleuchtet in einer umfangreichen Analyse den politischen und publizistischen Werdegang von Redakteuren und Autoren. Er wirft einen detaillierten Blick auf das politische Umfeld der handelnden JF-Akteure und stellt zudem ihre Arbeit, ihre Publikationen und ihre Referententätigkeit vor, die weit über die JF hinausreichen.

Eine Zeitung ohne Anzeigenkunden ist wirtschaftlich nicht tragfähig. Gleichzeitig spiegelt die Wahl der Kunden die politische Positionierung des Blattes und die seiner Leser wider. *Gabriele Nandlinger* richtet den Fokus auf diese Kunden der JF und kommt zu dem Schluss, dass das Blatt bei der Auswahl seiner Anzeigenkunden auch Verlage, Organisationen und Burschenschaften akzeptiert, die im rechten Spektrum beheimatet sind. Eine klare Abgrenzung der JF nach rechts finde nicht statt, so die Autorin.

Welchen Stellenwert die JF der Online-Enzyklopädie Wikipedia für die Veränderung des öffentlichen Meinungsklimas beimesse, zeige die regelmäßige Berichterstattung über das Online-Projekt in der Rubrik „Zeitgeist & Medien", konstatiert *Margret Chatwin*. Kampagnenartig und mit Hilfe bewusst manipulierter Einträge versuchten Autoren aus dem Umfeld der Neuen Rechten eine Entlastung bestimmter Begriffe und Werte zu erreichen. Der Einfluss auf die öffentliche Meinung, der über dieses Massenmedium möglich ist, sollte nicht unterschätzt werden, so die Autorin.

Eine Herausforderung für Politik und Öffentlichkeit, Wissenschaft und Bildungsarbeit

Der abschließende Teil des Bandes diskutiert die Herausforderungen, welche die JF an Politik und Öffentlichkeit, an die Wissenschaft und an die Bildungsarbeit stellt.

Helmut Lölhöffel beschäftigt sich dabei mit den Interviewpartnern der JF. Die Wochenzeitung versuche sich durch rege Interviewtätigkeit ein „reputierliches, honoriges Image" zu geben. Bekannte Wissenschaftler, Künstler und Politiker – darunter auch sozialdemokratische Urgesteine wie Egon Bahr und der im Jahr 2005 verstorbene Peter Glotz – hätten dazu beigetragen, der Öffentlichkeit zu suggerieren, die JF stehe „gar nicht so weit rechts außen wie ihr Ruf." Der Autor hinterfragt die Beweggründe der Zeitung und ihrer Interviewpartner und geht der Frage nach, weshalb diese bereit gewesen seien, der JF Rede und Antwort zu stehen.

Volker Nobisrath und *Ute Vogt* untersuchen, warum die Bundespressekonferenz einen Journalisten der JF in ihre Reihen aufgenommen hat. Sie werfen die Frage auf, ob und unter welchen Umständen der Verein Bundespressekonferenz dem JF-Redakteur die Mitgliedschaft hätte verweigern können. Die Autoren kommen zu dem Schluss, dass die Bundespressekonferenz die Chance verpasst habe, ein klares Zeichen an die Öffentlichkeit zu setzen.

Albert Scherr beschreibt die JF als ernstzunehmende Herausforderung für die politische Bildung. Die Tatsache, dass sich dieses Blatt als Forum und Resonanzboden der Neuen Rechten gezielt an potentielle Multiplikatoren richte, berge Gefahren für die politische Kultur, die nicht unterschätzt werden dürften. Die politische Bildung müsse auf die von der JF angestrebte Verschiebung des politischen Meinungsspektrums nach rechts reagieren.

Thomas Schlag geht der Frage nach, wie sich die schulische und außerschulische Bildungsarbeit mit der JF beschäftigen könne. Dazu entwirft er ein konkretes Raster, das sich in Seminar- und Lehrpläne einbauen lässt. Sein Ziel ist es, die Schulen selbst als Orte einer demokratischen Kommunikationskultur zu stärken. Auf diese Weise könnten Jugendliche bessere Urteils- und Handlungskompetenzen entwickeln, die ihnen helfen, sie gegen Einflussnahmen durch Medien wie die JF widerstandsfähiger zu machen.

Die ersten Vorläufer des Verfassungsschutzberichts des Bundes wurden als Ausgabe der Zeitschrift ,Aus Politik und Zeitgeschichte' (APuZ), der Beilage zur Wochenzeitung ,Das Parlament', veröffentlicht.[6] Die Herausgeber treten in Zusammenhang mit der Neuen Rechten und der JF für eine Rückbesinnung auf diesen Diskurs ein. Der vorliegende Band soll ein Signal und Anstoß für eine offensiv geführte, politische und wissenschaftliche Auseinandersetzung mit den Inhalten und Netzwerken der Neuen Rechten und ihrer führenden Wochenzeitung sein. Ein notwendiger, aber nur ein erster Schritt. Es gilt, die Menschen zu befähigen, sich an dieser Auseinandersetzung zu beteiligen. Dabei kommt auf Politik und Journalismus, Wissenschaft und politische Bildung eine hohe Verantwortung zu.

Wir widmen dieses Buch dem von uns sehr geschätzten Klaus Parker (1952-2006). Als Gründungsmitglied des „Fördervereins haGalil e.V." hat er jahrelang das weltweit erste Online-Meldeformular für antisemitische und rechtsextremistische Hetzpropaganda im Internet betreut. Im direkten Kontakt mit Aussteigern aus der rechtsextremistischen Szene erlangte er unersetzbares Wissen über Ideologie und Vernetzungen in der rechtsextremen Szene und stand als sachverständiger Zeuge bei zahlreichen Gerichtsverhandlungen zur Verfügung.

Wir bedanken uns bei den Autorinnen und Autoren dieses Bandes für ihre ausgiebige Recherchearbeit, ihre klaren Analysen und für ihre hilfreichen Anmerkungen. Dem VS Verlag für Sozialwissenschaften, insbesondere Monika Mülhausen, danken wir für die kritisch-wohlwollende Begleitung und die zügige Umsetzung des Projekts. Besonderer Dank gilt Christopher Haag und Fabian Gögelein, Mitarbeiter im Stuttgarter Landtag und unersetzliche Hilfen bei der Editorialarbeit.

---

6   Vgl. APuZ B20, 1962; Hans-Gerd Jaschke. Streitbare Demokratie und Innere Sicherheit, Westdeutscher Verlag, Opladen 1991: 135.

Die „Junge Freiheit" der „Neuen Rechten"

Bundes- und landespolitische Perspektiven zur „Jungen Freiheit" und den Medien der „Neuen Rechten"

Stephan Braun, Alexander Geisler und Martin Gerster

Nicht zu verharmlosen

> „Freiheit ist nicht selbstverständlich. Wenn sie nicht verteidigt, nicht täglich neu erkämpft wird, geht sie Stück für Stück verloren. […] Kombiniert mit einer ins Totalitäre ausartenden politischen Korrektheit, werden immer wieder unbequeme Nachrichten ausgeblendet und kritischen Autoren einfach kein Raum mehr zur Veröffentlichung gegeben. Dies führt in Deutschland zu einer uniformen öffentlichen Meinung, die die Demokratie in Frage stellt"[1].

Glaubt man den Warnungen Dieter Steins, Herausgeber der umstrittenen rechten Wochenzeitung „Junge Freiheit"(JF), steht es nicht gut um die Demokratie in Deutschland. Presse- und Meinungsfreiheit würden durch die Macht der Medienkonzerne, der Profitgier der Anteilseigner und der Einflussnahme der politischen Parteien untergraben. Diese Botschaft läutete den Auftakt zur ‚Kampagne 2002' ein, mit der Stein den eher schmalen Leserstamm seines Blattes um mindestens 2002 Abonnenten verbreitern wollte. Steins Lagebeschreibung endet mit einem Lob aus der Feder von Armin Mohler: „In der Jungen Freiheit findet man all die wichtigen Dinge, die man in der FAZ vergebens sucht." Was verbirgt sich hinter diesen wichtigen Dingen?

Wer Armin Mohler nicht kennt, mag Steins Appell für ein etwas pathetisches Plädoyer gegen die fortschreitende Medienkonzentration und den allgemeinen Zeitgeist halten. Wer aber weiß, wer Armin Mohler war, versteht, dass Freiheit und Demokratie hier als Chiffren für völkisch-nationalistische Diskurse zu lesen sind. Der aus der Schweiz stammende Publizist Mohler gilt in der Politikwissenschaft und Publizistik der Gegenwart als Hauptvertreter der sogenannten „Neuen Rechten" (NR), dessen hohe Bedeutung für die Ideologiebildung

---

1   JF 08/02: 7 f.

dieser antidemokratischen Bewegung unumstritten ist.[2] In seiner 1949 abge-
schlossenen Dissertation widmete sich Mohler den Vordenkern der Konservativen Revolution, die sich in Ablehnung der Weimarer Republik dem Nationalsozialismus als Steigbügelhalter andienten. Mit zwei Hauptvertretern dieser Denk-
schule, Ernst Jünger und Carl Schmitt, pflegte Mohler nach dem 2. Weltkrieg
engen Kontakt und regen intellektuellen Austausch. Wenige Jahre vor seinem
Tod bekannte sich Mohler in einem Zeitungsinterview als Faschist im Sinne des
Gründers der faschistischen spanischen Falange-Bewegung, Jose Antonio Primo
de Rivera. Mohlers Antwort auf die Frage, was er unter Faschismus verstehe:

> „Faschismus ist für mich, wenn enttäuschte Liberale und enttäuschte Sozialisten sich
> zu etwas Neuem zusammenfinden. Daraus entsteht, was man konservative Revoluti-
> on nennt"[3].

Die aus den zwanziger Jahren des vergangenen Jahrhunderts stammenden Ideen
der Konservativen Revolution dienen der NR der Gegenwart als ideologisches
Fundament. Ihren historischen Vorbildern folgend, versuchen ihre Anhänger,
rechtes und rechtsextremistisches Denken in der Mitte der Gesellschaft zu verankern und Schritt für Schritt die Grenzen des Sagbaren in ihrem Sinne zu verschieben. „Ihre Kader stilisieren sich als verfolgte Avantgarde, sie pflegen einen
fast mystischen Opferkult, und sie sind sich einig über den gemeinsamen Feind:
den Staat, die Systemparteien, die Lügenpresse und die Ausländer"[4]. Zahlreiche
Anzeichen sprechen gegenwärtig dafür, dass diese Bewegung auf der politischen
Landkarte der Bundesrepublik an Raum gewinnt.

Der vorliegende Beitrag widmet sich den Medien der Neuen Rechten und
dem Phänomen JF aus bundes- und landespolitischer Perspektive. Nach wie vor
spielt das Blatt für die Vernetzung von alter und neuer, extremer und demokratischer Rechter eine zentrale Rolle. Besonderes Augenmerk gilt deshalb der Ein-
bettung der Zeitung in den Kanon neurechter Medienstimmen, die bei allen Unterschieden in der Wortwahl doch alle einer neuen Konservativen Revolution das
Wort reden. Abschließend soll aufgezeigt werden, wo demokratische Politik
ansetzen muss, um solche Spielarten antiliberalen, völkischen und nationalistischen Denkens auch hinter der Maske politischer Verstellungskunst[5] zu entlarven und wie sie den Herausforderungen des modernen Rechtsextremismus ent-
gegentreten sollte. Es ist an der Zeit ein neues Kapitel in der Auseinandersetzung

2   Vgl. Willms 2004: 7.
3   Innenministerium NRW: 98.
4   Vgl. Seils 2007.
5   Der neurechte Vordenker Karlheinz Weißmann bezeichnete dieses taktische Mittel als „politi-
    sche Mimikry" (Weißmann 1986: 176 ff.).

mit den Netzwerken der Neuen Rechten und ihrem zentralen Publikationsorgan JF einzuleiten.

Moderner Rechtsextremismus als politische Herausforderung neuer Qualität

Demokratische Politik muss im Kampf gegen Rechtsextremisten und ihre Stichwortgeber aus den Fehlern der Vergangenheit lernen, sonst könnte sie ihn verlieren. Das unterentwickelte Problembewusstsein gesellschaftlicher Eliten – speziell aus dem politischen Feld – spielt den Feinden der Demokratie nicht selten in die Hände. Auch scheuen einige politische Mandatsträger die offene Auseinandersetzung mit dem Thema – sei es aus Unwissenheit, aus Bequemlichkeit, aus Angst vor etwaigen Imageschäden oder gar aus taktischen Erwägungen.

Der Rechtsextremismus im wiedervereinigten Deutschland ist moderner geworden. Er hat sich verjüngt, an Dynamik und Integrationskraft gewonnen. Vor allem aber haben seine Vordenker die Mediengesellschaft entdeckt und deren Spielregeln erlernt. Jetzt setzen sie die Tücken der Mediendemokratie gegen die Demokratie selbst ein.

Gefochten wird um die Verankerung von rechtem Gedankengut in politischen und sozialen Strukturen und um die Präsenz ihrer Vertreter im öffentlichen Raum, um Akzeptanz für ihre Argumente und um Deutungsmacht auf allen Ebenen der gesellschaftlichen Meinungsbildung. Vom Stammtisch bis zum Forschungskongress, vom Lokaljournalismus bis zu den Leitartikeln der überregionalen Qualitätspresse reicht das Spektrum der rhetorischen Schlachtfelder, auf denen die „kulturelle Hegemonie" erstritten werden soll. Die Mitte der achtziger Jahre gegründete Wochenzeitung JF ist dabei eine der schärfsten Waffen im Arsenal der Neuen Rechten. Diese intellektuelle Strömung „tritt keineswegs durch Gewalt in Erscheinung, kokettiert nicht mit nationalsozialistischer Symbolik und hält keine mediengerecht inszenierten Aufmärsche ab"[6]. Gleichwohl versteht sie sich als Brückenbauerin zwischen demokratischem Konservatismus und dem rechtsradikal-reaktionären Milieu. Dem Rechtsextremismus dient sie als Stichwortgeber und Ideologieschmiede[7].

Der JF kommt in diesem Zusammenhang als journalistischem Flagschiff der „konstitutionellen Rechten" in Deutschland[8] eine besonders prominente Rolle zu. Nicht nur die Form, auch Inhalte und Macher des Blattes haben sich im Laufe der Zeit gewandelt. Vor allem innerhalb des Autorenstamms herrschte seit der

---

6   Pfeiffer 2004: 27.
7   Vgl. ebd.
8   Kellershohn 2004: 79.

Gründung des Blattes starke Fluktuation. Im Zuge dieser Entwicklung hat sich das Blatt zu einem „reduzierten Weltanschauungsangebot"[9] entwickelt. Die „Kulturrevolution von rechts" ist hinter den „Kampf um die Deutungshoheit" zurückgetreten. Gesucht wird die Anschlussfähigkeit zum konservativen und nationalliberalen Bereich. Verschoben hat sich auch das Zielpublikum der Zeitung. Richtete sich die Publikation früher in erster Linie an Abiturienten und Studierende, steht heute ein etablierter Leserkreis im Mittelpunkt, der die Universität bereits seit einigen Jahren hinter sich gelassen hat. Nach eigenen Angaben erscheint die Zeitung in einer Druckauflage von 25.000 Exemplaren und einer verkauften Auflage von 18.500 Exemplaren.[10] Dies dürfte jedoch maßlos übertrieben sein. Realistischer erscheint eine Auflagenhöhe zwischen 10.000 und 12.000.

Immer wieder betont die JF, dass ihre Suche nach neuen Leserinnen und Lesern durch die vermeintlich herrschende Meinungsdiktatur linker Politiker und Medien nachhaltig in Frage gestellt sei. Nicht zuletzt deshalb war die Zeitung in den vergangenen Jahren vor allem bemüht, aus den Verfassungsschutzberichten von Nordrhein-Westfalen und Baden-Württemberg zu verschwinden, wo sie bis 2003 bzw. 2004 in der Rubrik Rechtsextremismus aufgeführt war. Schon 1996 hatte die Zeitung beim Verwaltungsgericht Düsseldorf ein Verfahren angestrengt, das die Klage 1997 in vollem Umfang abwies. Auch das Oberverwaltungsgericht Münster lehnte im Mai 2001 eine Zulassung zur Berufung ab. Erst eine im Juni 2001 erhobene Beschwerde beim Bundesverfassungsgericht brachte der Zeitung den gewünschten Erfolg. Nachdem die Verfassungsrichter die beiden vorangegangenen Urteile aufgehoben hatten, endete der Rechtsstreit zwischen der JF und dem Land NRW 2006 mit einem Vergleich. Aus Sicht der JF endete damit „der größte und schwerwiegendste Eingriff in die Pressefreiheit, den es in der bundesdeutschen Pressegeschichte gegeben" habe[11]. Ob dieser – im Lager der Neuen Rechten gefeierte [12] – „Durchbruch für die Pressefreiheit" – ein Sieg für die liberal verfasste Demokratie der Bundesrepublik war, darf bezweifelt werden.

---

9   Kellershohn 2006: 3.
10   Vgl. http://www.junge-freiheit.de/p_mediadaten/jf_mediadaten.pdf, download 08.04.07. Hinzu kommen Leser, welche die JF zusätzlich über ihren Internetauftritt erreichen.
11   Stein JF 27/06: 1.
12   So auf den Seiten der Hamburger ‚Staats- und Wirtschaftspoltischen Gesellschaft e.V.'(SWG), deren offizielles Ziel es ist „konservative Bildungsarbeit" im „vorpolitischen Raum" zu leisten. Nach Ansicht des Hamburger Politikwissenschaftlers Wolfgang Gessenharter ist auch sie „ein wichtiges Scharnier zwischen Konservatismus und Rechtsextremismus". „Überschneidungen zu rechtsextremen Organisationen" stellte auch der Hamburger Verfassungsschutz (VS) fest (Speit 2005: 25). Zur SWG vgl. Kapitel 3 in diesem Beitrag.

Die „Junge Freiheit" und die „Neue Rechte"

„Mit der ‚Jungen Freiheit' ist ein mediales Format etabliert, das sich im Grenzbereich zwischen politisch und verfassungsrechtlich unbedenklichen sowie diesbezüglich hoch problematischen Positionen bewegt. Dies geschieht in einer sehr geschickten Weise, die sich juristisch klug an den Grenzen des Erlaubten bewegt. Eine taktisch kluge Balance wird auch zwischen den Elementen eines anspruchsvollen und seriösen Journalismus einerseits, einer deutlich geschichtsrevisionistischen, völkisch nationalistischen, fremdenfeindlichen und kulturrassistischen akzentuierten Positionierung andererseits gesucht"[13].

Die Neue Rechte, der die JF allgemein zugerechnet wird, ist nur *eine* wirkungsmächtige Strömung innerhalb des rechten politischen Spektrums. Wie diese Strömung im Kontinuum zwischen demokratischem Konservatismus und Verfassungsfeindlichkeit zu verorten ist, wird nach wie vor intensiv diskutiert. Für die politische Praxis ist es unumgänglich, sich dem Phänomen NR in seiner gesamten Bandbreite zu widmen und insbesondere die Grauzonen zwischen klar verfassungsfeindlichem Rechtsextremismus und im Sinne der freiheitlichen demokratischen Grundordnung (FDGO) grenzwertigem Rechtsradikalismus ins Visier zu nehmen (vgl. Abbildung 1).

Abbildung 1:   Grauzonen zwischen Rechtsradikalismus und
Rechtsextremismus (leicht modifiziert nach Stöss 2005: 18)

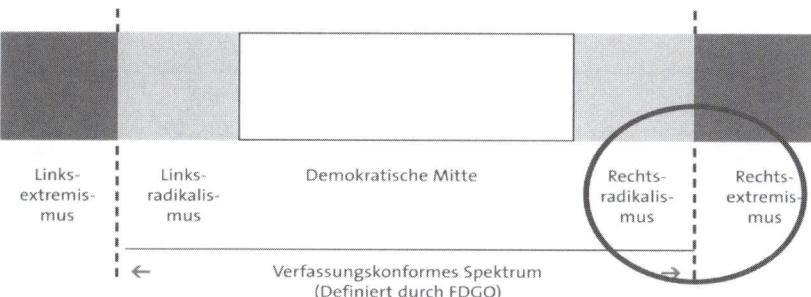

Aus Sicht des Verfassungsschutzes Nordrhein-Westfalen ist die NR eine Teilmenge des rechtsextremistischen Spektrums[14]. Gemäß seines Auftrags rechnet ihr der Verfassungsschutz nur jene Medien und intellektuelle Gruppen zu, die

---

13   Scherr 2006: 2.
14   Vgl. Pfeiffer 2004: 28.

auch „tatsächliche Anhaltspunkte" für den Verdacht verfassungsfeindlicher Bestrebungen aufweisen (§3 Abs.1 VSG NRW). Eine Einschränkung, die der Tatsache Rechnung trägt, dass Personen, Organisationen und Institutionen ohnehin nur unter diesen Voraussetzungen als Beobachtungsobjekte der Behörde geführt werden dürfen. Politikwissenschaftler wie Wolfgang Gessenharter heben hingegen auf die besondere Scharnierfunktion der Neuen Rechten zwischen demokratischem und rechtsextremem Spektrum ab. Seinem weiter gefassten ideologiekritisch-normativen Ansatz entsprechend, stellt die NR für Gessenharter einen Teil der „Neuen Radikalen Rechten" dar: „Wer die Neue Rechte nur als Teil des Rechtsextremismus sieht, vermag also viele Akteure und deren Beziehungen, die sich beispielsweise rechts neben und in den Unionsparteien abspielen, nicht wahrzunehmen"[15].

Zu unterscheiden sind hierbei zwei Flügel: Nationalrevolutionäre und Jungkonservative[16]. Die Jungkonservativen orientieren sich vor allem an den Ideen Arthur Moeller van den Brucks und anderer Theoretiker wie etwa Edgar Julius Jung. Sie stehen für den moderateren Ausläufer der Konservativen Revolution, in dem auch Armin Mohler und die Mehrzahl der in der JF vertretenen Positionen zu verorten sind. Der mittlerweile weniger einflussreiche nationalrevolutionäre Ableger entfaltete vor allem zu Beginn der 1970er Jahre Wirkung. Hier ging es um die Verschmelzung antiegalitärer Ideen mit sozialistisch-revolutionären Konzepten, die als begriffliche und ideologische Brücken ins linke Lager dienen sollten.

Die von 1972 stammende Grundsatzerklärung der ‚Aktion Neue Rechte' (ANR) stammte aus der Feder von Henning Eichberg[17], der vom nationalrevolutionär beeinflussten Publizisten Günter Bartsch als „Rudi Dutschke von rechts" bezeichnet wurde[18]. Sein Papier markierte die ideologischen Eckpunkte der nationalrevolutionären NR, die später massiven Eingang in das Programm der NPD fanden. Ihre Fortschreibung fanden diese Vorstellungen im rechtsextremistischen ‚Deutschen Kolleg' (DK), das 1994 aus dem früheren ‚Junge Freiheit – Leserkreis Berlin' entstanden war[19]. In dessen Führungskreis sind bezeichnenderweise die ehemaligen Aktivisten des ‚Sozialistischen Studentenbundes' (SDS) Reinhold Oberlercher und Horst Mahler zu finden. Letzterer stand der NPD im Ver-

---

15   Gessenharter 1998: 21 f.
16   Pfeiffer 2004: 58 f.
17   Eichberg arbeitet heute als Sportsoziologe in Dänemark und berät die linksalternative ‚Sozialistische Volkspartei' (Staud 2006: 78). Nach wie vor gilt er als prägender Kopf hinter der neurechten Koblenzer Zeitschrift ‚Wir selbst. Zeitschrift für nationale Identität' (Innenministerium NRW 2003: 106 f.).
18   Innenministerium NRW 2003: 57.
19   Vgl. Maegerle/Hörsch 2004: 115.

botsverfahren als Anwalt und Prozessbevollmächtigter zur Seite[20]. Gegenwärtig ist er bestrebt, sich als schärfster Holocaust-Leugner der deutschen Rechtsextremen zu profilieren und war mit Beiträgen und Interviews auch in der JF präsent, die sich in der Folgezeit allerdings immer klarer auf jungkonservativer Seite positionierte.

> „Die Auffächerung der Neuen Rechten entspricht einer faktischen Arbeitsteilung nach Zielgruppen: Während die Nationalrevolutionäre die Alte Rechte theoretisch unterfüttern und Verbindungen zur Linken schaffen möchten, geht es Jungkonservativen vorrangig um die Beeinflussung des bürgerlichen Lagers"[21].

Während der nationalrevolutionäre Flügel auf eine Radikalisierung und Modernisierung der extremen Rechten hinarbeitet, peilt die jungkonservative Marschrichtung vor allem die „Erosion der Abgrenzung"[22] zwischen demokratisch-konservativen, rechtsradikalen und rechtsextremistischen Positionen an.

Die „Neue Rechte" als Bewegungselite

Die Spielarten der NR beschäftigen auch die sozialwissenschaftliche Bewegungsforschung[23], die in der jüngeren Vergangenheit das Themenfeld Rechtsextremismus für sich entdeckt hat. Sie interpretiert die entsprechenden Einstellungs- und Verhaltensmuster vor dem Hintergrund der gesellschaftlichen Modernisierung. Aus dieser Perspektive erscheinen Rechtsradikalismus bzw. Rechtsextremismus als Antworten auf ein Bündel parallel ablaufender Veränderungsprozesse, die beispielsweise in Form der Globalisierungsdebatte und der Diskussion um die Entstehung einer „Wissensgesellschaft" die gesellschaftliche Gegenwart prägen. Die zunehmende Komplexität des Lebensalltags und die Unsicherheiten, die mit dem Leben in einer hoch individualisierten und dynamischen Kultur einhergehen, provozieren Ängste, deren jüngster Ausdruck der Aufstieg einer „Neuen Radikalen Rechten"[24] ist. Die im Mittelpunkt des vorliegenden Beitrags stehende, intellektuelle Neue Rechte versteht sich als Avantgar-

---

20   Vgl. Aydt 2004.
21   Innenministerium NRW 2003: 53.
22   Vgl. Pfahl-Traughber 1994.
23   Soziale Bewegungen sind gesellschaftliche Strömungen, die von gemeinsamen Ideen und Vorstellungen getragen werden. Soziale Bewegungen sind Sammelbecken für höchst unterschiedliche Menschen, die sich in den verschiedensten Aktions- und Organisationsformen zusammenfinden. Dahinter steht das gemeinsame Ziel, grundlegende soziale Veränderung herbeiführen, zu verhindern oder rückgängig zu machen (vgl. Raschke 1988).
24   Vgl. Minkenberg 1998.

de dieser Bewegung und ist bestrebt, zur programmatischen Erneuerung und Intellektualisierung des rechten Spektrums beizutragen. Mit ihrem publizistischen Wirken wollen sie öffentlichen Raum schaffen für einen Gegendiskurs zu den Ideen der 68er:

> „Nach der Lehre vom Generationenkonflikt steht zu erwarten, dass der Wunsch der Wähler nach einem Zurechtrücken des Ende der 60er Jahre erfolgten Linksrucks und damit nach Ablösung der pathogenen Generation, die ihre wesentlich Prägung in den frühen Nachkriegsjahren erhalten hat, parallel zur Normalisierung der politischen Situation Deutschlands in Zukunft deutlicher wird."[25].

Im vermeintlichen „linken Mainstream" haben moderne Rechte ihr Feindbild Nummer eins gefunden. Die so genannte 68er-Generation identifizieren sie als Urheber der „Denk- und Sprechverbote der deutschen Linken". Konsequent erscheint da der Versuch, sich als Gegenpol zu den 68ern das Etikett einer 89er-Bewegung anzuheften. Diesen Versuch unternahm beispielsweise Roland Bubik mit einem schmalen Bändchen, in dem er Mitte der 1990er Jahre ein Dutzend junger Autorinnen und Autoren versammelte: „Junge Persönlichkeiten, die abseits von Bierhallen-Chauvinisten, rechtsextremen Kadern und kurzhaarigen Gewalttätern das Undenkbare wagen: Rechts zu sein"[26].

Bereits auf den zweiten Blick zeigt sich jedoch, dass diese Persönlichkeiten den Abstand zu den erwähnten rechtsextremen Kadern und ihren gewaltbereiten Handlangern in den Kameradschaften keineswegs konsequent halten. In Bubiks 89er Band ist die JF nicht nur mit Dieter Stein vertreten. Auch der ehemalige JF-Ressortleiter für Innenpolitik, Manuel Ochsenreiter, gibt hier Einblick in sein „Rechts-sein". Ochsenreiters Lieblingsautor hieß damals Ernst Jünger und sein erklärtes Ziel war es, die „68er Sesselhocker" aus ihren Ämtern zu holen. Auf die Frage nach seinem Lieblingstier stellt er klar: „Von der hinteranatolischen Bergziege bis zum deutschen Schäferhund mag ich so ziemlich alle Tiere (Multikulti)"[27].

Ebenso wie bei Ochsenreiter, der sich zu seiner Mitgliedschaft in einer als „Lebensbund" verstandenen studentischen Verbindung offen bekennt, findet sich dieses Element auch bei JF-Herausgeber Dieter Stein, dessen Lebenslauf die Standardbiografie des Autorenpools der JF widerspiegelt. Stefan Kubon umschreibt diese wie folgt: „Ein Geburtsdatum nach 1960, die Leistung des Wehrdienstes, ein Studium geisteswissenschaftlicher Fächer und die Mitgliedschaft in

---

25 Schlich zit. nach Schmidt 2001: 9.
26 Bubik 1995: 9.
27 Ochsenreiter 1995: 210.

einer studentischen Kooperation"[28]. Darüber hinaus sei zumindest eine kurzzeitige Mitgliedschaft in einer rechten Partei typisch für viele Redakteure des Blattes, allen voran Chefredakteur Dieter Stein, der neben einer Station bei der CDU auch bei den Republikanern und ihrer Abspaltung, der ‚Freiheitlichen Volkspartei' (FVP), kurzfristig eine politische Heimat fand[29].

Gerade die gemeinsame burschenschaftliche Verwurzelung ist nach wie vor ein wichtiges Bindungselement der neurechten Szene. Die in der Studienzeit erworbenen Kontakte und Prägungen wirken oft bis in die Gegenwart nach und finden auch in der Einschätzung der Verfassungsschützer ihren Niederschlag. So waren in der Vergangenheit vor allem Teile der ‚Deutschen Burschenschaft' (DB) – einem Dachverband von rund 120 studentischen Verbindungen aus Deutschland, Österreich und der Schweiz – durch rechtsextremistische Entgleisungen aufgefallen[30].

> „Bei einzelnen Burschenschaften bestehen durchaus bedenkliche Affinitäten zum Rechtsextremismus. Sie manifestieren sich in gehäuften Mitgliedschaften bekannter Rechtsextremisten, gehäuften Vortragsveranstaltungen mit Personen aus Beobachtungsfeldern der Verfassungsschutzbehörden, Eigenwerbung dieser Bünde in einschlägigen Publikationen oder Werbung für solche Organe sowie in rechtsextremistisch geprägten Aussagen aus dem Burschenschaftsbereich"[31].

Noch heute pflegen die Köpfe hinter der JF enge Kontakte zu diesen „rechten Netzwerken auf Lebenszeit"[32]. So lud die Deutsche Burschenschaft beispielsweise am 31. März 2007 aus Anlass des 175-sten Jahrestages des Hambacher Festes ins pfälzische Landau ein. Auf der Gästeliste standen neben JF-Herausgeber Dieter Stein und dem JF-Autor Karl Feldmeyer auch Lutz Weinzinger, Nationalratsabgeordneter der ‚Freiheitlichen Partei Österreichs' (FPÖ)[33]. Die Brücke zum Rechtsextremismus schlug ein weiterer Podiumsgast, der Berliner Ministerialbeamte Josef Schüßlburner[34], ebenfalls ein ehemaliger JF-Autor. Diesem bescheinigte das Bundesinnenministerium, er habe „seit 1993 regelmäßig Beiträge in rechtsextremistischen Publikationen" veröffentlicht und sei „seit 1995 als Vortragender bei rechtsextremistischen Veranstaltungen" aktiv gewesen[35].

---

28   Kubon 2006: 47.
29   Ebd.
30   Heither 2004a: 121.
31   Lüngen 2004: 143.
32   Vgl. Heither 2004b.
33   Zur Einschätzung der FPÖ im Phänomenbereich Neue Rechte vgl. Bailer 2004.
34   Vgl. Maegerle 2007: 7
35   Vgl. Bundestagsdrucksache 14/7219: 2.

Vor allem Schüßlburners Aktivitäten bei der ‚Gesellschaft für Freie Publizistik' (GFP) lassen erahnen, wie das Thema des Kolloquiums „Beschränkung der Meinungsfreiheit einst und heute" zu verstehen ist. Bei den Verfassungsschutzbehörden gilt die GFP als „mitgliederstärkste rechtsextreme Kulturvereinigung in Deutschland"[36]. Ihr gehören rund 500 Verleger, Redakteure, Publizisten, Schriftsteller und Buchhändler an. Gegründet wurde die Vereinigung vor über 40 Jahren, mit dem Ziel durch „Aufklärungsarbeit" die angeblich verzerrte Darstellung der Zeitgeschichte zu Recht zu biegen[37]. Seit dem Frühjahr 2005 führt der Waldorfpädagoge Andreas Molau, stellvertretender Chefredakteur der NPD-Parteizeitung ‚Deutsche Stimme', Ex-JF-Autor und Mitarbeiter der NPD-Landtagsfraktion in Dresden, den GFP-Vorsitz. Daneben gehören dem Vorstand derzeit Peter Dehoust und Harald Neubauer sowie Gert Sudholt, Jürgen Schützinger und Rolf Kosiek an. Kosiek, früher „Chefideologe" der NPD und Mitarbeiter im Tübinger ‚Grabert-Verlag', hatte den Vereinsvorsitz zwischen 1992 und 2005 inne.

Dehoust und Neubauer sind – neben Karl Richter, ein wegen Volksverhetzung vorbestrafter NPD-Berater im sächsischen Landtag – die führenden Köpfe hinter ‚Nation und Europa', der ältesten noch erscheinenden Zeitschrift des Deutschen Rechtsextremismus. Das Magazin verfolgt das Ziel, „die Zersplitterung der rechtsextremen Parteien und Organisationen zu überwinden sowie das nationalistisch orientierte Lager in der Bundesrepublik zu einen"[38]. Nur am Rande sei hier erwähnt, dass auch Schüßlburner hier veröffentlichte.

Gert Sudholt vertritt die rechtextreme ‚Verlagsgemeinschaft Berg', in der unter anderem das – zwischenzeitlich eingestellte – rechte Zweimonatsmagazin ‚Opposition' erschien. Schützinger ist geschäftsführender Bundessprecher der ‚Deutschen Liga für Volk und Heimat' (DLVH), die – unter maßgeblicher Mitwirkung Harald Neubauers – 1991 von abtrünnigen Funktionären der Republikaner und der NPD gegründet wurde. Nach vorübergehenden Erfolgen scheiterte die DLVH als Sammlungspartei der extremen Rechten. 1996 gab sie deshalb ihren Parteistatus auf und versucht seither als überparteiliche politische Vereinigung, die Einheit der extremen Rechten voranzutreiben. Neben seiner Funktion bei der DLVH[39] ist Schützinger seit 2005 Landesvorsitzender der NPD-Baden Württemberg.[40]

---

36 Vgl. Bundesverfassungsschutzbericht 2005.
37 Vgl. Maegerle/Braun 2004.
38 Maegerle 2004: 200 f.
39 Als wichtige Abspaltung der DLVH ist die 1996 gegründete ‚Bürgerbewegung pro Köln' zu nennen, die aus der Kölner Untergliederung der DLVH hervorging und die heute im Kölner Stadtrat vertreten ist. Den Vorsitz führt der frühere DLVH-Funktionär Michael Beisicht.
40 Eine ganze Reihe der auf der Homepage der GFP geführten Referenten gehören zum Establishment der rechtsextremen Publizistik. So zum Beispiel der frühere NPD-Ideologe Jürgen Schwab oder Alfred Mechtersheimer, Gründer der ‚Deutschland-Bewegung' (DB).

Schon ein flüchtiger Blick hinter die Kulissen der NR zeigt, wie fließend die Übergänge zwischen rechtsextremistischem, rechtsradikalem und demokratisch-konservativem Milieu sind. Das antimodernistische Denken sucht hier Brückenköpfe in der Mitte der gesellschaftlichen Eliten zu bilden. Die Wurzeln dieses Denkens liegen in der Ablehnung der Aufklärung und ihrer ethischen Ziele: Freiheit, Gleichheit und Solidarität für und zwischen allen Menschen. Nach wie vor schwebt der NR eine völkische und nationalistisch geprägte Gesellschaft vor, in der Homogenität das höchste Gebot darstellt. Höchstes Ziel des Staates sei die Sicherung dieser Homogenität und ihre Verteidigung gegen Feinde nach innen und außen. Auch um den Preis, dass auf universelle Menschenrechte und individuelle Freiheit weitgehend verzichtet werden muss.

Das Ziel der Neuen Rechten: Die Konservative Revolution

„Zwischen Konservatismus und Nationalsozialismus gab es in der Weimarer Zeit intellektuelle Wegbereiter im Umfeld der sogenannten „Konservativen Revolution". Autoren wie Oswald Spengler, Arthur Moeller van den Bruck, Ernst Jünger, Othmar Spann und Carl Schmitt bekämpften den westlich geprägten Liberalismus und die angeblich jüdisch-bolschewistische Umklammerung. Antisemitismus, völkisches Denken, nationalistische Überhöhungen ebneten dem Nationalsozialismus den Weg und boten ideologischen Begleitschutz."[41]

Mit der fatalen Bilanz der nationalsozialistischen Schreckensherrschaft waren die politischen Ziele der deutschen extremen Rechten gesellschaftlich weitgehend diskreditiert. Trotz verschiedener Anläufe, sich unter dem Deckmantel verschiedener Parteien neu zu formieren, blieben alle Versuche an die NS-Ideologie anzuknüpfen langfristig erfolglos. Dies war nicht zuletzt dem Einsatz der im Grundgesetz verankerten Mittel der wehrhaften Demokratie zu verdanken. So wurde beispielsweise die NSDAP-durchsetzte ‚Sozialistische Reichspartei' (SRP) 1952 durch das Bundesverfassungsgericht verboten. Trotz einiger Wahlerfolge demontierte sich die NPD selbst und verschwand über Jahrzehnte praktisch in der Bedeutungslosigkeit. Ihr Wiederaufstieg folgte einer Modernisierung des rechtsradikalen bzw. rechtsextremistischen Denkens, an dem die NR nicht unerheblichen Anteil hatte. Den Schlüssel zu diesem „Erfolg" stellte die Wiederbelebung der konservativ-revolutionären Ideen dar, denen in der breiten Öffentlichkeit nicht das Stigma des Nationalsozialismus anhaftete.

Nichtsdestotrotz war es gerade die intellektuelle Strömung der Konservativen Revolution, die tatkräftig mitgeholfen hatte, den Parlamentarismus und alle

---

41 Vgl. Jaschke 2006: 64.

Formen liberalen Denkens verächtlich zu machen und so die junge Weimarer Demokratie zu untergraben. Standen doch am Ende immer wieder „Pläne für die Realisierung einer nationalen Diktatur" und ein „imperiales europäisches Großreich unter deutscher Führung"[42]. Dass derartige Ideen der „Konservativen Revolutionäre" und ihrer neurechten Epigonen nicht mit dem Geist des Grundgesetzes in Einklang stehen, ist evident. Dies gilt vor allem für den intellektuellen Übervater der Bewegung, Carl Schmitt.

Deutlich wird dies vor allem in Beiträgen der JF, die im Gefolge der deutschen Wiedervereinigung besonders häufig auf Schmitt Bezug nahm[43]. Ganz bewusst griff Dr. Dr. Thor von Waldstein[44] hier die Unvereinbarkeit der deutschen Verfassungswerte mit Schmitts Ideen auf:

> „Wer mit dem Grundgesetz unter dem Kopfkissen schläft, braucht Carl Schmitt nicht. Wer jedoch erkannt hat, daß die Verfassung das Gefängnis ist, in dem die res publica der Deutschen – gerade auch nach der kleinen Wiedervereinigung – gefangen gehalten wird, greift gerade jetzt zu seinen Werken"[45].

Eine Publikation des JF-nahen ‚Instituts für Staatspolitik' attestiert dem Blatt – leicht verniedlichend – einen weit verbreiteten „Schmittismus"[46]. Angesichts der klaren Frontstellung Schmitts gegen Liberalismus, Parlamentarismus und Demokratie ist dies eine bedenkliche (Selbst-) Diagnose.

Kulturelle Hegemonie als aktiver Wertewandel – Von der „Stillen Revolution" zur „Konservativen Revolution"

Es ist eine böse Ironie, dass das wichtigste strategische Leitbild der NR aus dem Theorieschatz der europäischen Linken abgekupfert wurde. Und doch ist das Konzept der „kulturellen Hegemonie" eine Anleihe aus dem Ideenfundus des italienischen Marxisten Antonio Gramsci (1891-1937):

> „Gramsci ging davon aus, dass eine politische Strömung nur dann die Macht im Staate übernehmen könne, wenn sie zuvor die Meinungsführerschaft errungen,

---

42 Kubon 2006: 63.
43 Innenministerium NRW 2003: 42.
44 Von Waldstein hatte über den konservativ-revolutionären Staatsrechtler promoviert. Zuvor war er Vorsitzender des ‚Nationaldemokratischen Hochschulbundes' und publizierte in der neurechten Zeitschrift ‚Staatsbriefe'.
45 Von Waldstein 1992.
46 Gessenharter 2004: 37 f.

Themen und Begriffe besetzt habe. Anschließend würden ihr Parlamentsmehrheiten und Regierungsverantwortung in den Schoß fallen"[47].

Nationalistisches und fremdenfeindliches Gedankengut aus dem populistischen Arsenal der NR fällt in Teilen der bundesrepublikanischen Gesellschaft auf fruchtbaren Boden. So ist davon auszugehen, dass zwischen zehn und 20 Prozent der deutschen Bevölkerung tendenziell für derartige Parolen anfällig sind. Fünf Prozent dürften gar über ein geschlossenes rechtsextremistisches Weltbild verfügen. Die rechte Szene ist sich dieser Tatsache wohl bewusst und spricht gezielt Ängste an, die sich aus dem sozialen Wandel der vergangenen Jahrzehnte ergeben haben. In Abgrenzung zum Wertewandel in der postindustriellen Gesellschaft, den Ronald Inglehard als „Stille Revolution" beschrieben hat, fordert die Neue Rechte die Abkehr vom vermeintlichen Irrweg des liberalen, individualisierten Postmaterialismus. Die völkisch definierte Nation wird zum sicheren Zufluchtshafen einer verunsicherten Gesellschaft verklärt und die Idee des starken Staates gegen den – angeblich für die Interessen des Volkes schädlichen – demokratischen Pluralismus ausgespielt. Homogenität und Exklusivität ethnischer Zugehörigkeit werden betont, statt offenem Rassismus wird das Konzept des „Ethnopluralismus" propagiert: Das so genannte Fremde – gemeint sind Menschen mit Migrationshintergrund und ihre kulturellen Einflüsse – darf fremd sein, solange es in der Fremde verbleibt. Als Teil der deutschen Gesellschaft erscheint das Fremde jedoch als ständige Bedrohung, die „Multikulturelle Gesellschaft" als Projektionsfläche für kulturpessimistische Dekadenzdiagnosen und Untergangsszenarien. Im Kampf um die Köpfe setzt die Neue Rechte auf „Rechtsextremismus light"[48] – und vergisst dabei nicht, das Bauchgefühl der Bevölkerung anzusprechen.

Der „89er"-Erfinder Roland Bubik, früher Leiter des Ressorts „Zeitgeist und Lebensart" der JF, ging bei der Diskussion um kulturelle Hegemonie davon aus, dass diese weniger denn je allein auf intellektuellem Wege zu erlangen sei. In diesem Zusammenhang verwies Bubik auch auf die Potentiale der zeitgenössischen Unterhaltungsindustrie, vor allem jungen Menschen auf nicht rationalem Wege Botschaften zu übermitteln.

Gut vernetzt - Die „Junge Freiheit" und die rechte Medienlandschaft

Den Kampf um kulturelle Hegemonie führt die NR vor allem in ihren Medien, die das zentrale Handlungsfeld der Bewegung darstellen. Die JF ist dabei lediglich ein zentrales Stück eines Mosaiks, das seinen Platz auf der rechtskonservativen

---

47   Pfeiffer 2004: 28 f.
48   Vgl. Pfeiffer 2003.

Seite in der Grauzone zwischen Konservatismus und Rechtsextremismus gefunden hat. Im Umfeld der JF existiert ein bunter Blätterwald, in dem sich auch zahlreiche ehemalige und aktive JF-Autoren mit ihren Veröffentlichungen tummeln. Unter den neurechten Zeitschriften, die mit Grenzgängen am Rande der Verfassung kokettieren, finden sich Namen wie ‚Der Selbständige', die ‚Preußische Allgemeine Zeitung' (früher ‚Ostpreußenblatt'), das ‚Deutschland Journal', die ‚Staatsbriefe' oder der ‚Witikobrief'[49]. Hierbei wird die Scharnierfunktion der NR im Hinblick auf die Verkopplung extremistischer Kreise mit Vertretern und Anhängern demokratisch-konservativer Parteien besonders deutlich.

Um die NR und ihre Netzwerke zu durchschauen, ist ein Blick auf die vielfältigen personellen und strukturellen Überschneidungen zwischen ihren Trägern deshalb unerlässlich. Bereits ein Blick ins engste organisatorische Umfeld der Zeitung offenbart ihre zentrale Integrationsfunktion für die demokratischen und antidemokratischen Flügel der deutschen und europäischen Rechten, wenngleich die JF an sich allzu große Nähe zu extremistischen Positionen vermeidet und allzu unbequeme Autoren wie Horst Mahler oder der 2003 verstorbene Armin Mohler mittlerweile nicht mehr für die Zeitung schreiben.[50] Mit Andreas Mölzer und Alain de Benoist, dem Erfinder der „Kulturrevolution von rechts" (1985), sind zwei Vertreter der europäischen NR regelmäßig mit Beiträgen in der Zeitung vertreten. Die deutsche Avantgarde der NR verkörpert Karlheinz Weißmann. Gemeinsam mit Götz Kubitschek, der ebenfalls ein langjähriger Autor der JF ist, darf er als der wohl wichtigste konzeptive Ideologe der NR in der Bundesrepublik gelten. Gemeinsam geben sie das Magazin ‚Sezession' heraus und führen seit seiner Gründung im Jahre 2001 das ‚Institut für Staatspolitik' (IfS), das – dem eigenen Werbeslogan nach – als „Reemtsma Institut von rechts" – konzipiert wurde. Ziel der Einrichtung war es, als „Plattform für unabhängige Forschung und Bildungstätigkeit"[51] zu fungieren und „Forschung, Information und Orientierung" in institutionalisierter Form miteinander zu verbinden, um so Einfluss auf die Öffentlichkeit zu gewinnen.[52]

---

49 Vgl. Maegerle 2004b.
50 Bereits 1994 hatte sich die Zeitung aus politisch-taktischen und finanziellen Gründen von Autoren wie Andreas Molau, Hans-Ulrich Kopp (ehemaliges Vorstandsmitglied des ‚Republikanischen Hochschulverbandes') und dem JF-Mitbegründer und zweiten Geschäftsführer Götz Meidinger (FVP) getrennt (vgl. Pfeiffer 200: 181).
51 Vgl. JF 7/00: 5.
52 Vgl. Kellershohn 2001: 3. Die Anzeigenkampagne zur Gründung des IfS wurde sowohl in der JF, als auch im ‚Ostpreußenblatt' geschaltet, das 2003 in ‚Preußische Allgemeine Zeitung' umbenannt wurde. Gründer des ‚Ostpreußenblattes' war Hugo Wellems ins Leben gerufen. Wellems wurde 1930 aktives Mitglied der NSDAP und 1936 Referent des Ministeriums für Volksaufklärung und Propaganda, 1944 stieg er zum Leiter des Propaganda-Amtes in Kauen auf. Nach 1945 arbeitete er fünf Jahre beim US-Nachrichtendienst, um danach in die rechtsgerichtete ‚Deutsche Partei' (DP) einzutreten. 1959 brachte er es zum Chefredakteur ihrer Zei-

Kubitschek ist zugleich Verleger der ‚Edition Antaios', die sich schwerpunktmäßig des Erbes der Konservativen Revolution annimmt und die Arbeitsergebnisse des ‚Instituts für Staatspolitik' publiziert. IfS und ‚Edition Antaios' bilden gemeinsam mit der JF ein arbeitsteilig organisiertes Dreieck. Während sich der Verlag und das Institut stärker um Festigung der neurechten ideologischen Basis bemühen, hat die JF den Part der medienöffentlichen Speerspitze übernommen, die auf das Herz des demokratisch-konservativen Milieus zielt. Das ‚Institut für Staatspolitik' leistet der JF bereitwillig Hilfestellung im Versuch, der mittlerweile missliebigen Zurechnung zur Neuen Rechten zu entkommen. Hinter den Kulissen sucht Kubitschek jedoch weiterhin den Schulterschluss mit den Kräften der extremen Rechten. So gab Kubitschek dem NPD-Bundesorgan ‚Deutsche Stimme' im Januar 2007 ein Interview[53], in dem er seine Position zur Parteiendemokratie umreißt:

„Ich kann die Parteiendemokratie mit ihrem Parteienproporz für die Zerstörung des Gemeinsinns, die Verschwendung horrender Summen, letztlich für die Herrschaft der Schmarotzer verantwortlich machen".[54]

Gänzlich fern ist jedoch auch sein überparteiliches Institut den so angeprangerten Systemparteien nicht. Ein Blick auf die Referentenliste des ‚Instituts für Staatspolitik' offenbart prominente Namen. Hier firmiert neben Weißmann und Kubitschek auch der ehemalige Generalbundesanwalt Alexander von Stahl (FDP). Er verteidigte die JF in ihrem Prozess vor dem Bundesverfassungsgericht und dient der Zeitung als zentraler Werbeträger im Kampf um Abonnenten. Stahls Vorgänger in dieser Position als Rechtsvertreter vor dem BVerfG war Manfred Brunner, früherer Vorsitzender des rechtsradikalen ‚Bundes Freier Bürger'.

Als Referent war von Stahl auch bei der ‚Staats- und Wirtschaftspoltischen Gesellschaft' (SWG) zu Gast, die seit langen Jahren von Brigadegeneral a. D. Reinhard Uhle-Wettler geleitet wird. Uhle-Wettler gratulierte 1996 der „mutigen jungen Mannschaft" der JF zu ihrem zehnjährigen Bestehen und gab im rechts-

tung, dem ‚Deutschen Wort'. Seitdem ist er vor allem „journalistisch" tätig. Seit 1967 war er Chefredakteur des ‚Ostpreußenblattes', von 1977-1993 auch der der ‚Pommernzeitung'. Nebenbei zeichnete er ebenfalls verantwortlich für die Redaktion des 1991 eingestellten Blattes ‚Deutschland-Journal' der ‚Staats- und Wirtschaftspolitischen Gesellschaft' (SWG) sowie der SWG-Publikation ‚Fragen zur Zeit – kleine SWG-Reihe'. Mit der SWG verbindet ihn jedoch nicht nur die redaktionelle Arbeit, vielmehr ist er auch deren Vorsitzender und Gründer. Hans Heckel, der sich als Mitarbeiter der Redaktion ‚Politik und Zeitgeschehen' durch besonders diffamierende Artikel aus dem Fenster lehnt, ist Mitglied einer Burschenschaft und hat sich an der Hamburger Universität in der mittlerweile verbotenen rechtsextremen ‚Gruppe 146' engagiert.

53   Vgl. bnr, 5.1.2007.
54   http://www.deutsche-stimme.de/Ausgaben2007/Sites/01-07-Gespraech.html,   download   am
     15.03.07.

extremen ‚Arndt-Verlag' eine „Festschrift" für den international wohl bekanntesten Holocaust-Leugner David Irving heraus[55]. In seiner Laudatio für einen Band
des ‚Instituts für Staatspolitik' wetterte er gegen einen angeblich „pogromartigen
Kampf" der europäischen Linken gegen ihre politischen Gegner und die „unseli-
ge Allianz zwischen Sozialisten und dem international organisierten politischen
Judentum"[56].

Massiv setze sich der SWG-Vorsitzende Uhle-Wettler auch für den ehemaligen CDU-Bundestagsabgeordneten Martin Hohmann ein, dessen antisemitischen Entgleisungen[57] zu seinem Ausschluss aus der Fraktion geführt hatten.
Weniger bekannt als seine „Tätervolk"-Rede ist jedoch, dass Hohmann auch als
JF-Autor und Referent des IFS aktiv war. Da verwundert es nicht, dass sich auch
im Kreise der Unterzeichner des Unterstützerappells für Martin Hohmann immer
wieder deutliche Bezüge zum JF-Umfeld finden lassen[58]. Vor allem die ‚Arbeitsgemeinschaft Freie Publizisten, Schriftsteller und Wissenschaftler im Bund
der Selbständigen – Stimme der Mehrheit' des nordrhein-westfälischen ‚Bundes
der Selbständigen' (BDS) ist hier massiv präsent, dessen stellvertretender Vorsitzender Hohmann war. Der BDS-NRW gibt – gemeinsam mit dem ‚Bundesverband mittelständischer Unternehmer' – die Zeitschrift ‚Der Selbständige'
heraus, in dem zahlreiche JF-Autoren wie Thorsten Thaler, Stefan Winckler oder
Michael Wiesberg mit Beiträgen vertreten sind. Sich selbst bezeichnet die
‚Stimme der Mehrheit' als Zusammenschluss frei denkender Schriftsteller, Journalisten und Verleger, die in wertkonservativen und liberalen Gedanken überein-
stimmen – eine Wertung, die in der Berichterstattung der JF im Wortlaut übernommen wird[59].

> „Zu den Gründungsmitgliedern der Stimme der Mehrheit gehörten Rechtskonservati-
> ve, Nationalliberale und Rechtsextremisten: neben Hohmann auch die JF-Autoren
> Klaus Hornung, Hans-Helmuth Knütter und Karlheinz Weißmann sowie ihr Unter-
> stützer Alexander von Stahl"[60].

Im Zuge der Hohmann-Affäre geriet auch sein Fraktionskollege Henry Nitzsche
in die Schlagzeilen. Dieser hatte in ‚Der Selbständige' geschrieben, eher würde
„einem Moslem die Hand abfaulen", als dass er am Wahltag sein Kreuz bei der
CDU machte. Mittlerweile ist Nitzsche aus der CDU-Bundestagsfraktion ausge-
treten. Mit diesem Schritt kam er im Dezember 2006 einem möglichen Aus-

---

55   Vgl. Maegerle/Hörsch 2004: 116.
56   Uhle-Wettler 2001.
57   Vgl. Kellershohn 2004.
58   Ebd.
59   Weick in JF 25/06: 6:
60   Maegerle 2004b: 36.

schluss zuvor, den er mit seinen Äußerungen zum vermeintlich deutschen „Schuldkult" und der Diffamierung der ehemaligen rot-grünen Bundesregierung als „Multi-Kulti-Schwuchteln" provoziert hatte. In der JF zog Nitzsche kurz darauf die Bilanz, er habe mit dem Austritt seine Ideale gerettet und unterstellte der CDU ideologische „Säuberungsaktionen nach Stalinistischer Manier"[61]. Neben Gastauftritten beim ‚Bund der Selbständigen' und der JF tauchte Nitzsche auch in der ‚Deutschen Militärzeitschrift' auf.

Politische Inhalte der „Jungen Freiheit": Nur mäßig gemäßigt?

Im Umfeld dieser rechten Netzwerke finden sich nahezu alle „großen Erzählungen" der NR wieder, die das Parteiprogramm der rechtsextremistischen NPD ebenso prägen wie die Kolumnen der JF: Globalisierungskritik, Europaskepsis, Antiamerikanismus, die verzerrte Darstellung der freiheitlichen Demokratie und gelegentliche geschichtsrevisionistische Untertöne. Das zentrale Leitmotiv der Neuen Rechten ist und bleibt jedoch der völkische Nationalismus, dessen Konturen sich auch in der Berichterstattung der JF – aller „Mimikry" zum Trotz – deutlich wieder zu erkennen sind. Er dient dabei als Minimalkonsens[62] und ideologischer Kitt der gesamten NR.

Darüber hinaus lassen sich – bei aller Mäßigung im Ton – auch in der JF noch immer Anklänge an die schärfere Gangart vergangener Tage finden, ohne allzu sehr zwischen den Zeilen lesen zu müssen. So hielt JF-Chefredakteur Dieter Stein auch 2005 nicht mit seiner Bewunderung für Günther Zehm hinterm Berg, der unter seinem Pseudonym „Pankraz" die Zeitung gefährlich nahe an die Grenze zur Holocaust-Leugnung geführt hatte. Ein halbes Jahrzehnt zuvor hatte der Jenaer Philosophieprofessor Zehm in der JF geschrieben:

> „Der Holocaust ist an die Stelle Gottes getreten. Über ‚das hohe C' im Namen von Parteien darf man spotten, aber an den Holocaust muß man glauben; wer Zweifel erkennen läßt, verschwindet hinter Gittern. Nicht viel anders steht es mit Multikulti. Das Vaterland, die Polis, darf nach Belieben verhöhnt werden; wer Multikulti ablehnt, wer Zuwanderung begrenzen oder Sozialhilfe für ‚Asylanten' kürzen will, der outet sich als ‚Rassist', und das ist fast so schlimm wie ‚Verharmloser des Holocaust'"[63].

---

61   JF 2006.
62   Vgl. Kellershohn 2006: 2.
63   Vgl. Zehm JF 09/00: 13.

An diesem Beispiel lässt sich die Zickzackargumentation der NR mustergültig nachvollziehen. Unvergleichbares wird en passant gleichgesetzt und gleichzeitig zurückgenommen. So lässt sich in einem Satz rassistisches Gedankengut verteidigen, die Strafbarkeit der Holocaustleugnung implizit in Frage stellen und der zweifelsohne legitime Gottesglauben mit der Identifikation mit einem völkisch verstandenen Vaterland verknüpfen – ohne zu einem einzigen der Gegenstände eine explizite Position bezogen zu haben. Der geneigte Leser weiß jedoch, wie er die rhetorische Steilkurve zu nehmen hat. Zehms kaum verhohlener Geschichtsrevisionismus hatte zuvor dafür gesorgt, dass die Pankraz-Kolumne aus der ‚Welt' verschwand. Auch beim ‚Rheinischen Merkur' konnte Zehm aufgrund Liebäugeleien mit den Klischees rechtsextremistischer Leserschaft keine Heimat finden. Die JF empfing ihn mit offenen Armen und schilderte den Weg des „Vollblutjournalisten" Zehm als Leidensgeschichte eines publizistischen Märtyrers[64].

Polemik gegen den Umgang mit dem Thema Holocaust findet sich auch bei anderen Autoren der JF, die sich auf die Kunst der rhetorischen Relativierung und das Setzen von Anführungszeichen spezialisiert haben:

„Obgleich die Äußerung, dass es den Holocaust nicht gegeben habe, in dieser Form kaum irgendwo vertreten wird und sich die ernstzunehmenden Diskussionen nur auf die Frage nach Zahl der Opfer oder die Methoden der Vernichtung beziehen, wird suggeriert, daß viele Menschen dieses Faktum als solches – und nicht bloß zum Beispiel seine ‚Singularität' – in Frage stellen und dass diese sich in der imaginierten ‚konservativen' Mitte der Bevölkerung befinden"[65].

Der Volksverhetzungsparagraf (§ 130 StGB) ist ohnehin ein Lieblingsziel der publizistischen Attacken der Neuen Rechten, innerhalb und außerhalb der JF. Generell wird der „Kampf gegen Rechts" als Instrument in den Händen der so genannten „etablierten Parteien" und der ihnen angeblich „hörigen" Medien verunglimpft: „Die offizielle Volksverhetzung, verharmlosend Ausgrenzung genannt, bewirkt ein Klima der Denunziation, Feigheit und Freiheitseinschränkung"[66]. Dementsprechend gilt sogar die Bundeszentrale für politische Bildung als Agentur, um „die Menschenrechtsideologie zu inthronisieren, um die ‚Bevölkerungen' sturmreif zu kommunizieren" und um „strafrechtlich verminte Territorien, deren Deutungsmonopol man vom Staatsanwalt bewachen lässt", zu verteidigen[67].

In nahezu allen Publikationen der Neuen Rechten schimmert eine selbstheroisierende Bürgerrechtsrhetorik durch, mit der sich auch die JF als Streiterin gegen die Meinungsmacht einer angeblich links-dominierten Medienöffentlich-

---

64 Vgl. Thaler JF 04/05: 14.
65 Vgl. Müller JF 33/01: 11.
66 Knütter JF 37/01: 5.
67 Winckler JF 50/01: 16.

keit zu profilieren sucht. Damit liegt sie voll auf der Linie neurechter Realitäts-
verdrehungen, die Täter in Geschichte und Gegenwart gerne zu Opfern stilisiert
– und umgekehrt.

Auch die im ‚Institut für Staatspolitik' versammelten Ikonen der NR finden
ihr Feindbild vor allem in ihrer – ideologisch verzerrten – Interpretation der
„multikulturellen Gesellschaft". Auf diesem Hintergrund malen Publizisten wie
Götz Kubitschek in düstersten Farben ein Porträt vom Untergang des Abendlandes. So auch in der JF:

> „Unser Land gleitet uns aus den Händen. In vielerlei Hinsicht ist es zu spät. Der
> Wedding, Kreuzberg und Neukölln sind für Deutschland verloren, ebenso ganze
> Viertel in Mannheim, Stuttgart, Offenbach, Hannover und den meisten anderen
> westdeutschen Großstädten"[68].

Er rät den Deutschen, sich für den Kampf der Kulturen zu rüsten, sich auf das
eigene, völkisch definierte Kollektiv zu besinnen und die Zuwanderung durch
intensive Fortpflanzung zu bekämpfen.

> „Wir müssen aufhören, eine alternde Gesellschaft für charmant oder interessant oder
> lebenswert zu halten. Daß die jungen Männer die Zukunfts-Macher einer Nation sind,
> schlicht die Anzahl der Söhne etwas über die Dynamik eines Volks aussagt, ist eine
> im kinderarmen Deutschland verdrängte Wahrheit. Wir brauchen mehr Kinder."[69]

Jüngere Autorinnen der JF schlagen ebenfalls in diese Kerbe, wie zum Beispiel
Ellen Kositza. Die 1973 im hessischen Offenbach geborene Geisteswissenschaft-
lerin gehört seit 1993 zum Autorenstamm der JF und trat im August 2000 bei der
Sommerakademie des ‚Instituts für Staatspolitik' als Referentin auf. Auch sie
war in Bubiks Sammelband „wir 89er" mit einem Beitrag („Grenzgänge") vertreten, in dem sie sich nebenbei für die Todesstrafe für Kinderschänder, Vergewal-
tiger und Dealer ausspricht[70].

Gemeinsam mit Götz Kubitschek veröffentlichte Kositza in der ‚Edition
Antaios' einen Band zum 80. Geburtstag von Armin Mohler. In ihrem Artikel
„Schattenwelt Multikultopia" warnt sie vor einer Zerstörung der „tragenden
Pfeiler" der deutschen Kultur und sieht Sprache, Religion und Vergangenheits-
bewusstsein auf Grund von Zuwanderung im „Stadium der Zersetzung"[71]. Mit
dem bewährten Schmittschen Freund-Feind-Schema im Rücken werden hier
Bedrohungsszenarien konstruiert, in denen ein vermeintlich fehlendes – bewusst

---

68   Kubitschek: JF 09/06: 1.
69   Ebd.
70   Kositza 1995: 88.
71   Vgl. Kositza JF 11/05: 1.

nicht näher definiertes – Heldentum einer amorphen Bedrohung durch die Migrantinnen und Migranten gegenübergestellt wird: „Was hat eine postheroische Gesellschaft wie unsere den glaubensstarken Macho-Kulturen eines Großteils der Einwanderer mit einem erhöhten Gewalt- und Aufopferungspotential entgegenzusetzen?"[72]. Globalisierung und demografischer Wandel werden bei Kositza zu Schlüsselgrößen einer konstruierten Konkurrenz um Lebens- und Kulturraum zwischen Einheimischen und Zuwanderern:

> „Debatten, ob integrationsunwillige Migranten als harmlose ‚Subkulturen' oder als aggressive ‚Gegenkultur' von Minderheiten anzusehen seinen, dürften sich jedoch in absehbarer Zeit erledigt haben, der Kampf der Kulturen ist längst zu einem einseitig erklärten ‚Kampf der Wiegen' geworden"[73].

Während über Integrationsprobleme gesprochen werde, sei das in Kositzas Augen eigentlich Notwendige eine „Abwanderungspolitik". An Aussagen wie diese knüpfen klarere Worte aus dem rechtsextremistischen Parteienspektrum an. Während bei Kositza ein eindeutigeres Plädoyer für eine offensive Geburtenpolitik unterbleibt, macht ein Blick ins NPD-Parteiprogramm deutlich, welche Rolle das (neu)rechte Denken der Familie als „Träger des biologischen Erbes" zuschreibt. „Ein Volk das tatenlos zusieht, wie die Familie zerstört wird, oder ihre Kraft verliert, wird untergehen, weil es ohne Familien kein gesundes [sic!] Volk gibt"[74]. Diese Beispiele neueren Datums zeigen, dass die JF bei aller verbalen Mäßigung noch immer um völkisch-nationalistische Ideen kreist und sich Teile ihres Autorenstamms noch immer in der Grauzone zwischen rechtskonservativem und rechtsextremistischem Milieu bewegen.

Politische Konsequenzen

Was also ist zu tun? Rechtsextremismus, rechtsradikale Diskurse und das Wirken der NR sind Teil eines komplexen Gesamtzusammenhangs. Dem muss auch die politische Auseinandersetzung Rechnung tragen. Ob es um grundsätzliche Fragen im Umgang mit rechtsradikalen bis rechtsextremistischen Einstellungen geht oder darum, die kulturhegemonialen Pläne der NR zu vereiteln: Immer sind alle Ebenen des föderalen Systems gefordert. Es geht um Bildungspolitik, das Strafrecht sowie um die Kultur- und Sozialarbeit vor Ort.[75]

---

72   Ebd.
73   Ebd.
74   Vgl. NPD-Parteiprogramm: 5.
75   Eine breite Palette Erfolg versprechender Gegenstrategien findet sich in Braun/Hörsch 2004: 157-67.

Für den Umgang mit der JF und der Neuen Rechten gilt: Lange Jahre wurde ihnen von zu vielen die Fähigkeit abgesprochen, intellektuell anspruchsvoll zu argumentieren. Ihre Diskurse wurden meist ignoriert, totgeschwiegen und bestenfalls in Verfassungsschutzberichte aufgenommen. Aber wer liest diese Berichte schon?

Dieser im Grunde konfliktscheue Umgang war ein Fehler und hat der NR wertvollen Raum überlassen, den es jetzt mühsam zurückzuerobern gilt. Politik und Zivilgesellschaft müssen wieder lernen, sachlich gegen neurechte Klischees zu argumentieren. Nur so kann dem selbst erzeugten Mythos der rechten „Schmuddelkinder" der Zauber genommen werden, deren vermeintliche Wahrheiten angeblich unterdrückt und verfolgt würden.

Wer diese nötige Auseinandersetzung führen will, braucht Sachwissen und eine gute Vorbereitung. Diese Leistung ist von Politikern, Wissenschaftlern und anderen Multiplikatoren, beispielsweise in den Redaktionen und Lehrerkollegien, zu erbringen. Schulen und Hochschulen müssen wieder zu Ideologiekritik befähigen. Davon sind sie noch weit entfernt.

Pädagogische und sozialarbeiterische Maßnahmen dürfen sich nicht auf punktuelle Interventionen beschränken. Landespolitisch sind vor allem Impulse in der Bildungspolitik zu setzen, um demokratisches Denken in den Köpfen der Schülerinnen und Schüler rechtzeitig zu stärken. Wissenschaftliche Studien zeigen nachdrücklich, dass frühzeitige und gute Erfahrungen mit demokratischem Sprechen, Denken und Handeln den besten Schutz davor bieten, anfällig für rechtsextremistische Ideologeme zu werden. Diesem Schutz dienen auch medienpädagogische Angebote, die sich der Auseinandersetzung mit rechtsextremistischem Denken im Bereich des Internet und der Populärkultur widmen.[76]

Allerdings dürfen sich solche Angebote nicht nur an Kinder und Jugendliche wenden. Wenn im Kinderzimmer der Rechtsextremismus gedeiht, liegen die Wurzeln oft im familiären Umfeld. Bei der Entstehung von Fremdenfeindlichkeit und rechtsextremistischem Gedankengut spielen zahlreiche gesellschaftliche Faktoren zusammen, bei denen lokale Maßnahmen in vernetzter Form wirksam ansetzen können. Nur so ist zu verhindern, dass die Saat der Neuen Rechten in die gesellschaftliche Mitte einsickert, aufgeht und an den Stammtischen und Wahlurnen gefährliche Blüten treibt.

Gründe, gegen die Ideen der NR und ihre Meinungsführer zu streiten, gibt es genug. Man muss sie nur kennen und die richtigen Konsequenzen ziehen. Ein erster wichtiger Schritt wäre getan, wenn alle Demokraten die notwendige Distanz zu den Medien der NR wahrten. Diese Selbstdisziplin lassen leider jedoch

---

76   Interessante politikdidaktische und medienpädagogische Erwägungen zur Auseinandersetzung mit der JF und dem Phänomen „Neue Rechte" in schulischer und außerschulischer Bildungsarbeit liefert der Beitrag von Thomas Schlag in diesem Band.

auch Politiker demokratischer Parteien – gerade im Umgang mit der JF – noch allzu oft vermissen.[77]

Auch Versuche konservativer Kräfte, missliebige politische Programme zur Rechtsextremismusbekämpfung zu verwässern, in dem man auf die ebenfalls aktuellen Gefahren des Islamismus verweist, führen in die Irre und spielen den Neuen und alten Rechten in die Hände. Das Tauziehen um den Erhalt der CIVITAS und ENTIMON-Mittel und um die Ausgestaltung der Folgeprogramme stellte in diesem Trauerspiel einen bundespolitischen Höhepunkt dar.

Dass das größte jüdische Onlinemagazin Europas, haGalil-online, nur noch als Notausgabe im Netz erscheint, weil es keine Förderung aus diesen Programmen mehr erhält, ist gerade für die Aufklärung und die Befähigung zur Ideologiekritik ein herber Verlust. In Anbetracht der Tatsache, dass der Informationsdienst gegen Rechtsextremismus, IDGR, 2006 leider vom Netz gegangen ist, wiegt dieser Fehler umso schwerer. Wir dürfen das World Wide Web nicht den Neuen und alten Rechten überlassen, die die Chancen dieses Mediums frühzeitig erkannt haben und das Internet konsequent nutzen. Wer die Kräfte der Zivilgesellschaft und der Aufklärung stärkt, stärkt auch die Demokratie. Diese banale Wahrheit wird leider immer wieder vergessen, wenn es um die Verteilung von Geldern geht. Demokratische Politik ist ihrem Charaker nach zustimmungsabhängig und somit begründungspflichtig[78]. Insofern muss auch Kritik an den demokratischen Parteien sein. Für deren geringe Akzeptanz gibt es genug Gründe. Aber der Vorwurf, dass sich der medienfokussierte Parteienstreit mittlerweile zu einer hohlen Auseinandersetzung um strategische Bodengewinne entwickelt, darf nicht unwidersprochen bleiben.

Leider folgen auch einige wissenschaftlich publizierende Autoren derzeit – argumentativ mehr oder weniger gut untermauert – dem Trend zur pauschalen Parteienschelte. Beanstandet werden vor allem die vermeintlich fehlenden inhaltlichen Unterschiede zwischen den demokratischen Parteien und der Trend zur Inszenierung symbolischer Politik als Ersatz für verantwortliche Entscheidungsfindung. Demokraten aller Parteien müssen aufhorchen, wenn ihnen am Ende einer Dissertation[79] zur JF und ihren Bezügen zur Konservativen Revolution die Unfähigkeit attestiert wird, die Meinungsvielfalt der Bevölkerung widerzuspiegeln:

---

77   Siehe den Beitrag von Helmut Lölhöffel in diesem Band.
78   Vgl. Sarcinelli 2007.
79   Wobei die entsprechende Arbeit aufgrund der recht unkritischen Bezugnahmen auf die „grundlegende Pionierleistung" (S. 34) Armin Mohlers möglicherweise die notwendige wissenschaftliche Distanz vermissen lässt.

„Es zeigt sich, dass durch die Meinungskonformität der herrschenden Parteien eine Situation geschaffen wird, die den Rechtsextremismus in der Bundesrepublik tendenziell fördert. Daß dadurch nicht zuletzt günstige Entwicklungsbedingungen für eine Zeitung wie die Junge Freiheit geschaffen werden, die neben demokratischen Inhalten eben auch rechtsextremistischen Positionen im Stil eines revolutionären Konservatismus ein Forum bietet, liegt auf der Hand"[80].

Der Weg von der Parteien- zur Demokratieverachtung ist kurz, die Einflüsterungen der NR laden Verdrossene dazu ein, ihn vorschnell zu beschreiten. Das ist schleichendes Gift für unser politisches System. Die Gegenmittel liegen in der Hand politischer Entscheidungsträger. Sie heißen Transparenz und Streitbarkeit, so wie es das Grundgesetz vorgibt.

Fazit: Die „Junge Freiheit" braucht neue Wächter

Im Umgang mit der JF sind aus politischer Sicht Distanz und Augenmaß angebracht. Wer sie als extremistische Hetzschrift abkanzeln will, wird ihrer Funktion als subtil wirkendes Strategieorgan einer neuen intellektuellen Rechten nicht gerecht. Genauer trifft es da Matthias Arning in der Frankfurter Rundschau:

„Nun kann es sein, dass die Grenzen zum Rechtsextremismus an fragilen Stellen im Weltbild unscharf werden. Doch der genaue Blick in diese Zeitung macht deutlich: Es ist eine rechtspopulistische Gazette mit Hang zum Rechtskonservativen, Grenzüberschreitungen nicht ausgeschlossen"[81].

Gerade diese Grenzüberschreitungen müssen Politik und Zivilgesellschaft wachsam beobachten. Es ist unerlässlich, die Öffentlichkeit für die neurechten Verstrickungen ihrer Macher zu sensibilisieren und potentielle „Wackelkandidaten" davon abzubringen, sich der JF als prominente Feigenblätter anzudienen. Werke wie der vorliegende Sammelband liefern dazu einen wichtigen Beitrag. Gleichzeitig sollte man die publizistische Reichweite des Blattes nicht überschätzen. Um ein breiteres Publikum zu erreichen ist die JF schlicht zu elitär und meinungslastig bzw. tendenziös.
    Pressefreiheit gilt grundsätzlich auch für die Feinde der Freiheit. Eine lebendige und wachsame Demokratie kann ein Blatt wie die JF ertragen. Dafür braucht es nicht zwingend die wachsamen Augen des Verfassungsschutzes. Die öffentliche Auseinandersetzung mit der JF und ihrem Umfeld wird nach dem Urteil des Bundesverfassungsgerichtes vorerst nicht mehr in den Berichten der

---

80   Kubon 2006: 235.
81   Arning 2005.

Verfassungsschutzbehörden stattfinden. Diese Aufgabe liegt jetzt alleine in der Verantwortung von Politik und Öffentlichkeit, Wissenschaft, Bildungsarbeit und Journalismus. Sie stehen vor der Herausforderung, Sprachschwierigkeiten zu überwinden, den wechselseitigen Austausch zu verbessern und die antidemokratischen Gefahrenpotentiale der NR zum Thema einer breiteren öffentlichen Diskussion zu machen. Wenn das gelingt, ist die – zweifelsfrei notwendige – Beobachtung der JF möglicherweise sogar in besseren Händen.

Literatur

Arning, Matthias (2005): Populistisch, nicht extrem. In: Frankfurter Rundschau, 29.06.2005: 3.

Aydt, Frank (2004): Grenzgänge zwischen Alter und neuer Rechter. Sprache und Ideologie Horst Mahlers am Beispiel seiner Propaganda im Internet. In: Gessenharter, Wolfgang/Pfeiffer, Thomas (Hg.): Die Neue Rechte – eine Gefahr für die Demokratie. Wiesbaden: 107-116.

Benoist, Alain de (1985): Kulturrevolution von rechts. Antonio Gramsci und die Nouvelle Droite. Krefeld.

Benthin, Rainer (2004): Auf dem Weg in die Mitte. Öffentlichkeitsstrategien der Neuen Rechten. Frankfurt am Main.

Braun, Stephan/Hörsch, Daniel (Hg.) (2004): Rechte Netzwerke – eine Gefahr. Wiesbaden.

Bubik, Roland (Hg.) (1995): Wir `89er. Wer wir sind und was wir wollen. Frankfurt am Main/Berlin.

Bundesministerium des Inneren (Hg.) (2005): Verfassungsschutzbericht 2005. Köln.

David, Fred (1995): „Ich bin ein Faschist." Interview mit Armin Mohler. In: Sächsische Neueste Nachrichten v. 25./26.11.1995: 2.

Decker, Oliver/Brähler, Elmar (2006): Vom Rand zur Mitte. Rechtsextreme Einstellungen und ihre Einflussfaktoren in Deutschland. Herausgegeben von der Friedrich Ebert Stiftung – Forum Berlin, Berlin.

Feltes, Thomas (2004): Kommunale Kriminalprävention. Vernetzte Initiativen gegen Rechtsextremismus? In: Braun, Stephan/Hörsch, Daniel (Hg.): Rechte Netzwerke – eine Gefahr. Wiesbaden: 259-268.

Gessenharter, Wolfgang (1998): Die intellektuelle Neue Rechte und die neue radikale Rechte in Deutschland. In: APuZ B9-10/98: 20-26.

Gessenharter, Wolfgang/Pfeiffer, Thomas (Hg.) (2004): Die Neue Rechte – eine Gefahr für die Demokratie? Wiesbaden.

Heither, Dietrich (2004 a): „In irgendeiner Form national oppositionell". Ansichten, Akteure und Aktivitäten in der Deutschen Burschenschaft. In: Gessenharter, Wolfgang/Pfeiffer, Thomas (Hg.): Die Neue Rechte – eine Gefahr für die Demokratie? Wiesbaden 2004: 117-135.

Heither, Dietrich (2004 b): Burschenschaften. Rechte Netzwerke auf Lebenszeit. In: Braun/Hörsch (Hg.): Rechte Netzwerke – eine Gefahr. Wiesbaden 2004: 133-147.

Inglehard, Ronald (1982): Die stille Revolution. Vom Wandel der Werte. Bodenheim.

Innenministerium des Landes Nordrhein-Westfalen (Hg.) (2003): Die Kultur als Machtfrage. Die Neue Rechte in Deutschland, Düsseldorf.

Innenministerium des Landes Nordrhein-Westfalen (Hg.) (2003): Verfassungsschutzbericht des Landes Nordrhein-Westfalen über das Jahr 2003. Düsseldorf.

Jaschke, Hans-Gerd (2006): Politischer Extremismus. Wiesbaden.

Kellershohn, Helmut (2004): Das Doppelspiel der Jungen Freiheit am Beispiel der Hohmann-Affäre. In: Braun, Stephan/Hörsch, Daniel (Hg.): Rechte Netzwerke – eine Gefahr. Wiesbaden: 79-94.

Kellershohn, Helmut (2006): Volk, Staat und Nation. Konturen des völkischen Nationalismus in der Jungen Freiheit. Stellungnahme zur Anhörung der SPD-Fraktion im Landtag-Baden Württemberg. Unveröffentlichtes Manuskript, Freiburg.

Kießling, Andreas (2001): Politische Kultur und Parteien in Deutschland. Sind die Parteien reformierbar? In: APuZ B10/01: 29-37.

Knütter, Hans-Helmuth (2001): Volksverhetzung. In: JF 37/01: 5.

Kositza, Ellen (1995): Grenzgänge. In: Bubik, Roland (Hg.): Wir `89er. Wer wir sind und was wir wollen. Frankfurt am Main/Berlin: 87-105.

Kositza, Ellen (2005): „Schattenwelt Multikultopia". In: JF 11/05: 1.

Kubon, Stefan (2006): Die bundesdeutsche Zeitung „Junge Freiheit" und das Erbe der „Konservativen Revolution" der Weimarer Republik. Eine Untersuchung zur Erfassung der Kontinuität „konservativ-revolutionärer" politischer Ideen. Würzburg.

Kubitschek, Götz (2006): Es wird ernst. Kampf der Kulturen: Deutschland muss seine Zukunft als selbstbewußte Nation wollen. In: JF 09/06: 1.

Lüngen, Hans-Peter (2004): Einflüsse und Affinitäten? Beziehungen der Neuen Rechten zu studentischen Verbindungen aus Sicht eines Verfassungsschützers. In: Gessenharter, Wolfgang/Pfeiffer, Thomas (Hg.): Die Neue Rechte – eine Gefahr für die Demokratie? Wiesbaden: 135-143.

Maegerle, Anton (2004a): Blätter gegen Zeitgeist und Dekadenz. Profile und Beziehungen neurechter Periodika an Beispielen. In: Gessenharter, Wolfgang/Pfeiffer, Thomas (Hg.): Die Neue Rechte – eine Gefahr für die Demokratie? Wiesbaden: 199-209.

Maegerle, Anton (2004b): Autorenflucht in der Grauzone. Blätter zwischen Rechts-Konservatismus und Rechtsextremismus. In: Braun, Stephan/ Hörsch, Daniel (Hg.): Rechte Netzwerke – eine Gefahr. Wiesbaden: 35-43.

Maegerle, Anton/Hörsch, Daniel (2004): „Der Kampf um die Köpfe" hat begonnen. Vordenker, Strategen und Wegbereiter rechter Netzwerke. In: Braun, Stephan/ Hörsch, Daniel (Hg.): Rechte Netzwerke – eine Gefahr. Wiesbaden: 113-122.

Maegerle, Anton (2007): Kampf gegen die „Versozialdemokratisierung. In: bnr.de, 05.01.2007.(https://www.bnr.de/bnraktuell/aktuellemeldungen/meldungen0107/kampfgegendieversozialdemokratisierung/, download 04.04.2007).

Maegerle, Anton (2007): Schmiss und Kommers. Burschenschaftlicher „Festtag" in Landau. In: bnr 06/07. (https://www.bnr.de/archiv/jahrgang2007/ausgabe062007/schmissundkommers/) download: 04.04.2007).

Minkenberg, Michael (1998): Die Neue Radikale Rechte im Vergleich: USA, Frankreich, Deutschland. Opladen/Wiesbaden.

Müller, Baal (2001): Wenn das Geld im Kasten klingt. Zur umstrittenen Plakation des Fördervereins für das Holocaust Mahnmal. In: JF 33/01: 11.

NPD-Parteivorstand (Hg.): (2004[10]) NPD-Parteiprogramm. Berlin. (http://partei.npd.de/medien/pdf/Parteiprogramm.pdf, download 04.04.2007).

Ochsenreiter, Manuel (1995): Erziehungssache. In: Bubik, Roland (Hg.): Wir `89er. Wer wir sind und was wir wollen. Frankfurt am Main/Berlin: 209-225.

Pfahl-Traughber, Armin (2004): Die „Umwertung der Werte" als Bestandteil einer Strategie der „Kulturrevolution". Die Begriffsumdeutung von „Demokratie" durch rechtsextremistische Intellektuelle. In : Gessenharter, Wolfgang/Pfeiffer, Thomas (Hg.): Die Neue Rechte – eine Gefahr für die Demokratie? Wiesbaden: 73-94.

Pfeiffer, Thomas (2000): Medien einer neuen sozialen Bewegung von rechts. Bochum.

Pfeiffer, Thomas (2003): Rechtsextremismus light? Entwicklung, Merkmale und Publizistik der Neuen Rechten in Deutschland. In: Cippitelli, Claudia/Schwanebeck, Axel: Die neuen Verführer? Rechtspopulismus und Rechtsextremismus in den Medien. München: 147-190.

Pfeiffer, Thomas (2004): „Unsere Waffe ist das Wort". Neue Rechte: Avantgarde und Ideologieschmiede des Rechtsextremismus. In: Braun, Stephan/Hörsch, Daniel (Hg.): Rechte Netzwerke – eine Gefahr. Wiesbaden: 27-34.

Puttkamer, Michael (2004): „Jedes Abo eine konservative Revolution". Strategie und Leitlinien der ‚Jungen Freiheit'. In: Gessenharter, Wolfgang/Pfeiffer, Thomas (Hg.): Die Neue Rechte – eine Gefahr für die Demokratie? Wiesbaden: 211-220.

Raschke, Joachim (1988[2]): Soziale Bewegungen. Ein historisch-systematischer Grundriss. Frankfurt am Main/ New York.

Rissmann, Hans-Peter (2000): Zeitgeschichte: Wissenschaftler planen „Reetsma-Institut von Rechts". Ausweitung der Aktivitätszone. In: JF 7/00: 5.

Sarcinelli, Ulrich (2007[2]): Politische Kommunikation in Deutschland: Zur Politikvermittlung im demokratischen System. Wiesbaden.

Seils, Christoph (2007): Hilflos gegen Rechts. In: Die Zeit online (http://www.zeit.de/online/2007/06/Kommentar-rechte-Gewalt, 7.2.2007, download 21.02.2007).

Scherr, Albert (2006): Die ‚Junge Freiheit' – eine Herausforderung an die politische Bildung. Stellungnahme zur Anhörung der SPD-Fraktion im Landtag Baden-Württemberg. Unveröffentlichtes Manuskript, Freiburg.

Schmidt, Friedmann (2001): Die Neue Rechte und die Berliner Republik. Parallel laufende Wege im Normalisierungsdiskurs. Wiesbaden.

Speit, Andreas (2005): Unbesiegte Deutsche. Zum 60. Jahrestag der Befreiung vom Faschismus darf ein dubioser Verein seiner Erinnerungskultur huldigen. In: taz Hamburg vom 30.4.2005: 25.

Staud, Toralf (2005): „Ekelhaft intelligent", In: Die ZEIT, H.6, 3.2.2005.

Staud, Toralf (2006[3]): Moderne Nazis. Die neuen Rechten und der Aufstieg der NPD. Köln.

Stein, Dieter (2002): Demokratie braucht Meinungsfreiheit, Freiheit muss erkämpft und verteidigt werden. In: JF 08/02: 7-8.

Stein, Dieter (2006): Pressefreiheit der Durchbruch ist da! In: JF 27/06: 1.

Stöss, Richard (2005): Rechtsextremismus im Wandel. Berlin.

Sundermeyer, Olaf (2007): „Vor allem die Regional- und Oberligen sind interessant", In: Rund.magazin.de   (http://www.rund-magazin.de/home/news/32d800ed-d5d9-4aa1-9792-acd86151dad8, download 04.04.2007).

Thaler, Thorsten (2005): Ein Jubiläum kommt selten allein. In: JF 04/05: 14.

Uhle-Wettler, Reinhard (2001): „Der Aufstand der Anständigen". In: swg-hamburg.de (http://www.swg-hamburg.de/Buchbesprechungen/Der_Aufstand_der_Anstandigen. pdf,download 03.04.2007).

Weißmann, Karlheinz (1986): Neo-Konservatismus in der Bundesrepublik? Eine Bestandsaufnahme. In: Criticón, H. 96: 176-179.

Weick, Curd-Torsten (2006): Gegenhalten. Stimme der Mehrheit Deutsche Leitkultur und Werte. In: JF 25/06: 6.

Willms, Thomas (2004): Armin Mohler. Von der CSU zum Neofaschismus. Köln.

Winckler, Jutta (2001): Die neue Staatsbürgerkunde. In: JF 50/01: 16.

Zehm, Günther (2000): Zivilreligionen und die Abschaffung der Politik. In: JF 09/00: 13.

Kurzchronologie der „Jungen Freiheit" 1986 bis 2006

Helmut Kellershohn

1986-1990

- **Juni 1986:** Die 1. Ausgabe der JF erscheint in Stegen bei Freiburg im Breisgau (DIN A5 Heft-Format, 8 Seiten, Schreibmaschinenvorlage, zweimonatliche Erscheinungsweise). Die Auflage umfasst 400 Exemplare und verdoppelt[1] sich bis Ende 1987. Die JF gilt zunächst „inoffiziell als Organ der Jugendorganisation der Freiheitlichen Volkspartei"[2]. Ende 1986 verlässt Stein die ‚Freiheitliche Volkspartei', die JF wird zu einer „gänzlich unabhängigen Zeitung"[3].
- **Februar 1988:** Umstellung auf DIN A4-Format, 12 Seiten, Desktop Publishing, Auflage 2.000 Exemplare.
- **März 1988:** Ab Ausgabe 2/88 führt die JF den Untertitel „Deutsche Zeitung für Politik und Kultur" (bis 12/93).
- **Herbst 1988:** Gründung des gemeinnützigen Herausgebervereins „Förderverein zur Wiedervereinigung Deutschlands Unitas Germanica e.V." mit Sitz in Ulm (Eintragung ins Vereinsregister 30.11.1988). Vorsitzender: Dr. Götz Meidinger; stellv. Vorsitzender: Dieter Stein; Schatzmeister Günter Slowik.
- **1988/1989:** Die Auflage der JF steigt nach eigenen Angaben von 3.000 Exemplare (2/88) auf 5.000 (2/89) und 10.000 (ab 3/89). Laut Pressemitteilung vom 13.6.1989 gehen 2.500 Exemplare in den Postzeitungsversand. „Der übrige Teil" wird an 18 Universitäten „durch einen ehrenamtlichen Studentenverteiler" in Umlauf gebracht; nach Steins Angaben (Redaktionsrundschreiben 4/89, 18.8.1989) hat die JF zu dieser Zeit 400 Abonnenten.
- **November 1989:** Zur finanziellen Situation schreibt die Redaktion: „Die Zeitung schleppt jede Menge Altlasten mit sich (helfen Sie uns durch Spenden!) und schreibt noch rote Zahlen" (JF 6/89: 14). In der Ausgabe 6/89 findet sich erstmals der JF-Buchdienst.

---

1 Vgl. JF-Verlag.
2 Vgl. Kubitschek: 246.
3 Vgl. Kubitschek.

- **Januar 1990:** Die JF erscheint „bundesweit im Zeitschriftenhandel" mit neuem Format (Berliner Zeitungsformat, 10 Seiten). Auflage 15.000 Exemplare, ab 4/90 30.000 Exemplare, davon werden laut Stein (3.11.1990) 25.000 Exemplare „über den Zeitschriftenhandel abgesetzt".
- **Mai 1990:** Ab 3/90 wird die JF im Zeitschriftenhandel durch die ‚SPS Verlagsservice GmbH' Koblenz vertrieben. Das Verlagsprogramm umfasst „ca. 500 Buchtitel aus dem Bereich Sicherheitspolitik, Wehrwesen und Geschichte". Im Zeitschriftenangebot finden sich Zeitschriften wie ‚Criticón', ‚Code' und mehrere wehrtechnische Periodika.
- **Juni 1990:** Gründung der ‚Junge Freiheit Verlag GmbH' (Kirchzarten, Wohnsitz der Familie Stein) am 13.6.1990 (Eintragung beim AG Freiburg i. Br. am 24.8.1990). Einzelvertretungsberechtigte Geschäftsführer sind Dieter Stein und Dr. Götz Meidinger (vgl. Bundesanzeiger Nr. 183 v. 28.9.90: 5173). Gesellschafter der GmbH sind: Dieter Stein, Kirchzarten (14.000 DM); Götz Meidinger, Ulm (13.500 DM); Boris Rupp, Aßlar (9.500 DM); Sven Thomas Frank, Berlin (4.000 DM); Udo W. Reinhardt, Hannover (4.000 DM); Peter Kienesberger, Nürnberg (1.000 DM); Martin Müller, Dörrenbach (1.000 DM); Raimo Benger, Meinerzhagen (1.000 DM); Martin Schmidt, Freiburg i.Br. (1.000 DM); Markus Zehme, Mainz (1.000 DM).
- **November 1990:** Dieter Stein und Hans-Ulrich Kopp stellen auf dem Kongress „Initiative Deutschland '90" ihr Konzept für die Entwicklung der JF bzw. des „nonkonformen" Pressewesens allgemein vor. Laut Stein trägt sich die JF „mittlerweile durch Kioskverkauf, Abonnements, Anzeigen, Buchdienst und Spenden, alle Mitarbeiter arbeiten jedoch bis heute ehrenamtlich – ich auch – es können noch keine Honorare bezahlt werden."

1991-1993

- **Januar 1991:** JF erscheint ab 1-2/91 monatlich, insgesamt zehnmal bei zwei Doppelnummern (1991: 14-20 Seiten, 1992: 18-28 Seiten; 1993: 22-32 Seiten). Einteilung der Redaktion nach dem Ressortprinzip. Die Auflage steigt nach eigenen Angaben auf 35.000 Exemplare (5/91). Laut Anzeigenpreisliste vom 1.2.1993 liegt die Auflage Anfang '93 bei 31.000 Exemplare (verkaufte Auflage 11.500, Abo-Auflage 4.900, verbreitete Auflage 19.500). Gedruckt wird ab 5/91 bei: ‚Brühlsche Universitätsdruckerei', Verlag des Gießener Anzeigers GmbH & Co. KG (ab 5/93 ‚Brühl-Druck Gießen').
- **Februar 1991:** Nach Beschluss der Mitgliederversammlung vom 2.12.1990 wird der Name des Herausgebervereins geändert in „Verein zur Förderung der Toleranz auf dem Gebiet des Völkerverständigungsgedankens bei allen

Deutschen Unitas Germanica e.V." (Eintragung beim Amtsgericht Ulm am 12.2.1991).

- **Juni 1991:** Ihr fünfjähriges Bestehen feiert die JF-Redaktion in Plettenberg, dem Geburts- und Sterbeort Carl Schmitts: „Bewußt am Heimatort des großen deutschen Staatsrechtlers Carl Schmitt halten wir Rückschau, ziehen Bilanz und formulieren unsere Ziele auf dem Weg zu einer erfolgreichen nonkonformen Alternative auf dem deutschen Pressemarkt."[4] In der Jubiläums-Ausgabe schreibt Martin Schmidt zum Werdegang der Zeitung: Die JF „wird mittlerweile im Ganzseitenumbruch mit einem so genannten Desktop-Publishing-Programm (Page Maker auf Apple Macintosh) hergestellt und in Fotosatzqualität auf einer Linotronikanlage belichtet. [...] der [...] JF-Buchdienst hilft das seit Anbeginn defizitäre Unternehmen besser zu finanzieren. [...] Unbestreitbares Ziel wird neben einer wirtschaftlichen Konsolidierung des Verlages das wöchentliche Erscheinen sein" (JF 6/91: 13).
- **September 1991:** Der September-Ausgabe liegt ein 16-seitiges vierfarbiges Magazin bei. Es bleibt bei diesem einmaligen Versuch.
- **Oktober 1991:** Zur Förderung des „Völkerverständigungsgedankens" startet ‚Unitas Germanica e.V.' eine Unterschriften-Kampagne ‚Freiheit für Königsberg': „Wir fordern die Bundesregierung auf, unverzüglich mit den Regierungen Rußlands und Litauens in Verhandlungen über eine Ermöglichung der ungehinderten Ansiedlung von Deutschen (insbesondere der Rußlanddeutschen) und eine deutsche Verwaltung dieses Gebietes einzutreten."
- **Januar 1992:** Die Monatszeitung der Republikaner ‚Berliner Nachrichten' (Auflage: 10.000) wird von der Berliner VBR GmbH nach einer Vereinbarung mit der JF eingestellt. Die JF übernimmt die Abonnenten dieser Zeitung und richtet die neue Rubrik ‚Aus der Hauptstadt' ein. Verantwortlicher Redakteur wird Ex-Republikaner Carsten Pagel, der bis dahin die Berliner Nachrichten betreute. Zu den Rubriken ‚Politik', ‚Interview', ‚Leserbriefe', ‚Zeitgeschichte', ‚Forum', ‚Kultur', ‚Büchermarkt', ‚Zeitgeist & Medien', ‚Ethnopluralismus', ‚Wirtschaft & Umwelt' (Stand 1-2/91) kommen außerdem noch die Rubriken ‚Mitteleuropa' und ‚Kleinanzeigen' hinzu. Die Rubrik ‚Ethnopluralismus' wird in ‚Nationalitätenfragen' umbenannt! Die Rubrik ‚Kleinanzeigen' verweist auf das Bemühen der JF, mit der Einrichtung von Seminaren und Lesekreisen, die dann in der JF annoncieren, eine „rechte Graswurzelrevolution" (1-2/92: 4) zu fördern.
- **Juni 1992:** Die Herausgeberschaft der JF wechselt. An die Stelle von Unitas Germanica e.V. tritt die ‚Junge Freiheit Verlag GmbH'. Erscheinungsort ist ab 7-8/92 Freiburg i. Br.

---

4   Aus der Einladung, vgl. Kubitschek: 254.

- **Oktober 1992:** Die Umstellung der JF auf wöchentliches Erscheinen wird
  auf einer Pressekonferenz anlässlich der Frankfurter Buchmesse[5] angekündigt. Als Erscheinungsort sind Wien oder Potsdam JF-intern im Gespräch[6].
- **Juli 1993:** Der Sitz der Redaktion wird verlegt (20.7.93). Vorübergehend
  kommt die Redaktion in den Räumlichkeiten der Berliner Firma ‚AMS Allgemeine Mietsysteme' (Geschäftsführer Roland Wehl) unter. Auch eine
  Werbeagentur, ‚Profit Marketing', gegründet von Götz Meidinger, ist hier
  zu erreichen.[7] Im Impressum taucht erstmals in der Ausgabe 9/93 ein Pots-
  damer Postfach auf. Im Oktober erfolgt der Umzug nach Potsdam
  (Amtsstraße 5a). In JF 6/93 beginnt eine Kampagne für die Zeichnung von
  Anteilsscheinen für eine zu gründende Kommanditgesellschaft und die
  „Erweiterung unserer Kapitalbasis auf 2 Millionen DM".
- **September 1993:** In Ravensburg bzw. Konstanz findet die 1. Sommer-
  Universität der JF statt. Götz Meidinger erläutert in JF 9/93 die Vorzüge einer Publikums-Kommanditgesellschaft. In diesem Zusammenhang gibt er
  eine ökonomische Begründung für den Ausbau der JF. Das „Selbstausbeu-
  tungsprojekt" JF sei keineswegs konsolidiert (wie dies noch Martin Schmidt
  1991 als Zielperspektive angegeben hatte), sondern „spätestens 1994 praktisch pleite". Entweder müsse man aufgeben, verkaufen oder aber auf eine
  wöchentliche Erscheinungsweise umstellen. Im Falle der letzten Lösung
  seien zudem die „Erschließung weiterer Geschäftsfelder", der Immobilien-
  erwerb, ein halb- bzw. hauptamtliches Management und – „von herausra-
  gender wirtschaftlicher Bedeutung" – die Erschließung eines „breiten An-
  zeigenmarkt[s]" notwendig.

1994-1999

- **Januar 1994:** Gründung der Kommanditgesellschaft ‚Junge Freiheit Verlag
  GmbH & Co.' in Potsdam. Die JF stellt auf wöchentliches Erscheinen (ab
  21.1.1994) um. Startauflage angeblich 100.000 Exemplare[8]. Neuer Untertitel: „Wochenzeitung für Politik und Kultur".
- **Juli 1994:** In einem Artikel in eigener Sache (JF 29/94) stellen Stein und
  Meidinger fest, dass man noch weitere zwölf Monate brauche, bis das Projekt JF „über den Berg" sein werde. Gründe: Im Januar 1994 sei nur „für
  knapp ein Viertel der genannten Summe [= 2 Mio. DM – H.K.] Komman-

---

5   Vgl. JF-Verlag.
6   Vgl. Aula 10/93.
7   Vgl. Berliner Zeitung v. 20.10.93.
8   Vgl. JF-Verlag.

ditanteile gezeichnet worden"; die Mängel im Vertrieb (besonders Kiosk-Vertrieb) zu beheben, erforderten Eigenmittel, „die nicht aus dem laufenden Geschäftsbetrieb erwirtschaftet werden können". Man habe einen Vorvertrag auf ein unbebautes Grundstück in ausgezeichneter Lage, müsse aber für die „Baureifmachung des Geländes" Vorleistungen erbringen. Das Anzeigendefizit wird mit keinem Wort erwähnt.

- **August/September 1994:** Höhepunkt eines Richtungsstreits in der Redaktion anlässlich eines geschichtsrevisionistischen Artikels zum Thema Holocaust von Armin Mohler (JF 32/94) in dessen Kolumne „Notiz aus dem Interregnum". Der verantwortliche Kultur-Ressortleiter Andreas Molau (heute stellvertretender Chefredakteur des NPD-Zentralorgans ‚Deutsche Stimme') wird entlassen; im September folgt die Entlassung Götz Meidingers als Geschäftsführer des JF-Herausgebervereins durch die Gesellschafterversammlung.[9] Armin Mohler zieht sich als Autor zurück. Die 2. Sommeruniversität findet vom 19. bis 24. August statt.

- **Ende 1994:** In einer Reihe von gewaltsamen Aktivitäten und Demonstrationen (Überblick in JF v. 8.7.2005) versuchen militante Gegner der JF das Erscheinen der Zeitung zu behindern. Höhepunkt ist der Brandanschlag auf die Union-Druckerei in Weimar am 4. Dezember. In einem Bekennerschreiben der „Revolutionären Lesbenfrauengruppen und anderen revolutionären Gruppen" (TAZ v. 21.12.1994) heißt es: „Kein Rederecht für, keinen Dialog mit Faschisten und Faschistinnen!" Zur Funktion dieser militanten Aktivitäten für die Karriere der JF schreibt Götz Kubitschek rückblickend in der Jubiläumsschrift ‚20 Jahre Junge Freiheit':

„Indem die Autonomen und Berufsdemonstranten ihr Dasein durch einen erfolgreichen ‚Kampf gegen rechts' zu legitimieren trachteten, überspannten sie den Bogen. Daß die JF ihnen letztlich ein Thema für die Mobilisierung der eigenen Leserschaft verdankt, liegt auf der Hand: Für einen bestimmten Zeitraum lebt ein Projekt wie die JUNGE FREIHEIT davon, daß sich überhaupt jemand provozieren läßt und reflexartig auf die Vorstöße reagiert, die man mit den eigenen, sehr begrenzten Mitteln wagen kann."[10]

- **1995:** Nach den anhaltenden „Auseinandersetzungen um die inhaltliche und ökonomische Orientierung der Zeitung" übernimmt Dieter Stein weitere Anteile am Verlag und verfügt nunmehr mit einem Anteil von 71 Prozent über eine „deutliche Mehrheit"[11].

---

9   Vgl. Kubitschek: 262.
10   Kubitschek: 38.
11   JF-Verlag.

- **Januar 1995:** Erstmals schreibt Prof. Günter Zehm, ehemals Feuilleton-Chef und stellvertretender Chefredakteur der ‚Welt', seine „Pankraz"-Kolumne in der JF (3/95).

- **März 1995:** Seit März erscheint (bis Juni 1998) ein interner „Hintergrunddienst"[12], ‚JF-intern'. Zum hundertsten Geburtstag widmet die JF Ernst Jünger eine Sonderbeilage (12/95).

- **Mai 1995:** In seinem Jahresbericht über das Jahr 1994 kommt der Verfassungsschutz Nordrhein-Westfalen erstmals zu dem Schluss:

„Die durch den Verfassungsschutz NRW vorgenommene Auswertung der bisher erschienenen Ausgaben der JF, insbesondere des Jahres 1994, hat zahlreiche tatsächliche Anhaltspunkte für den Verdacht rechtsextremistischer Bestrebungen ergeben. Konstant und auffällig ist die JF von Beiträgen durchsetzt, in denen die Verfasser für politische Standpunkte werben oder Forderungen erheben, die mit grundlegenden Prinzipien der freiheitlichen demokratischen Grundordnung, insbesondere der Achtung vor den im Grundgesetz konkretisierten Menschenrechten und dem Grundsatz der Verantwortlichkeit der Regierung gegenüber der Volksvertretung, nicht in Einklang stehen."

- **August 1995:** Zum letzten Mal findet die JF-Sommeruniversität in Neuhof bei Fulda unter der Schirmherrschaft von Herbert Fleissner, Heinrich Lummer und Günter Zehm statt.[13]

- **September 1995:** Im Ullstein-Verlag erscheint der Sammelband „Wir '89er", herausgegeben von JF-Redakteur Roland Bubik. In diesem Buch wird der künstliche Versuch unternommen, die Existenz einer neuen, national gesonnenen Generation, die den Achtundsechzigern Paroli bieten und sie ablösen könnte, herbei zu schreiben. Mehrere JF-Autoren und Dieter Stein unterbreiten ihre Bekenntnisse.

- **Oktober 1995:** Die JF verlegt ihren Redaktionssitz von Potsdam nach Berlin in das Mosse-Zentrum (Zimmerstr. 55) im traditionsreichen Berliner Zeitungsviertel. Der Bürokomplex ist nach der Familie Mosse benannt, die den ersten deutschen Großverlag gründete und später vor den Nationalsozialisten fliehen musste. Bereits im November wird der JF gekündigt (zum Oktober 1996). In Österreich erscheint eine eigene Ausgabe der JF unter Leitung des FPÖ-Politikers und Publizisten Andreas Mölzer.

- **März 1996:** Die JF wechselt die Vertriebsfirma. An die Stelle der ‚SPS Verlagsservice GmbH' tritt die ‚IPS Pressevertrieb GmbH'.

---

12 Kubitschek: 264.
13 Vgl. Kubitschek: 266.

- **Juni 1996:** An die Stelle der JF-Leserkreise, die zum Teil die JF von rechtsaußen kritisieren, tritt der Förderkreis „Freunde der Jungen Freiheit", der die Aufgabe hat, finanzielle und ideelle Unterstützung für die JF zu organisieren.

- **August 1996:** Die JF klagt, vertreten durch den Münchner Rechtsanwalt Manfred Brunner, beim Verwaltungsgericht Düsseldorf gegen die Erwähnung der JF im NRW-Verfassungsschutzbericht. Zur Gewinnung neuer Abonnenten wird eine Kampagne gestartet, um eine Deckungslücke von 450.000 DM auszugleichen.[14] Nach eigenen Angaben hat die JF „im zehnten Jahr ihres Bestehens eine Druckauflage von 35.000 Exemplaren, die verkaufte Auflage beträgt 21.000 Exemplare, davon 14.500 Abonnenten weltweit."[15]

- **Oktober 1996:** Die JF verlässt ihre Räume im Berliner Mosse-Zentrum und zieht um auf den Hohenzollerndamm 27a in Berlin-Wilmersdorf.

- **November 1996:** Die JF präsentiert sich erstmals mit einer eigenen Homepage im Internet.

- **Februar 1997:** Das Verwaltungsgericht Düsseldorf weist in erster Instanz die Klage der JF ab, durch die dem nordrhein-westfälischen Innenminister die Erwähnung der JF in künftigen Jahresberichten des Verfassungsschutzes untersagt werden sollte. Die JF legt im April Berufung beim Oberverwaltungsgericht Münster ein.

- **Juni 1997:** Erweiterung des JF-Buchdienstes zu einer Versandbuchhandlung, die alle im Buchhandel erhältlichen Bücher liefert.

- **Oktober 1997:** An die Stelle der österreichischen Ausgabe der JF tritt (als „Schwesterzeitung"[16]) die Wochenzeitung ‚Zur Zeit', an deren Verlag die JF Anteile von 10 Prozent hält. Chefredakteur: Andreas Mölzer. Nach eigenen Angaben[17] sammeln die „Freunde der Jungen Freiheit" 1996 und 1997 Spenden in Höhe von knapp 1,1 Mio. DM.

- **1998:** Im Jahr 1998 stehen wichtige diskursive Ereignisse in der Berichterstattung der JF[18] im Vordergrund: Wehrmachtsausstellung, 150. Jahrestag der 1848er Revolution, Schwarzbuch des Kommunismus, 50. Jahrestag der Währungsreform, Ziele und Zukunft der „Rechten", Bundestagswahl, Friedenspreisrede Martin Walsers auf der Frankfurter Buchmesse, Beiträge der 68er-„Renegaten" Horst Mahler und Bernd Rabehl. Dieter Stein feiert zum Tode Ernst Jüngers den ehemaligen Nationalrevolutionär und zuletzt zum

---

14   Vgl. Kubitschek: 268.
15   JF-Verlag.
16   Kubitschek: 272.
17   Vgl. JF-Verlag.
18   Vgl. JF-Verlag; Kubitschek: 272 f.

Katholizismus Konvertierten als konservativen Revolutionär: „Jüngers Werk ist ein einziger Appell, das Auge für das Schöne, die Ordnung, die Schöpfung zu bewahren – nicht aber Zustände zu konservieren, die sich auflösen."[19] Die JF ergreift[20] weitere Sanierungsmaßnahmen (Einstellung von ,JF-intern', Kürzung des Zeitungsumfangs).

- **1999:** Brisante Themen für die JF sind im Laufe des Jahres unter anderem: Doppelte Staatsbürgerschaft, 80. Jahrestag von Versailles, Sloterdijk-Habermas-Kontroverse, Wahlerfolg der FPÖ, Hans Haakes Installation im Reichstag „Der Bevölkerung", CDU-Spendenaffäre.[21] Im März erstmals Interview mit Jörg Schönbohm. Die neue Buchreihe ,Edition JF' wird mit Alain de Benoists „Aufstand der Kulturen" eröffnet. Darin das „Manifest: Die Nouvelle Droite des Jahres 2000".

2000-2006

- **April 2000:** Die JF ändert ihr Format. An die Stelle des „Berliner Formats" tritt das „Nordische Format", um die Zeitung „repräsentativer erscheinen" zu lassen.[22] Der ehemalige Osteuropa-Korrespondent der ,Welt' (1972-1999), Carl Gustav Ströhm, erhält eine eigene Kolumne, die bis zu seinem Tode regelmäßig erscheint.
- **Mitte 2000:** Aus dem engeren Umfeld der JF heraus wird das ,Institut für Staatspolitik' gegründet, dessen Aufgaben die Durchführung von Seminaren und Vortragsveranstaltungen und die Herausgabe von wissenschaftlichen Publikationen in der zu diesem Zweck gegründeten ,Edition Antaios' sind. Außerdem wird die neue Zeitschrift ,Sezession' ins Leben gerufen. Treibende Kräfte sind Karlheinz Weißmann und Götz Kubitschek. Enge Zusammenarbeit mit der JF.
- **September/Oktober 2000:** Öffentlichkeitswirksame Interviews mit Christoph Zöpel (SPD), Staatsminister im Auswärtigen Amt, und Charlotte Knobloch, Vizepräsidentin des Zentralrats der Juden in Deutschland. Weitere Interviewpartner im Laufe des Jahres sind u. a. Helmut Zilk, ehemaliger sozialdemokratische Bürgermeister Wiens, Carl Gustaf Ströhm, Bundesverkehrsminister Reinhard Klimmt (SPD), Frederick Forsyth, Hans-Georg Gadamer, Dietrich Schwanitz.[23]

---

19   Kubitschek: 272.
20   JF-Verlag.
21   Vgl. JF-Verlag.
22   Kubitschek: 276.
23   Vgl. JF-Verlag.

- **2001:** In seinem Jahresbericht über das Jahr 2000 stellt das Innenministerium Baden Württembergs fest: „Die Wochenzeitung ‚Junge Freiheit' ist in Nordrhein-Westfalen und Baden-Württemberg Beobachtungsobjekt des Verfassungsschutzes." Der Verfassungsschutz des Unions regierten Bundeslandes kommt zu der Einschätzung:

  „Ein wichtiges publizistisches Bindeglied zwischen dem rechtskonservativen und dem rechtsextremistischen Spektrum ist dabei die Wochenzeitung ‚Junge Freiheit' (JF). Dem aufmerksamen Leser stellt sich die JF als Publikation dar, die konstant von Beiträgen durchsetzt ist, die mit grundlegenden Prinzipien der freiheitlichen demokratischen Grundordnung nicht in Einklang stehen. Die Redaktion der JF ist dabei bemüht, extremistisches Gedankengut als ‚national-konservatives' zu verschleiern und bedient sich hierzu immer wieder der Bereitschaft von Politikern und sonstigen Personen zu Interviews. Typisch für die mit intellektuellem Anspruch auftretenden JF-Autoren ist ihr geschicktes Agieren in einer Grauzone von demokratischem Konservatismus, Rechtsradikalismus und Rechtsextremismus. Dabei spielt der Rekurs auf die antidemokratische ‚Konservative Revolution' zur Zeit der Weimarer Republik und auf den Staatsrechtler Carl Schmitt eine tragende Rolle. Daneben wird gezielt gegen Funktionsträger der parlamentarischen Demokratie agitiert."[24]

- **Februar 2001:** Die JF veröffentlicht einen „Appell für die Pressefreiheit" in mehreren überregionalen Zeitungen gegen die Kündigung ihrer Konten durch die Postbank. Die ‚Welt' lehnt die Anzeige ab. Die Kündigung wird rückgängig gemacht. Fritz Schenk, ehemaliger Mitarbeiter von Gerhard Löwenthal beim ‚ZDF-Magazin', wird neuer Autor und erhält später eine regelmäßig erscheinende Kolumne.

- **April 2001:** Hans-Helmuth Knütter, emeritierter Professor für Politikwissenschaft an der Universität Bonn und zu dieser Zeit ständiger Mitarbeiter der JF, hält eine Rede beim Jahreskongress der ‚Gesellschaft für Freie Publizistik', der größten rechtsextremen kulturpolitischen Vereinigung, in der er um die Unterstützung für den „Kampf um die Straße" wirbt:

  „Diese jüngeren Leute werden sich, wie Jüngere das tun können, mit persönlichem, mit körperlichen Einsatz für die Durchsetzung der politischen Ziele einsetzen, und das ist gut, das ist hervorragend. Die Älteren können aber auch etwas tun. Man wird auch den hier Anwesenden aufgrund des Alters wohl kaum zumuten können, sich an Saalschlachten und Straßenkämpfen zu beteiligen. Aber was sie tun können, ist natürlich: Geld sammeln, Aktionen ermöglichen."[25]

---

24 Verfassungsschutzbericht Baden-Württemberg 2000: 80.
25 Quelle: ‚Panorama'.

- **Mai 2001:** Das Oberverwaltungsgericht für das Land NRW weist einen Antrag der JF auf Zulassung der Berufung gegen das für die JF negative Urteil aus dem Jahr 1997 zurück.

„In der Begründung seines Beschlusses führt das Oberverwaltungsgericht aus, dass verschiedene Veröffentlichungen der JF tatsächliche Anhaltspunkte für den Verdacht von Bestrebungen erkennen lassen, die   gegen das Demokratieprinzip gerichtet sind. Überdies ergebe sich das Bild einer die Menschenwürde (Art. 1 Abs. 1 GG) und das Diskriminierungsverbot des Art. 3 Abs. 3 GG missachtenden fremdenfeindlichen und antisemitischen Ausrichtung, die pauschal und diffamierend Ausländer, insbesondere Flüchtlinge, für den Verlust der deutschen Identität, für Arbeitslosigkeit, Kriminalität, Wohnungsnot, steigende Sozialkosten und Umweltschäden verantwortlich macht und die Opfer des Holocaust in zynischer Weise herabwürdigt. Auch wenn sich daneben zahlreiche weitere Beiträge fänden, denen eine solche Ausrichtung nicht entnommen werden könne, so erwecke die JF doch durch die über einen längeren Zeitraum hinweg erfolgte kommentarlose Veröffentlichung einer größeren Anzahl antidemokratischer, fremdenfeindlicher und antisemitischer Beiträge objektiv den Eindruck, sie trete aktiv für die dort propagierten Auffassungen und Ziele ein. Damit, so das OVG, lägen tatsächliche Anhaltspunkte für den Verdacht vor, dass von der JF verfassungsfeindliche Bestrebungen ausgehen."[26]

- **Juni 2001:** Die JF legt dagegen im Juni Verfassungsbeschwerde ein und startet eine Kampagne gegen den NRW-Verfassungsschutz (vgl. Juni 2002). Zum 15jährigen Bestehen veranstaltet die JF einen „Tag der offenen Tür" für ihre Freunde und Förderer, der seitdem jedes Jahr stattfindet.
- **2001:** Die JF legt Wert[27] auf folgende Interviewpartner: Wolfgang Venohr und Wolf Jobst Siedler (zum Preußenjahr), Ephraim Kishon, Ewald von Kleist (über den nationalkonservativen Widerstand).
- **März 2002:** Der ehemalige Generalbundesanwalt Alexander von Stahl löst Manfred Brunner als Prozessbevollmächtigten in der Klage gegen NRW ab.[28]
- **Juni 2002:** In überregionalen Zeitungen erscheint erneut ein „Appell für die Pressefreiheit" – diesmal „Gegen die Verletzung demokratischer Grundrechte durch den NRW-Verfassungsschutz".
- **2002:** Die JF legt Wert auf folgende Interviews[29] mit: Jamal Karsli (Landtagsabgeordneter der GRÜNEN in NRW mit Anti-Zionismus-Kritik), Uri Avnery mit Kritik an der Regierung Scharon; erneut Jörg Schönbohm; Joachim Kaiser, Musik- und Literaturkritiker der ‚Süddeutschen Zeitung' (SZ),

---

26   Verfassungsschutzbericht NRW 2001: 128f.
27   Vgl. JF-Verlag.
28   Vgl. Kubitschek: 280.
29   Vgl. JF-Verlag.

und Eckhard Henscheid (beide zu Martin Walsers Buch „Tod eines Kritikers"). Ein wichtiges diskursives Ereignis ist für die JF die Debatte um den „Fall Möllemann".

- **2003:** Wichtige Themen der JF sind im Februar der Bombenkrieg (Sonderbeilage mit Augenzeugenberichten) und im Juni der 50. Jahrestag des 17. Juni 1953 (ebenfalls Sonderbeilage mit Augenzeugenberichten).
- **November 2003:** Die berüchtigte, am 3. Oktober gehaltene Rede des mit der JF eng verbundenen Martin Hohmann (CDU-MdB) wird abgedruckt. Obwohl Hohmann ausdrücklich Juden von dem „Tätervolk"-Vorwurf ausnimmt, enthält die Rede zahlreiche völkische Ideologeme und antisemitische Stereotype, was die JF-Berichterstattung geflissentlich übersieht. JF-Autor Fritz Schenk veröffentlicht für den aus der CDU/CSU-Fraktion ausgeschlossenen Hohmann eine Solidaritätsanzeige „Kritische Solidarität mit Martin Hohmann". Dieter Stein sieht im Verhalten der Union einen „Abgrund des Opportunismus" (JF 47/03). JF-Autor Doris Neujahr (i.e. Thorsten Hinz) hält die Rede für „verunglückt", droht aber gegenüber der Kritik von Seiten des Zentralrats der Juden in Deutschland:

„Auch die jüdischen Verbandsfunktionäre werden sich daran gewöhnen müssen, daß ihr öffentlicher Einfluß künftig weniger auf ihrer Eigenschaft als Repräsentanten einer geschichtlichen Lebenserfahrung beruht, sondern von der Stichhaltigkeit ihrer Argumente abhängt."[30]

Die „Affäre Hohmann" erweitert sich zum „Fall Günzel": Der Brigadegeneral Reinhard Günzel, Kommandeur des Kommandos Spezialkräfte (KSK), bringt seine Unterstützung für Hohmann in einem Brief zum Ausdruck, den dieser im ZDF-Magazin ‚Frontal 21' der Öffentlichkeit präsentiert, und wird mit einem Interview in der JF belohnt (JF 10/04).

- **Dezember 2003:** Nach eigenen Angaben schließt die JF „das Geschäftsjahr 2003 mit einer guten Bilanz ab"[31].
- **Januar 2004:** Zum 10jährigen Bestehen der JF bedankt sich Dieter Stein bei dem sudetendeutschen Verleger Herbert Fleissner (Verlagsgruppe Langen Müller Herbig) für „vielfältige Unterstützung". Laut SZ vom 28.11.2003 hält Fleissner zehn Prozent der ‚W3'-Verlagsgesellschaft, die das österreichische JF-Schwesterblatt ‚Zur Zeit' (siehe oben unter Oktober 1997) herausgibt. Fleissner ist Mitglied des ‚Witikobundes' und der ‚Stimme der Mehrheit', einer dem ‚Bund der Selbständigen' (BDS) in NRW ver-

---

30   JF 46/03.
31   Kubitschek: 282.

bundenen Arbeitsgemeinschaft, und Mitunterzeichner der Solidaritätsanzeige für Hohmann. Stein äußert sich folgendermaßen:

„Wenn es einen deutschen Verleger gibt, der für mich ein Vorbild ist, dann ist dies Herbert Fleissner. Ich habe ihn 1990 das erste Mal getroffen [...] und er hat an die JUNGE FREIHEIT und meine Idee geglaubt. Sein Vertrauen und seine vielfältige Unterstützung haben mir in vielen Momenten geholfen."[32]

- **Juni 2004:** Der Journalist Peter Scholl-Latour sieht in der JF den Beweis dafür, „dass es noch unabhängige Geister in der deutschen Medienlandschaft gibt"[33].

- **November 2004:** Egon Bahr (SPD) gibt im Willy-Brandt-Haus der JF ein vielseits kritisiertes Interview. Zum 15. Jahrestag des Mauerfalls erscheint die JF mit Berichten von Zeitzeugen.

- **Dezember 2004:** Im Dezember wird erstmals ein von der JF gestifteter „Gerhard-Löwenthal-Preis für unabhängigen Journalismus"[34] verliehen. Den ersten Preis erhält der JF-Autor Thorsten Hinz alias Doris Neujahr. Ein Ehrenpreis geht an Herbert Fleissner.

- **2005:** Die JF legt Wert[35] auf folgende Interviewpartner: Peter Glotz (SPD), Rolf Hochhuth, Heinz Buschkowsky (SPD-Bezirksbürgermeister von Berlin-Neukölln). Sonderbeilagen erscheinen zum Ende des Zweiten Weltkrieges und zu „60 Jahre Vertreibung".

- **Mai 2005:** Mit Beschluss vom 24. Mai 2006 (Az.: 1 BvR 1072/01) gibt das Bundesverfassungsgericht der von der Junge Freiheit Verlag GmbH & Co. eingereichten Verfassungsbeschwerde statt. Die Entscheidungen des VG Düsseldorf (1997) und OVG Münster (2001), dass die JF zu Recht in den Verfassungsschutzberichten erwähnt werden dürfe, werden aufgehoben und der Sache nach an das VG Düsseldorf zurück verwiesen. In einer Zusammenfassung des Beschlusses schreibt das baden-württembergische Innenministerium:

„Der Erste Senat [...] stellte insbesondere fest, dass die Entscheidungen [...] die JF in ihrem Grundrecht auf Pressefreiheit (Artikel 5 Abs. 1Satz 2 GG) verletzten. Außerdem reiche die bloße Kritik an Verfassungswerten nicht als Anlass aus, um allein deshalb die negative Sanktion einer Veröffentlichung in den Verfassungsberichten zu ergreifen. Von der Pressefreiheit sei auch die Entscheidung erfasst, ein Forum nur für ein bestimmtes politisches Spektrum zu bieten, dort aber den Autoren große

---

32   JF 5/04.
33   Kubitschek: 282.
34   Kubitschek: 284.
35   Vgl. Kubitschek: 284.

Freiräume zu gewähren und sich in der Folge nicht mit allen Veröffentlichungen zu identifizieren. Unter Beachtung des Grundsatzes der Verhältnismäßigkeit müssten für eine Aufnahme im Verfassungsschutzbericht hinreichend gewichtige tatsächliche Anhaltspunkte für rechtsextremistische Bestrebungen vorliegen. Bei Artikeln, die Mitglieder der Redaktion nicht verfasst hätten, bedürfe es besonderer Anhaltspunkte, warum aus diesen Artikeln entsprechende Bestrebungen von Reaktion und Verlag abgeleitet werden könnten."[36]

- **Dezember 2005:** Der Historiker und JF-Autor Stefan Scheil erhält den Gerhard-Löwenthal-Preis für Journalismus 2005. Der Ehrenpreis wird Caspar von Schrenck-Notzing, dem ehemaligen Herausgeber der Zeitschrift ‚Criticón', verliehen.

- **März 2006:** Die JF veröffentlicht einen „Appell für die Pressefreiheit" gegen ihren Ausschluss von der Leipziger Buchmesse. Der Ausschluss wird zurückgenommen.

- **Mai 2006:** Nach eigenen Angaben[37] hat die JF 15.000 Abonnenten (August 1996: 14.500!?) und eine Gesamtauflage von 35.000 Exemplare (wie Aug. 1996!?). Im Kioskverkauf würden 3000 Exemplare abgesetzt.

- **Juni 2006:** In einer Beilage zum 20jährigen Geburtstag der JF (21/06) berichtet Stein:

„Als wir 1994 starteten, hatten wir 200.000 Mark, die von 50 Lesern in kleinen und mittleren Beträgen zusammengekommen waren. Heute hat unsere Kommanditgesellschaft 300 Gesellschafter mit einem gezeichneten Kapital in Höhe von 1,5 Millionen Euro. Bis heute haben darüber hinaus rund 4.000 Leser im Rahmen der Aktion ‚Freunde der JF' insgesamt 4 Millionen Euro gespendet, um das Überleben und den Ausbau der Zeitung zu fördern."

- **Juli 2006:** In einer Stellungnahme erklärt das baden-württembergische Innenministerium:

„Am 23. Juni 2006 schloss das Land Nordrhein-Westfalen vor dem Verwaltungsgericht Düsseldorf mit dem Junge Freiheit Verlag GmbH & Co. einen Vergleich. Das Land Baden-Württemberg schloss am 5. Juli 2006 vor dem Verwaltungsgericht Stuttgart auf Vorschlag des Gerichts ebenfalls einen Vergleich. Darin erklärten die Beteiligten jeweils den Rechtsstreit einvernehmlich für beendet. Der Vergleich […] nimmt Bezug auf die veränderte Rechtsprechung des Bundesverfassungsgerichtes, die verschärfte Anforderungen an die Aufnahme von Presseerzeugnissen in den Verfassungsschutzbericht stellt, und stellt fest, dass […] die Aufnahme der Jungen Frei-

---

36 LT-Drucksache 14/128, 14.07.2006 „Wiederaufnahme der neurechten Wochenzeitung ‚Junge Freiheit' in den Verfassungsschutzbericht des Landes".
37 Vgl. Kubitschek: 286.

heit in den Verfassungsschutzbericht 2002 unter anderen rechtlichen Voraussetzungen zu prüfen gewesen wäre. Nach Auffassung des Innenministeriums bestätigt das Gericht mit dieser Feststellung zugleich, dass die Aufnahme in den Verfassungsschutzbericht rechtmäßig war. [...] Die JF unterliegt auch weiterhin der Beobachtung durch das LfV."[38]

- **Dezember 2006:** JF-Autor Thomas Paulwitz, Chefredakteur der Sprachzeitung ,Deutsche Sprachwelt', wird diesjähriger Preisträger des Gerhard-Löwenthal-Preises für Journalismus. Den Ehrenpreis erhält Elisabeth Noelle-Neumann.

Literatur

Dietzsch, Martin: Kurze Chronik der Geschichte der „Jungen Freiheit". In: M. Dietzsch/S. Jäger/H. Kellershohn/A. Schobert: Nation statt Demokratie. Sein und Design der „Jungen Freiheit". Duisburg: DISS 2003: 68-74.

Junge Freiheit Verlag: Geschichte der JUNGEN FREIHEIT (http://www.jungefreiheit.de/gee.htm, Stand vom 10.12.2002).

Kellershohn, Helmut: Kurzchronologie der Jungen Freiheit 1986 bis 1994. In: Ders. (Hrsg.): Das Plagiat. Der Völkische Nationalismus der Jungen Freiheit. Duisburg: DISS 1994: 14-16.

Kubitschek, Götz: 20 Jahre JF. Chronik 1986-2006. In: Ders.: 20 Jahre Junge Freiheit. Idee und Geschichte einer Zeitung. Schnellroda: Edition Antaios 2006: 245-287.

---

38   LT-Drucksache 14/128, 14.07.2006 „Wiederaufnahme der neurechten Wochenzeitung ,Junge Freiheit' in den Verfassungsschutzbericht des Landes".

Warum das Land Nordrhein-Westfalen die „Junge Freiheit" in seinen Verfassungsschutzberichten geführt hat

Thomas Pfeiffer und Michael Puttkamer

Vorbemerkungen

Warum hat das Innenministerium des Landes Nordrhein-Westfalen die Zeitung „Junge Freiheit" (JF) knapp zehn Jahre lang in seinen Verfassungsschutzberichten erwähnt und zum Teil ausführlich über Tendenzen in dieser Zeitung informiert? Eine formale und schlichte Antwort auf diese Frage gibt das nordrheinwestfälische Verfassungsschutzgesetz: Demnach hat die Behörde einen Berichterstattungsauftrag, wenn „tatsächliche Anhaltspunkte für den Verdacht" einer Bestrebung gegen die freiheitliche demokratische Grundordnung vorliegen. Im Sinne eines Frühwarnsystems soll der Verfassungsschutz(bericht) Politik und Öffentlichkeit möglichst frühzeitig über Gefahren informieren, die der Demokratie lauern könnten. Grundsätzlich können solche Gefahren beispielsweise von Straftätern ausgehen, von Parteien, von neonazistischen Kameradschaften – nicht zuletzt auch von Akteuren der intellektuellen Neuen Rechten, soweit es ihnen darum geht, die Grundlagen der Demokratie publizistisch zu untergraben. Der folgende Beitrag nennt Beispiele der Anhaltspunkte für den Verdacht verfassungsfeindlicher Bestrebungen, die die Zeitung JF über einen längeren Zeitraum in ihren Artikeln lieferte. Dass es sich bei der JF um einen Verdachtsfall handelte, nicht um abschließend nachgewiesene rechtsextremistische Bestrebungen, hat der Verfassungsschutz NRW in seinen Berichten stets deutlich gemacht.

Die Titelfrage ist in der Vergangenheitsform gehalten: Die nordrheinwestfälische Verfassungsschutzbehörde hat in den Jahren 1993 bis 2004 über die JF in ihren Berichten informiert – seit 2004 ist dies nicht mehr der Fall. Ein doppelter Grund ist hierfür ausschlaggebend. Dazu zählt ein Beschluss, den das Bundesverfassungsgericht im Mai 2005 getroffen hat. Nachdem die JF gegen die Berichterstattung Klage eingereicht hatte, hatten das Verwaltungsgericht Düsseldorf im Februar 1997 und das Oberverwaltungsgericht für das Land Nordrhein-Westfalen (Münster) im Mai 2001 das Vorgehen des Innenministeriums NRW in vollem Umfang bestätigt. Die JF erhob im Juni 2001 Verfassungsbeschwerde.

Das Bundesverfassungsgericht hat die Entscheidungen der Verwaltungsgerichte aufgehoben und vertrat die Auffassung, diese Gerichte hätten nicht hinreichend geprüft, inwiefern die Berichterstattung mit dem Grundrecht der Pressefreiheit vereinbar sei. Das Bundesverfassungsgericht ging davon aus, dass die Erwähnung eines Presseerzeugnisses in Verfassungsschutzberichten grundsätzlich ein Eingriff in dieses Grundrecht sei, der aber unter bestimmten Voraussetzungen – wenn entsprechend gewichtige tatsächliche Anhaltspunkte vorliegen – angemessen sei. In dieser Hinsicht haben die Karlsruher Richter Kriterien entwickelt, die recht hohe Anforderungen an die Erwähnung einer Zeitung in Verfassungsschutzberichten bedeuten. Mit diesen Maßgaben hat das Bundesverfassungsgericht das Verfahren an das Verwaltungsgericht Düsseldorf zurückverwiesen: Eine Entscheidung in der Sache – ob die Berichterstattung zulässig war oder nicht – hat es nicht getroffen.

Parallel zu diesem Rechtsstreit hat die JF seit den 1990er Jahren einen gewissen verbalen Mäßigungsprozess durchlaufen, auf den das Innenministerium NRW hingewiesen hat.[1] Diese Entwicklung hat seinerzeit nicht dazu geführt, dass tatsächliche Anhaltspunkte für den Verdacht rechtsextremistischer Bestrebungen aus der Zeitung verschwunden wären: Sie wurden weniger häufig und überwiegend weniger offensichtlich. Vor diesem Hintergrund – hohe verfassungsrechtliche Anforderungen an die Erwähnung eines Presseerzeugnisses einerseits, weitere verbale Mäßigung andererseits – hat das Innenministerium NRW entschieden, im Verfassungsschutzbericht über das Jahr 2004 nicht mehr über die JF zu berichten. Der Kern des langjährigen Rechtsstreits zwischen der JF und dem Ministerium war somit obsolet geworden. Im Juni 2006 stimmten beide Seiten einem Vergleich vor dem Verwaltungsgericht Düsseldorf zu, der dieses und zwei weitere Verfahren für erledigt erklärte, und stellten ausdrücklich fest, bei ihren jeweiligen Rechtsauffassungen zu bleiben. Insofern widerspricht dieser Vergleich nicht der Überzeugung des Innenministeriums NRW, dass die Berichterstattung über die JF in den Jahren 1994 bis 2003 rechtmäßig und notwendig war – er bedeutet zudem keineswegs, dass der Verfassungsschutz NRW die Zeitung nicht auch weiterhin aufmerksam lesen und ihre Entwicklung verfolgen wird. Die in diesem Beitrag getroffenen Einschätzungen der JF beziehen sich ausschließlich auf die Zeit der Berichterstattung.

---

1   Vgl. Innenministerium NRW 2003: 91.

1 Blick zurück: Beginn der Beobachtung und Berichterstattung

Die JF wurde seit 1994 vom nordrhein-westfälischen Verfassungsschutz beobachtet. Während sie in den ersten Jahren seit ihrer Gründung im Jahre 1986 als zweimonatlich erscheinendes Szeneblatt nur wenigen bekannt war, konnte sie ihren Wirkungsradius Anfang der 1990er Jahre ausbauen und fiel dem nordrhein-westfälischen Verfassungsschutz seinerzeit im Zusammenhang mit der Beobachtung der Partei ‚Die Republikaner' (REP) auf. In ‚Republikaner'-Kreisen kursierte sie als Ideologieorgan, in dem der heutige Bundesvorsitzende der REP gelegentlich intellektuell anspruchsvollere Beiträge platzieren konnte als in der Parteipresse. Kurz nach der Umstellung auf wöchentliches Erscheinen hat der Verfassungsschutz NRW die bis dahin bekannt gewordenen JF-Ausgaben einer ersten systematischen Auswertung unterzogen – Anhaltspunkte für den Verdacht einer rechtsextremistischen Bestrebung waren offensichtlich.

Aus Sicht des Verfassungsschutzes NRW gliederte sich die JF seinerzeit in eine rechtsintellektuelle Strömung ein, die auch in der Sozialwissenschaft verschiedentlich als „Neue Rechte" bezeichnet wird. Diese Formulierung ist insoweit schillernd, als die Auffassungen, welche Gruppen und Organisationen hinzugezählt werden sollten, auseinander gehen. Wissenschaftler wie Wolfgang Gessenharter verstehen die Neue Rechte als Zwischenbereich zwischen dem demokratischen Spektrum und dem rechtsextremistischen, der beide dynamisch verkoppelt: nicht eindeutig demokratisch, nicht eindeutig rechtsextremistisch.[2] Gruppen, Organisationen und Medien, die keinerlei Anhaltspunkte für rechtsextremistische Bestrebungen aufweisen, sind dagegen kein Fall für den Verfassungsschutz – insofern auch nicht Bestandteil der Neuen Rechten im Sinne des Verfassungsschutzes NRW. Im Anschluss an die politikwissenschaftliche Extremismusforschung – insbesondere an Armin Pfahl-Traughber[3] – fasst der Verfassungsschutz NRW seine Definition der Neuen Rechten eng. Die Behörde zählt ausschließlich bestimmte Gruppen und Verlage hinzu, die zu ihrem Aufgabenfeld gehören: also tatsächliche Anhaltspunkte für den Verdacht verfassungsfeindlicher Bestrebungen aufweisen. Der Verfassungsschutz NRW definiert die Neue Rechte als

„eine intellektuelle Strömung innerhalb des Rechtsextremismus, die sich insbesondere auf antidemokratische Theoretiker der Weimarer Republik bezieht (Konservative Revolution). Sie möchte den Pluralismus einer ‚offenen Gesellschaft' zurück-

---

2 Vgl. Gessenharter 1994b: 426f.
3 Vgl. Pfahl-Traughber 1998: 20.

drängen, Homogenitätsvorstellungen sowie ethnisch-nationale Kollektive ins Zentrum der Politik rücken und bemüht sich um Einfluss auf die öffentliche Meinung".[4]

Neben den in der Definition angesprochenen ideologischen und strategischen Akzenten der Neuen Rechten sind strukturelle Merkmale typisch: Sie formiert sich in der Regel nicht in Parteien oder formalen Organisationen – vielmehr in Diskussionsrunden und im Umfeld publizistischer Projekte. In diesem Sinne galt die JF in der Berichterstattungszeit als ein bedeutsames Medium der Neuen Rechten. Die für die JF zu Beginn und auch in den folgenden Jahren der Berichterstattung typischen verfassungsschutzrechtlich relevanten Anhaltspunkte betrafen Bestrebungen insbesondere gegen die Achtung vor den im Grundgesetz konkretisierten Menschenrechten und gegen das Demokratieprinzip. Auffällig waren auch ihre tendenzielle Verharmlosung der NS-Verbrechen und – damit einhergehend – die Rolle als Verteidigerin von rechtsextremistischen Straftätern. Besondere Beachtung fanden beim Verfassungsschutz auch die Verbindungen von Redaktion, Stammautoren und „ständigen Mitarbeitern" zu anderen Rechtsextremisten. Darüber hinaus haben zahlreiche von den Verfassungsschutzbehörden beobachtete Medien und Organisationen in der JF Anzeigen geschaltet – wie die ‚Republikaner', die ‚Unabhängigen Nachrichten' und die Zeitung der ‚Deutsch-Europäischen Studiengesellschaft' (DESG-inform). Weitere markante Beispiele enthalten die nordrhein-westfälischen Verfassungsschutzberichte aus den Jahren 1994 bis 2003.

2   Die Konservative Revolution als Code und Programm

Besonders auffällig waren inhaltliche Bezüge der JF auf demokratiefeindliche Theoretiker der Weimarer Republik: auf Wissenschaftler und Publizisten, die zur Konservativen Revolution gezählt werden. Solche Bezüge bildeten die ideologische Konstante der JF in den Berichterstattungsjahren. In ihren frühen Jahren warb die JF mit dem Slogan: „Jedes Abo eine konservative Revolution".[5] In allen Jahrgängen fiel die hohe Zahl von redaktionellen Beiträgen auf, in denen Protagonisten der Konservativen Revolution und deren Wirken äußerst wohlwollend betrachtet wurden. Entsprechende Literatur wurde auch in den Prospekten des ‚JF-Buchdienstes' besonders beworben. Ein damaliger JF-Redakteur antwortete auf die Frage, was er in seinem Leben bewirken wolle: „Vielleicht eine kleine ‚konservative Revolution'".[6]

---

4   Pfeiffer 2004: 52.
5   JF Ausgabe Juli/August 1993.
6   Ochsenreiter 1995: 210.

Wer oder was ist die Konservative Revolution? Diese Bezeichnung für eine antidemokratische intellektuelle Strömung der Weimarer Jahre, die die bestehenden Verhältnisse grundlegend verändern wollte, ist zunächst irritierend: Sie widerspricht dem allgemeinen Sprachgebrauch, in dem Positionen als konservativ bezeichnet werden, die auf demokratischer Grundlage Werte in den Vordergrund rücken, die zu bewahren seien, und daher Veränderungsschüben, visionären Zukunftsvorstellungen – Revolutionen also – mit großer Skepsis begegnen. Im Gegensatz zu einem solchen Wertkonservatismus ging eine Gruppe antidemokratischer Intellektueller der 1920er Jahre davon aus, dass im verhassten Weimarer Staat, der auf den Ruinen des Kaiserreiches entstanden war, die bewahrenswerten Zustände untergegangen waren. Aus einem elitären Selbstverständnis heraus verabscheuten sie die Demokratie, die sie als unwürdige „Herrschaft der Massen" betrachteten. Unter diesen Bedingungen gelte es, „Dinge zu schaffen, die zu erhalten sich lohnt" (Arthur Moeller van den Bruck). Vor den Schutz des Ursprünglichen setzte Moeller die Überwindung des Unwerten: Dies mache grundlegende – revolutionäre – Veränderung notwendig. In seinem 1923 erschienenen Hauptwerk „Das dritte Reich" hieß es:

> „Der Konservative Mensch [...] sucht heute wieder die Stelle, die Anfang ist. Er ist jetzt notwendig Erhalter und Empörer zugleich."[7]

Die Anhänger dieser Strömung – wie Moeller van den Bruck, Ernst Jünger, Edgar Julius Jung, Othmar Spann und Oswald Spengler – waren in der Regel keine aktiven Nationalsozialisten in dem Sinne, dass sie sich in der NSDAP betätigten und Hitler als „Führer" verherrlichten. Ebenso wenig standen sie nationalsozialistischen Ideen in fundamentaler Ablehnung gegenüber. Sie entwickelten das gedankliche Reservoir, aus dem Antidemokraten unterschiedlicher rechter Schattierungen schöpften. Dieses umfasst etwa den Kollektivismus, der eng mit der Volksgemeinschafts-Ideologie verknüpft ist und zur Parole „Du bist nichts – dein Volk ist alles" wurde, die Ablehnung jeglichen Pluralismus, Vorstellungen vom absoluten Staat, Reich und Führer sowie als Minimalkonsens die Überzeugung, dass die parlamentarische Demokratie des Untergangs würdig sei. Diese Ideologieelemente mögen keine originären gedanklichen Leistungen der Konservativen Revolution sein, ebenso hat der Nationalsozialismus ihre Positionen nicht unverändert übernommen – nicht übernehmen können, waren die konservativ-revolutionären Ideen doch uneinheitlich und zu abstrakt, um originalgetreu praktische Politik zu werden. Die Akteure dieser Strömung haben solche Elemente aber umfänglich ausformuliert, theoretisch fortgeführt und zu ihrer Verankerung in der Bevölkerung beigetragen. Insofern waren sie zwar ein begrenzter

---

7 Moeller 1931: 250.

Kreis von Intellektuellen, für den Weg Deutschlands in die Hitler-Diktatur aber keineswegs unbedeutend:

> „Wenn die sogenannte Konservative Revolution auch klein war, weil sie nicht über eine politische Massenorganisation verfügte, so war sie doch der Ideenspender für das Gros der nationalistischen Bewegung einschließlich des Nationalsozialismus."[8]

Auch an anderer Stelle betont der im Mai 2005 verstorbene Politikwissenschaftler Kurt Sontheimer die Bedeutung, die die geistige Arbeit der Konservativen Revolution für das Erstarken des Nationalsozialismus hatte:

> „Sie hatte in ihrer Verachtung alles Liberalen die Geister stumpf werden lassen gegenüber den unverletzbaren Rechten des Individuums und der Wahrung menschlicher Würde. Sie hatte die Idee der Humanität geopfert, weil ihr heroischer Sinn sie als eine Schwäche empfand, sie hatte den individuellen Freiheitssinn gelähmt, weil sie die Bindung an ein Ganzes für das Primäre und Wesentliche hielt."[9]

Dass die Ideen der Konservativen Revolution konträr zu den Prinzipien der heutigen freiheitlichen demokratischen Grundordnung stehen, zeigt der Definitionsversuch eines – von der JF seinerzeit gerne erwähnten – Protagonisten dieser Strömung besonders deutlich. So schrieb Edgar Julius Jung:

> „Konservative Revolution nennen wir die Wiederinachtsetzung all jener elementaren Gesetze und Werte, ohne welche der Mensch den Zusammenhang mit der Natur und mit Gott verliert und keine wahre Ordnung aufbauen kann. An Stelle der Gleichheit tritt die innere Wertigkeit, an Stelle der sozialen Gesinnung der gerechte Einbau in die gestufte Gesellschaft, an Stelle der mechanischen Wahl das organische Führerwachstum, an Stelle [...] des Massenglücks das Recht der Volkspersönlichkeit."[10]

Moeller van den Bruck wurde in der JF zeitweise geradezu verehrt. Im Jahre 1995 erbat die JF unter der Überschrift „Jede Mark eine Konservative Revolution" Spenden zur Pflege seines Grabes:

> „Am 27. Mai dieses Jahres jährt sich der Todestag Arthur Moeller van den Brucks zum 70. Male. Daß an diesem Tage der Blick nicht nur auf die häusliche Bibliothek fällt, sondern eine Grabstätte existiert, die zur Ehrung und Gedenken einlädt, ist allein den Lesern der Jungen Freiheit zu verdanken. Sie haben 1993 den Fortbestand der Grabstätte garantiert [...]".[11]

---

8 Sontheimer 1994: 29.
9 Ebd.
10 Zit. nach Assheuer/Sarkowicz 1992: 149.
11 Jede Mark 1995.

Auch Moeller van den Bruck vertrat Ansichten, die mit der heutigen freiheitlichen demokratischen Grundordnung kollidieren. Dies gilt vor allem für seinen aggressiven Antiliberalismus, der sich nicht nur gegen eine politische Idee, sondern auch gegen den Weimarer Verfassungsstaat richtete:

> „Der Liberalismus ist der Ausdruck einer Gesellschaft, die sich aus den minderwertigen Bestandteilen des Volkes zusammensetzt".[12] „Im liberalen Menschen erkennt die deutsche Jugend den Feind [...] An Liberalismus gehen die Völker zu Grunde [...] Der Kampf gegen die Aufklärung, den wir aufnehmen, wird ein Kampf gegen den Liberalismus auf der ganzen Linie sein."[13]

Es besteht kein Zweifel, dass solche Vorstellungen mit der Achtung vor den heute im Grundgesetz konkretisierten Menschenrechten nicht vereinbar sind. Betroffen sind hier sowohl Gleichheits- als auch Freiheitsrechte. Indem Vorstellungen vertreten werden, die im einzelnen Menschen nicht ein Individuum eigener Würde und absoluter Wertigkeit sehen, sondern nur ein Glied eines höherrangigen Kollektivs, wird gleichzeitig das in Artikel 1 des Grundgesetzes festgeschriebene Postulat der Würde des Menschen abgelehnt. Bei Moeller van den Bruck ist darüber hinaus die Ablehnung einer zentralen Rolle des Parlaments („Schwatzbude") zu erkennen: „Wir glauben allerdings, dass die Zeit des Parlamentarismus vorüber ist. [...] Und am Ende ist es gut so, dass Deutschland für den Parlamentarismus – zu gut ist."[14] Aufschlussreich ist auch ein Blick auf Othmar Spann, einen weiteren Protagonisten der Konservativen Revolution. Hier wird insbesondere die Ablehnung von Staatsformen, die demokratische Teilhaberechte garantieren, deutlich: Nur in der „Gemeinschaft" könne, so Spann, der „mechanische Grundsatz der Mehrheit" überwunden werden.[15] In der demokratisch-republikanischen Gesellschaft hingegen werde jeder in die gleiche Waagschale geworfen und mitgewogen, „jeder einzelne ist ein gleichwertiges Atom, Nietzsche und sein Stiefelputzer haben die gleiche Stimme", „Die Mehrheit in den Sattel setzen heißt das Niedere herrschend machen über das Höhere."[16]

Positive Bezüge auf die Konservative Revolution erschienen in der JF häufig; sie waren mal – und vor allem in der Anfangszeit der Berichterstattung – sehr offensichtlich, mal geschahen sie in Form tendenziell wohlwollender Bemerkungen über diese Strömung im Allgemeinen und einzelne Akteure im Besonderen. Immer wieder wurde auch im Zusammenhang mit aktuellen Themen, die in Politik und Gesellschaft diskutiert werden, auf die Protagonisten der Kon-

---

12 Moeller 1931: 82.
13 Ebd.: 102f.
14 Ebd.: 117f.
15 Zit. nach Jaschke 2001: 44.
16 Spann 1921: 108ff., 213.

servativen Revolution verwiesen. Dies galt in besonderem Maße für den Staatsrechtler Carl Schmitt. Ein JF-Autor, vormals Vorsitzender des ‚Nationaldemokratischen Hochschulbundes', schrieb bereits 1992 in dieser Zeitung:

> „Die Bücher Carl Schmitts [...] sollten – wie ein guter schottischer Malzwhisky – pur genossen werden. Wer mit dem Grundgesetz unter dem Kopfkissen schläft, braucht Carl Schmitt nicht. Wer jedoch erkannt hat, dass die Verfassung das Gefängnis ist, in dem die res publica der Deutschen – gerade nach der kleinen Wiedervereinigung – gefangengehalten wird, greift gerade jetzt zu seinen Werken."[17]

Durch die kontinuierliche Bezugnahme auf die Konservative Revolution und ihre Protagonisten signalisierte die JF insbesondere dem eingeweihten Leser in codierter Form den politischen Standort der Zeitung. Sie konnte im Laufe der Zeit immer öfter – wenn auch nicht vollständig – darauf verzichten, die Inhalte näher auszuführen, und versuchte auf diese Weise den Bezug auf demokratiefeindliche Theoretiker zu kaschieren. Die entsprechende sprachliche Technik wird häufig als „Insinuation" bezeichnet. Thomas Meyer zufolge beruht sie auf dem Prinzip,

> „etwas in der Sache zu behaupten, ohne es in der Form beweiskräftig behauptet zu haben. Die Eingeweihten wissen, was gesagt werden soll. Gegen jeden Außenstehenden kann das Gemeinte mit Verweis auf den nackten Wortlaut, wo es angebracht erscheint, bestritten werden."[18]

Angesichts der Konservativen Revolution als Code und Programm der JF in den betreffenden Jahren erschienen andere Ideologieelemente, die in der Zeitung auftauchten, konsequent. Insbesondere ließen sich bestimmte inhaltliche Tendenzen vom Gedankengut Carl Schmitts ableiten. Dies galt beispielsweise für die ablehnende Haltung gegenüber dem politischen Liberalismus. Die hohe Bedeutung des „Ethnopluralismus"-Theorems (siehe 4.), das die Basis einer tendenziell fremdenfeindlichen Haltung war, ist folgerichtig, legt man Schmitts Gedanken zu Grunde, dass grundlegende Gemeinsamkeiten der Weltbevölkerung nicht existierten, diese sich als ein „Pluriversum" von Kollektiven darstelle, deren Unterschiede nach außen und Homogenität nach innen zu bewahren seien. Schmitt formulierte diese Sicht in dem Satz „Wer Menschheit sagt, will betrügen", den die JF zustimmend zitierte.[19] Vor diesem Hintergrund sind allgemeine Menschenrechte ein wertloses Konstrukt – Schmitt verachtete sie als „unveräußerliche Eselsrechte". Mit dieser Formulierung wurde Schmitt in der JF wieder-

---

17 von Waldstein 1992: 17.
18 Meyer 1995: 18.
19 Stein 1999.

gegeben.[20] Konsequenterweise tauchte die Kritik an der Idee der universellen Menschenrechte in der JF auch explizit auf (siehe 4.).

3 Das strategische Ziel: „Kulturelle Hegemonie"

Schlüssel zum Verständnis der politischen Bestrebungen der JF war die Betrachtung ihrer Strategie. Die Zeitung verfolgte den von dem italienischen Marxisten Antonio Gramsci formulierten Ansatz, wonach zunächst die Eroberung der kulturellen Hegemonie anzustreben ist – sie sei die Voraussetzung, um später die politische Macht zu erringen. Den Rekurs auf die Theorien Gramscis hatte bereits Mitte der 1980er Jahre die französische Nouvelle Droite – Vorläufer und Pendant zur deutschen Neuen Rechten – entdeckt. Sein 1985 erschienenes programmatisches Buch nannte der Kopf der Nouvelle Droite und spätere JF-Mitarbeiter, Alain de Benoist, in der deutschen Fassung „Kulturrevolution von rechts. Gramsci und die Nouvelle Droite".

Gramsci hatte eine Revolutionstheorie für Staaten entwickelt, in denen der Kapitalismus bereits weit entwickelt ist, und stellte fest, dass die Strategie Lenins, die im agrarisch geprägten Russland zum Erfolg geführt hatte, unter den Bedingungen der Industriestaaten verändert werden müsse. Er unterschied die staatliche Sphäre – „politische Gesellschaft" – von der „zivilen Gesellschaft", die etwa Gewerkschaften oder Kirchen umfasst, die öffentliche Meinung beeinflusst und die den Staat stützt, solange sie ihn für legitim hält. Der abrupte Umsturz in Russland sei gelungen, da eine zivile Gesellschaft dort kaum existiert habe. Im Spätkapitalismus dagegen sei sie stark und stehe dem Staat zur Seite: Die Revolution sei daher nur möglich, indem zunächst der systembejahende Konsens der Zivilgesellschaft untergraben werde. So betonte Gramsci Ideologie und Kultur als Machtfaktoren, die andere Marxisten als „Überbau" der eigentlich entscheidenden und die Ideologie hervorbringenden materiellen Basis des Menschen gesehen und sich kaum mit ihnen befasst hatten. Gramsci kommt zu dem Schluss, dass eine Bewegung nur dann weitreichende Veränderungen in Staat und Gesellschaft verwirklichen könne, wenn sie zuvor eine geistige Vorherrschaft errungen, das heißt Schlüsselbegriffe und Themen der öffentlichen Diskussion besetzt habe. Dem Putsch stellte er einen längerfristigen „Kulturkampf" gegenüber, das Konfliktfeld verschob er von politischen Institutionen wie Regierung und Parlament in die Sphären intellektueller Agitation, von tagespolitischen Auseinandersetzungen zu den Debatten ums Grundsätzliche. Intellektuelle sah Gramsci als Hauptakteure des Kampfes vor, die den Massen die revolutionären

---

20 JF 10/1992: 17, zit. nach Gessenharter 1994a: 85.

Ideen vermitteln sollten. Dieses Konzept wird häufig als „metapolitischer Ansatz" bezeichnet, da es Tätigkeiten im Hintergrund des im engeren Sinne Politischen in den Vordergrund rückte.

De Benoist griff vor allem den Gedanken auf, dass sich die tatsächlichen politischen Auseinandersetzungen nicht „in der Arena der ‚Politik der Politiker'" abspielten, Bemühungen um Parlamentssitze für die Rechte daher nachrangig seien. Rhetorisch fragte er:

> „Sind die Wahlkämpfe nicht eher die Gelegenheit, auf konkrete Weise die politischen Resultate eines diffusen Handelns eines ‚metapolitischen' Typs zu messen, das anderswo als im engen Kreis der Parteistäbe ins Werk gesetzt wird? Diese Frage zu stellen heißt, die Existenz einer kulturellen Macht zur Sprache zu bringen, die sich parallel zur politischen Macht installiert hat und dieser in gewisser Weise vorausgeht."[21]

Indem de Benoist die strategischen Überlegungen Gramscis ausführlich referierte, wollte er sie offenbar zur Blaupause neurechter Aktivitäten machen. Das Ziel sei „die Transformation der allgemeinen Vorstellung [...], die mit einer langsamen Umformung des Geister gleichbedeutend ist".[22] Die metapolitische Botschaft, so de Benoist, sei umso wirkungsvoller,

> „als ihr direktiver und suggestiver Charakter nicht klar als solcher erkannt wird und folglich nicht auf dieselben rationalen und bewußten Widerstände stößt wie eine Botschaft mit einem direkt politischen Charakter."[23]

Für eine solche „Infiltration der Geister" mit „subversiven Ideologien" seien liberale Systeme besonders anfällig: De Benoist ging davon aus, dass sie ihrer Natur nach pluralistisch sind und auch gegnerischen Auffassungen einen Entfaltungsspielraum zubilligen müssen. Gleichwohl seien sie ohne den mehrheitlichen Konsens, dass die bestehende Ordnung legitim ist, nicht lebensfähig. Je stärker aber die Unterschiede der von Intellektuellen innerhalb dieser Ordnung vorgebrachten Positionen seien, desto mehr schwinde der Konsens und desto deutlicher trete die grundlegende Veränderlichkeit des Bestehenden hervor. De Benoist beschrieb dies als „Teufelskreis" der liberalen Gesellschaft – implizit erscheint es ihm als Chance der Neuen Rechten.

Mit strategischen Fragen beschäftigte sich die JF seit der Umstellung auf wöchentliches Erscheinen intensiv. So schrieb ein damaliger Stammautor bereits 1994:

---

21   de Benoist 1985: 40.
22   Ebd.: 46.
23   Ebd.: 50.

„In den fortgeschrittenen und differenzierten Gesellschaften des Westens [...] ist die Struktur der Macht diffus. Sie konzentriert sich nicht auf das Regierungsgebäude, vielmehr ist sie in tausend Instanzen verteilt: in den Köpfen und Herzen der Beamten, Lehrer, Journalisten usw. Erst durch die Eroberung des kulturellen Überbaus, der die Mentalität und Wertewelt eines Volkes bestimmt, wird die Basis für den Angriff auf die eigentlich politische Sphäre geschaffen."[24]

Insbesondere der frühere Leiter des Ressorts „Zeitgeist & Lebensart" der JF ging davon aus, dass kulturelle Hegemonie weniger denn je allein auf intellektuellem Wege zu erlangen sei. Seine Forderung, die Neue Rechte solle sich der modernen „Massenkultur" öffnen, war zwar im elitären Umfeld der Neuen Rechten provokant, im Anschluss an Gramsci aber folgerichtig. Dieser hatte linke Intellektuelle wiederholt aufgefordert, ihre Positionen auch mit den Mitteln populärer Literatur zu verbreiten. Insbesondere in seinen theoretisch unterfütterten Grundsatzartikeln „Die Kultur als Machtfrage" sowie „Konservative und Massenkultur" verwies der betreffende Autor auf tiefgreifende Potenziale der zeitgenössischen Unterhaltungsindustrie, vor allem jungen Menschen auf nicht rationalem („nichtkognitivem") Wege Botschaften zu übermitteln. Die Vorherrschaft im Kultursegment der Eliten stelle lediglich „ein Etappenziel dar auf dem Weg zur Instrumentalisierung der Massenkultur nach eigenen Vorstellungen". Der damals 24-Jährige forderte „emotional aufgeladene Symbolbündel" als Träger konservativrevolutionärer Ideologeme – beispielsweise Videoclips oder CDs – und propagierte das „Einklinken" der Neuen Rechten in Jugendkulturen, die er mit den eigenen Auffassungen für kompatibel hielt. Das emotionsträchtige Erscheinungsbild des Nationalsozialismus hielt der JF-Autor für beispielgebend, wenngleich er das Regime ansonsten nicht verherrlichte – „mit bunten Fahnen, frischen Aufmärschen, ‚schicken' Uniformen und schmissigen Führer-Reden" habe der Nationalsozialismus eine „märchenhafte Symbolwelt" geschaffen und sei so über die Köpfe der Intellektuellen hinweggefegt. Günstige Gelegenheiten zum „Einklinken" sah er insbesondere in Teilen der Gothic-Kultur – CDs aus dieser Sparte bezeichnete er als „Träger einer im besten Sinne reaktionären Ästhetik und Lebensauffassung" – sie sprächen „eine andere Sprache als die der Moderne".[25] Anschließend griff die Zeitung Themen dieser Jugendkultur regelmäßig und ausführlich in Interviews, Rezensionen und Berichten auf. Für solche Beiträge gewann sie Ende 1993 eine Anhängerin der Gothic-Kultur als Stammautorin, die 1995 ihre JF-Tätigkeit beendete. Anschließend warnte sie die Jugendkultur eindringlich vor dem „Flirt mit der ‚Neuen' Rechten", die sich bemühe, die

---

24   Knörzer 1994.
25   Zit. nach Bubik 1993, 1994.

Gothic-Kultur zu vereinnahmen.[26] In einem Interview der ‚tageszeitung' (taz) unterstrich sie die strategischen Motive, auf denen die Avancen der JF an die Gothic-Kultur ihrer Erfahrung nach basierten:

> „Ich wollte eigentlich schreiben, um interessante Artikel zu fabrizieren, er [der JF-Ressortleiter] hat das aber rein taktisch gesehen, mir gesagt, schreib das und das, damit kann man die und die Leute gewinnen. [...] Die Themen hat er schon vorgegeben. Und das mit dem Erreichen hat er ziemlich offen gesagt."[27]

Zum strategischen Konzept der kulturellen Hegemonisierung gehört, dass die politischen Ziele nicht immer von vornherein offen genannt und verfolgt werden, sondern dass rechtsextremistisches Gedankengut möglichst verschleiert transportiert wird: „Die Fähigkeit, in die Offensive zu gehen, muß entwickelt werden und dazu die Fähigkeit, die Situation zu beurteilen: ob hier der offene Angriff oder die politische Mimikry gefordert ist", hatte ein späterer langjähriger JF-Stammautor bereits 1986 gefordert.[28] Viele der für die Bewertung der JF entscheidenden Artikel waren so verfasst, dass sich die eigentliche Zielrichtung bzw. die Einbindung in ein politisches Konzept, das mit der freiheitlichen demokratischen Grundordnung unvereinbar ist, nicht auf den ersten Blick erschließt – beispielsweise

- indem der dem Grundgesetz widersprechende Aussagegehalt ironisierend transportiert wird,
- indem man sich dem Wortlaut nach von einer Position „distanziert", an anderer Stelle jedoch etwas, wovon man sich soeben distanziert hatte, erneut verbreitet oder praktiziert und dadurch unter Umständen die angeblich abgelehnte Aussage verstärkt (im Ergebnis eine „Distanzierung von der Distanzierung"),
- indem man nur den prädisponierten Leser verstehen lässt, was tatsächlich gemeint ist,
- indem Begriffe umgewertet bzw. Maßstäbe verschoben werden.

Systematisch praktizierte die JF beispielsweise die Umwertung des Begriffs „konservativ". Sie erweiterte den „Konservativismus" um Teile des rechtsextremistischen Spektrums und verfolgte damit – wohl auch im ureigensten Interesse – das strategische Ziel, die für die Bewertung politischer Bestrebungen bedeutsame Grenze zwischen dem freiheitlichen demokratischen und dem extremisti-

---

26 Gronow 1996.
27 Zit. nach Groß/Weiland 1996: 13.
28 Weißmann 1986: 179.

schen Spektrum zu verschieben. Im Sprachgebrauch der JF existierten „rechts-extremistische" bzw. „rechtsextreme" Parteien oder Organisationen so gut wie nicht. So wurde etwa in einer Kopfzeile auf der Titelseite der frühere NPD-Vorsitzende Adolf von Thadden kurz nach seinem Tod als „liberaler Konservati-ver" bezeichnet.[29] Der Chefredakteur der JF charakterisierte von Thadden als „Staatsmann".[30] Nach der Bundestagswahl 2002 wurde in der JF das schlechte Abschneiden „konservativer und nationaler Parteien" beklagt – gemeint waren die ‚Schill-Partei', die ‚Republikaner' und die NPD. Es stelle sich „erneut die Frage von Wahlbündnissen und Wahlabsprachen" – so spreche sich „beispiels-weise die Parteiführung der NPD [...] dafür aus, dass in der Zukunft konkurrie-rende Wahlantritte verhindert werden sollten".[31] Co-Autor dieses Artikels war ein, so JF-Chefredakteur Stein, „zurückhaltender junger Mann" – beim nord-rhein-westfälischen Verfassungsschutz war der Betreffende allerdings als Akti-vist der NPD bekannt.

4 Der „verwachsene Schnabel": Fremdenfeindlich geprägte Positionen in der „Jungen Freiheit"

Alain de Benoist diffamierte in der JF unter der Überschrift „Neue Zensoren" die Menschenrechtsidee als irrationale und aufgezwungene Ideologie und stellte die Allgemeingültigkeit der Menschenrechte in Abrede. Sein Artikel – 1998 zum 50. Jahrestag der Allgemeinen Erklärung der Menschenrechte veröffentlicht – ließ eine fundamentale Gegnerschaft zum Grundgesetz erkennen, zu dessen zentralen Prinzipien Anerkennung und Schutz der Menschenwürde sowie die Achtung der Menschenrechte zählen. Nach de Benoists Darlegung handelt es sich bei der „Menschenrechtsideologie" um eine „zeitgenössische Religion", die „ihre Missi-onare, ihre Katecheten und ihre Theologen" habe, welche „behaupten, daß alle Menschen Rechte haben". Verächtlich schrieb er:

„Die Menschenrechtsideologie macht aus Individuen Menschen von überall und nir-gends". Sie trage dazu bei, dass „miteinander unvereinbare Rechte zum Heiligtum aufgebläht werden" – die Menschenrechte „besetzen [...] den gesamten öffentlichen Raum und vernichten alle anderen Werte".[32]

---

29   JF vom 26.7.1996.
30   Stein 1996.
31   JF vom 27.9.2002: 6.
32   de Benoist 1998.

Solche Ausführungen überraschen nach der Betrachtung des Gedankenguts der von der JF seinerzeit geschätzten Konservativen Revolutionäre nicht. Bei dem betreffenden Autor handelte es sich um einen der Zeitung damals besonders eng verbundenen langjährigen ständigen Mitarbeiter. Zu den Kernideologemen der JF zählte das Konzept des Ethnopluralismus. Dieses Theorem geht grundsätzlich nicht von der Vorstellung aus, dass ethnische Gruppen höher- oder minderwertig seien, vielmehr geht es in erster Linie darum, ethnische Gruppen zu trennen: zumindest kulturell, möglichst räumlich. Im Gegensatz zum liberalen Prinzip, dass alle Menschen eine gleiche Würde eint, sie daher gleiche Grundrechte genießen, rücken Unterschiede in den Vordergrund. Dem Ethnopluralismus entsprach in der JF ein völkischer Nationalismus, der von einem mythisierten Nationsverständnis ausgeht und die Zugehörigkeit zur Nation allein ethnisch bestimmt. Einwanderer erscheinen vor diesem Hintergrund als Störfaktoren, die die ethnische Homogenität Deutschlands bedrohen. So beschäftigte sich ein in glossierendem Ton gehaltener Beitrag mit der ethnischen Zugehörigkeit von Fußballspielern in Deutschland. Er monierte, dass immer mehr Teams mit „Spielern nicht deutscher Abkunft bestückt" seien. Der Beitrag unterschied deutlich zwischen einer launig skizzierten vergangenen Phase, in der „ausnahmslos hellhäutige Europäer christlicher Religionszugehörigkeit in Diensten hiesiger Vereine" gestanden hätten, und beklagte, dass inzwischen „insbesondere Afrikaner und Südamerikaner" massiv zuströmten. Die Situation der Bundesliga stand ausdrücklich stellvertretend für bedrohliche gesamtgesellschaftliche Entwicklungen:

> „Das gesellschaftliche Segment des Fußballs nimmt aufgrund der Jugendlichkeit der Sportler jene Entwicklung vorweg, die in der zukünftigen Generationenfolge zum allmählichen Wegsterben der derzeitigen Bevölkerungsmehrheit führen wird."

Die Einbürgerung ausländischer Spieler und ihr Einsatz in der Nationalmannschaft wurden implizit verhöhnt. Bezeichnenderweise war der Beitrag mit dem Foto des farbigen deutschen Fußballers Gerald Asamoah illustriert und der Bildzeile: „Nationalspieler". In den Schlusssätzen verspottete der Autor die Integrationsleistungen der Sportvereine, beispielsweise indem er eine entsprechende Bemerkung Uwe Seelers mit dem ironischen Hinweis kommentierte, Seeler habe „unter Rot-Grün ‚dazugelernt'". Nachdem der Autor das Szenario einer ausschließlich aus Eingebürgerten bestehenden Nationalmannschaft dargelegt hatte, baute er eine emotionale Kluft zwischen diesem Team der „anderen" und den ethnisch Deutschen auf. Der lapidare Schlusssatz implizierte, dass ethnisch

Deutsche einem solchen Team allenfalls kühl-gelassen gegenüberstehen, ihm keinesfalls verbunden sein könnten: „Na, dann siegt mal schön."[33]

Ein besonders markantes Beispiel für die dem Gedankengut des Ethnoplura-lismus zu Grunde liegenden fremdenfeindlichen Motive lieferte die JF in einem Beitrag über die Rechtschreibreform:

> „Das passt alles zu einem Land, in dem sich viele Millionen mit und ohne deut-schem Pass mit einem Multi-Kulti-Radebrech herumschlagen [...] Sie reden, wie ih-nen der Schnabel verwachsen ist."[34]

Wenn – wie hier – Menschen, die insbesondere wegen ihrer Herkunft oder Ab-stammung die deutsche Sprache nicht perfekt beherrschen, ein „verwachsener Schnabel" attestiert wird, wird die Menschenwürde in besonderer Weise miss-achtet. Dieser Artikel illustrierte gleichzeitig die Taktik der JF, öffentlich disku-tierte Themen mit extremistischen Komponenten – in diesem Beispiel der Her-abwürdigung von Menschen anderer Abstammung – zu versehen.

5 Solidarität für „Ole Caust" und andere „unschuldig Verurteilte"

Ein Motiv, das die JF mit besonderer Stetigkeit prägte, war die Solidarität für rechtsextremistische Straftäter. Schlüsselwörter wie „Meinungsterror"[35] waren kennzeichnend für die verzerrende Darstellung der freiheitlichen Demokratie in der JF. Mit diesem Solidaritäts-Motiv verbanden sich Bemühungen, die Verbre-chen des NS-Regimes zu verharmlosen. Wenn etwa staatlichen Organen bzw. Funktionsträgern oder allen Andersdenkenden unterstellt wurde, sie schwängen „die ‚Nazi-Keule'"[36], oder behauptet wurde, es werde „das Schmierenstück ‚an-tisemitische Gefahr' inszeniert"[37], mochte sich das vordergründig auf eine aktu-elle politische Situation beziehen – hier zum Beispiel auf die Antisemitismus-Debatte des Jahres 2002. Andererseits jedoch wurde suggeriert, Antisemitismus und speziell die NS-Verbrechen seien es nicht wert, sich damit heute noch zu beschäftigen.

Einen Beitrag, der diesen Zusammenhang überaus deutlich bestätigt, lieferte 1998 ein ständiger Mitarbeiter der JF:

---

33 Homann 2002.
34 Mechtersheimer 1997.
35 Vgl. Neujahr 2002a.
36 Vgl. Neujahr 2002b.
37 Stein 2002.

„Neueste Nachricht aus den Katakomben der BRD: Letztes Jahr wurden hier sage und schreibe 7949 Strafverfahren wegen ‚Volksverhetzung' abgewickelt [...]. Tausende von Jahren Gefängnis wurden verhängt, tausende bürgerlicher Existenzen vernichtet. Zur Zeit sitzen wegen sogenannter ‚Propagandadelikte' in Deutschland mehr Menschen hinter Gittern als jemals in den letzten Jahren der DDR. Erkundigt man sich, was denn die vielen verurteilten Menschen ausgefressen haben, so erfährt man: Sie haben irgendwas ‚geleugnet', irgendwas ‚verharmlost', irgendwelche Zahlen ‚öffentlich nicht geglaubt', irgendwelche Vorgänge ‚nicht als historische Hauptsache, sondern nur als historisches Detail' bezeichnet, irgendwelche ‚verbotenen Lieder' gesungen, irgendwelche Symbole ‚vorgezeigt'".[38]

Tatsächlich stellt der Paragraph über die Volksverhetzung (§ 130 StGB) die öffentliche Leugnung des Holocaust unter Strafe. Derselbe ständige JF-Mitarbeiter verteidigte wenige Wochen später den damaligen Herausgeber der rechtsextremistischen Zeitschrift ‚Staatsbriefe', den das Innenministerium des Landes Nordrhein-Westfalen angezeigt hatte, nachdem unter dem Pseudonym „Ole Caust" eine besonders zynische Verhöhnung der Holocaust-Opfer in seinen ‚Staatsbriefen' erschienen war:

„Der ominöse Verfassungsschutz von Nordrhein-Westfalen hat ihn kürzlich der ‚Volksverhetzung' bezichtigt, ein Münchner Amtsgericht ihn daraufhin ‚wegen zweimaliger Leugnung bzw. Verharmlosung des Holocaust' zu acht Monaten Gefängnis verurteilt. Die Revisionsverfahren laufen noch. Das ganze Verfahren ist skandalös, gereicht den politischen Verhältnissen in der Bundesrepublik zur Unehre. Aber wer von unseren Staatsverwaltern spricht heute noch von Ehre?"[39]

Der Artikel stammte keineswegs von einem Gelegenheitsautoren – er konnte als klares Signal der JF an die gesamte rechtsextremistische Szene verstanden werden.

Literatur

Assheuer, Thomas und Sarkowicz, Hans (1992): Rechtsradikale in Deutschland. Die alte und die neue Rechte, 2. Aufl., München: Beck.
Bubik, Roland (Hrsg.) (1985): Wir 89er. Wer wir sind – was wir wollen, Frankfurt a.M./Berlin: Ullstein.
Bubik, Roland: Die Kultur als Machtfrage. In: JF Oktober 1993: 23.
Bubik, Roland: Konservative und Massenkultur. In: JF vom 16.9.1994: 11
de Benoist, Alain (1995): Kulturrevolution von rechts. Gramsci und die Nouvelle Droite, Krefeld: Sinus.

---

38   „Pankraz" 1998.
39   Zehm 1998.

de Benoist, Alain: Neue Zensoren. In: JF vom 4.12.1998: 2.

Gessenharter 1994a: Gessenharter, Wolfgang (1994): Kippt die Republik? Die Neue Rechte und ihre Unterstützung durch Politik und Medien, München: Knaur.

Gessenharter 1994b: Gessenharter, Wolfgang: Rechtsextremismus und Neue Rechte in Deutschland – Gefahren für die Republik. In: Gegenwartskunde 4. 1994: 419-430.

Gessenharter, Wolfgang und Pfeiffer, Thomas (Hrsg.) (2004): Die Neue Rechte – eine Gefahr für die Demokratie? Wiesbaden: VS Verlag für Sozialwissenschaften.

Groß, Thomas und Weiland, Severin: „Auf eine Art wollte ich Ernst machen". In: taz vom 8./9.6.1996: 13-14.

Gronow, Gerlinde: Schreiben an Easy Ettler vom 12.5.1996.

Homann, Theo: Konkret Soccer, Ey!. In: JF vom 15.11.2002: 24.

Innenministerium des Landes Nordrhein-Westfalen (Hrsg.) (2003): Die Kultur als Machtfrage. Die Neue Rechte in Deutschland, Düsseldorf.

Jaschke, Hans-Gerd (2001): Rechtsextremismus und Fremdenfeindlichkeit. Begriffe – Positionen – Praxisfelder, 2. Aufl., Wiesbaden: Westdeutscher Verlag.

Jede Mark eine Konservative Revolution. In: JF vom 17.3.1995: 10.

Jung, Edgar Julius (1991): Die Herrschaft der Minderwertigen, Nachdruck der 2. Aufl. von 1930, Struckum: Verlag für Ganzheitliche Forschung und Kultur.

Knörzer, Winfried: Eine kulturelle Hegemonie von rechts. In: JF vom 19.8.1994: 11.

Mechtersheimer, Alfred: Sprache. In: JF vom 14.11.1997: 1.

Meyer, Thomas: Methoden und Strategien: Insinuation als Stilmittel. In: Am rechten Rand 1(hrsg. von der Friedrich Ebert Stiftung). 1995: 18-19.

Moeller van den Bruck, Arthur (1931): Das dritte Reich, 3. Aufl., Hamburg: Hanseatische Verlags-Anstalt.

Neujahr 2002a: Neujahr, Doris: Scharfgestochene Miniaturen. In: JF vom 15.2.2002: 11.

Neujahr 2002b: Neujahr, Doris: Unmündig. In: JF vom 24.5.2002: 2.

Ochsenreiter, Manuel (1985): Erziehungssache. In: Bubik (1985): 209-225.

„Pankraz" [d.i. Günter Zehm]: Pankraz, M. Kohlhaas und die Pariser Komitees der Wachsamkeit. In: JF vom 10.4.1998: 11.

Pfahl-Traughber, Armin (1998): „Konservative Revolution" und „Neue Rechte". Rechtsextremistische Intellektuelle gegen den demokratischen Verfassungsstaat, Opladen: Leske + Budrich.

Pfeiffer, Thomas: Avantgarde und Brücke. Die Neue Rechte aus Sicht des Verfassungsschutzes NRW. In: Gessenharter/Pfeiffer (2004): 51-70.

Sontheimer, Kurt: Antidemokratisches Denken in der Weimarer Republik. Die politischen Ideen des deutschen Nationalismus zwischen 1918 und 1933, 4. Aufl., München 1994.

Sontheimer, Kurt: Die Kontinuität antidemokratischen Denkens. Von der Weimarer Republik zur Bundesrepublik. In: Gessenharter/Pfeiffer (2004): 19-29.

Spann, Othmar (1921): Der wahre Staat. Vorlesungen über Abbruch und Neubau der Gesellschaft, Leipzig: Quelle & Meyer.

Stein, Dieter, Die FDP und der „Fall Karsli". Das gefundene Fressen. In: JF vom 24.5.2002: 2.

Stein, Dieter: Abschied der großen alten Männer. In: JF vom 26.7.1996: 2.

Stein, Dieter: Der totale Weltstaat. In: JF vom 7.5.1999: 1.

Waldstein, Thor von: Sechzig verweht. Carl Schmitt: „Glossarium". In: JF Oktober 1992: 17.
Zehm, Günter: Vom Marxisten zum Demaskierer. In: JF vom 12.6.1998: 4.

I. Ein Blatt im Grenzraum des Verfassungsbogens

Der Schmittismus der „Jungen Freiheit" und seine Unvereinbarkeit mit dem Grundgesetz

Wolfgang Gessenharter S. 360

Zur Fragestellung

Der Begriff „Schmittismus" ist im engsten Umfeld der „Junge Freiheit" (JF) im Jahre 2003 geprägt worden. In einer Schrift des mit der JF eng verbundenen ‚Instituts für Staatspolitik' (IFS)[1] wird quasi für die eigenen Reihen ein „verbreiteter ‚Schmittismus'" festgestellt. Gleichzeitig wehrt sich der namentlich nicht genannte Autor jedoch gegen Versuche von „Teilen der politischen Linken", seine eigene Position, die er schlicht als „konservativ" bezeichnet und „deren Verankerung im Grundgesetz unbezweifelbar" sei, „zu delegitimieren"[2]. In dieser Schrift wird also nicht mehr aber auch nicht weniger behauptet, als dass eine grundlegende Orientierung an Carl Schmitt einerseits und gleichzeitig am Grundgesetz andererseits möglich sei. Im Folgenden versuche ich zu zeigen, dass beide Orientierungen zusammenzubringen dem Versuch der Quadratur des Kreises ähnelt. Ich werde also im Folgenden zuerst den Gegenstand meiner Analyse, die JF und ihre neurechte Ausrichtung kurz vorstellen. Sodann wird sich eine Charakterisierung der Position Carl Schmitts anschließen. Ihre Unvereinbarkeit mit dem Grundgesetz ist Gegenstand des nächsten Schrittes. Im vorletzten Abschnitt werden zwei Beispiele aus jüngsten Nummern der JF analysiert, um deutlich zu machen, dass auch heute noch Carl Schmitts Positionen in der JF zum Tragen kommen, in der Tat also auch heute noch „Schmittismus" vorliegt. Zum Schluss muss allerdings darauf verwiesen werden, dass es in der Bundesrepublik immer wieder Beispiele dafür gibt, dass grundgesetzwidrige Positionen durchaus zum ganz normalen politischen Alltag gehören.

---

1   Institut für Staatspolitik (IFS): Die „Neue Rechte". Sinn und Grenze eines Begriffs, 2003: 17.
2   Ebd.: 32.

Die Neue Rechte und die „Junge Freiheit"

Die erwähnte Schrift aus dem ‚Institut für Staatspolitik' ist als eine Selbstverteidigung zum Thema „Neue Rechte" publiziert worden. Die Veröffentlichung
erfolgte als Heft 5 der „Wissenschaftlichen Reihe", also offenbar mit einem
gewissen wissenschaftlichen Anspruch. In einem „Fazit"[3] wird am Ende der
Schrift bemerkt, dass die „Neue Rechte" „keine Einheit" bilde, vielmehr bestehe
sie – „wenn überhaupt" – aus drei „unabhängigen intellektuellen Strömungen",
nämlich einer „nationalrevolutionären", einer „volkskonservativen" und einer
„nationalliberalen Bewegung". Während erstere „ihre Bedeutung schon vor län-
gerer Zeit verloren" habe, sähen sich letztere „seit geraumer Zeit scharfen Angriffen ausgesetzt". Diese Angriffe seien nichts anderes als eine Denunziation
seitens jener „Teile der politischen Linken, die an einem einheitlichen Feindbild
festhalten und mit den ‚Neuen Rechten' immer auch das bürgerliche Lager treffen wollen, um es an einer selbständigen weltanschaulichen Orientierung zu
hindern." Einmal abgesehen von der Larmoyanz, der Wehleidigkeit, die aus
diesen Zeilen spricht und in einem bemerkenswerten Gegensatz steht zu der
Freude und Heftigkeit, den politischen Gegnern gegenüber auszuteilen, ist die
Feststellung zu unterstützen, dass es sich bei den Neuen Rechten durchaus nicht
um eine kompakte Einheit, sondern eher um untereinander konkurrierende,
manchmal heftig streitende Strömungen handelt. Dabei dürfte jener Teil der
Bewegung, der sich in dieser Schrift selbst als „volkskonservative Strömung"
bezeichnet und sich bis heute um die JF sammelt[4], über die größte intellektuelle
Ausstrahlungskraft im rechten Lager und über die relativ größte neurechte Präsenz im rechtskonservativen Bereich verfügen. Nirgendwo anders tummeln sich
derart viele Personen und Persönlichkeiten aus diesem Bereich wie in der JF und
ihrem Umfeld.[5]

Beim ideologischen Rahmen sieht die IFS-Schrift zwischen den genannten
Strömungen einen „Konsens in gewissen Punkten": „Verteidigung der nationalen
Interessen nach außen, EU-Skepsis, Mitteleuropa-Vision, Ablehnung des Multikulturalismus, Errichtung des ‚starken Staates'", aber insbesondere „Widerspruch gegen die ‚Ideen von 1968'"[6]. Dieser Konsens sei jedoch „nicht statisch,
eher handelt es sich um eine intellektuelle Suchbewegung", fährt der Autor fort
und scheint damit suggerieren zu wollen, dass man nach vielen Richtungen offen

---

3   Ebd.: 32.
4   Vgl. ebd.: 17.
5   Zu den vielfältigen Verquickungen zwischen der Neuen Rechten und dem konservativen Um-
     feld vgl. Gessenharter, Wolfgang: Die Neue intellektuelle Rechte und ihre Unterstützung durch
     Politik und Medien, in: Braun, Stephan/Hörsch, Daniel (Hrsg.): Rechte Netzwerke – eine Ge-
     fahr, Wiesbaden: VS Verlag für Sozialwissenschaften 2004: 17-25.
6   Institut für Staatspolitik (IFS): Die „Neue Rechte", a.a.O.: 18.

sei. Was dabei allerdings aus dem Blick gerät, ist die relativ eindeutige Quelle des Impulses für diese Suchbewegung. Sie ist nämlich genau in jenem oben genannten „Schmittismus" zu finden, der für die JF früher schon einmal deutlicher auf die Fahne geschrieben war. So gab man etwa 2001 den Lesern zu verstehen, dass man das eigene fünfjährige Bestehen 1991 bewusst in Plettenberg, dem Wohn- und Begräbnisort Carl Schmitts, gefeiert habe, weil die „Beschäftigung" mit diesem Denker „bei der JF einen großen Raum" einnehme.

Bevor auf das Wirken Carl Schmitts und auf seinen Einfluss auf die bundesrepublikanische Neue Rechte eingegangen wird, muss kurz auf ein erwartbar opportunistisches Verhalten der meisten Akteure im rechten Lager nach dem Verbot der ‚Sozialistischen Reichspartei' hingewiesen werden. 1952 erfolgte bekanntlich das Verbot der rechtsextremen ‚Sozialistischen Reichspartei' (SRP) durch das Bundesverfassungsgericht, dem 1956 das der linksextremen Kommunistischen Partei Deutschlands (KPD) folgte. Seither war ein deutliches Signal gesetzt, dass die Bundesrepublik sich gegen ihre Feinde notfalls auch mittels Verbote wehren würde. Zu erwarten war seit diesen Jahren, dass sich Akteure am rechten (wie natürlich auch am linken) Rand des politischen Spektrums einer Argumentationsweise bedienen würden, die sie nicht sofort in die offenen Messer der Verfassungsschutzbehörden laufen lassen würden.

Nur ganz selten verstießen Extremisten gegen die in den beiden Verbotsverfahren aufgestellten Grenzen absichtlich, um – wie im Falle des Neonazis Michael Kühnen in den 80er Jahren – bei ihren Anhängern den Märtyrer-Status zu erlangen. In den meisten anderen Fällen aber testeten die rechten und linken Akteure die Grenzen aus und versuchten dabei, diese in ihrem Sinne auch dauerhaft zu verschieben und dabei das Ziel einer „kulturellen Hegemonie" anzupeilen. Zu diesem Zweck hat insbesondere die Neue intellektuelle Rechte unterschiedliche Strategien eingesetzt, die auch mehr oder minder erfolgreich in ihrer Erosion der Abgrenzung zwischen rechtskonservativ und rechtsextremistisch waren.[7] Fast immer aber waren „die Ideen der Neuen Rechten in Deutschland... von einem fernen Spiegel reflektiert. Dieser Spiegel ist Carl Schmitt", so einer der Stammautoren der JF, Winfried Knörzer, schon 1995.[8]

Carl Schmitt: Vorbild der Neuen Rechten

Carl Schmitt (1888-1985) war im Umkreis der Konservativen Revolution einer der wirkmächtigsten intellektuellen Zerstörer der Weimarer Republik und Steig-

---

7   Vgl. dazu u.a. Gessenharter, Wolfgang: Die Neue Intellektuelle Rechte und ihre Unterstützung durch Politik und Medien, a.a.O. (5)
8   In: JF 41/95 v. 13.10.1995: 23.

bügelhalter der Nazis bei ihrer Machtergreifung. Er galt nach 1933 ganz schnell als „Kronjurist" der Nazis. Hermann Göring machte ihn, den Staatsrechts-Professor, 1933 zum „Preußischen Staatsrat". Schmitt feierte diesen von den Nazis neu formierten Staatsrat als das „beste Beispiel" dafür, „daß sich die Einrichtungen des neuen nationalsozialistischen Staates mit den Begriffen früherer Verfassungszustände nicht mehr begreifen" ließen, und stellte mit Genugtuung fest: „Immer mehr versinken die Reste des liberal-demokratischen Systems."[9] Von der Universität Köln wurde er in der zweiten Jahreshälfte 1933 an die Berliner Universität berufen. 1934 rechtfertigte Schmitt die Ermordung Röhms und anderer durch die Nazis in einem berühmtberüchtigten Artikel mit dem Titel „Der Führer schützt das Recht". Obwohl Schmitt alles daransetzte, unter Hitler Justizminister zu werden, konnte er sich im engeren Machtzirkel um Hitler auf Dauer nicht etablieren. Er blieb dort suspekt wegen seines Katholizismus und seiner – von niemandem bis heute bestrittenen – außerordentlichen Gelehrsamkeit und humanistischen Bildung. Es ist nicht allzu übertrieben, wenn Schmitt für diese Zeit als „der große Denker und wüste Nazi-Parteigänger" bezeichnet wird[10]. Später hat Schmitt die wachsende Distanz zwischen ihm und den Nazi-Eliten als Folge seiner eigenen inneren Emigration zu erklären versucht.

Nach 1945 verhinderten die westlichen Alliierten die Rückkehr Schmitts auf einen Lehrstuhl an einer deutschen Universität. Gleichwohl blieb Schmitt weit über einen engen Kreis rechtskonservativer Eliten hinaus für viele ein geistiger Fluchtpunkt. Sein Haus im sauerländischen Plettenberg, von ihm „San Casciano" in Anlehnung an den Exilort Machiavellis genannt – denn Schmitt fühlte sich in der neuen Bundesrepublik als Exilant –, wurde nachgerade zum Mekka trost- und sinnsuchender Zeitgenossen. Zwei umfangreiche Festschriften, zum 70. und zum 80. Geburtstag, mit Beiträgen von vielen von denen, die „in der Nachkriegs-Staatsrechtslehre Ansehen"[11] genossen, belegen neben vielen anderen Sympathiebekundungen den großen Einfluss Schmitts auf Teile der Nachkriegsintelligenz in der Bundesrepublik.[12]

In vielen seiner nach 1945 erschienenen Publikationen überzog Schmitt die neue Bundesrepublik und insbesondere das 1949 in Kraft gesetzte Grundgesetz mit ätzendem Spott. So ironisierte er Verfechter dieses Grundgesetzes als „Grundgesetzler" oder verspottete die im Grundgesetz festgelegten Grundrechte

---

9   Zit. nach Koenen, Andreas: Der Fall Carl Schmitt. Sein Aufstieg zum „Kronjuristen des Dritten Reiches", Darmstadt 1995: 428.

10 So Der Spiegel 51/2003 in einer Rezension der frühen Tagebücher Schmitts.

11 So Müller, Ingo: Furchtbare Juristen. Die unbewältigte Vergangenheit unserer Justiz, München 1987: 53, der noch weitere Beispiele liefert.

12 Vgl. dazu auch Müller, Christoph: Das Freund/Feind-Theorem Carl Schmitts. Fortwirkungen im Verfassungsdenken der Bundesrepublik Deutschland, in: Eisfeld, Rainer/Müller, Ingo (Hrsg.): Gegen Barbarei. Essays Robert M.W. Kempner zu Ehren, Frankfurt a.M. 1989: 153-178.

als „unveräußerliche Eselsrechte". In der JF fand sich später die in der Tat korrekte Feststellung: „Wer mit dem Grundgesetz unter dem Kopfkissen schläft, braucht Carl Schmitt nicht. Wer jedoch erkannt hat, dass die Verfassung das Gefängnis ist, in dem die res publica der Deutschen – gerade auch nach der kleinen Wiedervereinigung – gefangen gehalten wird, greift gerade jetzt zu seinen Werken" (JF Okt. 1992, S.17). Der Sinn dieser Sätze ist klar: Wir sollten uns an Carl Schmitt halten, dann bräuchten wir dieses Grundgesetz nicht! Bernd Rüthers, ein genauer Kenner des Schmittschen Denkens, stellt fest: „Schmitt war antiparlamentarisch, antidemokratisch und antiliberal eingestellt" und hat seine Grundpositionen „völlig unbeeindruckt von allen Umwälzungen, die er miterlebte, lebenslänglich durchgehalten"[13].

Carl Schmitt und Grundgesetz im Widerspruch

Die Wertentscheidungen des Grundgesetzes und das Denken Carl Schmitts sind wie Feuer und Wasser. Die Mütter und Väter des Grundgesetzes wussten, dass nur eine radikale Neubesinnung die künftige deutsche Politik und Gesellschaft vom nationalsozialistischen Denken trennen und auf Dauer entfernen könne. So ist der Art.1GG auch bewusst ein Paukenschlag gegen die kollektivistische Sichtweise des Nationalsozialismus, der hier dieselbe Tradition aufnimmt, wie sie von Carl Schmitt und manchen anderen Wortführern der sog. Konservativen Revolution der Weimarer Republik vertreten wurde: Gegen Aufklärung, Humanismus, Menschenrechte und Demokratie, kurz gegen alle jene Strömungen, die sich in der berühmten Trias der Französischen Revolution zusammenfinden – Freiheit, Gleichheit, Solidarität.

Praktisch-politisch bedeutsam wird der Unterschied zwischen der Position des Grundgesetzes und Carl Schmitts in einer zentralen Prioritätenfrage, die in jeder Gesellschaft, die wir kennen, auftritt und geklärt werden muss[14]: Es ist das immer strittige Verhältnis von Individuum und Kollektiv, z.B. Volk oder Staat. Dabei gleicht dieses Verhältnis erst einmal dem von Henne und Ei, d.h. es gibt keine unbezweifelbare Priorität, die einfach aus der Wirklichkeit abgeleitet werden könnte. Gleichwohl haben für den Hühnerzüchter seine Hennen den Vorrang, für den Eierverkäufer die Eier. Aus dem praktischen Leben heraus können also – jedoch, wie das Beispiel zeigt, durchaus unterschiedliche – Vorrangstel-

---

13   Rüthers, Bernd: Carl Schmitt als politischer Denker des 20. Jahrhunderts, in: Zeitschrift für Rechtsphilosophie 2002, H.1: 63-71, hier 64.
14   Vgl. hierzu u.a. Gessenharter, Wolfgang: Im Spannungsfeld. Intellektuelle Neue Rechte und demokratische Verfassung, in: Gessenharter, Wolfgang/Pfeiffer, Thomas (Hrsg.): Die Neue Rechte – eine Gefahr für die Demokratie?, Wiesbaden 2004: 31-49.

x) Willensakt bei Schmitt von den Seinen,
Befehl mit Denk- u. Außerprozeßverbotei für Cyno + Volk
+ Handlungsverboten

lungen abgeleitet werden. Und in allen Gesellschaften, die wir kennen, spielen Konflikte zwischen Kollektiven und ihren einzelnen Mitgliedern eine wichtige Rolle – es sei denn, sie werden von vornherein unterdrückt und insoweit gar nicht erst sichtbar. Dass im Laufe der Menschheitsgeschichte solche Konflikte eher zu Lasten der Individuen gelöst oder totgeschwiegen wurden, sagt allerdings nichts über eine mögliche ‚natürliche' Legitimation eines Vorrangs des Kollektivs aus. Spätestens seit Aristoteles wissen wir indes, dass der Mensch ein ihn umgebender sozialer Gebilde bedürftiges Wesen ist, dessen Vernunft noch durch diese sozialen Gebilde (mit-)geprägt ist, was sich schon bei der Spracherlernung zeigt. Dennoch, so diese Sichtweise weiter, ist der einzelne Mensch nicht bloßes Produkt, Abklatsch „seines" Kollektivs, sondern trotz aller Vorprägung von je eigener Statur insbesondere im geistigen und seelischen Bereich; zudem vermag er im Laufe seines Lebens seinerseits prägend auf seine Umgebung einzuwirken.

Diese je unverwechselbare Eigenheit jedes Menschen meint das Grundgesetz, wenn es im Art.1 von der „Würde des Menschen" spricht. Dieser Begriff hat jedoch keinesfalls einen bloßen moralisch-hohen deklamatorischen Wert, sondern soll eine eminent politisch-praktische Wirkung entfalten. Die Vorrangregel des Art.1, derzufolge das Kollektiv dem einzelnen Menschen zu ‚dienen' hat, indem „aller staatlichen Gewalt" die „Verpflichtung" auferlegt ist, die Würde des einzelnen Menschen „zu achten und zu schützen" (so Art.1, Abs.1 GG), sagt bei aller ‚Fragwürdigkeit' des Begriffs „Menschenwürde" im einzelnen doch immerhin so viel, dass bei Konflikten im Spannungsfeld Individuum – Kollektiv derjenige die gesamte Argumentationslast zu tragen hat, der beispielsweise die Rechte des Kollektivs zu Lasten des Individuums stärken will. Diese Argumentationslastregel ist durchaus von großer praktischer Bedeutung für Konfliktregelung, wenn man die Parallelfigur der Beweislastregel heranzieht: Wer beispielsweise in einem Gerichtsverfahren die Beweislast seinem Kontrahenten aufbürden kann, der hat bereits ‚die halbe Miete'.

Dass es sich bei dieser Konzeption des Grundgesetzes nicht um eine etwa aus der Wirklichkeit des Menschen logisch oder empirisch einfach abgeleitete Entscheidung handelt, die ‚vernünftigerweise' so und nicht anders ausfallen kann, ergibt sich aus dem 2.Absatz des Art.1GG, wo das Bekenntnis – und nicht die ‚Erkenntnis'! – zu „unverletzlichen und unveräußerlichen Menschenrechten als Grundlage jeder menschlichen Gemeinschaft, des Friedens und der Gerechtigkeit in der Welt" gefordert und als im Konsens des Deutschen Volkes stehend konstatiert wird. Um diesen Konsens jedoch muss immer und immer wieder gerungen werden. Hier liegt die zentrale Auseinandersetzung mit all jenen, die diesen Konsens nicht mittragen oder aufkündigen wollen.

Für Carl Schmitt und die Nazis („Du bist nichts, dein Volk ist alles") besitzt demgegenüber eindeutig das Kollektiv den Vorrang. So ist „politisch" für Carl Schmitt „alles, was die Lebensfragen eines Volkes als eines einheitlichen Ganzen betrifft"[15]. Damit kann das Individuum also zu diesem Kollektiv nur ablehnend oder zustimmend stehen -tertium non datur! Insofern ist folgerichtig, dass die „spezifische politische Entscheidung" diejenige von „Freund und Feind" ist, wie Schmitt in seiner wohl bekanntesten Schrift „Der Begriff des Politischen" (1928) schreibt.

Es gibt also für Schmitt legitimerweise nur konfrontativ aufgebaute „die oder wir"-Konfliktsituationen in der Politik. Hermann Heller, einer der schärfsten Kritiker Schmitts in den 20er Jahren, bemerkte treffend, dass der Begriff „Politik" sich bei Schmitt nicht von der athenischen „Polis" und der dortigen Versammlungs-, Diskussions- und Entscheidungskultur, sondern vom griechischen Wort „polemos", d.h. Krieg, herleite. Debatten über Interessenkonflikte, Regelung über Mehrheitsentscheidungen, gar Kompromisse sind nach Schmitt also nicht legitime Verfahrensweisen, die in Parlamenten ausgeübt werden können und müssen, sondern überflüssige und sogar schädliche Ausflüsse eines bloßen Geredes in Schwatzbuden, als welche Parlamente schon gerne einmal in dieser Tradition Schmitts bezeichnet werden. Politische Entscheidungen sind danach normativ voraussetzungslose Entscheidungen, die sich nur an den Interessen des jeweiligen Kollektivs orientieren dürfen.

Eine Orientierung an Menschenrechten etwa, wie das Grundgesetz es fordert, ist also brandgefährlich, weil es dem Staat, so wie ihn Schmitt sieht, jegliche selbstgewählte Grundlage für eigene Politik entziehen würde, vielmehr diese Grundlage in die Hände anderer Mächte legte. Insofern ist für Schmitt folgerichtig „jeder echte Staat ein totaler Staat" und Diktatur und Demokratie sind insofern nicht nur keine Gegensätze, sondern erstere die konsequente Verwirklichung von letzterer[16].

Die Orientierung an Menschenrechten ist aber für Schmitt nicht nur gefährlich, sondern darüber hinaus Ausdruck grenzenloser Illusion bzw. Ausdruck sogar von bewusstem Betrug am eigenen Volk. Denn dass sich alle Menschen auf Menschenrechte einigen könnten, sei völlig illusionär, weil ein solcher Einigungsprozess so etwas wie eine Menschheit voraussetzen würde. Eine solche Menschheit aber wäre keine *politische* Einheit mehr, denn sie ermangelte der Freund-Feind-Unterscheidungsfähigkeit. Eine politische Einheit aber, die zu dieser Unterscheidung nicht mehr fähig oder willens wäre, würde letztlich nur

---

15   Zitiert nach Vollrath, Ernst: Wie ist Carl Schmitt an seinen Begriff des Politischen gekommen?, in: Zeitschrift für Politik 2/1989: 167.

16   Siehe dazu Vollrath, Ernst: a.a.O.: 166.

aus der Sphäre des Politischen „verschwinden"[17], nicht jedoch diese Sphäre sich
selbst erübrigen lassen. Wer also Menschenrechte als normative Grundlage für
die Politik eines Staates reklamiert, irrt sich nach Carl Schmitt nicht nur, nein:
„Wer Menschheit sagt, will betrügen" und damit seinem Volk schaden. Denn es
gibt eben kein menschliches Universum, sondern nur ein „Pluriversum". Noch
einmal sei dieser für Schmitt grundlegende Gedankengang in seinen eigenen
Worten zusammengefasst: „Aus dem Begriffsmerkmal des Politischen folgt der
Pluralismus der Staatenwelt. Die politische Einheit setzt die reale Möglichkeit
des Feindes und damit eine andere, koexistierende politische Einheit voraus. Es
gibt deshalb auf der Erde, solange es überhaupt einen Staat gibt, immer mehrere
Staaten und kann keinen die ganze Erde und die ganze Menschheit umfassenden
Welt'staat' geben. Die politische Welt ist ein Pluriversum, kein Universum."[18]

Ich habe an anderer Stelle die Äußerungen Carl Schmitts zusammengesucht,
in denen er belegen will, dass seine Ansichten nicht zu bezweifeln sind und er
infolge dessen Andersdenkenden nicht nur Irrtum, sondern sogar wissentlichen
Betrug vorwerfen darf.[19] Im wesentlichen glaubt Schmitt unumstößliche Wahrheiten zu kennen, die er sich aus den Schriften solcher Theoretiker wie Thomas
Hobbes oder Niccoló Machiavelli erarbeitet hat, die selbst in Krisenzeiten lebten
und schrieben – im Gegensatz zu „Menschen in Zeiten ungetrübter Sekurität", die
sich mit „Illusionen... über politische Wirklichkeiten gerne hinwegtäuschen"[20].

Zu diesen Wahrheiten bzw. Wirklichkeiten gehört natürlich auch jenes prinzipiell pessimistische Menschenbild etwa eines Thomas Hobbes, demzufolge die
Menschen eines starken Staats bedürfen, eines „Leviathan", der den Menschen
voreinander Schutz bietet, ihnen dafür aber ihre Freiheit abnehmen muss. Dieser
Gedanke hat für Schmitt dieselbe grundlegende Funktion für jede Staatslehre,
wie der bekannte Satz des Descartes für wahrhaft menschliches Sein; und so
schreibt Carl Schmitt: „Das *protego ergo obligo* ist das *cogito ergo sum* des
Staates, und eine Staatslehre, die sich dieses Satzes nicht systematisch bewußt
wird, bleibt ein unzulängliches Fragment."[21] Das heißt: Wie der Mensch sich nur
im Denken als seiend erkennen kann, mit derselben Selbstverständlichkeit sagt
der Staat also: Ich schütze (meine Bürger), also binde ich sie auch. Nach Schmitt
handelt es sich in beiden Sätzen um Denknotwendigkeiten, die nicht mehr hin-
tergehbar sind.

---

17   Schmitt, Carl: Der Begriff des Politischen, Text von 1932 mit einem Vorwort und drei
     Korollarien, Berlin 1963: 54, auch zum folgenden.
18   Schmitt, Carl: a.a.O.: 54f.
19   Gessenharter, Wolfgang: Kippt die Republik? München 1994: 79ff.
20   Schmitt, Carl: a.a.O.: 65.
21   A.a.O.

[handschriftliche Notiz: Vor allem hat er gesellschaftl. Motivationen + förderer]

Dieser Ansatz Carl Schmitts hat erwartbar auch politisch-praktische Folgen, die nicht übersehen werden dürfen und die Schmitt selbst gezogen hat. Dieser Staat kann demnach niemals, wenn er seiner grundlegenden Bestimmung nachkommen will, der der Würde der Menschen dienende Staat sein und ihnen Grundrechte einräumen. Schmitt kann also nicht die freie Entfaltung der Persönlichkeit (Art.2GG) tolerieren, ebenso wenig wie Meinungsfreiheit (Art.5GG) oder die Rechtsgleichheit der Menschen (Art.3GG). Genauso wenig kann ein Staat Rechtsstaat, Republik oder Sozialstaat sein, wie es Art.20GG verbindlich und nach Art.79 Abs.3GG unveränderlich festlegt, denn damit würde er sich Prinzipien beugen, die er nicht selbst grundlegt. Und Demokratie, ein weiteres Staatsziel nach Art.20GG, kann Schmitt niemals als pluralistische Demokratie, wie das Grundgesetz sie sieht, akzeptieren. Vielmehr schreibt er: „Zur Demokratie gehört also notwendig erstens Homogenität und zweitens – nötigenfalls – die Ausscheidung oder Vernichtung des Heterogenen."[22] Für die Herstellung dieser Homogenität bedarf es eines autoritären Staats, der keine Abweichungen von dem zulässt, was die Interessen dieses Staates fordern. Ein solcher Staat kann folgerichtig seinen Einwohnern keinesfalls zusichern, was Art.3, Abs.3GG fordert: „Niemand darf wegen seines Geschlechtes, seiner Abstammung, seiner Rasse, seiner Sprache, seiner Heimat und Herkunft, seines Glaubens, seiner religiösen und politischen Anschauungen benachteiligt oder bevorzugt werden." Es war also nur konsequent von Carl Schmitt, wenn er, wie die JF (10/1992, S.17) genüsslich kolportierte, die im Grundgesetz verankerten Menschen- und Grundrechte als „unveräußerliche Eselsrechte" verspottete.

Der berühmte Schriftsteller Ernst Jünger, der von manchen ebenfalls den Vordenkern der Neuen Rechten[23] zugerechnet wird, hatte schon 1930 erkannt, wie sehr Carl Schmitts Denken und Schreiben gegen die verhasste Weimarer Republik gerichtet war. In einem Brief an Carl Schmitt v. 15.10.1930[24] würdigt er begeistert dessen oben erwähnte Schrift „Der Begriff des Politischen": „Die Abfuhr, die allem leeren Geschwätz, das Europa füllt, auf diesen 30 Seiten erteilt wird, ist so irreparabel, daß man zur Tagesordnung, also um mit Ihnen zu sprechen, zur Feststellung des konkreten Freund-Feind-Verhältnisses übergehen kann. Ich schätze das Wort zu sehr, um nicht die vollkommene Sicherheit, Kaltblütigkeit und Bösartigkeit Ihres Hiebes zu würdigen, der durch alle Paraden geht. Der Rang eines Geistes wird heute durch sein Verhältnis zur Rüstung bestimmt. Ihnen ist eine besondere kriegstechnische Entwicklung gelungen: eine Mine, die lautlos explodiert. Man sieht, welch Träumerei, die Trümmer zusam-

---

22   Schmitt, Carl: Die geistesgeschichtliche Lage des heutigen Parlamentarismus, Berlin 1969: 15.

23   Vgl. Lenk, Kurt/Meuter, Günter/Otten, Henrique Ricardo: Vordenker der Neuen Rechten, Frankfurt a.M. u.a. 1997: 124ff.

24   Zit. in: Noack, Paul: Carl Schmitt. Eine Biographie, Berlin 1993: 108.

mensinken: und die Zerstörung ist bereits geschehen, ehe sie ruchbar wird." Dichterisch begeisterter kann man kaum jene nachhaltige Zerstörung der Weimarer Republik feiern, zu der sich ja auch Ernst Jünger selbst bekannte. So schreibt er in seinem Buch „Der Arbeiter" am Ende der 20er Jahre: „Die beste Antwort auf den Hochverrat des Geistes gegen das Leben ist der Hochverrat des Geistes gegen den Geist; und es gehört zu den hohen und grausamen Genüssen unserer Zeit, an dieser Sprengarbeit beteiligt zu sein."

Schmittismus in der „Jungen Freiheit"

Die JF hat seit ihrem Bestehen keine Gelegenheit ausgelassen, Carl Schmitts Denken als vorbildlich hinzustellen, ihn in einer Art zu preisen, die bis zur Heroisierung reichte. Dabei ist zu vermuten, dass ihre stilbildenden Autoren sehr genau wissen, dass Carl Schmitts Denken und die klaren Intentionen des Grundgesetzes in keiner Weise in Harmonie zu bringen sind. Aus diesem Dilemma heraus – einerseits sich eindeutig in die Traditionslinien der Konservativen Revolution zu stellen, andererseits sich nicht zu eindeutig gegen die Intentionen des Grundgesetzes zu positionieren – wirkt das Eingeständnis eines „Schmittismus" in jener Strömung, die sich selbst „volkskonservativ" nennt und der man die JF voll zurechnen kann, wie das Abwerfen einer Nebelkerze. Wenn dann auch noch für diese Strömung festgestellt wird, ihr „Verhältnis zu Ideen ist eklektisch und undogmatisch", könnte man diesen ganzen „Schmittismus" fast für eine im schlechten Sinne rein akademische, politisch-praktisch folgenlose Seminarveranstaltung halten – Diskutieren um der Diskussion willen: Carl Schmitt – na und!? Oder bayerisch formuliert: Man red't ja nicht – man sagt ja bloß... Es scheint, dass manche aus der großen Zahl konservativer Politiker, Publizisten und Wissenschaftler, die sich der JF in den letzten Jahren als Beiträger zur Verfügung stellten, dieser Abwiegelung aufgesessen sind. Dem steht jedoch das Selbstverständnis der JF entgegen, das sich am besten kondensiert in dem Werbespruch der JF von 1993: „Jedes Abo eine konservative Revolution".[25]

Die JF hat seit ihrer Gründung eine Doppelstrategie gefahren: Einerseits wollte sie es sich von Anfang an nicht mit den rechtskonservativen Teilen der deutschen Intelligenz verderben, andererseits wollte sie aber auch ihre zunehmende Meinungsführerschaft im rechten, d.h. auch den rechtsextremen Anteil umfassenden, Lager nicht aufs Spiel setzen. Und so pflegt sie einen breiten ideo-

---

25   Vgl. auch Puttkamer, Michael: „Jedes Abo eine konservative Revolution". Strategien und
     Leitlinien der „Jungen Freiheit", in: Gessenharter, Wolfgang/Pfeiffer, Thomas (Hrsg.): Die
     Neue Rechte – eine Gefahr für die Demokratie?: VS Verlag für Sozialwissenschaften 2004:
     211-220.

logischen Rahmen, der von Nummer zu Nummer durchaus unterschiedlich akzentuiert werden kann. Matthias Weber zieht in seinem Porträt über die JF im Jahre 2002 folgendes Fazit: „Die neurechts geprägten und überwiegend konstanten Grundpositionen der JF einerseits und die seit Ende der neunziger Jahre erfolgreiche Gewinnung renommierter Gesprächspartner aus Politik, Kunst, Literatur, Wirtschaft und Wissenschaft andererseits fügen sich zu einem ambivalenten, facettenreichen Gesamtbild."[26]

Analyse von Schmittismus-Beispielen

Bis in die jüngste Zeit wird diese Doppelstrategie von der JF gefahren, wie im folgenden an zwei dort zu Beginn des Jahres 2007 publizierten Aufsätzen beispielhaft dokumentiert werden kann. In einem ausführlichen Namens-Beitrag mit der Überschrift „Tabus und Lebenslügen" (JF 5/07, S.18) geht der Autor, der nicht eben selten in der JF schreibt, mit jenen linken Ideologen hart ins Gericht, denen er, ganz im Sinne von Carl Schmitt, absichtliche Leugnung der Realitäten vorwirft. So würden diese die „natürlichen Ungleichheiten" zwischen den Menschen negieren: „Daß in einer demokratischen Leistungsgesellschaft, in der es – cum grano salis – weder Vorrechte der Geburt noch solche des Standes gibt, ein Hauptgrund materieller Armut eine mindere Intelligenz ist, scheint Sprengstoff für das staatsphilosophische Fundament zu sein. Offenbar ist die unangenehme Wahrheit eine Beleidigung sowohl des demokratischen Credos (erster Satz der amerikanischen ‚Bill of Rights' von 1776: ‚Alle Menschen sind gleich geschaffen') als auch des religiösen Empfindens (‚Vor Gott sind alle Menschen gleich'). Dabei wird niemand das Offensichtliche bestreiten: die körperliche Ungleichheit. Die geistige Ungleichheit jedoch wird schamhaft verschwiegen, obwohl sie jeder Schüler bei Rückgabe einer Klassenarbeit an der Differenz zwischen seiner Zensur und jener seiner Mitschüler erfährt."

Was hier der Autor an Missverständnissen bzw. an platter Unkenntnis offenbart, ist schon bemerkenswert: Die Forderung nach rechtlicher Gleichheit im Art.3GG ist ja gerade Ausdruck der von niemandem Vernünftigen geleugneten Ungleichheit der Menschen. Was hätte es sonst für einen Sinn, wenn Art.3, Abs.3 formuliert: „Niemand darf wegen seines Geschlechtes, seiner Abstam-

---

26 Weber, Matthias: Zeitschriftenporträt: Junge Freiheit, in: Jahrbuch Extremismus und Demokratie, Jg. 14, 2002: 203-226, hier 224; zu der Doppelstrategie bis zu Beginn der 90er Jahre vgl. Gessenharter, Wolfgang: Kippt die Republik?, ebd.: 187-196; zu einem markanten Beispiel aus dem Jahre 2003 vgl. Gessenharter, Wolfgang: Im Spannungsfeld, ebd.: 44-46: Mittlerweile ist die Autorin des dort analysierten Beitrags als Redakteurin bei der JF aus- und bei dem im rechtsextremen Bereich führenden Theorieblatt ‚Nation & Europa' eingestiegen.

mung, seiner Rasse, seiner Sprache, seiner Heimat und Herkunft, seines Glaubens, seiner religiösen oder politischen Anschauungen benachteiligt oder bevorzugt werden." Und wenn etwa auf dem deutschen Arbeitsmarkt Ungleichheiten nach Heimat und Herkunft, also etwa zwischen EU-Ausländern und solchen aus Nicht-EU-Ländern zugelassen bzw. eingerichtet werden, dann geht dies nur in einem öffentlichen Argumentationsprozess, der diese Ungleichheit zu legitimieren versuchen muss, also etwa in einem ordentlichen Gesetzgebungsverfahren. Wir werden später noch sehen, dass es immer wieder oder immer noch Ungleichheiten in der politischen und gesellschaftlichen Realität der Bundesrepublik gibt, die dieser Legitimation entbehren und deshalb vom Bundesverfassungsgericht als grundgesetzwidrig außer Kraft gesetzt werden.

Eine ähnliche Vermischung von Norm und Realität gelingt dem Verf. auch bei den weiteren von ihm behandelten „Tabus und Lebenslügen", z.B. beim Thema „gesellschaftspolitische Teilhabe": „Eine aus einem idealisierten Menschenbild resultierende Lebenslüge ist das ständige Beschwören des ‚bürgerlichen Engagements', also die erwünschte ‚Teilhabe' an der politischen Willensbildung der Gesellschaft". „In Wahrheit" aber halte „der Rückzug ins Private an" und betreffe „alle Kreise von den Eliten bis zur Unterschicht". Sicherlich ist auch von der Idee einer partizipativen Demokratie her, die in verschiedenen Grundrechten ihren Niederschlag findet, diese privatistische Einstellung großer Teile der Bevölkerung nicht begrüßenswert, wenngleich legitim. Daraus aber zu folgern, wie der Verf. dies tut, dass es abzulehnen sei, allen Menschen die „Teilhabe am politisch-gesellschaftlichen Geschehen zu ermöglichen", läuft auf ein undemokratisches elitäres Verständnis von Politik hinaus, insbesondere dann, wenn als Begründung dafür angegeben wird: „Tatsächlich... können viele Menschen mangels geistiger Fähigkeit am ‚kommunikativen Handeln' überhaupt nicht teilnehmen, während andere (wohl die Mehrheit) gar nicht politisch mitwirken, sondern nur vernünftig regiert werden wollen." Im Gegensatz zu dieser elitären Haltung gibt das Grundgesetz jedem Bürger und jeder Bürgerin die Möglichkeit, über verschiedene Wege am politischen Geschehen teilzuhaben – allerdings ohne die Freiheit des einzelnen zu beschneiden, eben auch nicht teilzunehmen.

Besonders gravierend ist die bewusste Relativierung der „unantastbaren Menschenwürde" in den weiteren Passagen des JF-Aufsatzes: Aus der unbestreitbaren Tatsache, dass im alltäglichen Leben immer wieder Menschen die Würde anderer Menschen antasten, manchmal sogar unglaublich brutal verletzen, folgert der Verf.: „Wer angesichts solcher Monstrositäten von der ‚eigenen unveräußerlichen Würde' jedes Menschen faselt, den kann man nicht mehr ernst nehmen." Vielmehr „erhellt" für ihn, „daß auch die Menschenwürde nicht angeboren ist, sondern erworben werden muß, umgekehrt gilt, daß man sie jederzeit wieder verlieren kann." Es ist selbst in den Reihen der Neuen Rechten nicht allzu häufig, dass ein Autor den Art.1GG so offen und unumwunden in Frage stellt, wird doch in diesen zitierten Passagen expressis verbis Abstand davon genommen, dass ein Mensch selbst dann nicht seines Menschseins verlustig gehen darf, wenn er die Menschenwürde anderer Menschen mit Füßen getreten hat. Das Rechtsstaatspostulat sichert folgerichtig selbst solchen Menschen einen fairen Prozess zu und versucht damit, mögliche kollektive Rache-Dynamiken einzugrenzen und sie einem rational einsehbaren Urteilsprozess zuzuführen.

Die aus dem Text zitierten Beispiele mögen genügen, um das Verständnis des Autors von der Situation der Bundesrepublik zu skizzieren: Da ist zum einen die politische Klasse, die ihre Arbeit auf dem Boden von Illusionen, Tabus und Lebenslügen aufbaut und damit eine der größten Gefahren für das deutsche Volk darstellt. Der Autor dagegen vermag nach seiner Selbsteinschätzung diese Realitätsverstellungen zu durchschauen und die Realität so wahrnehmen, wie sie ist. (Nur in Klammern sei an dieser Stelle angemerkt, dass die Belege, die der Autor anführt, z.B. bei seinen Einlassungen über „gesellschaftspolitische Teilhabe" eher seinem Vorurteil als vorhandenem empirischem Wissen entspringen.) Dass der Autor bei seiner Wirklichkeitssicht gleich auch zentrale Normen des grundgesetzlichen Konsenses infrage stellen muss, weil sie an der politischen und gesellschaftlichen Realität völlig vorbeigingen, scheint ihn überhaupt nicht zu stören. Und so gipfeln seine Aussagen in einem scharfen Verriss menschenrechtlichen Denkens, das vor der Folie Carl Schmitts ohnehin nur als übler Ausfluss illusionärer, linker, an den Ideen von 1789, also der Französischen Revolution, orientierter Ideologie verstanden wird. Der Autor schließt seinen Beitrag mit folgendem Appell: „Wem an Deutschlands Zukunft gelegen ist, der sollte daher linke Utopien und liberale Illusionen stets mit den harten Realitäten des Lebens konfrontieren – ganz im Sinne August Bebels, der erklärt hatte: ‚Es ist bereits eine revolutionäre Tat, zu sagen, was ist.'"

In derselben Ausgabe der JF (5/07, S.11) wird bereits in der Überschrift eines Beitrags deutlich, was der ständige JF-Autor von den Menschenrechten nach Art.1GG hält: „Die Utopie ist tot, lang lebe die Utopie: Wird die Menschenrechtsideologie zum neuen Sündenfall der Intellektuellen?" Die Frage nach Menschenrechten könne nicht mit „hypermoralischem Vokabular" beantwortet werden; sie sei aber „populär, denn an ihr wärmt sich das Herz", ätzt der Autor und führt fort: „Eine schlüssige Beweisführung der Menschenrechte aber gibt es bis heute nicht. Ihre naturrechtliche Begründung mit der ‚Gleichheit' aller Menschen ist kaum überzeugend, weil die Menschen von Natur eher verschieden sind." In dieser Nichtberücksichtigung der Realität steckt offenbar nach Meinung des Autors der ideologische Kern des Menschenrechtsdenkens: Von Natur aus ungleiche Menschen könne man doch nicht gleich behandeln.

Wiederum wird dabei aber, wie ähnlich beim vorherigen Autor, aus der faktischen Ungleichheit der Menschen auf die Notwendigkeit einer Rechtsungleichheit geschlossen, die ihrerseits Menschenrechte, die für alle gelten (sollen), unsinnig mache. Der Autor hat offenbar noch nicht vernommen, dass im Gleichheitssatz immer schon Ungleichheit mitgedacht wird: So verbietet der Gleichheitssatz, „wesentlich Gleiches ungleich (und wesentlich Ungleiches) gleich zu behandeln"[27]. Der Verfassungsrechtler Hesse fährt dann fort: Der allgemeine Gleichheitssatz „stellt als Grundelement des sozialen Rechtsstaates den staatlichen Gewalten, namentlich dem Gesetzgeber, die Aufgabe, einer Gleichsetzung oder Differenzierung jeweils *gerechte Kriterien* [kursiv orig.] zugrunde zu legen, um so im Sinne des klassischen Gerechtigkeitsprinzips jedem das Seine zukommen zu lassen; welches diese Kriterien sein müssen, lässt sich nicht allgemein und abstrakt, sondern stets nur im Blick auf den konkreten Sachverhalt bestimmen, der geregelt werden soll." Was unter „gerechten Kriterien" verstanden werden könnte, bezieht sich im Wesentlichen darauf, „was der historische Sinn und unverzichtbare Kern der durch das Grundgesetz konstituierten neuen Ordnung sein und bleiben... [muss]: den Bezug dieser Rechte auf die Menschenrechte als deren Grundlage und legitimierende Quelle."[28]

Und einen weiteren eigentlich allgemein bekannten Punkt lässt der JF-Autor ebenfalls völlig unberücksichtigt, nämlich dass zwischen dem Republik-Prinzip (als Orientierung an Menschenrechten)[29] und dem Demokratie-Prinzip des Grundgesetzes eine notwendige Spannung besteht, die politische Konfliktregelung nötig macht, weil diese Spannung nicht einfach durch Verweis auf „höhere" Prinzipien aufgelöst werden kann. Mit anderen Worten: Die Orientierung an allgemeinen Menschenrechten und die demokratische Festlegung der o.g. „gerechten Kriterien" schließen sich nicht aus, sondern ergänzen sich, gleichsam wie ein in unruhiger See fahrendes Schiff, das ständig in Ort und Zeit gesteuert und dabei auf festgelegtem Kurs gehalten werden muss.

Der Autor hingegen verabsolutiert zu Lasten des Republik-Prinzips das Demokratie-Prinzip, wenn er einen ungelösten „Widerspruch" darin sieht: „Was von einer ‚Weltgemeinschaft' als universelles Recht proklamiert und festgelegt worden ist, muß nicht von dieser, sondern von einem konkreten Staat realisiert werden, dessen Bürger bei der Festlegung, Definition und Umsetzung der Rechte übergangen und entmündigt werden." Dass hier eine Spannung zwischen den beiden Prinzipien besteht, ist unbestreitbar und sie kann in einem Optimierungsprozess fallweise bearbeitet werden. Bei der Behauptung eines Widerspruchs

---

27   Hesse, Konrad: Grundzüge des Verfassungsrechts der Bundesrepublik Deutschland, Heidelberg 1999, Randnr. 438.
28   Ebd., Randnr. 299.
29   Vgl. dazu u.a. Oberndörfer, Dieter: Die offene Republik, Freiburg 1991.

muss jedoch *ein* Prinzip zurücktreten. Dass der Autor ganz in der Tradition des Pluriversums-Konzepts Carl Schmitts die Menschenrechtsorientierung aufgibt, ist dann nicht mehr verwunderlich.

Insgesamt zeigt sich in den hier behandelten und zitierten Passagen deutlich, dass der Autor bei der Abwägung von Problemen, die im Verhältnis von Einzelnem und Kollektiv entstehen, ganz nach Carl Schmitt von letzterem her seinen Ausgangspunkt nimmt. Und auch in diesem JF-Beitrag wird wieder das geradezu trotzige einseitige Beharren auf „Realitäten" gegenüber vermeintlich illusionären Normen und die damit immer auch verbundene Kassandra-Haltung deutlich, wenn der Autor schließt: „Wer weltweite Erwartungen weckt und als Rechte sanktioniert, die sich am Vorbild der Massendemokratie und des Massenwohlstands im Westen orientieren, während doch die materiellen Voraussetzungen dafür fehlen, sammelt Explosivstoff, an dem sich ein neuer Weltbürgerkrieg entzünden kann. Der wird auch die Menschenrechts-Verfechter nicht unverschont lassen!"

Wie die beiden hier kurz analysierten JF-Artikel deutlich zeigen, spielt bei ihnen die Orientierung an einem Denken, das sich u.a. mit dem von Carl Schmitt verbindet, die zentrale Rolle. Es mag mit einer bestimmten Strategie der Jungen Freiheit zusammenhängen, dass sie sich in den letzten zwei bis drei Jahren in ihrer früheren ganz offen zur Schau getragenen Carl Schmitt-Verehrung etwas bremst. So wird auch in diesen beiden Artikeln nicht expressis verbis Carl Schmitt erwähnt. Vermutlich wollte sie im Rechtsstreit mit dem Innenministerium NRW keine allzu offenkundigen Argumente liefern, die gegen sie hätten verwendet werden können. Andererseits wollte und konnte man nicht einen der zentralen Vordenker einer Neuen Rechten völlig in der Versenkung verschwinden lassen, wenn man sich nicht bei seinen treuen Lesern den Vorwurf einer zunehmenden Profillosigkeit zuziehen wollte. Insofern erfüllt das eher lässig dahingeworfene Eingeständnis eines „Schmittismus" eine Strategie, die schon 1986 einer der neurechten Vordenker, Karlheinz Weißmann, propagiert hat[30]: Man solle sich bei öffentlichen Äußerungen eines Anpassungsverhaltens bedienen, das sich aus der Beurteilung einer Situation ergebe, nämlich „ob hier der offene Angriff oder die politische Mimikry gefordert ist".

---

30   Siehe Weißmann, Karlheinz: Neo-Konservatismus in der Bundesrepublik? Eine Bestandsaufnahme, in: Criticón, H.96 (1986): 176-179.

Kritische Anfrage an den Umgang mit der Menschenwürde in der politischen Mitte

Fragt man sich zum Abschluss, wie es sein kann, dass sich mittlerweile so viele prominente Vertreter aus Politik, Gesellschaft und Kultur, von denen die meisten sicherlich nicht mit grundgesetzfeindlichen Positionen in Verbindung gebracht werden können, vor den Karren der JF spannen lassen, indem sie sich zu Interviews oder anderen Publikationen in diesem Blatt bzw. zu Unterstützungsaktionen für dieses Blatt hergeben[31], dann sollte man nicht die Augen davor verschließen, dass offenbar – immer noch oder schon wieder? – auch in der „Mitte der Gesellschaft" die Botschaft des Art.1GG oft nicht ungeschmälert vertreten wird. Die letzten zwei Bundespräsidenten, Johannes Rau und Horst Köhler, haben es zu unterschiedlichen Anlässen für nötig befunden, auf die Bedeutung dieses zentralen Grundgesetzartikels hinzuweisen. So sagte Köhler in seiner Rede vor der Knesset am 1. Februar 2006: „Die Würde des Menschen zu schützen und zu achten ist ein Auftrag an alle Deutsche. Dazu gehört, jederzeit und an jedem Ort für die Menschenrechte einzutreten." Und Rau hatte in seiner Antrittsrede hervorgehoben, dass es im Art.1GG heißt: „Die Würde des Menschen ist unantastbar" – und nicht etwa nur „des deutschen Menschen". Vor dem Licht dieser Ermahnungen mutet es schon befremdlich an, dass gegenwärtig zwar in vielen Details der Fall des Guantamo-Häftlings Murat Kurnaz in der Öffentlichkeit diskutiert wird, eine wichtige Frage jedoch eigenartig ambivalent behandelt wird: Warum haben bundesrepublikanische Behörden den in Bremen aufgewachsenen jungen Türken über mehr als drei Jahre hinweg nicht gegen die Verletzung seiner Menschenwürde in Guantanamo in Schutz genommen, sondern sehr viel mehr dahingehend unternommen, ihre Menschenrechtsverantwortung diesem Manne vorzuenthalten und sie an die USA bzw. Türkei abzugeben? War hier eine Sichtweise maßgebend, die den Schutz der „Würde des Menschen" auf den Schutz der „Würde des Deutschen" verengt hatte?

Dass eine derartige Sichtweise in Deutschland nicht völlig außergewöhnlich, sondern sogar behördliche Praxis ist, zeigt ein jüngst veröffentlichtes Urteil des Bundesverfassungsgerichts, über das interessanter Weise öffentlich nicht viel Auf-

---

31 So führt die JF beispielsweise in ihrer Ausgabe Nr.42/06 v. 13.10.06: 3, folgende Namen als bisherige Interviewpartner auf: Meinhard Miegel, Peter Glotz, Egon Bahr, Ernst Benda, Ernst-Gottfried Mahrenholz, Uri Avnery, Peter Harry Carstensen. In der Ausgabe Nr.40/06 v. 29.9.06: 3 finden sich u.a. folgende Namen von Interviewpartnern: Jörg Haider, Ewald Stadler, Andreas Mölzer, Alfred Gusenbauer, Otto von Habsburg, Hans-Olaf Henkel, Peter Gauweiler, Jörg Schönbohm, Peter Müller, Vera Lengsfeld, Hermann Otto Solms, Franz Alt, Klaus Naumann, Hermann Lübbe. Die Liste der Namen ließe sich – fast beliebig – verlängern.

hebens gemacht wurde.[32] In dem Urteil ging es um die Anrechnung von Schmerzensgeld auf Leistungen nach dem Asylbewerberleistungsgesetz (AsylbLG). In der Pressemitteilung des Gerichts heißt es u.a.:

> „Der aus Bosnien-Herzegowina stammende Beschwerdeführer und seine Familie erhielten Leistungen nach dem Asylbewerberleistungsgesetz. Im August 1997 wurden die Ehefrau und ein Kind des Beschwerdeführers Opfer eines Verkehrsunfalls. Sie erhielten ein Schmerzensgeld in Höhe von 25.000 DM. Daraufhin lehnte der Leistungsträger die weitere Gewährung von Leistungen ab, da das Schmerzensgeld als Vermögen im Sinne von § 7 Abs. 1 Satz 1 AsylbLG angerechnet werden müsse. Die hiergegen erhobene Klage des Beschwerdeführers blieb in allen Instanzen ohne Erfolg. Auf seine Verfassungsbeschwerde hin stellte der Erste Senat des Bundesverfassungsgerichts fest, dass es mit dem Gleichheitssatz unvereinbar ist, dass Asylbewerber Schmerzensgeld für ihren Lebensunterhalt einsetzen müssen, bevor sie staatliche Leistungen erhalten. Insoweit sei § 7 Abs. 1 Satz 1 AsylbLG verfassungswidrig. Dem Gesetzgeber wurde aufgegeben, bis zum 30. Juni 2007 eine Neuregelung zu treffen."

Das Asylbewerberleistungsgesetz stammt aus dem Sommer 1993. Es atmet offenbar den damals vorherrschenden Geist, demzufolge der Bundestag kurz davor stand, für Asylbewerber die Rechtswegegarantie nach Art.19, Abs.4 GG aufzuheben. In einem fulminanten Spiegel-Interview las der Richter am Bundesverfassungsgericht, Herbert Kühling, damals den Parteien die Leviten: „Die Rechtsschutzgarantie ist Ausdruck des in Art.1 verankerten Prinzips der Menschenwürde. Dieser Grundsatz ist unverrückbar... Zum Kern der garantierten Menschenwürde gehört, dass niemand bloßes Objekt eines Verfahrens sein darf. Er muss zu Wort kommen, wenn es um seine Rechte geht. Auch diese Garantie kann nicht abgeschafft werden."[33] Diese Beispiele zeigen, dass der fragwürdige Umgang mit den Kerngütern unserer Verfassung nicht nur Sache der Neuen Rechten ist. Wenn wir – zu Recht – mit dem Finger auf diese anklagend zeigen, sollten wir nicht vergessen, dass dabei drei Finger unserer Hand auf uns selbst zeigen. Im bewussten und öffentlich deutlichen Praktizieren der Grundaufgaben unserer Verfassung tun wir mehr für unser Gemeinwesen als dadurch, dass wir extreme Gedanken kritisieren oder extreme Parteien verbieten.

---

32   Beschluss des BVerfG v. 11.Juli 2006 – 1 BvR 293/05 –; vgl. auch die Pressemitteilung des BVerfG Nr.104/2006 v. 2.11. 2006.
33   In: Der Spiegel Nr. 47 v. 16.11.1992: 55; vgl. zum Ganzen auch Gessenharter, Wolfgang: Kippt die Republik? Ebd.: 241-254.

Literatur

Gessenharter, Wolfgang: Kippt die Republik? München 1994.

Gessenharter, Wolfgang: Die Neue intellektuelle Rechte und ihre Unterstützung durch Politik und Medien, in: Braun, Stephan/Hörsch, Daniel (Hrsg.): Rechte Netzwerke – eine Gefahr, Wiesbaden: VS Verlag für Sozialwissenschaften 2004: 17-25.

Gessenharter, Wolfgang: Im Spannungsfeld. Intellektuelle Neue Rechte und demokratische Verfassung, in: Gessenharter, Wolfgang/Pfeiffer, Thomas (Hrsg.): Die Neue Rechte – eine Gefahr für die Demokratie?, Wiesbaden 2004: 31-49.

Hesse, Konrad: Grundzüge des Verfassungsrechts der Bundesrepublik Deutschland, Heidelberg 1999.

Institut für Staatspolitik (IFS): Die „Neue Rechte". Sinn und Grenze eines Begriffs, 2003.

Koenen, Andreas: Der Fall Carl Schmitt. Sein Aufstieg zum „Kronjuristen des Dritten Reiches", Darmstadt 1995.

Lenk, Kurt/Meuter, Günter/Otten, Henrique Ricardo: Vordenker der Neuen Rechen, Frankfurt a.M. u.a. 1997.

Müller, Christoph: Das Freund/Feind-Theorem Carl Schmitts. Fortwirkungen im Verfassungsdenken der Bundesrepublik Deutschland, in: Eisfeld, Rainer/Müller, Ingo (Hrsg.): Gegen Barbarei. Essays Robert M.W. Kempner zu Ehren, Frankfurt a.M. 1989: 153-178.

Müller, Ingo: Furchtbare Juristen. Die unbewältigte Vergangenheit unserer Justiz, München 1987.

Noack, Paul: Carl Schmitt. Eine Biographie, Berlin 1993.

Oberndörfer, Dieter: Die offene Republik, Freiburg 1991.

Puttkamer, Michael: „Jedes Abo eine konservative Revolution". Strategien und Leitlinien der „Jungen Freiheit", in: Gessenharter, Wolfgang/Pfeiffer, Thomas (Hrsg.): Die Neue Rechte – eine Gefahr für die Demokratie?: VS Verlag für Sozialwissenschaften 2004: 211-220.

Rüthers, Bernd: Carl Schmitt als politischer Denker des 20. Jahrhunderts, in: Zeitschrift für Rechtsphilosophie 2002, H.1: 63-71.

Schmitt, Carl: Der Begriff des Politischen, Text von 1932 mit einem Vorwort und drei Korollarien, Berlin 1963.

Schmitt, Carl: Die geistesgeschichtliche Lage des heutigen Parlamentarismus, Berlin 1969.

Vollrath, Ernst: Wie ist Carl Schmitt an seinen Begriff des Politischen gekommen? In: Zeitschrift für Politik 2/1989: 151-168.

Weber, Matthias: Zeitschriftenporträt: Junge Freiheit, in: Jahrbuch Extremismus und Demokratie, Jg. 14, 2002: 203-226.

Das Geschichtsverständnis der Wochenzeitung „Junge Freiheit"

Michael Pechel

Einleitung

Deutschland steht am Abgrund seiner Nationalgeschichte – so lautet kurz gefasst die Zeitdiagnose der Berliner Wochenzeitung „Junge Freiheit" (JF). Die deutsche Gegenwartsgesellschaft erscheint in den schwärzesten Farben: Infantilisierung der Massenunterhaltung, fehlende Elitenbildung, Defizite in den elementarsten Erziehungs- und Verhaltensregeln, Überfremdung der Sprache Goethes und Lessings zum Kauderwelsch des „Denglisch". Legalisierte Abtreibung, dramatische Scheidungsraten, Gebär- und Zeugungsstreik mit der Aussicht auf einen „nationalen Ethnozid". Öffentliche Schulen, an denen Deutsche die verschwindende Minderheit bilden, Parallelgesellschaften aus kaum assimilierbaren Einwanderungskulturen, die bereits zu ersten No-Go-Areas für deutsche Polizisten gesorgt haben. Eine Politikerkaste, die politisch nicht führt, sondern die von ihr herbeigeführten Missstände mehr schlecht als recht verwaltet und ansonsten ihre Privilegien genießt.

Diese Form des Kulturpessimismus samt Kritik an Parlament und politischer Klasse ist weder neu noch originell, sondern erscheint bis in einzelne Formulierungen hinein den Protagonisten der antidemokratischen „Konservativen Revolution" der Weimarer Republik entlehnt; ihren Hintergrund bildet die Kritik am „zersetzenden" politischen Liberalismus. Bereits damals beklagte einer deren Hauptvertreter die „Herrschaft der Minderwertigen" mit den Folgen von

> „Geburtenrückgang, Materialismus, Mangel an selbstloser Opferfreudigkeit, außenpolitischer Richtungslosigkeit, Pazifismus, Staatsfeindlichkeit, kulturelle Zerfahrenheit und Hohlheit".[1]

Nun räche sich, dass die alte Gleichung demos=ethnos mutwillig zerstört worden sei: Zurück bleibe eine unorganische und heterogene Bevölkerungsmenge, die

---

1   Jung, Edgar Julius: Die Herrschaft der Minderwertigen. Ihr Zerfall und ihre Ablösung. Berlin 1927. Zit. nach: Kubon 2006: 85.

nichts mehr verbinde als das Interesse an adäquater materieller Versorgung. Traditionelle Bestände an Gemeinsamkeit, die zur Integration des Einzelnen in das größere Ganze taugen, seien längst aufgebraucht und ließen sich nicht künstlich wiederherstellen.

Am Pranger stehen allerdings nicht mehr „Novemberverbrecher", die der tapfer kämpfenden und „im Feld unbesiegten" Truppe den Dolchstoß versetzten. Als Verursacher der gegenwärtigen Misere steht für die Wochenzeitung heute eine Achtundsechziger-Generation fest, die seit Jahrzehnten an der Umwertung aller Werte arbeite, den propagierten „Marsch durch die Institutionen" erfolgreich hinter sich habe und als „linksliberales Milieu" weithin die Parteien und Redaktionsstuben beherrsche. Nachdem die Bevölkerung sich gegenüber den Versprechungen linker Utopien als resistent erwiesen hat, verbinde die gescheiterten Revolutionäre zweierlei: das tiefe Misstrauen gegenüber dem eigenen Volk sowie ein geschicktes Machtmanagement als Sprach- und Gedankenkontrolle, die totalitäre Regimes an Perfektion übertreffe.

Zum Niederhalten einer möglichen politischen Konkurrenz (und zum Erhalt eigener Pfründe) diene die Gedankenpolizei der Political Correctness (PC), die Begriffsfelder wie „Nation", „Nationalstolz", „Patriotismus", aber auch „Normalität", „Elite" oder „Ausländerkriminalität" mit Verboten belege und unter sofortigen Faschismusverdacht stelle. Dies habe zum gewünschten Resultat geführt: den Deutschen sei generell nichts mehr heilig, „nicht die Fahne, nicht die Ehre der Nation, der Familie, der Religion"[2], als Ersatz werde die „Zivilreligion" des Holocaust-Gedenkens angeboten. Insbesondere die Institutionen der universitären Zeitgeschichtsforschung und Lehrerbildung stünden seit langem unter enger Kontrolle von „Berufsbewältigern" mit dem Ziel einer nationalneurotischen Vermittlung deutscher Geschichte. Als ergänzendes Herrschaftsmittel sorge ein mit staatlichen Millionenbeträgen alimentierter „Kampf gegen Rechts" dafür, legitime konservative Positionen als rechtsextrem zu denunzieren und damit vom öffentlichen Diskurs auszuschließen; dazu würden Wissenschaftler verpflichtet, im Tausch gegen entsprechende Forschungsgelder die gewünschten Ergebnisse zu liefern – so der ehemalige SDS-Funktionär Bernd Rabehl in einem Interview der JF.[3]

Aus dieser Zeitdiagnose ergibt sich das Selbstverständnis der Zeitung als Opfer und Tabubrecher: Opfer der Ausgrenzung aus einem „Konsens der Demokraten", der nur konforme Meinungen zulasse und Abweichungen mit den Mit-

---

2   Dieter Stein: Ihr Heuchler!, Junge Freiheit 7/06 vom 10.02.2006: 1.
3   Vgl. z.B. die Polemik Bernd Rabehls gegen die Berliner FU-Wissenschaftler Richard Stöss und Oskar Niedermayer als „selbsternannte Faschismusforscher" in: Junge Freiheit 21/05 vom 20.05.2005: 12, oder die Bemerkungen zu Wilhelm Heitmeyers Studien zur gruppenbezogenen Menschenfeindlichkeit: Doris Neujahr, Herrschaftssicherung durch Einschüchterung, in: Junge Freiheit 52/06 vom 22./29.12.2006: 6.

teln von Verfassungsschutz und Justiz bedrohe. Tabubrecher, der allwöchentlich gegen den erstickenden Zeitgeist argumentiere und die Position einer demokratischen Rechten besetze, die von der ehemals konservativen CDU längst aufgegeben worden sei. Dabei hilft die geschickte Umwidmung von Begriffen: Wahrhaft totalitär sind die Vollstrecker des linksliberalen Gedankenterrors. Ewiggestrige im Verständnis der JF sind nicht länger verbohrte Altnazis, sondern die Apologeten des „multikulturellen Gesellschaftsexperiments". Vor allem der Begriff Verantwortung wird neu besetzt: Das Beharren auf deutscher Schuld und die Fixierung auf Auschwitz seien in Wirklichkeit eine Flucht vor der größeren deutschen Geschichte und der Verantwortung, die diese gebieterisch von jedem einzelnen Mitglied der Nation einfordere.

Aber gerade in der konstatierten geistigen und politischen Krise will die Zeitung die Chance einer Wende erkennen. Historiker Karlheinz Weißmann, Vordenker am rechtsintellektuellen ‚Institut für Staatspolitik', benennt die Hoffnungen in einem Interview: Die Bevölkerung lasse sich nicht ewig für dumm verkaufen, und nachdem die Achtundsechziger praktisch-politisch versagt hätten, dürfte auch bald ihre „ganze ideologische Dürftigkeit bloßgestellt werden". Und weiter drohend:

> „Dann wird abgeräumt, was jetzt noch als sakrosankt gilt: der Hedonismus, der Multikulturalismus und auch dieses Sammelsurium merkwürdiger Geschichtsdeutungen".[4]

Entschiedene Hoffnungssignale eines endlich „normalen" und „unverkrampften" Umgangs mit nationaler Symbolik sieht die Zeitung während der Weltmeisterschaft im Sommer 2006. In einem Titelbeitrag bringt ihr Chefredakteur Dieter Stein die Erwartungen auf den Punkt:

> „Deutschland schwimmt sich seelisch frei. Deutscher zu sein, ist keine Erbkrankheit oder lästige Hypothek – es ist plötzlich etwas, worauf man stolz sein kann (…) Die WM 2006 wird mehr sein als das neudeutsche Woodstock-Erlebnis der heutigen Generation. Lehrer werden sich auf ganz veränderte Weise den Fragen von Schülern stellen müssen, die sich mit einer antinational-depressiven Geschichtserzählung nicht weiter abspeisen lassen wollen. Dem patriotischen Gefühl wird die nationale Erkenntnis folgen müssen".[5]

Was meint „nationale Erkenntnis"? Damit eine partikulare Bevölkerung zum Volk und schließlich zur „selbstbewussten Nation" wird, bedarf sie des Bewusst-

---

4   Karlheinz Weißmann, ‚Befreiung' von unserer Identität, in: Junge Freiheit 19/05 vom 6.05.2005: 23.
5   Dieter Stein, Der Traum ist nicht zu Ende, in: Junge Freiheit 28/06 vom 7.07.2006: 1.

seins des geschichtlichen und kulturellen Erbes als Schicksalsgemeinschaft. Nach diesem Verständnis besteht die Identität einer Nation als Band ihrer Mitglieder allein in der gemeinsamen Geschichte. Nur liegen in Deutschland zwischen Gegenwart und Nationalgeschichte wie eine Barriere die Verbrechen des „Dritten Reiches"; ein bruchloser Rückgriff auf nationale Traditionsbestände erscheint nicht ohne weiteres möglich. Wie gehen die Autoren der JF mit dieser Schwierigkeit um?

Dies wird im Folgenden anhand der Aussagen ihrer Autoren zu vier Bereichen untersucht:

- Welche Vorstellungen bestehen von einer neuen und „unverkrampften" Vermittlung deutscher Geschichte?
- Wie wird der Komplex Zweiter Weltkrieg und Wehrmachtsverbrechen dargestellt?
- Auf welche Weise werden die aktuellen Prozesse gegen Holocaustleugner kommentiert?
- Welche Rolle nimmt die Diskussion um deutsche Opfer von Vertreibung und Bombenkrieg ein?

1   Deutscher Geschichtsmythos: Wenn das Vaterland ruft

Schluss mit lustig! Es geht wieder um Höheres als individuelle Selbstverwirklichung in der Spaßgesellschaft, nämlich Pflicht und Opfer – auch das Opfer des eigenen Lebens im Dienst an der Nation. Unter der Überschrift „Es wird ernst" betont Gastautor Götz Kubitschek die Macht des nationalen Imperativs:

> „Identität etwa ist keine Privatangelegenheit. (…) Das Kollektive, das Wir als Größe, der man nicht entrinnen kann, kehrt mit Macht zurück".[6]

Chefredakteur Dieter Stein gibt an anderer Stelle deutliche Hinweise darauf, was diese Einsicht für eine neue Vermittlung deutscher Geschichte zu bedeuten habe. In einem fiktiven Gespräch mit einer Lehrerin diskutiert er – nach den Vorkommnissen in der Berliner Rütli-Schule – Integrationsprobleme an deutschen Schulen. Er fragt nach, wie sie ihren Schülern ein positives Deutschlandbild nahe bringe. Sie schlägt die Thematisierung von gesellschaftlicher Freiheit und allgemeinen Grundrechten vor. Aber – wendet der Autor ein – dies seien allgemeine Merkmale westlicher Demokratien und damit nichts spezifisch Deutsches. Ein

---

6   Götz Kubitschek, Es wird ernst, in: Junge Freiheit 9/06 vom 24.02.2006: 1.

„Verfassungspatriotismus" als verbindliche gesellschaftliche Grundlage gilt der JF gemeinhin als abstraktes Hirnprodukt, dem es an Fleisch und Blut mangelt – und Fleisch und Blut sind hier durchaus wörtlich zu nehmen, wie wir sehen werden. Denn Stein fährt fort: Freiheitsrechte seien schließlich nicht im Jahre 1949 vom Himmel gefallen. Und weiter im Gespräch mit der Lehrerin:

> „Man müsse auch den spezifisch deutschen Freiheitskampf, der um die Erringung kultureller, nationaler Selbstbestimmung geführt wurde, deutlich machen. Höhen und Tiefen deutscher Nationalgeschichte müßten lebendig an den Schülern vorbeiziehen. Sie müßten gepackt werden von den blutigen Opfern, den Heldentaten vergangener Geschlechter, die den Weg deutscher Geschichte und Freiheit begleiteten. (…) Ob sie mit den Schülern schon einmal auf einem deutschen Soldatenfriedhof gewesen sei? Natürlich nicht, was für eine Idee! (…) Deutscher zu sein bedeutet offenbar, das Erhabene zu verleugnen".[7]

Die Erhabenheit des soldatischen Opfers wird von der Zeitung regelmäßig im Monat November aus Anlass des Volkstrauertages gefeiert. Beklagt wird die Vernachlässigung von Kriegsgräberstätten, die mutwillige Zerstörung oder gar der Abriss von Kriegerdenkmalen, woran sich das ganze Elend der geschichtslosen Gegenwart als emotionaler Mangel gegenüber dem Eigenen zeige: „Der deutsche Selbsthaß bis in die Gräber…".[8] Die offizielle Gedenkkultur sortiere zwanghaft „Täter" und „Opfer" und verstecke nach Möglichkeit die eigenen Toten zugunsten einer Identifikation mit NS-Opfern. Visualisiert wird das geforderte Heldengedenken von einer Bildleiste mit Kampfszenen der Weltkriege, überlagert vom Tapferkeitsorden des Eisernen Kreuzes in einer Aureole, im Vordergrund der obligate Bestandteil eines deutschen Kriegerdenkmals: ein in Bronze gegossener niedergestreckter Soldat, im Sterben die Fahne umklammernd.

Damit wird endgültig klar, was die Rede von „blutigen Opfern" und „Heldentaten vergangener Geschlechter" meint: Eine schlichte Apologie des „Todes für das Vaterland", die auch den Zweiten Weltkrieg umgreift, denn auch hier habe der „Patriot im Soldaten" sein Leben für Land und Volk gegeben – gleichgültig, wie er zur befehlsgebenden Regierung stand. Auf diese Art konvertiert der deutsche Soldat per se zum Helden, dem Liebe und Anteilnahme der Nation gebührt; die Frage nach den Kriegszielen, für die er gestorben, erscheint angesichts seines Opfergangs unzulässig.

Insgesamt spielt das Heroische im Geschichtsverständnis der Wochenzeitung eine unmissverständliche Rolle. Gegen den „Zeitgeist" und eine Massenseele, die alles dulde außer das Herausragende, werden die obligaten „großen Ges-

---

7   Dieter Stein, Was ist deutsch? in: Junge Freiheit 18/06 vom 28. April 2006: 1.
8   Michael Paulwitz, Unfähig zur Volkstrauer, in: Junge Freiheit 47/06 vom 17.11.2006: 1.

talten der Geschichte" gestellt. So erscheint eine deutsche Ahnengalerie aus Luther, Friedrich dem Zweiten, Bismarck und dem Hitler-Attentäter Stauffenberg über einem Beitrag von Karlheinz Weißmann. Es gelte damit, ein „Gedächtnis der Nation" zu schaffen und von Helden zu erzählen,

> „so wie man früher von Arminius und Widukind, von Heinrich dem Vogler und den Stauferkaisern, von Luther und Friedrich dem Großen, von den Schillschen Offizieren und Bismarck erzählt hat. Nicht ganz sicher in den Details, staunend, verklärend. Ein Grund für das Fehlen solcher Erzählungen ist der uns antrainierte Verdacht gegen ‚große Männer'".[9]

Weißmann fordert damit einen unhinterfragbaren nationalen Mythos nach dem Modell „Deutsche Heldensagen" ein; kritische Auseinandersetzung und historisches Verstehen der Zeitumstände finden sich ersetzt durch „staunende Verklärung". Der Verdacht gegenüber „großen Männern" ist allerdings nicht einer durch „Umerziehung" verordneten Gehirnwäsche, sondern dem katastrophalen Verlauf der neueren deutschen Geschichte geschuldet: einer Geschichte, die gegebenenfalls geschönt wird.

2   „Entkriminalisierung" deutscher Geschichte

Um es vorweg zu betonen: Rechtskonservative Positionen haben ihre selbstverständliche Berechtigung und müssen ihren Ausdruck finden können, solange sie sich innerhalb des Verfassungsbogens bewegen. Die Wochenzeitung beklagt eine bewusste Strategie, demokratisch legitimierte rechte Positionen als rechtsextrem zu denunzieren, und sie sieht sich selbst als prominentes Opfer dieser Strategien. Allerdings liefert sie verschiedentlich Anhaltspunkte dafür, in die Nähe zu einer deutlichen Geschichtsklitterung zu geraten und – verhalten ausgedrückt – mit den Ergebnissen der anerkannten Zeitgeschichtsforschung zu kollidieren. Konkret: Ist der Weg zur „selbstbewussten Nation" mit Geschichtsverdrehungen gepflastert? Dafür im Folgenden zwei Beispiele: der Komplex Vernichtungskrieg und die Bekämpfung des Warschauer Aufstandes.

Um In einer Rezension rechtfertigt JF-Gastautor Oliver Busch die Behandlung sowjetischer Kriegsgefangener durch die Wehrmacht als legitime Antwort auf vorangegangene Massaker an deutschen Soldaten. Damit habe Stalins Armee ihr Schicksal selbst herbeigeführt. „'Ritterliche Kriegsführung' war so einem Geg-

---

9   Karlheinz Weißmann, Der geheime Held, in: Junge Freiheit 30/06 vom 21.07.2006: 1.

ner gegenüber gewiß fehl am Platz".[10] An anderer Stelle bestreitet der Historiker Stefan Scheil den Vorwurf, die deutsche Wehrmacht habe sowjetische Gefangene absichtlich verhungern lassen:

> „Alle Gefangenen sollten ausreichend ernährt werden, und die Armeeführung setzte sich angesichts der drohenden Krise im Herbst 1941 bei Hitler für zusätzliche Maßnahmen ein, um dies sicherzustellen. Der Diktator hat persönlich in diesem Sinn entschieden, was sich aus einschlägigen Dokumenten im Bundesarchiv nachweisen läßt".[11]

Das Massensterben wird dann aus einer sowjetischen „Politik der verbrannten Erde" begründet, die Gefangenen seien demnach aus dem Land nicht mehr zu ernähren gewesen – der Schuldvorwurf wird also an die Gegenseite zurückgegeben. Aber schon der Beginn des Zweiten Weltkrieges sei vollkommen anders verlaufen, als von interessierter deutsch-polnischer Seite dargestellt. In einer hämetriefenden Rezension von Jochen Böhlers Studie „Auftakt zum Vernichtungskrieg. Die Wehrmacht in Polen 1939" urteilt Scheil, der behauptete Slawenhass auf deutscher Seite könne schon deswegen ausgeschlossen werden, weil im seit dem Jahre 1935 verlangten „Ariernachweis"

> „neben dem deutschen und zahlreichen anderen Völkern ausdrücklich auch das polnische als arisch eingestuft war und jeder deutsche Soldat dies schwarz auf weiß nach Hause tragen konnte".[12]

Spätestens hier wird deutlich: Der in der Rezension geäußerte Vorwurf Stefan Scheils, in wichtigen Bereichen der Zeitgeschichte dominiere politischer Wille derzeit klar über fachliche Seriosität, trifft eher ihn selbst. Das Bestreben, deutsche Geschichte zu „entkriminalisieren", führt Autoren der JF zur Entschuldung einer Kriegsführung, die von vornherein als Weltanschauungs- und Rassenfeldzug geplant war und entsprechend realisiert wurde – auch in Polen, wo er mit dem Ziel der systematischen „Liquidierung des führenden Polentums" (Gestapo-Chef Reinhard Heydrich) betrieben wurde. Und bereits Monate vor Beginn des „Unternehmens Barbarossa" schwor Hitler die deutsche Generalität auf den Vernichtungskrieg im Osten ein: „Wir müssen von dem Standpunkt des soldati-

---

10 Oliver Busch, Generationenkonflikt unter falschen Vorzeichen, in: Junge Freiheit 19/06 vom 05.05.2006: 17.

11 Stefan Scheil, Schräge Töne beim Abschlusstusch, in: Junge Freiheit 18/06 vom 28.04.2006: 18. Der Autor gewann 2005 den von der Zeitung ausgelobten „Gerhard-Löwenthal-Preis für Journalisten". Zur Kritik an Scheils Präventivkriegsthese siehe die Auseinandersetzungen im Forum des Nachrichtendienst für Historiker http://www.nfhdata.de/

12 Stefan Scheil, Geklittertes für die Volkspädagogik, in: Junge Freiheit 45/06 vom 03.11.2006: 20.

schen Kameradentums abrücken. Der Kommunist ist vorher kein Kamerad und nachher kein Kamerad. Es handelt sich um einen Vernichtungskampf (…) Der Kampf wird sich sehr unterscheiden vom Kampf im Westen".[13] Von der etwa halben Million sowjetischer Kriegsgefangener, die auf Druck der Arbeitsverwaltung in das Reichsgebiet transportiert wurden, kam bis Frühjahr 1942 knapp die Hälfte durch katastrophale Lebensbedingungen und Mordaktionen ums Leben. Erst ab Frühjahr 1942 wurde ihre Ernährung und Behandlung leicht verbessert. Dies kam für die große Menge zu spät: Insgesamt hat die Wehrmacht bis zu diesem Zeitpunkt von 3,3 Millionen Gefangenen etwa 2 Millionen verhungern lassen oder – teils in Zusammenarbeit mit Gestapo und SS – ermordet. Mehr als die Hälfte der in deutsche Gefangenschaft geratenen Soldaten der Roten Armee starben bis Kriegsende.[14]

In einer anderen Ausgabe der Wochenzeitung bringt Alfred Schickel, Leiter der ‚Zeitgeschichtlichen Forschungsstelle Ingolstadt' (ZFI), aus Anlass des 60. Jahrestages des Warschauer Aufstands eine höchst harmonische Version des Umgangs von Wehrmacht und polnischer Heimatarmee vor. Der durch die polnische Exil-Regierung verliehene Status von regulären Kombattanten wurde, so Schickel,

> „von den Deutschen anerkannt und führte die gefangengenommenen polnischen ‚Heimatarmee'-Soldaten nach der Niederschlagung des Aufstandes als bisherige Freischärler nicht vor deutsche Erschießungskommandos, sondern in reguläre Gefangenenlager (‚Stalags'), wo sie nach eigenem Zeugnis gemäß der Genfer Konvention und der Haager Landkriegsordnung korrekt behandelt wurden. Zum äußeren Zeichen der Anerkennung als Kombattanten empfing von dem Bach-Zelewski den sich ergebenden Kommandeur der ‚Heimatarmee', Graf Komorowski, persönlich vor seinem Hauptquartier und begrüßte ihn mit Handschlag. Ein erhalten gebliebenes Foto dokumentiert diesen Vorgang".[15]

Dieses Foto wird als historischer Beleg neben dem Beitrag abgebildet. Wir haben es hier mit einem schlagenden Beispiel dafür zu tun, wie durch historische Bilddokumente unter Auslassung des Kontextes mehr verschleiert als erhellt werden kann. Das Bild ist nicht gefälscht, es erweckt die Vorstellung ritterlich-fairen Verhaltens. Und die Tatsachen sind wahrheitsgemäß wiedergegeben: Den Soldaten und Soldatinnen der „Armia Krajowa" wurde überraschender Weise eine ehrenvolle Kapitulation und erträgliche Kriegsgefangenschaft zuteil. Die Beweggründe dafür und die Gesamtgeschichte der Bekämpfung des Warschauer Aufstandes bleiben allerdings ausgeblendet. Nicht erwähnt werden die vorange-

---

13   Zit. nach Friedländer 2006: 158.
14   Vgl. Christian Hartmann/Johannes Hürter/Ulrike Jureit 2005: 40-49.
15   Alfred Schickel, „An Frauen und Wunder glauben", in: Junge Freiheit 36/04 vom 27.08.2004: 17.

gangenen beispiellosen Massaker an der Warschauer Zivilbevölkerung, nicht erwähnt wird der folgende Bruch des Abkommens, indem von den überlebenden Zivilisten 150.000 Menschen in Konzentrationslager und Zwangsarbeit verschleppt wurden. Unerwähnt bleibt, dass der deutsche Oberkommandierende Bach-Zelewski vorher maßgeblich an Kriegsverbrechen gegen die jüdische Bevölkerung Osteuropas beteiligt war. Unerwähnt bleibt die systematische Zerstörung der entvölkerten polnischen Hauptstadt bis zum Vortag des sowjetischen Einmarsches im Januar 1945, also über Monate hin.[16]

3   Wissenschaft vor dem Richter?

In der JF wird man keine Holocaust-Leugnung entdecken – hier wird nicht die historische Tatsache von Auschwitz verhandelt, sondern die geschichtspolitische Bedeutung von Auschwitz für die Gegenwart. Ähnlich obszön wie die Leugnung der Shoa – so Chefredakteur Dieter Stein – sei

„für die freiheitsliebenden Europäer auch, dass hier die historische Forschung und Meinungsäußerungen dem Strafrecht unterworfen wurde".[17]

Mit dieser Argumentationslinie verfolgt die Zeitung drei Ziele:

- Distanzierung von offener Geschichtsleugnung aus dem Kreis der extremen Rechten, die in der deutschen Bevölkerung keine Akzeptanz findet,
- die gleichzeitige Darstellung von „geschichtsrevisionistischen" Autoren als (Justiz)Opfer und damit eine
- Präsentierung der Zeitung als liberaler Hüter von Meinungs-, Presse- und Wissenschaftsfreiheit.

Nach Klärungsprozessen innerhalb der Redaktion in der ersten Hälfte der neunziger Jahre ist die Position der Zeitung hinsichtlich offener NS-Apologie eindeutig. Nachdem sich die Linie einer Distanz zu der „alten" und parteigebundenen Rechten durchgesetzt hatte und die Zeitung sich endgültig als Sprachrohr eines deutschnationalen Konservatismus verortete, warnte Dieter Stein vor historischen Hypotheken: Größter Fehler einer „jungen deutschen Rechten" könne nur sein, ihr politisches Schicksal an Entlastungsversuche des NS-Terrors zu knüp-

---

16   Vgl. Silke Lent, Die Stunde „W", in: DIE ZEIT 32/2004: 76.
17   Dieter Stein, Ihr Heuchler! in: Junge Freiheit 7/06 vom 10.02.2006: 1.

fen; der verbrecherische Charakter dieser Herrschaft sei ohne Vorbehalte anzuerkennen.[18]

Dies hindert allerdings nicht daran, sich für die unumschränkte Veröffentli-
chungsfreiheit von Schriften einzusetzen, die den festgestellten verbrecherischen
Charakter negieren. Beklagt wird, dass immer mehr Forschungsgebiete offiziell
für endgültig erforscht erklärt und „unorthodoxe" Meinungen kriminalisiert würden; Geschichtsdeutung in Deutschland obliege nicht mehr Historikern, sondern
werde von Staats wegen unter Drohungen verordnet. Damit gemeint sind der
Volksverhetzungs-Paragraph 130 StGB und die Feststellung des Bundesgerichts-
hofes von 1994, dass der Mord an den europäischen Juden eine offenkundige
historische Tatsache darstelle und seine Leugnung strafbewehrt sei. In der Tat:
Mit dem deutschen und österreichischen Strafrecht zu tun bekamen es zuletzt
Holocaustleugner wie David Irving, Ernst Zündel, Frederic Toben, Germar Rudolf und andere. So gelangte der englische Historiker Irving im Jahre 2005 wegen
Behauptungen vor ein österreichisches Gericht, in Auschwitz habe kein systema-
tisches Töten stattgefunden und die November-Pogrome des Jahres 1938 seien
von Unbekannten verübt worden, die sich mit SA-Uniformen getarnt hätten. Bereits in seinem 1977 erschienenen Buch „Hitler's War" trat er mit der These an die
erstaunte Öffentlichkeit, Adolf Hitler habe den Massenmord der europäischen
Juden weder befohlen noch gewollt, später steuerte er ein Vorwort zum berüchtigten „Leuchter-Report" bei. In der JF wird er recht milde als „Mann der provokan-
ten Thesen" und „klassischer Dissident" getadelt, der sich im Kampf gegen den
Holocaust als „Zivilreligion" nur „verhärtet" und „verrannt" habe.[19]

Die juristische Verfolgung von Germar Rudolf liest sich gleich als Vernichtungskampf gegen seine Person und Familie. Der Diplomchemiker war im Jahre
1995 aufgrund eines Gutachtens („Rudolf-Report") verurteilt worden, das die
Unmöglichkeit von Massenvergasungen in Auschwitz-Birkenau behauptete,
nach seiner Flucht in das Ausland entwickelte er sich zu einer der wichtigsten
Figuren der internationalen Holocaust-Leugnung, bis er von den USA ausgelie-
fert und im November 2006 vor ein Stuttgarter Gericht gestellt wurde. „Junge
Freiheit"-Autor Thorsten Hinz sieht mit dem Verfahren gesellschaftliches Aus-
nahmerecht exekutiert:

> „Mit der Zerstörung der Familie, der gesellschaftlichen Bindungen und sozialen
> Schutzhüllen wurde Rudolf außerhalb der Welt gestellt. So behandelt man keinen

---

18   Vgl. Ruoff 2001: 42 ff.
19   Vgl. Doris Neujahr, Der Dissident, in: Junge Freiheit 8/06 vom 17.02.2006: 3. „Doris Neujahr"
     dient als Pseudonym für Thorsten Hinz, Träger des „Gerhard-Löwenthal-Preises für Journalis-
     ten" 2004

bloßen Gesetzesbrecher, sondern jemanden, in dem man einen totalen Feind erblickt, der eliminiert gehört!"[20]

Autoren der Wochenzeitung nutzen die besagten Prozesse, um das Zerrbild eines Terrors von Furcht, Zensur und Selbstzensur zu zeichnen, das mit der deutschen Wirklichkeit nicht eben viel zu tun hat. Die Behauptung einer Einschränkung von Wissenschaftsfreiheit durch die genannten Paragraphen unterstellt, dass es sich bei Elaboraten wie dem „Rudolf-Report" um Wissenschaft handele. Dem ist nicht so: Diese stellen den durchsichtigen Versuch dar, die NS-Diktatur vom Makel des Judenmordes zu befreien, mithin politische Propaganda im dürftigen Kleid von Wissenschaft, einen „Amoklauf gegen die Wirklichkeit" (Martin Broszat). Auch die in der JF vielfach beklagte, im Jahre 2005 vorgenommene Erweiterung der Straftatbestände um „öffentliche Billigung, Verherrlichung und Rechtfertigung der nationalsozialistischen Herrschaft" ruft mitnichten eine Gedankenpolizei ins Leben, die es zur persönlichen Sicherheit angeraten sein ließe,

„den Themenkreis überhaupt zu meiden und andere als pauschal verdammende Urteile für sich zu behalten".[21]

Die gesetzliche Erweiterung zielt auf eindeutige NS-Apologie wie etwa den jährlichen Gedenkmarsch von Rechtsextremen zum Grab von Rudolf Hess in Wunsiedel, die Verklärung des einstigen „Stellvertreters des Führers" zum Opfer alliierter Gewalt und zur Lichtgestalt des „Friedensfliegers".

Der Mitwirkung an solcherart gesetzlich abgesicherten Tabus wird ein Mainstream der Historikerzunft bezichtigt, welcher Vergangenheitsbewältigung als moralisch aufgeladene Auseinandersetzung mit der NS-Zeit betreibe und sich in den Dienst einer nationalneurotischen „Volkspädagogik" stelle. Als Lieblingsgegner der Zeitung dienen Institutionen wie das Hamburger Institut für Sozialforschung, Historiker wie Daniel Goldhagen und Götz Aly, Journalisten wie Volker Ullrich: Aly als ehemals „veritabler K-Gruppen-Idiot", „sinistere Figur" und „Zitatfälscher", Ullrich als „Goldhagen-Trommler" und der „gänzlich enthemmte Aly-Gesinnungsgenosse und publizistische Büchsenspanner" in der Wochenzeitung ‚Die Zeit'.[22] Der Jenaer Zeithistoriker Norbert Frei wird gleich gänzlich als „Vertreter antideutscher Geschichtsideologie" gebrandmarkt.[23] Den Vogel in diesen Tiraden schießt zweifelsohne JF-Stammautor Thorsten Hinz

---

20 Thorsten Hinz, Die Asozialisierung des Delinquenten, in: Junge Freiheit 46/06 vom 10.11.2006: 6.

21 Georg Pfeiffer, Die Wandlungen des Paragraphen 130, in: Junge Freiheit 46/06 vom 10.11.2006: 6.

22 Florian Keyser, Wissenschaftliche Katerstimmung, in: Junge Freiheit 8/06 vom 17.02.2006: 21.

23 Björn Schumacher, Gequälte Opfer, in: Junge Freiheit 10/05 vom 4.03.2005: 2.

(alias „Doris Neujahr") ab. In seiner Besprechung von Götz Alys Neuerscheinung „Hitlers Volksstaat" konstatiert er einen „fast einhelligen Jubel des deutschen Feuilletons" für diesen „Einbruch des Bild-Journalismus in die Geschichtswissenschaft samt der wieder aufgewärmten Kollektivschuldthese".[24] Dass das Werk in Deutschland mit einer Vielzahl von Beiträgen kritisch und kontrovers diskutiert wurde, wird verschwiegen. Diese Unterschlagung bildet die Voraussetzung dafür, dass Hinz/Neujahr anschließend die Aufnahme des Buches zu einer Zeitgeist-Volksgemeinschaft umfälschen kann, die an Uniformität und Lenkung der Propagandamaschinerie Goebbels in nichts nachstehe:

> „Alys Buch heißt „Hitlers Volksstaat". Sechzig Jahre nach dem Tod des Ungeheuers bildet das anständige Deutschland einen virtuellen Sportpalast und kräht: ‚Führer befiehl, wir folgen'".[25]

So viel wird deutlich: Was nicht in das geschichtspolitische Bild der Zeitung passt, wird mit Häme überzogen. Nach dem durchsichtigen Muster des „Was nicht sein kann, das nicht sein darf" stört eine Darstellung, die deutsche Volksgenossen als Profiteure des Raubkriegs und der vielfältigen „sozialpolitischen Gefälligkeiten" des Regimes schildert: Sie rührt an ihrem Opferstatus.

4   Deutschland als Opfer der Geschichte

Der 60. Jahrestag der militärischen Kapitulation des Deutschen Reiches am 8. Mai 1945 warf seine Schatten voraus. Seit Ende Oktober 2004 nahm das Thema „Vergessene deutsche Gedenktage 1944/45" einen prominenten Platz in der JF ein. Chefredakteur Dieter Stein eröffnete den Reigen: Gegen die „offizielle BRD-Geschichtsmystik" mit ihrer Rede der „selbstlosen Befreiung Deutschlands" durch die Alliierten will er die harten Fakten einer „alptraumhaften Niederlage" stellen – einer Vernichtung Deutschlands, die nur deshalb nicht vollendet wurde, weil der beginnende kalte Krieg dem verbliebenen Rumpf des Landes eine neue Aufgabe zukommen ließ.[26] Ergänzt wird dieses Anliegen durch eine Anzeige des politisch nahe stehenden ‚Instituts für Staatspolitik' IFS, in der unter der Überschrift „1945 – Die Niederlage" Zeitzeugen und Dokumente deutscher Opferschaft für eine geplante Publikation angefordert werden – notwendig

---

24   Doris Neujahr, Sie folgen ihm wie Lemminge, in: Junge Freiheit 13/05 vom 25.03.2005: 11.
25   Ebd.
26   Vgl. Dieter Stein, Die vergessenen Gedenktage, in: Junge Freiheit 44/04 vom 22.10.2004: 1.

sei, gerade der jüngeren Generation eine wirklichkeitsgetreue Vorstellung der Ereignisse des Jahres 1945 zu vermitteln.[27]

Bereits zehn Jahre zuvor war des Erinnerungsdatums mit einer spektakulären Kampagne gedacht worden, die anschließende Kontroverse wertete Dieter Stein als „ersten großen öffentlichkeitswirksamen Erfolg junger konservativer Intelligenz".[28] Ein in der ‚Frankfurter Allgemeinen Zeitung' mehrfach geschalteter Appell „8. Mai 1945 - Gegen das Vergessen" sprach sich gegen Einseitigkeiten im Gedenken an das Kriegsende aus. Das Ende der NS-Schreckensherrschaft sei unlösbar verknüpft mit dem Beginn neuen Leids durch Flucht, Vertreibung und Teilung Deutschlands und Europas. Initiatoren dieses Aufrufs waren die Journalisten Klaus-Rainer Röhl, Heimo Schwilk und Ulrich Schacht sowie der Historiker Rainer Zitelmann, zu den Unterzeichnern gehörten die CDU-Rechten Alfred Dregger und Heinrich Lummer ebenso wie Peter Gauweiler (CSU) und Alexander von Stahl (FDP), auch Ex-Minister Hans Apel (SPD) und Friedrich Zimmermann (CSU). Ein Jahr zuvor hatten Schwilk und Schacht den Sammelband „Die selbstbewusste Nation" herausgegeben, der seitdem als Manifest und Programmschrift einer Neuen Rechten gilt, und so verwundert es nicht, dass dieser Begriff auch im Aufruf zu finden ist: Ein nur auf „Befreiung" fixiertes Geschichtsbild, so die Appellanten, könne nicht Grundlage für das Selbstverständnis der selbstbewussten Nation sein, die Deutschland in der europäischen Völkerfamilie wieder werden müsse.

Gehen wir nochmals zehn Jahre zurück. In der Ansprache des Bundespräsidenten Richard von Weizsäcker am 8. Mai 1985 im Deutschen Bundestag zum 40. Jahrestag der Beendigung des Zweiten Weltkrieges fiel der Satz, der dem Aufruf „Gegen das Vergessen" zum Stein des Anstoßes wurde: „Der 8. Mai war ein Tag der Befreiung". Aber er steht nicht allein:

> „Der 8. Mai war ein Tag der Befreiung. Er hat uns alle befreit von dem menschenverachtenden System der nationalsozialistischen Gewaltherrschaft. Niemand wird um dieser Befreiung willen vergessen, welche schweren Leiden für viele Menschen mit dem 8. Mai erst begannen und danach folgten. Aber wir dürfen nicht im Ende des Krieges die Ursache für Flucht, Vertreibung und Unfreiheit sehen. Sie liegt vielmehr in seinem Anfang und im Beginn jener Gewaltherrschaft, die zum Krieg führte. Wir dürfen den 8. Mai 1945 nicht vom 30. Januar 1933 trennen".[29]

Die Rede Weizsäckers gedenkt eigener Opfer, sieht die Ursache ihres Leids aber den historischen Tatsachen entsprechend in der deutschen Diktatur und in einem

---

27   Zum geschichtspolitischen Paradigmenwechsel siehe auch: Michael Klundt, „Deutschland, einig Opferland", Lotta Nr.19, online unter http://projekte.free.de/lotta/pdf/19/opferland.pdf
28   Dieter Stein, Die selbstgewählte Unterwerfung der Union, in: Junge Freiheit vom 5.5.1995: 2.
29   Zit. nach dem Redetext auf http://www.bundestag.de

Krieg, der von diesem Land ausging und zu ihm zurückkehrte. Dies bezeichnet den Unterschied zu Positionen, die in der JF vertreten werden, dort werden wir anderen Ursachen begegnen: einem förmlichen Vernichtungskampf gegen das deutsche Volk und dessen Identität. Dies ist an Beispielen zu zeigen:

JF-Autor Thorsten Hinz interpretiert (unter dem Pseudonym Doris Neujahr) alliierte Kriegspolitik als „Biopolitik", also bewussten politisch-medizinischen Eingriff in den deutschen Volkskörper mit den Mitteln der zahlenmäßigen Dezimierung, Massensterilisierung[30], Zerstörung des gemeinsamen Erbes durch Vernichtung von Kulturgütern, Massenvergewaltigungen, verordnetem Hunger, Entpersönlichung und Reduzierung zu einem „Rattenvolk" (W.G. Sebald) inmitten der ausgebombten Städte. Dabei wird ein direkter Vergleich gezogen zu Hannah Arendts Darstellung der Konzentrationslager als Versuchsanordnung totaler Herrschaft über das „nackte Leben".[31] An anderer Stelle attestiert Hinz/Neujahr dem Emigranten Sebastian Haffner, seine Phantasien über Zwangsarbeitslager für SS-Täter entsprächen exakt den Schilderungen aus NS-Konzentrationslagern.[32] Autor Björn Schumacher sieht als Motive für britische Luftschläge „unstillbaren Vergeltungsdrang", „Demonstration von Vernichtungspotenzial", „Verachtung deutscher Kulturstätten" und letztlich die Germanophobie Winston Churchills. Weder Krieg noch Gewaltherrschaft hätten Deutsche bewusst gewählt: Erinnerung an die zivilen Kriegsopfer würde vielfach zur Kollektivschuldanklage gegen das „Tätervolk" umgewidmet, so wenn Gedenktafeln bemüht politisch-korrekt formulierten: „Opfer des von Deutschen entfesselten Zweiten Weltkriegs".[33] Opfer sind Deutsche in Artikeln der JF in einem ganz anderen Sinne:

- Opfer einer Kollektivschuldthese, die pauschal die Gesamtbevölkerung zu Hitlers Helfern abstempelte und in der Konsequenz unterschiedslos mit Bombenterror und Vertreibungsverbrechen überzog,
- Opfer eines Trauerverbots, das erst langsam aufweiche,
- Opfer der Behauptung einer deutschen Alleinschuld am Ausbruch des Zweiten Weltkriegs.

---

30 Als Beleg genannt wird Theodore N. Kaufmans Buch „Germany Must Perish" (1941), das in rechtsextremen Kreisen als Hauptbeweis eines „jüdischen Vernichtungswillens" gilt.
31 Doris Neujahr, Erschrocken über das unentrinnbare Geräusch, in: Junge Freiheit 38/06 vom 15.09.2006: 20.
32 Doris Neujahr, Selbstzweifler mit Massenmordphantasien, in: Junge Freiheit 7/06 vom 10.02.2006: 15.
33 Björn Schumacher, Bombenkrieg und Political Correctness, in: Junge Freiheit 45/04 vom 29.10.2004: 17.

Die Behauptung einer deutschen Kollektivschuld durch die alliierten Sieger-mächte ist eine ebenso verbreitete wie gepflegte Fiktion, die ihren Ursprung unmittelbar nach Kriegsende hat – durch historische Tatsachen wird sie nicht gestützt. Warum eigentlich haben sich die westlichen Alliierten in der kompli-zierten und mit höchstem bürokratischem Aufwand betriebenen Fragebogenakti-on der „Entnazifizierung" um die Ermittlung jeweils individueller Verantwor-tung bemüht? Der Vorwurf einer Kollektivschuld wurde deutscherseits in die Welt gesetzt, um ihn postwendend empört von sich zu weisen – schließlich habe man „davon nichts gewusst!" Auf diese Art stilisierte sich die ehemalige Volks-gemeinschaft zum ersten, eigentlichen und zutiefst um ihre Gutgläubigkeit be-trogenen Opfer Hitlers.[34] Die elende Existenz in den Trümmerwüsten der deut-schen Städte befestigte diese Haltung. Und in der Tat traf der Bombenkrieg Alte, Frauen, Kinder, Anhänger der Diktatur wie Regimegegner und nicht zuletzt Zwangsarbeiter und in der Produktion eingesetzte KZ-Häftlinge unterschiedslos und vernichtete unersetzliche Kulturschätze.

Dennoch handelte es sich nicht um den gezielten Plan zur Auslöschung ei-nes ganzen Volkskörpers, wie von Autoren der Zeitung wiederholt vorgebracht. Die Theorie des Luftkrieges wurde aus der Erfahrung der Zermürbungskämpfe an den Fronten des Ersten Weltkrieges geboren und ging davon aus, dass ent-scheidende Schläge gegen das Hinterland des Gegners, seine industriellen und menschlichen Ressourcen, in einem künftigen Kriege unumgänglich seien. Das berüchtigte „Moral Bombing" war kein Selbstzweck, sondern sollte der Verhin-derung verlustreicher Bodenkämpfe und damit einem schnelleren Sieg dienen. Militärhistoriker Rolf-Dieter Müller stellt fest, dass sich ohne den Einsatz der amerikanischen und englischen Bomberflotten der Zweite Weltkrieg mit Sicher-heit um ein bis zwei Jahre verlängert hätte.[35]

Insgesamt dient die wortreich vorgebrachte Anklage eines „Vernichtungs-willens" der Sieger einem recht durchsichtigen Zweck: der Gleichsetzung von deutschen mit – angeblichen – alliierten Kriegsverbrechen, also einer Schuldent-lastung oder gleich Schuldumkehr. Schon Jörg Friedrich hatte in seinem in der JF äußerst positiv rezensierten Bestseller „Der Brand" eine Entsprechung der NS-Rassenpolitik mit den Zerstörungen deutscher Städte nahegelegt, wenn er von „Gaskellern", "Gastod", "Massenvernichtungsgruppe", Kellern als „Krema-torien" sprach. Dieter Stein nennt den Nutzen von Friedrichs Werk:

---

34 Vgl. dazu: Norbert Frei, Von deutscher Erfindungskraft. Oder: Die Kollektivschuldthese in der Nachkriegszeit, in: Frei 2005: 145-155.
35 Vgl. Rolf-Dieter Müller 2004: 229.

„es ist offensichtlich Zeit, das zivilisatorische Gefälle, das zwischen alliierter und
deutscher Kriegsführung immer noch holzschnittartig überzeichnet wird, horribile
dictu zu „relativieren".[36]

Am weitesten hervor wagt sich JF-Autor Durs Neumann mit Bezug auf ein
Nachkriegszitat Carl Schmitts zum Thema Judenmord: diese Gesinnungsverbre-
chen seien, „was der zum Feind der Menschheit Erklärte tut". Der Vollzug der
Shoa wird Folge einer „Wendung zum diskriminierenden Kriegsbegriff",

> „der dem Kriegsgegner nur die Aussicht auf die bedingungslose Kapitulation und
> den Galgen lässt. (...) Der Gegner sieht sich vor die Alternative des Alles oder
> Nichts gestellt und wird bis zur Weißglut radikalisiert".[37]

Damit entspringt der Mord an den europäischen Juden nicht der inneren Logik
der nationalsozialistischen Rassenlehre, sondern kann den Kriegsgegnern ange-
lastet werden, die es mit der unnachgiebigen Forderung nach bedingungsloser
Übergabe an einer „Einhegung des Krieges" (Carl Schmitt) fehlen ließen: Der
zum totalen Feind gewordene reagiert seinerseits mit der totalen Feinderklärung.
   Eine besondere Infamie sehen Autoren der Zeitung in der Tatsache, dass
Verbrechen an der deutschen Zivilbevölkerung, aber auch das Schicksal deutscher Kriegsgefangener mit einem Rede- und Trauerverbot belegt worden seien:
Die Ächtung eines ganzen Volkes als Täterkollektiv drücke sich wohl am deut-
lichsten darin aus, dass es über eigene Leiden nicht einmal laut klagen durfte.[38]
Daran ist allenfalls richtig, dass das Thema des Luftkriegs gegen Deutschland –
bis auf Hans Erichs Nossacks „Der Untergang" (1948) und Gerd Ledigs „Vergel-
tung" (1956) – keinen Platz in der deutschen Literatur gefunden hatte. Im Übrigen sind die Gründe einer spezifisch deutschen „Unfähigkeit zu trauern" diamet-
ral andere, als in der Zeitung genannt: keine psychologische Kriegsführung der
Siegermächte, sondern mentale Spätfolge der NS-Diktatur.
   Zeitgenössische Beobachter wie Hannah Arendt während Deutschlandbesu-
chen in der unmittelbaren Nachkriegszeit beobachteten eine verbreitete Gefühls-
kälte und Teilnahmslosigkeit, die sich in erster Linie auf die Opfer der deutschen
Barbarei, in zweiter aber auch auf eigene Kriegstote und Flüchtlinge erstrecke:

> „Und die Gleichgültigkeit, mit der sie sich durch die Trümmer bewegen, findet ihre
> genaue Entsprechung darin, dass niemand um die Toten trauert; sie spiegelt sich in
> der Apathie wider, mit der sie auf das Schicksal der Flüchtlinge in ihrer Mitte rea-

---

36   Dieter Stein, Das deutsche Trauma, in: Junge Freiheit 50/02 vom 6.12.2002: 1.
37   Durs Neumann, Hohepriester der Holocaust-Religion, in: Junge Freiheit 5/07 vom 26.01.2007:
     17.
38   Vgl. Gerard Radnitzky, Die verbotene Trauer, in: Junge Freiheit 47/02 vom 15.11.2002: 17.

gieren oder vielmehr nicht reagieren. Dieser allgemeine Gefühlsmangel, auf jeden Fall aber die offensichtliche Herzlosigkeit, die manchmal mit billiger Rührseligkeit kaschiert wird, ist jedoch nur das auffälligste äußerliche Symptom einer tief verwurzelten, hartnäckigen und gelegentlich brutalen Weigerung, sich dem tatsächlich Geschehenen zu stellen und sich damit abzufinden".[39]

Der erschreckendste Aspekt dieser deutschen Realitätsflucht sei dabei, eigene Verantwortung zu verweigern und den Besatzungsmächten für alles Erdenkliche die Schuld zuzuschieben. – Fast zwei Jahrzehnte später kommen Alexander und Margarete Mitscherlich in ihrer psychoanalytisch orientierten Untersuchung „Die Unfähigkeit zu trauern" zu sehr ähnlichen Ergebnissen: Der durch die totale Niederlage erzwungene Rückzug aller emotionalen Energien aus der Begeisterung für das „Dritte Reich" und aus der Idealisierung des Führers war nur möglich durch eine umfassende Entwirklichung jener zwölf Jahre deutscher Geschichte und der eigenen Rolle in ihr – diese wurden gleichsam exterritorialisiert. Die Abwehr dieser unliebsamen Erinnerung hatte allerdings den Preis, konkrete Trauerarbeit zu verhindern:

> „Und obgleich sie ein ehrendes Gedenken finden, bleiben auch die Toten der Schlachtfelder und unserer gegen Ende des Krieges in Schutt und Asche versinkenden Städte hinter diesem Schleier des Unwirklichen. (…) Für Kriegstote, so hat man den Eindruck, wird die Erinnerung bei uns oft weit weniger aus Pietät denn aus der Absicht, Schuld aufzurechnen, wachgehalten".[40]

Der letzte Satz scheint fast prophetisch auf Autoren der JF gemünzt. Zur Kulturoffensive der Neuen Rechten gehört das beliebte Verfahren, Begriffe ihres ursprünglichen Sinns zu entkleiden, gleichsam „umzudrehen" und für eigene Zwecke zu vereinnahmen. Die in der Zeitung inflationäre Verwendung einer „Unfähigkeit zu trauern" ist ein Beispiel dieser Strategie – inhaltlich drückt sie das genaue Gegenteil der Intentionen des Buches aus, dessen Titel sie zitiert.[41]

Wenn das Thema deutscher Opfer einem hermetischen Sprachverbot unterlag, stellt sich naturgemäß die Frage, warum es durch frühe wissenschaftliche Großeditionen erforscht wurde: In den Jahren 1962 bis 1974 erschien die Publikationsreihe „Zur Geschichte der deutschen Kriegsgefangenen des Zweiten Weltkriegs" in zweiundzwanzig (!) Bänden, bereits 1953 bis 1961 bearbeitete der Historiker Theodor Schieder eine fünfbändige „Dokumentation der Vertrei-

---

39 Hannah Arendt 1986: 44.
40 Alexander und Margarete Mitscherlich 1967: 43.
41 Vgl. Carl-Gustaf Ströhm, Die Unfähigkeit zu trauern. Die Deutschen und das Gedenken an die Toten der Weltkriege, in: Junge Freiheit 47/00 vom 17.11.2000: 1 oder Michael Paulwitz, Unfähig zur Volkstrauer, in: Junge Freiheit 47/06 vom 17.11.2006: 1.

bung aus Ost-Mitteleuropa" im Auftrag des Bundesvertriebenenministeriums unter Theodor Oberländer. Schieder war zweifellos prädestiniert für diese Aufgabe, hatte er doch im Königsberger Netzwerk der „Ostforschung" nach 1939 zahlreiche Denkschriften über Enteignungen, ethnische „Flurbereinigungen" und Umsiedlungen verfasst. Objekt dieser Planungen war allerdings die polnische Bevölkerung im deutschen Machtbereich.[42]

Geradezu Kampagnencharakter nimmt in der Zeitung seit Jahren die Auseinandersetzung mit der polnischen Politik nach Versailles und während der dreißiger Jahre ein. Aktuelle Anknüpfungspunkte bieten die gegenwärtigen deutsch-polnischen Querelen mit allerlei scharfen Attacken aus Warschau gegen das geplante „Zentrum gegen Vertreibungen" und Forderungen der „Preußischen Treuhand". Es entsteht das Bild einer durchgängig unnachgiebigen und aggressiven polnischen Außenpolitik, die schon in den zwanziger Jahren und endgültig 1932/33 kurz vor dem Marsch auf Berlin stand – wenn nicht Frankreich einen gemeinsamen Angriff verweigert hätte. Anders im Jahre 1939, als dem polnischen Außenminister Beck endlich die Voraussetzungen für einen erfolgreichen Krieg gegen Deutschland erfüllt schienen – so wörtlich der Historiker Stefan Scheil.[43] Die Vertreibung der deutschen Bevölkerungsgruppe aus Polen sei nicht etwa als Reaktion auf das deutsche Besatzungsregime zu werten, sondern vollzog ein viel älteres „nationalistisch-völkisches Expansionsprogramm", das sich an den Grenzen des mittelalterlichen Königsreiches oder ehemals slawischen Siedlungsräumen orientierte. Entsprechend kursierten laut Scheil innerhalb der polnischen Exilregierung Karten, die eine neue Westgrenze des Landes bei Braunschweig zogen.[44]

In einem anderen Beitrag stellt Klaus Wippermann eine aktive Rolle Polens im „Kriegsspiel" Großbritanniens und Frankreichs gegen Deutschland fest: Die beiden Mächte hätten Polen im Frühjahr 1939 „uneingeschränkten Beistand für jegliche Maßnahmen gegen Deutschland versprochen".[45] Und weiter:

---

42   Vgl. Otto Köhler, Die Deutschen machten sich ihre Vertreibung selber, in: Freitag 18 vom 06.05.2005 sowie Volker Ullrich, Späte Reue der Zunft. Endlich arbeiten die deutschen Historiker die braune Vergangenheit ihres Fachs auf, in: Die Zeit Nr.39 vom 17.09.1998: 53.

43   Stefan Scheil, „Die Lage für einen Krieg ist so günstig wie noch nie". Sensationelle Archivfunde belegen kriegerische polnische Expansionsgelüste schon zu Zeiten der Weimarer Republik, in: Junge Freiheit 4/07 vom 19.01.2007: 17.

44   Stefan Scheil, Es begann schon lange vor 1945. Vertreibung: Der Westgedanke von Polen und Tschechen entwickelte sich seit dem 19. Jahrhundert, in: Junge Freiheit 16/02 vom 12.04.2002: 17.

45   Klaus Wippermann, Ein pathologischer Sonderweg. Im Zweifel gegen die Angeklagten: Wie sich die Deutschen ihre Geschichte vermitteln, in: Junge Freiheit 52/03 und 01/04 vom 19./26.12.2003: 18.

„Polen wollte zu einer Zentralmacht aufsteigen und wurde zum aggressivsten Staat Europas der zwanziger und dreißiger Jahre, der bedingungslos mit all seinen Nachbarstaaten den militärischen Konflikt für weitere Landnahme suchte, so auch mit Deutschland."[46]

Die Schuldfrage des Zweiten Weltkriegs wird hier recht eigenwillig beantwortet, indem Opfer und Täter ausgetauscht werden. Deutschland unter Hitler mutiert zum Friedensstaat, der sich lediglich in den Stricken von Einkreisung und Verschwörung fremder Mächte verfing: „Adolf der Friedliebende"[47]. Keine Rede vom Bruch des Münchner Abkommens durch die Besetzung der Tschechoslowakei, keine Rede davon, dass erst nach diesem provozierten Ende westlicher Appeasementpolitik die englisch-französische Garantieerklärung für Polen erfolgte. Eine Erklärung im Übrigen, die lediglich Beistand im Fall eines Angriffs von außen zusagte – und dann auch einhielt.

Fazit

Die Thematisierung deutscher Geschichte nimmt innerhalb der Wochenzeitung JF einen zentralen Stellenwert ein, dieser Diskurs ist zutiefst rückwärtsgewandt und weist eine offene Flanke zum Geschichtsrevisionismus auf.

Ausgangspunkt ist ein Mythos der Nation als unhinterfragbare Schicksalsgemeinschaft, überzeitliche Einheit der Verstorbenen, Lebenden und Kommenden. Nationalgeschichte kommt dabei die Aufgabe zu, Vergangenheit und Gegenwart zu verbinden und den Subjekten sinnstiftende Identität zu vermitteln. Das von der Zeitung betriebene Projekt einer deutschen Selbstversöhnung will Erinnerung neu füllen, um sie identifikationsfähig zu gestalten. Dazu dienen folgende Mittel: eine traditionelle Geschichtserzählung nationaler Helden und Heldentaten, Abspaltung der NS-Herrschaft von der deutschen Gesellschaft sowie historische Relativierung, Schuldaufrechnung und Täter-Opfer-Umkehr. Während die Zeitung im eigenen Selbstverständnis die Leerstelle einer „demokratischen Rechten" ausfüllen will, stellen ihre zeitgeschichtlichen Beiträge oft eine Grauzone zum Rechtsextremismus dar. Das wird dort ähnlich gesehen: Während sich die JF vom extremen Rand distanziert, werden ihre Autoren dort eifrig rezipiert[48], zitiert[49] – oder gleich zu Gesprächsrunden eingeladen[50].

---

46 Ebd.
47 So die Überschrift von Rolf-Dieter Müllers Rezension von Scheils Buch: 1940/41. Die Eskalation des Zweiten Weltkriegs, in: Frankfurter Allgemeine Zeitung, Nr.142, 22.06.2006: 9. Sämtliche Rezensionen auf Stefan Scheils Homepage http://www.stefanscheil.gmxhome.de
48 Siehe z.B. die begeisterte Aufnahme der Thesen Stefan Scheils in der National-Zeitung, Nr. 35/05, 26. August 2005.

Literatur

Arendt, Hannah, Besuch in Deutschland (1950). In: Hannah Arendt, Zur Zeit. Politische Essays. Berlin: Rotbuch, 1986.

Braun, Stephan/Hörsch, Daniel (Hrsg.): Rechte Netzwerke - eine Gefahr. Wiesbaden: VS, Verl. für Sozialwiss., 2004.

Dietzsch, Martin u.a.: Nation statt Demokratie : Sein und Design der "Jungen Freiheit". 2. unveränd. Aufl. Münster : Unrast, 2004.

Frei, Norbert: 1945 und Wir. Das Dritte Reich im Bewusstsein der Deutschen. München: Beck, 2005.

Friedländer, Saul: Die Jahre der Vernichtung. Das Dritte Reich und die Juden. Zweiter Band 1939-1945. München: Beck, 2006.

Gessenharter, Wolfgang/Pfeiffer, Thomas (Hrsg.): Die Neue Rechte - eine Gefahr für die Demokratie? Wiesbaden: VS Verl. für Sozialwiss., 2004.

Hartmann, Christian/Hürter, Johannes/Jureit, Ulrike: Verbrechen der Wehrmacht. Bilanz einer Debatte. München: Beck, 2005.

Kellershohn, Helmut (Hrsg.): Das Plagiat. Der völkische Nationalismus der Jungen Freiheit. Duisburg: Diss, 1994.

Klotz, Johannes/Schneider, Ulrich (Hrsg.): Die selbstbewusste Nation und ihr Geschichtsbild. Geschichtslegenden der Neuen Rechten. Köln: PapyRossa Verlag, 1997.

Kubon, Stefan: Die bundesdeutsche Zeitung „Junge Freiheit" und das Erbe der „Konservativen Revolution" der Weimarer Republik (Spektrum Politikwissenschaft. Bd. 35). Würzburg: Ergon Verlag, 2006.

Metzger, Hanna-Ruth: Rechtsintellektuelle Offensive. Diskursstrategische Einflüsse auf die politische Kultur der Bundesrepublik Deutschland (Politische Theorie und Kultur. Bd. 1). Münster: Lit Verlag, 2004.

Mitscherlich, Alexander/Mitscherlich, Margarete: Die Unfähigkeit zu trauern. Grundlagen kollektiven Verhaltens. München: Piper, 1967.

Müller, Rolf-Dieter: Der Bombenkrieg 1939-1945. Frankfurt am Main: Büchergilde Gutenberg, 2004.

Pechel, Michael: Infamer Vergleich – Ein Kabinettstück neurechter Täter-Opfer-Umkehr. In: Blick nach Rechts 18, 2004.

Pechel, Michael: Tatsachenverdrehung. In: Blick nach Rechts 20, 2004.

Pechel, Michael: Neue und Alte Rechte miteinander im Gespräch. In: Blick nach Rechts 21, 2004.

Pechel, Michael: „Vergeltungsdrang". In: Blick nach Rechts 24, 2004.

Pechel, Michael: Verdrehte Aussagen. In: Blick nach Rechts 05, 2005.

Pechel, Michael: Vom SDS zur NPD. In: Blick nach Rechts 14, 2005.

---

49 Siehe z.B. die Zitierung von Thorsten Hinz durch Andreas Molau, früher „Junge Freiheit"-Redakteur, heute NPD-Multifunktionär, in: Deutsche Stimme, 01/07, Januar 2007: 2.

50 Das NPD-nahe Nationale Forum Sachsen kündigte für den Februar 2007 zwei Vortragstermine mit Generalmajor a.D. Gerd Schultze Rhonhof und Dr. Stefan Scheil an: „Sie erfahren an dem Vortragstag Dinge, die hier in keinem Geschichtsbuch stehen. (…) Es handelt sich um eine geschlossene Veranstaltung. Eintritt nur mit Voranmeldung!" vgl. www.nationales-forum.de

Pechel, Michael: „Meinungsterror". In: Blick nach Rechts 05, 2006.

Pechel, Michael: „Schicksalsgemeinschaft". In: Blick nach Rechts 24, 2006.

Pfeiffer, Thomas: Die Kultur als Machtfrage : die Neue Rechte in Deutschland. Düsseldorf : Innenministerium des Landes NRW, 2003.

Ruoff, Alexander: Verbiegen Verdrängen Beschweigen. Die Nationalgeschichte der „Jungen Freiheit". Auschwitz im Diskurs des völkischen Nationalismus. Münster: Unrast, 2001.

Schmidt, Friedemann: Die Neue Rechte und die Berliner Republik. Parallel laufende Wege im Normalisierungsdiskurs. Wiesbaden: Westdeutscher Verlag, 2001.

Stein, Dieter: Phantom „Neue Rechte". Die Geschichte eines politischen Begriffs und sein Missbrauch durch den Verfassungsschutz (Edition JF. 10). Berlin: Junge Freiheit Verlag, 2005.

Volk, Staat und Nation

Konturen des völkischen Nationalismus in der „Jungen Freiheit"

Helmut Kellershohn

Einleitung

Die „Junge Freiheit" (JF) hat in den letzten Jahren eine erhebliche Kampagnefähigkeit entwickelt. Sie verdankt dies nicht zuletzt einer ausgiebig gepflegten Rhetorik und Praxis der Inanspruchnahme von Grundrechten, vor allem der Presse- und Meinungsfreiheit. Jüngstes Beispiel: Dem Ausschluss von der Leipziger Messe im Frühjahr 2006 begegnete die JF zum wiederholten Male mit einem „Appell für die Pressefreiheit".[1] Darin heißt es:

> „Der Ausschluß der Wochenzeitung Junge Freiheit ist eine Einschränkung der Meinungs- und Pressefreiheit, eine Einschränkung, die besonders schwer wiegt, wenn sie von einer öffentlich-rechtlichen Institution vorgenommen wird. Wir protestieren gegen diesen Grundrechtseingriff und fordern die Leipziger Messe GmbH auf, den Ausschluß der Wochenzeitung Junge Freiheit von der Leipziger Buchmesse wieder zurückzunehmen."

Für diesen Appell konnte die JF prominente Journalisten, Publizisten, Literaten, Wissenschaftler und Politiker als Erst-Unterzeichner gewinnen. Bezeichnend für die Wirkung dieser Bürgerrechtsrhetorik ist die Begründung, die Joachim Fest seiner Unterschrift unter den Appell beigefügt hat. Gegenüber dem ‚Tagesspiegel' äußerte er sich wie folgt:

> „Pressefreiheit, sonst nichts. Ich bin mit kaum etwas einverstanden, was die ‚Junge Freiheit' schreibt und lese sie auch nicht [sic!], aber sie sollen schreiben können,

---

[1] JF 7/06. Anfang Februar 2001 rief die JF zur Unterzeichnung eines „Appells für die Pressefreiheit" gegen die Kündigung von Konten durch die Postbank auf und setzte Anzeigen u.a. in die FAZ und die SZ; im Juni 2002 folgte ein weiterer Appell, diesmal „Gegen die Verletzung demokratischer Grundrechte durch den NRW-Verfassungsschutz".

was sie denken. Übrigens würde ich mich genauso für die Pressefreiheit einer Gruppierung wie der WASG einsetzen."[2]

Vor dem Hintergrund solcher Äußerungen wird verständlich, warum sich heute die JF in ihrer Rückschau auf ihre zwanzigjährige Geschichte als Herold der Pressefreiheit feiert. Der Verfasser, Götz Kubitschek, schreibt darin:

> „Die Geschichte der JF ist deshalb zunächst ein Kampf um die Pressefreiheit und erst danach einer um die Deutungshoheit auf wenigen geschichtspolitischen oder gesellschaftlichen Feldern."[3]

Es geht mir im Folgenden um zweierlei: *Erstens* will ich in einem ersten Teil auf einige Aspekte eingehen, die sich auf das Selbstbild der JF beziehen, speziell auf das Bemühen Dieter Steins (JF-Chefredakteur und Geschäftsführer des Junge-Freiheit-Verlages), die Zugehörigkeit zur Neuen Rechten abzustreiten. Sinn und Zweck dieses Unterfangens soll näher untersucht werden. *Zweitens* will ich an einem repräsentativen Beispiel darlegen, wie gerade in strategisch relevanten Texten, die in der JF publiziert werden, ein völkisch geprägtes Nationsverständnis durchscheint. Die Pointe des in der JF von Beginn an, in den letzten Jahren jedoch aus strategisch-taktischen Gründen „dosiert" (Alfred Schobert) verabreichten völkischen Nationalismus liegt, das soll deutlich werden, in dem von der JF beanspruchten „freiheitlichen" Recht der „innerstaatlichen Feinderklärung" (Carl Schmitt).

Phantom „Neue Rechte"?

Dieter Stein hat in seiner kleinen Studie „Phantom ‚Neue Rechte'" versucht den Begriff „Neue Rechte" zu dekonstruieren. Der Begriff unterstelle eine ideologische Einheitlichkeit und Geschlossenheit, die es in dieser Form gar nicht gäbe und nie gegeben habe. Vielmehr werde der Begriff vom NRW-Verfassungsschutz und der politischen Linken als Kampfbegriff missbraucht:

> „Ziel der Konstruktion einer imaginären ‚Neuen Rechten' ist es nun, Kernbestände eines konservativen, rechten Weltbildes, das auch zu den ursprünglichen Traditionsbeständen der Christdemokraten und des parteipolitischen Liberalismus zählt, als ‚problematisch' zu isolieren und mit dem Begriff ‚Neue Rechte' aus dem demokratischen Diskurs auszugrenzen. Wie auch beim ‚Kampf gegen Rechts' geht es darum,

---

2   Tagesspiegel v. 10.02.2006.
3   Kubitschek 2006: 200.

faktisch eine komplette legitime Hälfte des demokratischen Spektrums strategisch zu schwächen und unter permanenten Verdacht zu setzen."[4]

Stein stützt sich[5] in seiner Argumentation unter anderem auf eine Studie des 'Instituts für Staatspolitik' (IfS).[6] Tatsächlich wird darin zwar eine Einheit bestritten, wohl aber „von *den* 'Neuen Rechten' im Plural"[7] gesprochen, die sich „von den 'Alten Rechten' deutlich abgrenzten" und nach drei „Bewegungen" (Nationalrevolutionäre, Volks-Konservative, Nationalliberale) zu unterscheiden seien.

Es ist schon erstaunlich, dass Stein den Kritikern der JF unterstellt, sie wollten derartige Unterscheidungen nicht zur Kenntnis nehmen. So zitiert er selbst Thomas Pfeiffer, wonach die Neue Rechte „kein monolithischer Block [sei], sondern eine heterogene, informelle Strömung, die insbesondere auf publizistischen Netzwerken"[8] beruhe. Nichts anderes war im Übrigen der Ausgangspunkt der Untersuchungen des 'Duisburger Instituts für Sprach- und Sozialforschung' (DISS) zur JF.[9]

Bemerkenswert ist in diesem Zusammenhang die Verwendung des Begriffs „Binnenpluralismus", so z.B. durch Götz Kubitschek vom IfS bei dessen Auftritt auf der Tagung des NRW-Verfassungsschutzes in Düsseldorf 2003. Setzt dieser Begriff doch zweifellos ein Innen und Außen voraus und damit gewisse, sicherlich auch flexible Grenzen, innerhalb dessen bestimmte plurale Meinungen sich bewegen. Folglich stellt sich durchaus die Frage nach einem in diesem (heterogenen) politischen Spektrum vorherrschenden Minimalkonsens. Die Analyse des DISS von 1994 ging davon aus, dass ein solcher Minimalkonsens in einem völkischen Nationalismus zu suchen sei, der in der JF mit einer „dominant" ideologischen Färbung in der Tradition des Weimarer Jungkonservatismus artikuliert werde. Wenn heute das IfS die JF als „volkskonservativ" bezeichnet[10] und damit an eine Teilströmung des Jungkonservatismus in der Weimarer Republik erinnert, so kann man dies als eine indirekte Zustimmung, nämlich ex contrario, betrachten. Dies insofern, als die Studie des IfS mit der ideenpolitischen Anbindung der JF an die Weimarer Volkskonservativen offensichtlich eine 'Ahnenreihe' in 'legitimatorischer' Absicht konstruieren will. So schreibt Karlheinz Weißmann, der

---

4   Stein 2005: 28f.
5   Ebd.: 22.
6   Positiv greift der Leiter des Instituts, Karlheinz Weißmann, den Begriff „Neue Rechte" auf. Vgl. dazu Weißmann 2006: 13f.; ironisch kommentiert aus nationalrevolutionärer Sicht Jürgen Schwab Steins Dekonstruktionsversuche (vgl. http://www.die-kommenden.net/dk/theorie/neue_rechte2.htm).
7   IfS 2003: 32.
8   Stein 2005: 66.
9   Vgl. Kellershohn 1994, Dietzsch et. al. 2003.
10   IfS 2003: 17, 36 Anm. 57.

Leiter des IfS und Vordenker der Neuen Rechten in Deutschland, in einem Lexi-
konartikel zum Stichwort „Volkskonservative Vereinigung (VKV)":

> „Zwischen 1930 und 1933 bestehende konservative Bewegung und Partei (Konser-
> vative Volkspartei). Der Begriff ‚volkskonservativ' wurde zuerst in einem Aufsatz
> von H. Ullmann aus dem Jahre 1926 verwendet. Neben Ullmann waren es vor allem
> G. Quabbe, E. J. Jung und O. Hoetzsch, die wesentliche geistige Vorarbeit für die
> Bildung einer ‚neuen staatsbejahenden republikanischen Rechten' (R. R. Beer) leis-
> teten."[11]

Ein Anschluss an die hier zitierte Idee einer „neuen staatsbejahenden republikanischen Rechten" klammert freilich, unter demokratietheoretischen Gesichtspunkten betrachtet, die ambivalente Haltung der Volkskonservativen zur Weimarer Republik völlig aus. Dass etwa ausgerechnet Edgar Julius Jung, der Verfasser
von „Die Herrschaft der Minderwertigen", zum geistigen Vorarbeiter einer
„staatsbejahenden republikanischen Rechten" erklärt wird, ist ein geradezu gro-
teskes Fehlurteil, das hier nicht weiter diskutiert zu werden braucht.[12] Und selbst
bei Rüdiger Robert Beer dominieren Staatsbejahung und Staatsbewusstsein das
Bekenntnis zur Staatsform der Weimarer Republik, wie aus folgender Passage
hervorgeht:

> „Der Konservative dient nicht einer Staatsform. Er hat nicht der Monarchie gedient
> –; er dient auch nicht der Republik. Er dient – dem Deutschen Reich […] Diesem
> Deutschen Reich […] dient der Konservative unter jeder [sic!] Form. Aber immer
> wird der Konservative mit allen Kräften dahin wirken, daß der Staat der inneren
> Haltung seines Volkes angepaßt werde. Und das ist im heutigen deutschen Staat
> nicht der Fall."[13]

Typischerweise hat Dieter Stein das Etikett „volkskonservativ" höflich zur
Kenntnis genommen, ohne es sich zu Eigen zu machen.[14] Dies gehört in der Tat
zum erfolgsorientierten Konzept der JF, derartige Zuordnungen, die als „Duft-
marken" verstanden werden könnten, zu vermeiden oder aber solche normalisie-
renden Zuordnungen wie „konservativ" oder „rechts" für sich zu reklamieren.
Oberstes Ziel der JF sei es, so Götz Kubitschek in der Jubiläumsschrift, „die

---

11   Weißmann 1996: 586.
12   Vgl. Bussche 1998: 203-216; Petzold 1983: 217-242.
13   Beer 1919: 19f., zit. nach Jonas 1965: 12. Beer stammte aus der Bündischen Jugend und war,
      wie Heinz Dähnhardt, dem Sprecher des Führerrings der Volkskonservativen Vereinigung seit
      1932, Mitglied des Jungnationalen Bundes.
14   Stein 2005: 22.

Normalität rechtsintellektuellen (oder meinethalben auch konservativen) Denkens einzufordern, durchzusetzen und zu verteidigen."[15]

In der Absicht, die Durchsetzungsbedingungen für eine solche Normalität von sich aus zu erleichtern, hat die JF bestimmte strategisch-taktische Entscheidungen getroffen, von denen ich hier einige ansprechen will:

1. Um dem öffentlichen Gegenwind in der Anfangsphase zu begegnen und die finanziell prekäre Situation der Zeitung in den Griff zu bekommen, hat sie sich bereits 1994, anlässlich redaktionsinterner Kontroversen um die Bedeutung des 20. Juli 1944 und eines zeitgemäßen Revisionismus, von politischen Konkurrenten Steins in der Redaktion getrennt. Die rechtsextreme Postille ‚Junges Franken' schrieb damals, die JF habe aufgehört,

> „ein Sprachrohr und Theorieforum der nationalen Opposition in Deutschland zu sein. [...] Chefredakteur Dieter Stein hat im September den nationalrevolutionär-konservativen Flügel seiner Redaktion amputiert: Andreas Molau, Ressortleiter Kultur, wurde fristlos entlassen. Man warf ihm unter anderem vor, zu sehr Bücher von zu weit rechts stehenden Verlagen (wie dem Grabert-Verlag) zu besprechen. Im weltanschaulichen Machtkampf mußte auch der Verlagsleiter Dr. Götz Meidinger seine Koffer packen."[16]

Zudem wurde mit Armin Mohler ein ‚schwergewichtiger' Autor brüskiert[17], der sich selbst keineswegs als Künder eines Phantoms verstand, sondern als „einen der Väter der Neuen Rechten in Deutschland." Und er bekannte sich – in einem Interview mit der ‚Leipziger Volkszeitung'[18] – als Faschist („im Sinn von Jose Antonio Primo de Rivera")[19] und damit, seinem Verständnis nach, als konserva-

---

15   Kubitschek 2006: 8, 134.

16   4/94: 18f. Ein weiterer Redakteur, Hans-Ulrich Kopp, heute stellvertretender Vorsitzender des völkisch-revanchistischen Witikobundes, dessen Witiko-Brief er damals als Schriftleiter betreute, verließ im Anschluss an die Turbulenzen die JF freiwillig. Molau ist heute stellvertretender Chefredakteur des NPD-Organs Deutschen Stimme und Vorsitzender der Gesellschaft für freie Publizistik, der mitgliederstärksten rechtsextremistischen Kulturvereinigung in Deutschland. Seit kurzem ist er Mitglied des NPD-Parteivorstandes und dort zuständig für das Amt Bildung.

17   Armin Mohler hatte in seiner 11. „Notiz aus dem Interregnum" unter dem Titel „Souveränität über die Geschichte" (JF 32/94) Verständnis für die Sichtweise des Revisionismus à la Fred Leuchter durchblicken lassen, was Dieter Stein in einer redaktionellen Anmerkung kritisierte. Ein Gegenartikel, verfasst von Salcia Landmann, wurde beigefügt. Kubitschek schreibt rückblickend: „Es ging um die richtige Haltung zur deutschen Geschichte und die Rettung deutscher Substanz, um die grundlegende Positionierung der JF im Hinblick auf die Wirkungsmöglichkeiten des Blattes und die mögliche Leserschaft, [...]." (Kubitschek 2006: 200).

18   Ausgabe v. 25./26. 11. 1995.

19   Zur Bedeutung Primo de Riveras für die Neue Rechte und Teile des traditionellen Rechtsextremismus vgl. Pfeiffer o.J.: 51f.

tiver Revolutionär, der es nicht nötig habe, sich zu verstellen: „Ich winsle nicht, ich sei doch ein Konservativer, der die Grundwerte hochhalte. Diese Haltung finde ich zum Kotzen." Pikanterweise hat Alain de Benoist, unter den ständigen JF-Mitarbeitern zusammen mit Andreas Mölzer renommierter Vertreter der europäischen Neuen Rechten[20], eben diesen Armin Mohler nach dessen Tode 2003 zum geistigen Ahn der JF erklärt. Auf dem dritten JF-Sommerfest 2003 verkündete Benoist,

> „daß die JUNGE FREIHEIT ohne Mohler, ohne die Bücher, die er sein Leben lang veröffentlicht hat, ohne die unzähligen Artikel, die er vor allem in […] Criticón publizierte, niemals hätte existieren können."[21]

2. Der langfristig kalkulierte Sinn der personellen Veränderungen, die 1994 stattfanden, ist in einer Akkomodationsstrategie zu suchen, die – nicht nur aus Eigeninteresse – die Anschlussfähigkeit in das national- und wertkonservative bzw. nationalliberale Spektrum für politisch vordringlicher hält als die Bildung einer Einheitsfront mit diversen Spielarten eines fundamentaloppositionellen intellektuellen Rechtsextremismus.[22] Da dieses Spektrum von den Unionsparteien bzw. der FDP vernachlässigt werde, sei auf der Rechten, so Dieter Stein „eine Leerstelle im Parteienspektrum"[23] entstanden, während es auf der anderen Seite des Parteienspektrum „eine breite Palette linker Parteien" (einschließlich der „gesellschaftspolitisch gesehen" links stehenden FDP) gäbe, „die bundesweit parlamentarisch vertreten und etabliert" seien. Es fehle immer noch, nach vielen gescheiterten Ansätzen, „eine seriöse rechte parlamentarische Alternative"[24], als deren geistiger Wegbereiter sich offenbar die JF versteht.

3. Im Zusammenhang damit steht folgendes ‚offiziöse' Bekenntnis Steins. Auf die Bemerkung Kubitscheks, die JF sei ja wohl nicht mehr das „Weltanschau-

---

20 In einem Interview hat Dieter Stein versucht, Benoist für seine Idee, die Neue Rechte sei ein „Phantom", als Kronzeugen zu gewinnen. Auch wenn Benoist – Stein zustimmend – gängige ideologische Merkmale, die mit der Neuen Rechten in Verbindung gebracht werden, zurückweist, so jedoch nicht folgendes: „Ablehnung des Individualismus, Universalismus, Liberalismus." (Stein 2005: 178).
21 JF 31-32/2003.
22 Die Vorlage für diese Strategie lieferte 1994 Rainer Zitelmann in dem von Heimo Schwilk und Ulrich Schacht herausgegebenen Sammelband Die selbstbewußte Nation (Zitelmannn 1994: 163-181).
23 JF 4/07.
24 Zur NPD bemerkt Stein, sie sei „keine Lösung der Krise des Parteiensystems, sondern nur eines ihrer markantesten Symptome und nebenbei ein staatlich optimal kontrollierter Garant dafür, daß die rechte Leerstelle […] derzeit nicht zukunftsfähig besetzt wird." (JF 4/07) In JF 9/07 bezeichnet Stein die NPD gar als „politischen Gegner".

ungsblatt" der frühen neunziger Jahre, man habe sich für die „Ausweitung und gegen die Zuspitzung" entschieden, antwortet Stein in der Jubiläumsschrift:

> „Die Phase der Monatszeitung, als die JF noch ein regelrechtes Studentenprojekt mit dem dafür typischen Spontihaften und einem gewissen radikalen Überschwang war, endete spätestens mit dem Übergang zur Wochenzeitung. Die JF sollte und soll eine klassische politisch-kulturelle Wochenzeitung sein, die einen erheblichen Binnenpluralismus aufweist und keine Zeitung ist, die sich irgendeinem festen ideologischen Weltbild verschrieben hat. Die Klammer sind Nation, Konservatismus, Freiheitlichkeit."[25]

Dass diese Selbstbescheidung, die hier Dieter Stein staatsmännisch zum Besten gibt, keineswegs den Verzicht auf „Zuspitzung" im Kampf um die Deutungshoheit bedeutet, wie Kubitschek unterstellt, macht den ‚Doppelcharakter' der Akkomodationsstrategie aus. Anschlussfähigkeit ist die eine Seite, die Entwindung der Begriffe aus der Definitionsmacht des „Demuts- und Gärtner-Konservatismus" (Mohler) oder „Beschwichtigungs-Konservatismus" (Kubitschek) und deren semantischen Umwertung oder Ersetzung durch Gegenbegriffe die andere Seite. JF-Autor Michael Wiesberg hat dies in einer symptomatischen Kritik der „Leitkultur-Debatte" folgendermaßen umschrieben:

> „Wer ernsthaft über nationale Identität reden will, muß zuerst einmal den ‚Kampf um die Begriffe führen. Er muß die Auseinandersetzung um die Frage nach den Standards, wie öffentlich geredet und gedacht werden darf, annehmen. Er muß Begriffe wie ‚Person', ‚Sittlichkeit', ‚Gemeinschaft', ‚Nation', ‚Kultur', ‚Geschichte' oder ‚Delinquenz' wieder fruchtbar machen und andere Begriffe wie ‚Rolle', ‚Systemprozeß', ‚Devianz' oder ‚Selbstverwirklichung' außer Kurs zu setzen versuchen. Diese Auseinandersetzung muß geführt werden, weil Nation, Sittlichkeit, Geschichte und Kultur im universellen Raster der ‚Gesellschaft' keinen Platz haben. […] Ohne daß es den Deutschen bewußt geworden sein dürfte, wurden ihnen mittels des Gesellschaftsbegriffs bestimmte Fragen an die Wirklichkeit schlicht abgewöhnt."[26]

Die beharrliche Arbeit an der Verschiebung des Sagbarkeitshorizontes nach rechts und die Reklamierung dieses Vorgangs unter dem Etikett „Nation, Konservatismus, Freiheitlichkeit" ist das Hauptgeschäft, dem sich die JF verpflichtet weiß und das allerdings ein semantisches Feld eröffnet, in dem dann der Austausch von Bedeutungen und Ideen mit anderen Abteilungen des intellektuellen Rechtsextremismus trotz vorgängiger Abgrenzungen wieder möglich wird.[27] Das

---

25   Kubitschek 2006: 168.
26   JF 38/01. Zur Analyse des Wiesberg-Artikels Der Kampf um die Begriffe hat begonnen vgl. den Beitrag von Siegfried Jäger in: Dietzsch et. al. 2003: 156-202.
27   Symptomatisch in diesem Sinne das Interview Götz Kubitscheks mit Andreas Molau in der

Arsenal der Begriffe und Konzepte, derer sich hierbei wie aus einem intellektuellen Steinbruch bedient wird, entstammt der Konservativen Revolution[28], die sich in den zwanziger Jahren die Demokratisierung des politischen und gesellschaftlichen Lebens bekämpfte und ideologische Vorarbeiten für den Faschismus leistete.[29] Insofern gleicht dieser Rückgriff einer Gratwanderung, weil er im Rahmen der Akkomodationsstrategie immer wieder mit der Versicherung gekoppelt sein muss, hierbei ginge es in Wirklichkeit um die Herstellung der für die Lebensfähigkeit demokratischer Systeme notwendigen Links-Rechts-Symmetrie.[30] Es versteht sich in diesem Zusammenhang, dass über längerfristige Ziele und strategische Konzepte, wie sie früher als „Kulturrevolution", „Gramscismus von rechts", „Erringung der politisch-kulturellen Hegemonie" deklariert wurden[31], in der JF heutzutage nicht mehr bzw. nicht mehr offen diskutiert wird.

4. Im Rahmen der skizzierten Akkomodationsstrategie liegt das Hauptaugenmerk auf der Entwicklung von ‚Konsenszonen' mit unterschiedlichen politisch-kulturellen Milieus und Pressure-Groups anhand konkreter politischer oder weltanschaulicher Fragen, um jener rechten Alternative das geistige Terrain zu bereiten, die oben angesprochen wurde: So z.B. mit christlichen Fundamentalisten, die sich katholischerseits über das Zweite Vatikanische Konzil[32] oder protestantischerseits über „politisch-korrekte" Bibelübersetzungen[33] empören; mit Vertriebenenfunktionären, die Ostdeutschland immer noch als „Mitteldeutschland"[34] betrachten; pensionierten Generälen, die die Geschichtspolitik der Bundeswehr kritisieren[35]; alternden Journalisten wie Karl Feldmeyer, die endlich einmal ihre Version des nationalen Interesses ungeschminkt zum Besten geben wollen[36];

Deutschen Stimme (DS 1/07). Bemerkenswert ist auch, dass die langjährige JF-Redakteurin Angelika Willig mittlerweile für die Deutsche Stimme und Nation & Europa schreibt.

28   Siehe Pfahl-Traughber 1998, Kubon 2006.
29   Dabei überwiegt laut Kubon eindeutig der Rückgriff auf Carl Schmitt. An zweiter Stelle stehe die Rezeption Ernst Jüngers, an dritter die von Autoren wie Edgar Julius Jung, Arthur Moeller van den Bruck und Oswald Spengler (Kubon 2006: 231). Die Studie Kubons wertet 238 Artikel der JF aus, davon entfallen über 80 Prozent auf den Zeitraum bis zum Jahr 2000. Zur Bedeutung Carl Schmitts für die JF vgl. Krieger 1994, Schobert 2003, Gessenharter 2004.
30   Vgl. Stein 2005: 63, 84.
31   Vgl. z.B. Dieter Stein: Die stille Revolution. Konservative und „Neue Rechte" brauchen langen Atem, in: JF 20/195; Roland Bubik: Der Standort des Jungen Konservatismus, in: JF 12-1/92-93; Winfried Knörzer: Eine kulturelle Hegemonie von rechts, in: JF 34/94.
32   Vgl. Wamper 2006: 36-41.
33   Vgl. JF 45/06.
34   Vgl. Dieter Stein: „Die JUNGE FREIHEIT spricht nach wir vor bewußt von Mitteldeutschland, um die Länder zwischen Werra und Oder zu bezeichnen." (JF 42/05)
35   Vgl. JF 10/06.
36   Vgl. das Outing von Feldmeyer, bis zu seiner Pensionierung Parlamentskorrespondent der FAZ, als langjähriger ‚Sympathisant' der JF in der Sonderbeilage Zwanzig Jahre Junge Freiheit

Mittelstandsfunktionären[37], die den forcierten Abbau des Sozialstaats fordern. Die Liste ließe sich fortsetzen.

Diese Orientierung am Aufbau von Netzwerken in diverse Kreise der politischen und zivilgesellschaftlichen Eliten, die im Übrigen auch deswegen notwendig ist, um die pekuniäre Tragfähigkeit des Projekts JF zu sichern und weiter auszubauen, ist natürlich mit ideologischen Widersprüchen konfrontiert. So werden beispielsweise christliche Fundamentalisten Schwierigkeiten mit dem Neuheidentum eines Alain de Benoist haben[38]; oder neoliberale und rechtslibertäre Politikansätze stoßen auf Vorbehalte bei Konservativen, die noch in Kategorien der Bismarckschen Sozialpolitik denken.[39] Und ein Anhänger der Mitteleuropaidee wie Karlheinz Weißmann reibt sich an Verfechtern einer Achse Paris-Berlin-Moskau.[40]

Von dorther stellt sich in der Tat die bereits angesprochene Frage nach dem Minimalkonsens und der Verklammerung der verschiedenen Diskursstränge, die in der JF maßgeblich und kontinuierlich entfaltet werden. Steins Formel „Nation, Konservatismus, Freiheitlichkeit"[41], die er selbst bislang an keiner Stelle näher expliziert hat, schielt wachen Auges auf alles das, was sich in der „Mitte der Gesellschaft" bzw. auf der ersehnten „offene[n] rechte[n] Flanke des politischen Spektrums" abspielt.[42] Die Arbeit der „Zuspitzung" überlässt er einem „Beißer" wie Götz Kubitschek, der ausgerechnet in der Jubiläumsschrift dem Chefredakteur Mangel an begrifflicher Schärfe und weltanschaulicher Gebundenheit unterstellt.

„Es wird ernst..."

Am 24. Februar 2006 erscheint in der JF auf der Titelseite ein Artikel von Götz Kubitschek. Der Titel „Es wird ernst" verweist auf den „Schmittismus"[43] in der

---

(JF 21/06). Typisch sein Interview („Wir sind keine Söldner") mit der Deutschen Militärzeitschrift (DMZ 55/2007), deren Chefredakteur Manuel Ochsenreiter früher JF-Redakteur war. Feldmeyer ist nicht die einzige personelle Querverbindung zur FAZ.

37 Vgl. hierzu die Verbindungen der JF zum Bund der Selbstständigen in NRW (Kellershohn 2004: 83-86).
38 Vgl. dazu Niewiadomski 1999: 22-28; zur katholisierenden Tendenz beim protestantischen Theologen Weißmann vgl. Weißmann 2006: 122-125.
39 Symptomatisch dazu die Debatte zwischen Eberhard Straub und Angelika Willig zu „Wert und Wesen des Sozialstaats", in: JF 40/03; vgl. dazu Gessenharter 2004: 43-46.
40 Vgl. Weißmann 2006: 98-105.
41 A.a.O.
42 JF 8/07. Vgl. als jüngstes Beispiel das Schwerpunktthema von JF 8/07: „Spaltet er die Union? Nach dem Rückzug von Friedrich Merz wird über die Gründung einer neuen Partei rechts von der Union spekuliert".
43 Vgl. Gessenharter 2004.

JF. Der Untertitel lautet: „Kampf der Kulturen: Deutschland muss seine Zukunft als selbstbewusste Nation wollen."[44]

Der Artikel Kubitscheks zerfällt in zwei Teile, von denen der erste auf den konkreten Anlass bezogen ist, der zweite hingegen aus vier Thesen besteht, die grundsätzlicher Natur sind und über den konkreten Anlass hinausweisen. Nur diese vier Thesen sind im Folgenden von Interesse. Sie ragen im Übrigen durch ihren apodiktischen Charakter aus einer Vielzahl von Artikeln, die sich mit identitäts- und biopolitischen Themen befassen, heraus.

Der Autor war langjähriger Redakteur der JF und ist heute zusammen mit dem wohl wichtigsten konzeptiven Ideologen der Neuen Rechten, Karlheinz Weißmann, in der Leitung des ‚Instituts für Staatspolitik' (IfS) und gibt mit diesem die Zeitschrift ‚Sezession' heraus. Er ist Verleger der ‚Edition Antaios', die sich dem Erbe der Konservativen Revolution verpflichtet weiß. Zwischen diesen drei Institutionen (JF, ‚Edition Antaios', IfS) besteht ein enges arbeitsteiliges Verhältnis, wobei die ‚Edition Antaios' und das IfS aufgrund ihrer wissenschaftlichen und zugleich erklärtermaßen weltanschaulichen Ausrichtung den entschiedeneren Part spielen.[45] Dass Kubitschek die JF-Jubiläumsschrift in enger inhaltlicher Abstimmung mit Dieter Stein verfasst hat, unterstreicht seine Bedeutung in diesem institutionellen Dreieck.

Es geht mir im Folgenden primär um die völkischen bzw. völkisch-nationalistischen Elemente des Textes. Wesentliche Bestandteile des völkischen Nationalismus[46] sind ein ethnisch geprägtes Verständnis der Nation, die Vorrangstellung der Nation bzw. der Volksgemeinschaft gegenüber den Individuen, ein autoritärer Etatismus mitsamt Elite- und/oder Führerkult, die Heroisierung des opferbereiten Bürgers/Volksgenossen, ein dichotomisches Freund-Feind-Denken, ein biopolitisches Verständnis des „Volkskörpers" und der Primat der Außenpolitik, basierend auf der Idee des nationalen Machtsstaates. In zweiter Linie geht es, soweit sie angesprochen werden, um die „schmittistischen" Elemente des Textes.

Die zuvor genannten Elemente sind durchaus, historisch gesehen, um einiges älter als in der Form, in der sie in der Konservativen Revolution und speziell im Jungkonservatismus bzw. bei Carl Schmitt artikuliert werden.[47] Das betrifft insbesondere den „agonalen" Charakter und das ethnische Homogenitätspostulat

---

44 Verweise auf Samuel R. Huntingtons Kampf der Kulturen und das Standardwerk der sog. Neuen demokratischen Rechten: Die selbstbewusste Nation (Schwilk/Schacht 1994).

45 Vgl. Kellershohn 2003.

46 Kellershohn 1994: 24-29.

47 Wenn von „völkisch" oder „völkisch-nationalistisch" die Rede ist, dann darf dies nicht in einem engeren Sinne auf die „völkische Bewegung" bezogen verstanden werden. Es gab z.B. im Kaiserreich in der Tat vielfältige Artikulationsweisen völkischen Denkens, die weit über den Umkreis der völkischen Bewegung hinausreichten (vgl. Kipper 2002).

völkischen Denkens. Ausgehend vom völkischen Verständnis der Nation als einer Abstammungsgemeinschaft schreibt beispielsweise Rainer Kipper zum „Idealtypus völkischen Denkens":

> „Aufgrund ihres naturhaften Charakters erscheinen die Völker als nahezu ahistorische Größen, die, zumindest in essentiellen Kernbereichen, eine Konstanz über Jahrtausende hinweg aufweisen. Dieses statische Konzept wird dynamisiert durch die Antagonismen der verschiedenen Völker, welche in ihrer Eigenschaft als Konfliktparteien die maßgeblichen Einheiten und Träger des Geschichtsprozesses darstellen. […] Mit der ethnischen Klassifizierung ist die Zuschreibung unterschiedlicher Wertigkeiten verbunden. Hierin und im agonalen Geschichtsbild liegt das aggressive Potential des völkischen Denkens, das durch die Negation universaler Wertvorstellungen zusätzlich radikalisiert werden kann."[48]

Gegenüber diesen idealtypischen Merkmalen völkischen Denkens kann man die Freund-Feind-Bestimmung, wie sie von Carl Schmitt zum entscheidenden „Kriterium" des Politischen (nach innen wie außen) erhoben wird, zwar nicht unmittelbar völkisch motiviert betrachten. Betont Schmitt doch, dass diese Bestimmung nicht aus anderen Kriterien, seien sie religiöser, moralischer, ökonomischer oder ethnischer Art, herleitbar ist, vielmehr aus einem normativen Nichts geboren wird, indem Gegensätze unterschiedlichster Art in einen politischen Gegensatz sui generis transformiert werden.[49] Gleichwohl: wird die Unterscheidung von Freund und Feind, in der Intention, „den äußersten Intensitätsgrad einer Verbindung oder Trennung, einer Assoziation oder Dissoziation zu bezeichnen"[50], auf die Konstellationen des Nationalstaats und der modernen Massendemokratien appliziert, ergibt sich bei Schmitt eine Schlussfolgerung, die durchaus in der Tradition des völkischen Denkens steht. In seiner Kritik an der ideengeschichtlichen Koppelung von Liberalismus, Parlamentarismus und Demokratie schreibt er:

> „Jede wirkliche Demokratie beruht darauf, daß nicht nur Gleiches gleich, sondern, mit unvermeidlicher Konsequenz, das Nichtgleiche nicht gleich behandelt wird. Zur Demokratie gehört also notwendig erstens Homogenität und zweitens – nötigenfalls – die Ausscheidung oder Vernichtung des Heterogenen."[51]

---

48 Kipper 2002: 17.
49 Schmitt 1932: 14f., 25.
50 Ebd.: 14.
51 Schmitt 1926: 13f. Vgl. auch folgende Äußerung: „Die demokratische Gleichheit ist wesentlich Gleichartigkeit, und zwar Gleichartigkeit des Volkes. Der zentrale Begriff der Demokratie ist Volk und nicht Menschheit." (Schmitt 1993: 234).

Und zur Erläuterung fügt Schmitt hinzu:

> „Zur Illustration dieses Satzes sei […] an zwei verschiedene Beispiele moderner Demokratien erinnert: an die heutige Türkei mit ihrer radikalen Aussiedlung der Griechen und ihrer rücksichtslosen Türkisierung des Landes – und an das australische Gemeinwesen, das durch Einwanderungsgesetzgebung unerwünschten Zuzug fernhält und […] nur solche Einwanderer zuläßt, die dem *right type of settler* entsprechen. Die politische Kraft einer Demokratie zeigt sich daran, daß sie das Fremde und Ungleiche, die Homogenität Bedrohende zu beseitigen und fernzuhalten weiß."[52]

Diese knappen Bemerkungen verweisen auf den Umstand, dass es in der mittlerweile gut 200jährigen Geschichte des Völkischen Nationalismus[53] unterschiedliche Variationen gibt, die unterschiedlichen ideengeschichtlichen, politischen und soziökonomischen Konstellationen geschuldet sind. Der Jungkonservatismus, dem im Allgemeinen auch Carl Schmitt zugeordnet wird, betont sehr viel stärker als z.b. die „Völkische Bewegung" vor 1914[54] die Eigenmacht des Politischen und bevorzugt etatistische Konzepte. Zudem berücksichtigt er gegenüber neuheidnischen und nihilistischen Varianten der Konservativen Revolution stärker christliche Traditionsbestände.[55] Beide Komponenten, die etatistische wie die christliche, lassen sich bis heute in der JF identifizieren[56] und haben in ihrer Bedeutung sogar zugenommen. Zumindest die erste Komponente lässt sich bei Kubitschek wiederfinden.

Die Grundthese des Kubitschek-Textes[57] ist bereits älteren Datums. Im Zusammenhang einer Kritik an Gerhard Schröders Außenpolitik heißt es:

> „Die Nation als Schicksalsgemeinschaft zu verstehen, setzt voraus, daß ein ‚Wir' im Bewußtsein jedes einzelnen verankert ist. Die Bundesrepublik hat es insgesamt versäumt, dieses ‚Wir' zu bestimmen und vom ‚Nicht-Wir' abzugrenzen. Die deutsche Nation weist deshalb alle pathologischen Merkmale einer Person mit gespaltenem Bewußtsein auf."[58]

Im Juli-Heft 2003 der ‚Sezession' wiederholt er diese These anlässlich einer Auseinandersetzung mit Jürgen Habermas' Europa-Position und verlangt dann nach einer „mobilisierenden Eindeutigkeit der Identität":

---

52   Ebd: 14.
53   Vgl. Hoffmann 1994.
54   Vgl. Puschner 2001.
55   Mohler 1999: 140f.
56   Vgl. Kellershohn 1994, Wamper 2006.
57   Siehe unten These 1.
58   JF v. 18. April 2003.

„Verantwortungslosigkeit ist wohl eine der Lehren von Habermas, der mit seiner Europa-Debatte einmal mehr bewies, dass er den Menschen nicht als Menschen erträgt und deshalb die notwendige anthropologische Kehre nicht vollzieht: weg von der Überforderung, hin zur mobilisierenden Eindeutigkeit der Identität."[59]

Um eine eindeutige Wir-Identität ist auch Martin Hohmann bemüht, der im Oktober 2003 den Mangel an „Wir-Denken" in Deutschland beklagt.[60] Theoretisch weit ausgreifender und gehaltvoller, mit direkter Anknüpfung an die Konservative Revolution (Wilhelm Stapel, Max Hildebert Boehm), äußert sich Karlheinz Weißmann bereits im Jahr 2000 – im Kontext der Leitkultur-Debatte[61] – zur „Volkheit" des deutschen Volkes[62]. Er moniert die Auflösung des „Wir-Ich" (Boehm)[63] durch die Vertauschung von „Volk" und „Bevölkerung"[64]:

„Wir sind an einem Punkt angekommen, an dem die Volksvertreter nicht mehr zwischen Volk und Bevölkerung unterscheiden können, das Bürgerrecht für praktisch jeden zu haben ist und ein paar hunderttausend fremde Einwohner mehr kaum jemanden schrecken."

Die Auflösung der „Deutschheit" ist dann auch Gegenstand seines Grundsatzartikels im November 2001 („Was ist Dekadenz?") mit einer Kritik an Hans Haakes Environment „Der Bevölkerung". Ein Foto der Installation Haakes im Berliner Reichstagsgebäude findet sich oberhalb des Artikels von Kubitschek. Zu erwähnen ist auch noch Kubitscheks Artikel in der Zeitschrift ‚Neue Ordnung' des Ares-Verlages[65] mit der Überschrift „Volk oder Bevölkerung?" Aus Anlass der Flutkatastrophe in New Orleans heißt es:

„Was also trägt im Ernstfall? Die Antwort ist nicht besonders inspiriert, aber einfach und richtig: ein gut erzogenes Volk, das keine Bevölkerung ist. Ein Volk nämlich, das sich als Schicksalsgemeinschaft empfindet, also homogen ist, bricht nicht beim ersten Hochwasser auseinander."

---

59 Sezession 2/2003: 53.
60 Vgl. Kellershohn 2004.
61 Vgl. Hentges 2002.
62 JF 46/00.
63 „Völker gewinnen Persönlichkeit, indem sie sich auf dem Feld der Geschichte als ein Wir-Ich entfalten." (Boehm 1932: 309).
64 Siehe unten Kubitscheks These 2
65 III/2005. Der Ares-Verlag ist eine Gründung des Leopold Stocker Verlages. Wolfgang Dvorak-Stocker erscheint im Impressum der Sezession als redaktioneller Mitarbeiter (zusammen mit Weißmann und Kubitschek).

Man kann also davon ausgehen, dass es sich bei Kubitscheks Thesen nicht um einen erratischen Block in der diskursiven Landschaft handelt, sondern um eine kompakte Versammlung konstanter Denkfiguren, die immer wieder in den unterschiedlichsten Kontexten auftauchen und wiederholt werden. Dafür spricht auch, dass Weißmann sie im Zusammenhang der Diskussion über das „Wir-Gefühl" und den Neuen Patriotismus („Matussek-Debatte") aufgreift[66]; im Kontext der Fußball-Weltmeisterschaft bemühen sich um das „Wir-Ich" Thorsten Hinz alias Doris Neujahr[67] und Kurt Zach[68]; Ellen Kositza („Neuer Mut zum Wir")[69] überträgt dieselbe Denkfigur auf den familienpolitischen Diskursstrang. Und zu guter Letzt zeigt ein Artikel von Jörg Schönbohm in der ‚Frankfurter Allgemeinen Sonntagszeitung', wie z.b. die Denkfigur, in Deutschland drohe die Kategorie des „Volkes" semantisch durch die der (multiethnischen) „Bevölkerung" ersetzt zu werden, in den hegemonialen Diskurs hineinwandert.[70]

Den unmittelbaren Anlass seines Artikels beschreibt Kubitschek am Tage vor dessen Erscheinen im Web-Blog des ‚Instituts für Staatspolitik'[71]:

> „Vor dem Hintergrund der Debatten um den Film *Im Tal der Wölfe* und um die Beobachtungen von *Heinsohn*, *Strauß* und *Schirrmacher* habe ich für die Junge Freiheit [...] einen Beitrag über den Kampf der Kulturen geschrieben. Ich stelle darin nicht die Frage, ob wir, die wir stets vor den nun offensichtlich gewordenen Entwicklungen warnten, uns auf unsere Weitsicht etwas einbilden dürfen. Die Frage, wer der Erste war, ist irrelevant [...]. Natürlich müssen wir die Äußerungen von Strauß und Co. an prominenter Stelle begrüßen. Und wir müssen weitereilen und wieder die Ersten sein."[72]

---

66   JF 23/06.
67   JF 26/06. „Es herrscht eine freundliche Stimmung, die ausländischen Gäste, auch die schwarzen, fühlen sich gut aufgenommen in Deutschland, dessen Bewohner andererseits stärker als zuvor auf der Präsentation ihrer Nationalfarben und Symbole und damit auf Wir-Gefühl und Unterscheidbarkeit bestehen." (Doris Neujahr).
68   JF 27/06 „Stolz auf ein ‚Wir', das über die Interessen des Individuums hinausgeht, stärkt nicht nur den Zusammenhang der eigenen Truppe, er schlägt auch die Brücke zur Gemeinschaft, zum Volk." (Kurt Zach).
69   JF 28/06.
70   Jörg Schönbohm: Einwanderung muß begrenzt werden. Gegen erduldende Toleranz: Wir brauchen eine andere Integrationspolitik, in: FASZ v. 22. April 2006. Vgl. damit Doris Neujahr: Mehr Intoleranz wagen. Warum das Experiment des Multikulturalismus menschenverachtend ist, wird immer offenbarer (JF v. 7. April 2006). Dort heißt es: Der Multikulturalismus ist „volksfeindlich, weil er den Deutschen von innen her den Raum abspenstig macht, in dem sie leben. Arnold Gehlen spricht mit Bezug auf den Verhaltensforscher Irenäus Eibl-Eibesfeld von der Notwendigkeit ‚raumgebundener Intoleranz', dem autochthonen Beharren auf einer Rangordnung der Werte, die eine ‚gewisse Stabilität der Sozietät' sichert." (Vgl. Gehlen 1969: 45).
71   22.02.2006.
72   Vgl. Botho Strauß: Der Konflikt, in: Der Spiegel 7/2006; Frank Schirrmacher: Wir können uns nicht vergleichen, in: FAZ v. 13. 02. 2006; Gunnar Heinsohn: Finis Germaniae? Reflexionen

Was hier als diskurstaktisches Wechselspiel („begrüßen" und „weitereilen")
gemeint ist, wird im Artikel selbst näher erläutert:

> „Was Strauß und Schirrmacher zu berichten wissen, ist klug beobachtet. Beide aber
> ziehen keine Konsequenzen. Dabei sind die Schlussfolgerungen nicht schwierig, und
> die ersten Maßnahmen, die wir im Kampf der Kulturen zu ergreifen haben, zielen
> auf die Klärung unserer Lage."

Und an späterer Stelle: „Jede Änderung der Verhältnisse beginnt mit radikaler
Kritik, mit Klärung der Lage, Zuspitzung der Begriffe, Suche nach der Verbün-
deten." Damit ist die Funktion der Thesen umrissen: Es geht darum, die Debatte
auf ein „höheres" Niveau zu heben, auszusprechen, was der Kern der Sache ist,
die Begriffe zu schärfen und einen neuen Konsens mit potenziellen Bündnispart-
nern zu gewinnen. Dass dieser Konsens völkisch-nationalistisch konturiert ist,
soll im Folgenden aufgezeigt werden.

Völkisch-nationalistische Thesen

Volk und Nation

> „Wir müssen Grundsätzen und Begriffen ihre Bedeutung und ihre definitorische
> Kraft zurückgeben. Identität etwa ist keine Privatangelegenheit. Sie ist nicht her-
> stellbar, kein Akt der freien Entscheidung, kein Griff in einen Puzzlekasten. Das
> Kollektive, das Wir als Größe, der man nicht entrinnen kann, kehrt mit Macht zu-
> rück. Wir müssen das „Wir" definieren und vom „Nicht-Wir" scheiden. Das „Wir"
> darf nicht zerredet werden, und es sieht so aus, als sorgte der Machtanspruch ge-
> schlossener Einwanderergruppen zuverlässig dafür, daß selbst dem nationsvergesse-
> nen Deutschen sein Deutschsein aufgeht. Im Kampf der Kulturen stoßen das Ich, das
> Individuelle, die Selbstverwirklichung an ihre Grenzen."[73]

Kubitschek leugnet in dieser ersten These schlichtweg den Anspruch des Indiv-
duums auf Selbstbestimmung, wie gesellschaftlich vermittelt er auch sein mag;
allenfalls (der Text ist nicht widerspruchsfrei) betrachtet er Selbstbestimmung als
Residualkategorie. Dass Identität von Menschen, denn um solche „Objekte"
handelt es sich hier, nichts mit ihrem Ichsein, ihrer Individualität zu tun haben
soll, ist ein Widerspruch in sich. Selbst in ihrer einfachsten, abstraktesten Form
der Sich-Selbst-Gleichheit („Ich bin ich" im Unterschied zu anderen Ichs) ist sie

---

über demografische Ursachen von Revolutionen, Kriegen und politischen Niederlagen
(http://www.zeit.de/feuilleton/kursbuch_162/1_heinsohn).
73   JF v. 24.02.2006.

– obzwar gesellschaftlich vermittelt – Bedingung von sozialer Existenz. In entwickelter Form, als unverwechselbare Persönlichkeit, ist Ich-Identität Ausdruck eines lebenslangen Vermittlungsprozesses zwischen gesellschaftlichen Erwartungen, Normen und Gruppenzugehörigkeiten (inklusive der Zugehörigkeit zur Nation) auf der einen und je individuellen Zielvorstellungen auf der anderen Seite. Dass Individuen an der „Herstellung" ihres Charakters, ihrer Persönlichkeit überhaupt nicht bzw. nur passiv beteiligt sein sollen, ist eine absurde Vorstellung und würde eine Ausbalancierung von Ich- und Wir-Anteilen in der Herausbildung von Identität verunmöglichen.[74]

Kubitschek teilt mit dem völkischen Denken wesentliche Grundannahmen der Bildung eines „Wir":

(1.) Das „Wir" (wahlweise zu ersetzen durch das Kollektive, das Volk, die Nation) ist eine selbstständige „Größe", eine Art ‚Kollektivsubjekt', das den Individuen, obwohl sie es doch sind, die dieses „Wir" bilden, mit einer Macht entgegentritt, der sie sich gleichsam schicksalhaft nicht entziehen können. Identität wird hier ‚deterministisch' gedacht.[75] Die Zugehörigkeit zu diesem „Wir" determiniert die Individuen in ihrer Identität voll und ganz. Das „Deutschsein" ist nicht eine Gemeinsamkeit, die ein Merkmal neben anderen Merkmalen einer Person darstellt, sondern es bestimmt deren Identität essentiell. „Man" sucht sich diese Identität nicht aus (wie Puzzlesteine), sondern sie „geht" einem „auf", man wird sich ihrer bewusst und dadurch erst „selbstbewusst" (siehe die Rede von der „selbstbewussten Nation"). Erst auf dieser Basis ist es möglich, dass sich ein unverwechselbarer „deutscher Lebensentwurf" herauskristallisiert, wie Ellen Kositza in einer Kritik am „Nationalgefühlchen" des „Neuen Patriotismus" hervorhebt.[76]

Es ist daher zwingend notwendig, dass das „Wir" nicht „zerredet" bzw. zum Gegenstand von Diskussionen gemacht wird. Die Feigheit der „diskutierenden Klasse" des Bürgertums[77] ist in der JF und deren Umfeld ein verbreiteter Topos.[78] Wie es den männlichen Spartanern in der Volksversammlung verboten

---

74   Vgl. zur Wir-Ich-Balance den Problemaufriss bei Elias 1987: 207-315; möglicherweise verdanken sich Kubitscheks Thesen einer – recht einseitigen – Lektüre des Aufsatzes von Norbert Elias.

75   Vgl. Kipper 2002: 17.

76   JF 36/06.

77   Siehe Carl Schmitt. In seiner Kritik an der Politischen Romantik und am politischen Liberalismus schreibt Schmitt mit Rückgriff auf den spanischen Gegenaufklärer Donoso Cortes: „Es liegt, nach Donoso, im Wesen des bürgerlichen Liberalismus, sich in diesem Kampf nicht zu entscheiden. Die Bourgeoisie definiert er geradezu als eine ‚diskutierende Klasse', una clasa discutidora. Damit ist sie gerichtet, denn darin liegt, daß sie der Entscheidung ausweichen will. Eine Klasse, die alle politische Aktivität ins Reden verlegt, in Presse und Parlament, ist einer Zeit sozialer Kämpfe nicht gewachsen." (Schmitt 1922: 52).

78   Vgl. z.B. Dieter Stein: Deutsches Bürgertum. Mangel an Corpsgeist und Rückgrat, in: JF 49/02.

war, über die vorliegenden Anträge zu debattieren, und sie sich mit bloßer Zu-stimmung oder Ablehnung begnügen mussten, so darf das „Wir" nur hoheitsvoll definiert werden, damit es gewissermaßen in einem sprachmagischen Akt „defi-nitorische Kraft" entfalten kann. Wer aber ist es, der das „Wir" definiert, wenn eine öffentliche Debatte über die Fundamente des „Wir" tabuisiert werden muss? Hier tut sich im völkischen Denken eine Antinomie auf, die nur dadurch schein-bar gelöst wird, dass eine ‚neue Elite' es ist, die dieses hoheitsvolle Geschäft auf sich nimmt. Benoist spricht – wenig originell – von einer „neuen Aristokratie"[79] im Sinne einer weltanschaulich geschulten Charakterelite, Karlheinz Weißmann und Götz Kubitschek sprechen neuerdings von sogenannten „Traditions-Kompanien"[80], das seien „Gruppen, die die notwendigen Traditionselemente für eine zukünftige Regeneration" bereithielten.[81]

(2.) Das von Kubitschek gemeinte „Wir" unterliegt den Postulaten der ‚Homogenität' und ‚Exklusivität'. Alle, die dem „Wir" angehören, müssen Deut-sche sein und als solche sich auch verstehen. Wobei im Text offen bleibt, ob „Deutschsein" eher im sprachlich-kulturellen Sinne oder im biologisch-rassischen Sinne zu verstehen ist. Gleichviel: das Deutschsein wird einem be-wusst, nicht spontan oder in einem Akt der Selbstreflexion, sondern vermittelt über den „Machtanspruch geschlossener Einwanderergruppen", eine Formulie-rung, die suggeriert, dass Einwanderer nicht als Individuen auftreten, sondern als kompakte Volksgruppen mit Subjektstatus („Nicht-Wir"), die die bis dato man-gelnde Geschlossenheit des deutschen Volkskörpers bloßlegen und die Grenzen individueller Selbstverwirklichungswünsche aufzeigen. Bereits bei Ernst Moritz Arndt, einem der Urgroßväter des völkischen Nationalismus, ist es der „innerli-che Hass" gegen den „Machtanspruch" des napoleonischen Frankreichs, der die (bei ihm noch) von Gott gesetzte Verschiedenheit der Völker[82] zur Errichtung einer unüberwindlichen „Scheidewand" motiviert.[83]

---

79 Benoist 1985: 82; vgl. Jung 1930: 324-334.
80 Siehe Web-Blog des IfS v. 30.03.2006.
81 Der Begriff taucht häufig im Rahmen der Parteienforschung auf. Weißmann gebraucht ihn im Zusammenhang einer Interpretation von 5 Mose 26: „Den Hebräern bot das Leben an den ‚Fleischtöpfen' Ägyptens nicht nur eine Möglichkeit physisch zu überleben, sie bildeten unter diesen Bedingungen auch erst die Vorstellung aus, ein größeres soziales Gebilde zu sein. Es bedarf dazu oft nur einer kleinen Gruppe, die in der Lage ist, das Volksbewußtsein zu verbrei-ten. Solche ‚Traditionskompanien' (Erich Bräunlich) sammeln die entscheidenden Identitäts-elemente und schaffen ein stabiles Elitegefühl, (…)." (Karlheinz Weißmann: Biblische Lektio-nen, in: Sezession 13/2006, S. 9) Erich Bräunlich (1892-1945) hatte seit 1931 eine Professur für orientalische Philologie in Leipzig inne.
82 Vgl. den Ethnopluralismus der Neuen Rechten.
83 Arndt 1993: 329.

Innerstaatliche Feinderklärung

„Wir müssen die Ideologen der multikulturellen Gesellschaft stellen. Bereits jetzt hört ihnen kaum einer mehr gläubig zu. Aber das darf uns nicht genügen. Wir müssen eine zweite Vergangenheitsbewältigung anstoßen. Wir müssen diejenigen demaskieren, die unser Volk in die Krise geführt haben. Wir haben in der Analyse der Fehlentwicklung Roß und Reiter zu nennen, die verantwortlichen Politiker und Intellektuellen also. Wir dürfen ihnen nicht glauben, daß sie es gut meinten mit Deutschland. Die meisten meinten es nicht gut, sie wußten, was sie taten, sie wollten die Bundesrepublik umgründen und aus unserem Volk eine Bevölkerung machen. Mit diesen Leuten kann man nicht an einem Strange ziehen."[84]

Aus den Postulaten der Homogenität und Exklusivität folgt zwingend die Abwehr des Multikulturalismus. These 2 wendet sich mit einer „innerstaatlichen Feinderklärung"[85] gegen die „nationsvergessenen" Deutschen, die die binäre Konstruktion von „Wir" und „Nicht-Wir" nicht akzeptieren wollen und dies auch noch öffentlich propagieren. Diesen (zumeist) übelwollenden Ideologen (Politiker und Intellektuelle) wird vorgeworfen, dass sie „unser Volk in die Krise geführt" hätten und „aus unserem Volk eine Bevölkerung", eine Ansammlung von identitätslosen Individuen machen wollten.

Diese Ideologen müssen ‚genannt' („Roß und Reiter"), ‚gestellt' und ‚demaskiert' werden, sie müssen als die wahrhaft Schuldigen entlarvt[86] und damit die Leerstelle gefüllt werden, die die Ausführungen von Heinsohn, Strauß und Schirrmacher anscheinend offen gelassen haben. Denn gerade auf diese Leerstelle hatte Dieter Stein in seinem Kommentar in der JF-Ausgabe vom 17. Februar 2006, also eine Woche vor Erscheinen des Kubitschek-Artikels, hingewiesen. Dort heißt es zu Schirrmacher:

„FAZ-Herausgeber Frank Schirrmacher beklagte am Montag als Reaktion [auf Botho Strauß – d. Verf.] den demographischen Prozeß, der hinter dem islamischen Vormarsch in Europa steht. Doch er bleibt die konkrete Antwort schuldig. Er müßte dann den moralischen Bankrott der politischen Klasse beim Namen nennen, die Deutschland und Europa in diese vorhersehbare Krise geführt hat und unsere Kultur leichtfertig aufs Spiel setzte – für ein paar lächerliche fette, bequeme Jahre."

An anderer Stelle (im Web-Blog des ‚Instituts für Staatspolitik') drückt dies Kubitschek noch einmal drastischer aus, indem er die apokalyptische Uhr von fünf vor auf fünf nach zwölf stellt:

84 JF v. 24.02.2006.
85 Schmitt 1932: 34.
86 Siehe z.B. in JF 16/06; vgl. Abb. 1.

„Meine Gegner sind zuerst die Deutschen, die unser Land zugrunde gerichtet haben [!] – und die sich nun anschicken, ihre Rente oder Pension zu verzehren, am besten nicht mehr in dem Land, das sie zerstörten [!], sondern irgendwo im Süden Europas. Deshalb: Auf zur zweiten Vergangenheitsbewältigung! Versauen wir ihnen den Lebensabend."

Die Formel „zweite Vergangenheitsbewältigung", üblicherweise im Kontext der Aufarbeitung der DDR-Vergangenheit verwandt, verweist in diesem Zusammenhang auf die in der JF breit kritisierte „erste Vergangenheitsbewältigung". In dem bereits erwähnten Artikel von Karlheinz Weißmann „Was ist Dekadenz?" heißt es:

„Mit der Tilgung der positiven Bezüge auf das ‚Volk' wird den Deutschen ein weiteres Stück ihrer Eigenheit genommen, und sie mucksen nicht auf. Zwischen der Bereitschaft zur   Selbstaufgabe und den Eigenarten deutscher Vergangenheitsbewältigung, zwischen dieser Bereitschaft zur Selbstaufgabe und der Emphase für das Fremde besteht ein Zusammenhang. Immer handelt es sich zum Signale der Kapitulation. Eine Nation wurde erfolgreich vom eigenen Un-Wert überzeugt."[87]

Dekadenz

„Wir müssen die Realität der multikulturellen Gesellschaft in Deutschland aktuell und gründlich dokumentieren und das Ausmaß der Verheerung und des Verfalls für jeden nachvollziehbar zugänglich machen. Wir brauchen eine Bestandsaufnahme. Die Internetseite www.migrationwatch.com leistet diese notwendige Arbeit für England bereits seit einigen Jahren, sie muß in Deutschland Nachahmer finden."[88]

Mit dieser dritten These knüpft Kubitschek wieder an den „Dekadenz"-Artikel von Weißmann an, konzentriert sich hier aber nur auf die Folgen des Multikulturalismus. Grundsätzlicher und breiter argumentiert Weißmann[89], indem er Dekadenz geschichtsphilosophisch – anknüpfend an Herder und Spengler – in das Modell „einer alternierenden oder im Zyklus verlaufenden Bewegung" der Geschichte, innerhalb der politische Einheiten wie „Clans, *Poleis*, Imperien, die *Umma* oder eben eine Nation" auf- und absteigen, einordnet. Für ihn ist Deka-

---

87   Im Geiste Weißmanns argumentiert Martin Hohmann in seiner berüchtigten Rede vom 3. Okt. 2003, wenn er einen Zusammenhang zwischen mangelnder „Gemeinschaftsbezogenheit" und „negative[r] Vergangenheitsbezogenheit" der Deutschen herstellt. Zu den antisemitischen Komponenten seiner Rede vgl. auch Wamper 2006: 56-60.
88   JF v. 24.02.2006.
89   Weißmann 2006: 77ff.

denz – „Wir leben in einer Phase der Dekadenz" – schlicht der „Hauptfeind" als generalisierte Lebensform: Ihr wichtigstes Merkmal

> „ist immer die Ausbreitung der Auffassung vom Nur-Leben als höchstem Wert; die letzten Menschen blinzeln und sagen ‚wir sind doch gleich, wir sind doch glücklich'. Alles andere – die Hochschätzung von Schlauheit und Feigheit, die Urteilsschwäche, der Geburtenschwund, die Ausbreitung der Homosexualität, der Egalitarismus, der Aufstieg der Mediokren – das sind nur Folgen. Im Kern geht es um eine Lebensform, die nicht mehr an sich glaubt, und die deshalb ihren Untergang will."[90]

Weißmann versucht dieses apokalyptische Szenarium[91] an mehreren Phänomenen zu verdeutlichen, denen in der JF immer wieder große Aufmerksamkeit gewidmet wird:

- Die *demographische (Fehl-)Entwicklung*, das Aufzehren der „natürlichen Substanz des Volkes", parallel dazu die zunehmende Migration und die multikulturelle Auflösung der homogenen Einheit des deutschen Volkes (wobei hier Weißmann als Historiker eine Analogie zum Untergang des Römischen Reiches herzustellen weiß);
- *kulturelle Verfallserscheinungen* wie die Vulgarisierung der Unterhaltungsindustrie, insbesondere die Zunahme von Nonsens-Shows („Big Brother"), Pornographie und Schamlosigkeit: „Scham hat mit Kultur zu tun, Schamlosigkeit hat mit Unerzogenheit zu tun. Zucht und Erziehung gehören zusammen. Das Ausbleiben von Erziehung, das infantile Verhalten der Erwachsenen und die bereits – keineswegs nur in Gewalttätigkeit – merkbaren Folgen einer Barbarisierung der Heranwachsenden bilden einen Zusammenhang, der typisch für die Dekadenz ist";
- der *Mangel an sozialer Differenz*. Weißmann zitiert zustimmend den spanischen Philosophen und Soziologen José Ortega y Gasset (1833-1955): „Wenn in einer Nation die Masse sich weigert, Masse zu sein – das heißt der leitenden Minderheit zu folgen –, dann löst sich diese Nation auf, die

---

90 Weißmann 2006: 79.
91 Kurt Lenk begreift den Dreiklang von Dekadenz, Apokalypse und Heroismus als einen „Evergreen aus der langen Tradition des revolutionären Konservatismus". Und: „Im Kern der faschismus-affinen Krisensemantik, für deren Beginn Sorel steht, findet sich das Syndrom Dekadenz-Apokalypse-Heroismus, dem die Idee einer Art ‚Wiedergeburt' zugrunde liegt. Zwar sind bei den einzelnen Autoren Ursachen, Symptome und Folgen der Dekadenz variantenreich beschrieben, doch gleichen sie sich in ihrer Dramaturgie. Stets geht es letztlich um eine Entscheidung zwischen Untergang oder Rettung durch irgendwelche heroische Taten. Die hier in Rede stehenden Autoren versetzen ihre Adressaten häufig in eine Art paranoide Situation, bei der es letztlich – wie in einem permanenten Ausnahmezustand – um Leben oder Tod zu gehen scheint." (Lenk 2005: 50, 61).

Gesellschaft bricht auseinander, es folgen das soziale Chaos, die historische Rückbildung";

- eine *fehlende „rituelle Gliederung"* des Alltags in einer Zivilisation, die „auf Ablenkung und Amüsement", auf einer „industriellen Vollverspaßung" (Alexander von Schönburg) beruhe, in der „jede Unterscheidungsfähigkeit" fehle: „Die Menschen benehmen sich in der Kirche wie zu Hause, wie auf dem Sportplatz, wie in der Schule. Die Formlosigkeit, das ‚Coole', das ‚Lockere', die Lässigkeit haben überall Platz gegriffen. Die Einheitlichkeit des Stils ist ganz verloren gegangen, was nicht einmal als Verlust registriert wird, sondern als Gewinn an Entfaltungsmöglichkeit";

- die Zunahme von *Korruption* im Zusammenhang der „Europäisierung oder ‚Verwestlichung'": „Kennzeichen sind die Verfilzung der Parteien mit Verwaltung, Justiz, Militär und Wirtschaft, notfalls auch mit organisierter Kriminalität, der Zerfall von Gewaltenteilung und Machtkontrolle, schließlich die ‚Selbstauflösung des Staates' (Dirk Schümer), das Eindringen des Mobs." Ursächlich dafür verantwortlich sei der „Niedergang der politischen Klasse" in Kombination mit einem „Massenmachiavellismus" (Friedrich Meinecke), einer „Art kollektiver Zynismus", der die Bürgertugenden auffresse und die Bereitschaft zur Empörung schwäche. Am Horizont sieht Weißmann die „kommende Anarchie" (Robert Kaplan) und den Übergang der „parlamentarischen Demokratien in Militärdiktaturen", um der inneren Probleme Herr zu werden.

Aus Junge Freiheit 16/06: „Wir dürfen ihnen nicht glauben, daß sie es gut meinten mit Deutschland. Die meisten meinten es nicht gut, sie wußten, was sie taten, sie wollten die Bundesrepublik umgründen und aus unserem Volk eine Bevölkerung machen. Mit diesen Leuten kann man nicht an einem Strange ziehen." (Götz Kubitschek)

Biopolitischer „Neubau des Staates"

„Wir müssen bei uns selbst beginnen. Wir müssen unsere Zukunft wollen. Wir müssen damit aufhören, eine alternde Gesellschaft für charmant oder interessant oder lebenswert zu halten. Daß die jungen Männer die Zukunfts-Macher einer Nation sind, schlicht die Anzahl der „Söhne" also etwas über die Dynamik eines Volks aussagt, ist eine im kinderarmen Deutschland verdrängte Wahrheit. Wir brauchen mehr Kinder."[92]

These 4 bietet als Alternative zur multikulturellen Gesellschaft (und zur Dekadenz!) die biopolitische Aufrüstung des Volkes an. Dass der Vorschlag, mehr „Söhne" zu zeugen, etwas schlicht gehalten ist, könnte er dem Interview entnehmen, das die JF mit Robert Hepp („Die Endlösung der deutschen Frage") geführt hat.[93] Es geht Kubitschek jedoch hier weniger um irgendwelche Modell-Rechnungen, wie Hepp sie anstellt, sondern ums Grundsätzliche: Die „selbstbewusste Nation" der Zukunft muss ein männliches Gesicht haben.[94] Die Dekadenz kann nur überwunden werden durch die bereits erwähnten „Traditions-Kompanien", deren Aufgabe es ist, nicht nur für einen „ideologischen Paradigmenwechsel" in der nationalen Frage zu sorgen, sondern auch deutlich auf die biologischen Aspekte einer zukünftigen Regeneration des Volkes hinzuweisen.[95]

Kubitschek variiert hier ein Thema, dem in der JF große Aufmerksamkeit geschenkt wird. Für die Rehabilitation eines traditionellen Frauenbildes ist in der JF vor allem Ellen Kositza zuständig[96]; parallel dazu gilt die Kritik dem „effeminierten" Mann, häufig auch in Zusammenhängen, die dem unvoreingenommenen Leser seltsam vorkommen müssen. So schreibt z.B. Karlheinz Weißmann in einem Verriss der Evangelischen Kirche:

„[...] aber im protestantischen Bereich ist der Grad der Verrottung besonders hoch, [...]. Das hat vor allem mit dem Typus zu tun, den man heute in den Pfarrämtern findet, weich, auch die Männer feminisiert, in der Sprache undeutlich, irgendwie an Selbsterfahrungsseminaren geschult, keinesfalls am Luther-Deutsch."[97]

Die Nation braucht aber nicht nur „harte" Männer, am besten in der Tradition des „soldatischen Nationalismus", sondern einen „Neubau des Staates"[98]: „Weil aber

---

92   JF v. 24. 02. 2006.
93   JF 16/06.
94   Vgl. dazu die hervorragende Analyse des Sammelbandes Die selbstbewußte Nation bei Kämper 2005.
95   Vgl. Web-Blog des IfS v. 30.03.2006.
96   Z.B. JF 38/06: „Die Rückkehr der Mütter".
97   JF 45/06.
98   Die Formulierung erinnert an Oswald Spenglers Der Neubau des Deutschen Reiches (1924); vgl. auch Jung 1930: 332-350.

jeder, der nur im Negativen, in der Gegnerschaft lebt, selber Schaden nimmt, muß neben den *Mangel an Versöhnung* [Hervorhebung d. Verf.] der Wunsch treten, den Staat neu zu bauen. Beides – die Sezession, die Loslösung von der Vergangenheit UND die Arbeit an der Zukunft – ist die Aufgabe der Traditions-Kompanie"[99].

Dieser zukünftige Neubau ist gebunden an die prognostizierte Staatskrise (siehe Weißmanns „Dekadenz"-Artikel). „Krisen", schreibt Weißmann in der JF, „erscheinen als naturhafte Prozesse, in deren Verlauf lebensfähige oder lebensuntüchtige soziale Organisationsformen bestehen oder untergehen, aber sie bieten auch dem Retter oder einer Elite die Möglichkeit zum Durchgreifen, um das große Ganze zu kurieren."[100] Dass dann bestehende Verfassungsinstitutionen zu Gunsten eines autoritären Etatismus auf dem Prüfstand stehen werden, deutet sich z.B. in folgenden Sätzen Günter Zehms an, in denen der Wunsch nach einem charismatischen, plebiszitär regierenden Führer und Gemeinschaft stiftender Politik zum Ausdruck gebracht wird:

> „Ein bundesweit hochbekannter, weithin überzeugender und wirtschaftlich völlig unabhängiger Landsmann müßte her, wie seinerzeit in Italien Silvio Berlusconi, der das Parteiensystem resolut aufmischte, dessen Magnetkraft stark genug wäre, die traditionellen Formationen aufzuspalten und nach wirklichen [!] Interessenlagen neu zu ordnen, der endlich auch der wahren [!], eindeutig ‚populistisch' gesinnten öffentlichen Meinung eine unüberhörbare Stimme verschaffte. Mit anderen Worten: Es bedürfte eines entschiedenen Rechtsrucks, um die Dinge in Deutschland wieder in Fahrt zu bringen, eines Rechtsrucks, der nicht in neoliberalen Phrasen im Stile von ‚Bereichert euch, wo ihr nur könnt!' gipfelt, sondern der ein durchaus neuartiges, Initiative wie Gemeinschaft stiftendes Programm entfaltet, von der Wirtschafts- bis zur Außenpolitik, von der Familien- bis zur Ausländerpolitik."[101]

Fazit

Überblickt man insgesamt die Thesen Kubitscheks, den Argumentationsgang der Thesen, ihre Implikationen, den Anspruch, der mit ihnen verbunden ist, das geistige Umfeld und nicht zuletzt den institutionellen und biographischen Hintergrund, so lässt ihre Analyse nur einen Schluss zu: es handelt sich hier um einen besonderen Text, dessen Bedeutung sich aus seinem strategischen Charakter ergibt:

---

99   Web-Blog des IfS.
100   JF 3/06.
101   JF 42/06.

1. Den Thesen eignet zunächst deswegen ein strategischer Charakter, weil sie die verschiedenen Diskursstränge, die in der JF maßgeblich und kontinuierlich entfaltet werden, miteinander verknoten und in konzentrierter Form ihren Zusammenhang verdeutlichen. Dieter Stein hat unlängst[102] die maßgeblichen Diskursstränge aufgelistet, die bei Kubitschek – bis auf den christlich-fundamentalistischen Strang – in Beziehung zueinander gesetzt werden:

> „- *Demographischer Wandel*: Durch Pillenknick, Liberalisierung der Abtreibung und Auflösung der traditionellen Familie nimmt die Zahl der Deutschen in statistisch atemberaubender Geschwindigkeit ab. Sozial- und Gesundheitssysteme stehen deshalb vor einem radikalen Schrumpfungsprozeß.
> - *Einwanderung*: Parallel zum Geburtenrückgang wuchs die Zahl der Zugewanderten in Deutschland seit den sechziger Jahren auf über zehn Millionen. Bis zum Jahr 2050 werden die ‚deutschstämmigen‘ Deutschen in den meisten Großstädten in der Minderheit sein.
> - Der solidarische *Zusammenhalt der Nation* gerät durch den ethnischen und demographischen Wandel aus den Fugen. Die Auflösung des Nationalstaates durch Verlagerung der meisten Kompetenzen an die EU und eine ungebremste Globalisierung beschleunigt diese Tendenz.
> - Neben der ethnischen Gesichtsveränderung Europas schreitet die Revolution seines *religiös-kulturellen Charakters* mit Siebenmeilenstiefeln voran. Während in den europäischen Metropolen auf der einen Seite immer mehr Kirchen leerstehen oder ‚umgewidmet‘ werden, wachsen daneben die Großbauten des islamischen Glaubens aus dem Boden. Der EU-Beitritt der Türkei mit ihrem hohen Geburtenüberschuß wird dem ‚Christen-Club‘ (so der türkische Ministerpräsident Recep Tayyip Erdogan) den Garaus machen." [Hervorhebung d. Verf.][103]

2. Es ist bezeichnend, dass die genannten Diskursstränge im Wesentlichen auch die Themenkomplexe abdecken, die auf der Agenda der „selbsternannten Propheten der neuen Bürgerlichkeit"[104] stehen. Im Ringen um die Deutungshoheit werden Schirrmacher & Co. offensichtlich als Konkurrenten betrachtet, deren erheblich größere Deutungsmacht es zu konterkarieren gilt. Die Arbeit der „Zuspitzung", die Klärung der Differenz stützt sich dabei auf einen völkischen Nationalismus, wie er seit eh und je in der JF ideologisch vertreten wird, auch wenn

---

102 JF 4/07.
103 Eine nähere Untersuchung der JF-Titelseiten (50 Ausgaben, davon zwei Doppelausgaben) zeigt, dass in der Tat identitäts- und biopolitische Themen (Demographie, Einwanderung, Multikulturalismus, nationale Identität) deutlich im Vordergrund stehen. Der Großteil der Hauptartikel auf der ersten Seite (76 Prozent) werden im Übrigen von sieben Autoren bestritten: Thorsten Hinz/Doris Neujahr (13 Artikel), Karlheinz Weißmann (7), Kurt Zach (6), Michael Paulwitz (5), Dieter Stein (3), Ellen Kositza (2), Götz Kubitschek (2). Chefredakteur Dieter Stein nimmt dazu noch 38mal als Verfasser des zweiten Artikels seine Richtlinienkompetenz wahr.
104 Rickens 2006.

ihm im Rahmen der oben beschriebenen Akkomodationsstrategie häufig der „Schafspelz" übergezogen wird. Und sie stützt sich insbesondere auf Carl Schmitts Freund-Feind-Bestimmung: ohne klare Feindbestimmung nach innen und außen kann es demzufolge keine ‚ordentliche' nationale Identität geben. Das Nationale, so Karlheinz Weißmann gegen einen gefühlsseligen Patriotismus, „ist nichts Dekoratives, sondern etwas Politisches, es gewinnt die Schärfe seiner Konturen durch Entgegensetzung: ‚Wir' – ‚Nicht-Wir'"[105].

3. Ausgerechnet in dem NPD-Zentralorgan ‚Deutschen Stimme' (DS) hat Kubitschek in dem Bemühen, sich bei aller Gesprächsbereitschaft von nationalrevolutionären und neonationalsozialistischen Varianten des völkischen Nationalismus abzugrenzen, das strategische Dilemma des jungkonservativen Etatismus mustergültig offen gelegt.[106] Kern des Dilemmas ist die eingangs angesprochene Unterscheidung von substantieller Staatlichkeit und demokratischer Staatsform, die die Ambivalenz umschreibt, mit der sich die JF samt ihrem Umfeld auf die bundesrepublikanische Demokratie bezieht. Der Jungkonservative versteht sich als Sachwalter des Staates an sich und muss doch zugleich in den gegebenen demokratischen Formen agieren, die dem von ihm definierten Wohl der Nation wenig dienlich erscheinen. Diesen Widerspruch auszuhalten generiert die heroische Haltung, die der Jungkonservative braucht, um für den Zeitpunkt der finalen Krise gewappnet zu sein, wo alle Welt ihn als „Retter" erwartet. Emphatisch sich als „Wahlpreußen" bezeichnend und damit auf ältere Gedankengänge Dieter Steins („Rheinisches aus Bonn, Preußisches aus Potsdam") zurückgreifend, ‚offenbart' sich Kubitschek wie folgt:

„Die angemessene Haltung des Wahlpreußen von heute dem Staat gegenüber ist die des Getreuen, der die Idee vor der Wirklichkeit retten möchte. Er muß den Tabubruch, den gezielten Regelverstoß, den zivilen Ungehorsam, die Respektlosigkeit als politische Waffe einüben und einsetzen. Er muß bekämpfen, was den Staat zerstört und die Nation kastriert. Er muß den Staat retten, und das bedeutet nichts anders, als daß er den Staat von seinen abträglichen Institutionen befreit, ohne die Institution des Staats an sich in Frage zu stellen."[107]

---

105   JF 23/06.
106   DS 1/07.
107   Ebd.

Literatur

Arndt, Ernst Moritz (1993): Über Volkshaß. In: Jeismann/Ritter (Hrsg.) (1993): 319-334.

Beer, Rüdiger Robert (1931): „Konservativ"? Berlin: Kranich.

Benoist, Alain de (1985): Kulturrevolution von rechts. Krefeld: Sinus.

Boehm, Max Hildebert (1932): Das eigenständige Volk. Volkstheoretische Grundlagen der Ethnopolitik und Geisteswissenschaften. Göttingen: Vandenhoeck & Ruprecht.

Braun, Stephan/Hörsch, Daniel (Hrsg.) (2004): Rechte Netzwerke – eine Gefahr. Wiesbaden: VS Verlag für Sozialwissenschaften.

Bussche, Raimund von dem (1998): Konservatismus in der Weimarer Republik. Die Politisierung des Unpolitischen. Heidelberg: Winter.

Butterwegge et. al. (2002): Themen der Rechten –Themen der Mitte. Zuwanderung, demografischer Wandel und Nationalbewusstsein, Opladen: Leske + Budrich.

Dietzsch, Martin et. al. (2003): Nation statt Demokratie. Sein und Design der „Jungen Freiheit". Duisburg: DISS.

Elias, Norbert (1987): Wandlungen der Wir-Ich-Balance. In: Ders.: Die Gesellschaft der Individuen. Hrsg. von Michael Schröter. Frankfurt a. M.: Suhrkamp: 207-315.

Gehlen, Arnold (1969): Moral und Hypermoral. Eine pluralistische Ethik. Frankfurt a. M./Bonn: Athenäum.

Gessenharter, Wolfgang (2004): Im Spannungsfeld. Intellektuelle Neue Rechte und demokratische Verfassung, in: Gessenharter/Pfeiffer (Hrsg.) (2004): 31-49.

Gessenharter, Wolfgang/Pfeiffer, Thomas (Hrsg.) (2004): Die Neue Rechte – eine Gefahr für die Demokratie? Wiesbaden: VS Verlag für Sozialwissenschaften.

Hentges, Gudrun (2002): Das Plädoyer für eine „deutsche Leitkultur" – Steilvorlage für die extreme Rechte? In: Butterwegge et. al. (2002): 95-121.

Hoffmann, Lutz (1994): Das deutsche Volk und seine Feinde. Die völkische Droge – Aktualität und Entstehungsgeschichte. Köln: Papyrossa.

Huntington, Samuel R. (1996): Kampf der Kulturen. Die Neugestaltung der Weltpolitik im 21. Jahrhundert. München/Wien: Europa.

Institut für Staatspolitik (Hrsg.) (2003): Die „Neue Rechte". Sinn und Grenze eines Begriffs. Schnellroda: IfS.

Jäger, Siegfried (2003): Exemplarische Analyse eines typischen Artikels: Michael Wiesberg: „Der Kampf um die Begriffe hat begonnen". In: Dietzsch et. al. (2003): 156-202.

Jeismann, Michael/Ritter, Henning (Hrsg) (1993): Grenzfälle. Über neuen und alten Nationalismus, Leipzig: Reclam.

Jonas, Erasmus (1965): Die Volkskonservativen 1928-1933. Entwicklung, Struktur, Standort und staatspolitische Zielsetzung. Düsseldorf: Droste.

Jung, Edgar J. (1930): Die Herrschaft der Minderwertigen. Ihr Zerfall und ihre Ablösung durch ein Neues Reich. 2. Aufl., Berlin.

Kämper Gabriele (2005): Die männliche Nation. Politische Rhetorik der neuen intellektuellen Rechten. Köln/Weimar/Wien: Böhlau.

Kauffmann, Heiko/Kellershohn, Helmut/Paul, Jobst (Hrsg.) (2005): Völkische Bande. Dekadenz und Wiedergeburt – Analysen rechter Ideologie. Münster: Unrast.

Kellershohn, Helmut (Hrsg.) (1994): Das Plagiat. Der Völkische Nationalismus der Jungen Freiheit. Duisburg: DISS.

Kellershohn, Helmut (2003): Aufrüstung wider den Zeitgeist. Ein gildenschaftliches Netzwerk: Institut für Staatspolitik – Edition Antaios – Junge Freiheit. In: Dietzsch et. al. (2003): 75-94.

Kellershohn, Helmut (2004): Das Doppelspiel der Jungen Freiheit am Beispiel der Hohmann-Affäre. In: Braun/Hörsch (Hrsg.) (2004): 79-94.

Kipper Rainer (2002): Der Germanenmythos im Deutschen Kaiserreich. Formen und Funktionen historischer Selbstthematisierung. Göttingen: Vandenhoeck & Ruprecht.

Krieger, Klaus (1994) Plettenberg – Freiburg – Potsdam. Über den Einfluß Carl Schmitts auf die Junge Freiheit. In: Kellershohn (Hrsg.) (1994): 181-212.

Kubitschek, Götz (2006): 20 Jahre Junge Freiheit. Idee und Geschichte einer Zeitung. Schnellroda: Edition Antaios.

Kubon, Stefan (2006): Die bundesdeutsche Zeitung „Junge Freiheit" und das Erbe der „Konservativen Revolution". Eine Untersuchung zur Erfassung der Kontinuität „konservativ-revolutionärer politischer Ideen. Würzburg: Ergon.

Lenk Kurt (2005): Das Problem der Dekadenz seit Sorel. In: Kauffmann/Kellershohn/Paul (Hrsg.) (2005): 49-63.

Mohler, Armin (1999): Die Konservative Revolution in Deutschland 1918-1932. Ein Handbuch: Hauptbd. und Ergänzungsbd. (Korrigenda) in einem Band. 5. Aufl., Graz/Stuttgart: Stocker.

Niewiadomski, Józef (1999): Die neuen Heiden. In: Tangram. Bulletin der Eidgenössischen Kommission gegen Rassismus 6. 1999. 22-28.

Petzold, Joachim (1983): Wegbereiter des deutschen Faschismus. Die Jungkonservativen in der Weimarer Republik, Köln: Pahl-Rugenstein.

Pfahl-Traughber, Armin (1998): Konservative Revolution und Neue Rechte. Rechtsextremistische Intellektuelle gegen den demokratischen Verfassungsstaat. Opladen: Leske + Budrich.

Pfeiffer, Thomas (o. J.): Die Kultur als Machtfrage. Die Neue Rechte in Deutschland. Hrsg. vom Innenministerium des Landes NRW. Düsseldorf.

Puschner, Uwe (2001): Die völkische Bewegung im wilhelminischen Kaiserreich. Sprache – Rasse – Religion. Darmstadt: Wissenschaftliche Buchgesellschaft.

Rickens Christian (2006): Die neuen Spießer. Von der fatalen Sehnsucht nach einer überholten Gesellschaft. Berlin: Ullstein.

Schmitt, Carl (1922): Politische Theologie. Vier Kapitel zur Lehre von der Souveränität. München/Leipzig: Duncker & Humblot.

Schmitt, Carl (1926): Die geistesgeschichtliche Lage des heutigen Parlamentarismus. 2. Aufl., München/Leipzig: Duncker & Humblot.

Schmitt, Carl (1932): Der Begriff des Politischen. Mit einer Rede über das Zeitalter der Neutralisierungen und Entpolitisierungen neu herausgegeben. München/Leipzig: Duncker & Humblot.

Schmitt, Carl (1993): Verfassungslehre. 8.Aufl., Berlin: Duncker & Dumblot.

Schobert, Alfred (2003): Im Gespräch sein – mit Carl Schmitt und Alain de Benoist oder wie die „Junge Freiheit" Völkischen Nationalismus dosiert. In: Dietzsch et. al. (2003): 95-155.

Schwilk, Heimo/Schacht, Ulrich (Hrsg.) (1994): Die selbstbewusste Nation. „Anschwellender Bocksgesang" und weitere Beiträge zu einer deutschen Debatte. Frankfurt a. M./Berlin: Ullstein.

Spengler, Oswald (1924): Der Neubau des Deutschen Reiches. München: C.H. Beck.

Stein, Dieter (2005): Phantom „Neue Rechte". Die Geschichte eines politischen Begriffs und sein Missbrauch durch den Verfassungsschutz. Berlin: Junge Freiheit.

Wamper, Regina (2006): Der christliche Antisemitismus in der Jungen Freiheit – eine kritische Diskursanalyse. Aachen: Institut für Politische Wissenschaft der RWTH: Magisterarbeit.

Weißmann, Karlheinz (1996): Art. „Volkskonservative Vereinigung (VKV)". In: Lexikon des Konservatismus. Hrsg. von Caspar v. Schrenck-Notzing. Graz/Stuttgart: Stocker: 586f.

Weißmann, Karlheinz (2006): Unsere Zeit kommt. Im Gespräch mit Karlheinz Weißmann. Schnellroda: Edition Antaios.

Das christliche Bild von Juden und Judentum in der „Jungen Freiheit"

Regina Wamper

> „Die Titulierung der JUNGEN FREIHEIT als ‚NPD-nah' oder gar als ‚antisemitisch' oder ‚rassistisch' ist Verleumdung und Rufmord. Die JUNGE FREIHEIT ist eine kritische unabhängige Wochenzeitung aus der Hauptstadt (…).‟[1]

Das meint zumindest der Chefredakteur der „Jungen Freiheit" (JF), Dieter Stein in einer Pressemitteilung.

Wie jedoch die JF Antisemitismus ‚verpackt', zeigt sich in Artikeln zu christlichen Themen. Diese Themen, sowie generell Religion, Glaube und Kirche dominieren in der extrem rechten Wochenzeitung die Rubrik ‚Kultur', finden sich mitunter aber auch auf der Titelseite.

Neben Autoren und Autorinnen neopaganer Strömungen schreiben dort bekennende Christen Artikel zur Judenmission, zur Passionsgeschichte, zum interreligiösen Dialog. Über diese Themenbereiche vermittelt die JF eine aktualisierte Form des christlichen Antisemitismus.[2] Auch bei der direkten Thematisierung

---

1   Stein, zitiert nach Thaler 2002
2   Der Begriff des Antisemitismus unterliegt massiver Deutungskämpfe. Welcher Antisemitismusbegriff dieser Arbeit zugrunde liegt, kann hier nur ansatzweise erläutert werden. Antisemitismus bezeichnet alle zwar historisch unterscheidbaren, jedoch sich gegenseitig bedingenden Formen der Judenfeindschaft, die alle bis in die Gegenwart wirken. Der christliche Antijudaismus, als historische Grundlage des Antisemitismus, beschreibt Juden als ursprüngliche Träger der göttlichen Heilsgeschichte, die jedoch wegen der ihnen zugeschriebenen Ablehnung und Tötung Jesu verworfen seien und sich somit vom göttlichen Heilsplan entfernt haben. Dies wird als immerwährende, unauslöschliche Schuld begriffen. Christen waren es, so Nico Rubeli-Guthauser, die „‚den Juden' zum ‚Anderen' par excellence gemacht haben" (Rubeli-Guthauser 2002: 23f.). Die wohl wichtigsten Stereotypen des Antijudaismus sind die Vorwürfe des Gottesmordes, der Gottlosigkeit, die Annahme der Christenfeindlichkeit, eine massive Abgrenzung zu den Juden als ‚Volk des alten Bundes' (vgl. Bergmann 2002, S. 9) sowie duale Wertungsmuster (Gesetzt/Glaube, Schatten/Licht, Lüge/Wahrheit, Gott der Rache/Gott der Liebe). Im Mittelalter kamen die Vorwürfe der Hostienschändung, des Ritualmordes und der Brunnenvergiftung hinzu (vgl. Erb 1995: 74-79 und Rubeli-Guthauser 2002: 20ff.). Der christliche Antijudaismus verschwand mit der Aufklärung nicht, sondern wurde zum modernen Antisemitismus transformiert, der mit einem systemartigen Charakter die Welt erklären will. Dieser schreibt den Juden die Macht zu, „Gott zu töten, die Beulenpest loszulassen oder, in jüngerer Zeit, Kapi-

des Judentums und des Antisemitismus wird das Bild der JF von Juden und Judentum entgegen aller Beschwichtigungen deutlich.

Das Personal

Werfen wir aber zunächst einen Blick auf die Hauptprotagonisten des christlichen Diskurses der JF. Hier zeigen sich auf der einen Seite tiefe – nicht nur konfessionelle – Spaltungen, andererseits weitreichende rechtschristliche Bündnisse. Auf protestantischer Seite publiziert hauptsächlich die evangelikale Nachrichtenagentur ,idea'[3], aber auch der konzeptionelle Ideologe der JF, Karl-Heinz Weißmann, schreibt zu protestantischen Themen. Weißmann ist Stammautor der JF, Mitglied der ,Deutschen Gildenschaft' und des ,Instituts für Staatspolitik', welches er mit gegründet hat. Er „ist einer der führenden Strategen der Kreise, die zwischen Konservatismus und Rechtsextremismus anzusiedeln sind".[4] So publizierte er bereits sowohl für die Wochenzeitung des Bundestages ,Das Parlament', als auch in extrem rechten Publikationen.[5] Neben Weißmann und den Autoren und Autorinnen von ,idea' ist Rolf Sauerzapf als protestantischer Autor zu nennen. Der evangelisch-lutherische Dr. Rolf Sauerzapf war Dekan in Kassel und BGS-Pfarrer. Er befindet sich heute im Ruhestand. Neben seiner Autorenschaft für die JF schrieb er für ,Criticon', ,Konservativ Heute' und ,Paneuropa-Deutschland'. Er ist Mitglied der am äußerst rechten Rand der evangelischen

---

talismus und Sozialismus herbeizuführen" (Postone 1995: 30). Als Charakteristika der Macht wird dabei Abstraktheit, Unfassbarkeit, Universalität und Mobilität unterstellt. „Die Juden stehen für eine ungeheuer machtvolle, unfaßbare internationale Verschwörung" (ebd.: 31). Der moderne Antisemitismus fand seine Ausprägungen im ökonomischen, nationalen und Rassenantisemitismus (vgl. hierzu Adorno 2001, Postone 1995 und Bergmann 2001). Haury schreibt zum modernen Antisemitismus: „Die gebündelte Projektion von allen verhassten gesellschaftlichen Phänomenen [...] auf ,den Juden', führt zu einer strikt binären Weltsicht: Alles Böse wird von außen, durch ein fremdes Element, durch ,die Juden' verursacht, die, derart zum nahezu omnipotenten Feind phantasiert, zu einer regelrecht ,dämonischen' Erscheinung werden müssen." (Haury 2002: 109). Der Antisemitismus nach der Shoa ist nicht der gleiche wie der, der zu Auschwitz geführt hat, speist sich jedoch ebenfalls aus den älteren Formen. Dieser sekundäre Antisemitismus besteht nicht trotz, sondern wegen Auschwitz. Er speist sich aus Schuldabwehr und Projektion, aus Schuldumkehr und der Schuldkontenbegleichung (vgl. Bodek 1991). Hier verbindet sich ein aktuelles Vorurteil mit alten, dem Antijudaismus stammenden Negativurteilen über die „alttestamentliche Vergeltungssucht" der Juden.

3   Die evangelische Nachrichtenagentur ,idea' gibt wöchentlich die Zeitschrift ,ideaSpektrum' heraus. ,Idea' steht der ,Evangelischen Allianz' nahe, die sich als ein Zusammenschluss allein der Bibel verpflichteter evangelischer und evangelikaler Christen aus Landes- und Freikirchen versteht.
4   Mecklenburg 1996: 542.
5   Vgl. ebd.: 541f.

Kirche stehenden ‚Evangelischen Notgemeinschaft', der pro Apartheid Organisation ‚Hilfskomitee Südliches Afrika' und einiger anderer rechter Zirkel. Ein
weiterer wichtiger protestantischer Autor ist Klaus Motschmann. Ehemals CDU-
Mitglied ist er emeritierter Professor für Politikwissenschaft und ständiger Autor
der JF. Motschmann ist ebenfalls Mitglied der ‚Evangelischen Notgemeinschaft',
schrieb für ‚Erneuerung und Abwehr', ‚Criticon' und ‚Konservativ heute'.

Die katholische Autorenschaft der JF weist auch interne Spaltungen auf. So
schreiben neben Vertretern der Amtskirche wie Georg Alois Oblinger[6] und Lothar Groppe[7] auch Schismatiker wie Alexander Barti und Werner Olles. Barti ist
Politikwissenschaftler und Stammautor bei der JF. Aus seinen Texten lässt sich
seine Nähe zu den Anhängern Marcel Lefebvres[8] erkennen. So veröffentlichte
die JF am 10. Dezember 2004 einen Artikel Bartis, in dem er eindeutig Stellung
zu den Schismatikern um die ‚Priesterbruderschaft St. Pius X.' bezog.[9] Alexan-

---

6   Oblinger ist Pfarrer in der Pfarrei Heilig Kreuz in Neu-Ulm und schreibt in der katholischen
    Tageszeitung ‚Die Tagespost' sowie in der JF.

7   Pater Lothar Groppe, Militärpfarrer a.D., ist ehemaliger Leiter der deutschen Sektion von
    ‚Radio Vatikan'. Der JF-Autor ist Unterzeichner eines Solidaritätsappells für den ‚Verein zur
    Förderung der psychologischen Menschenkenntnis' (VPM). Er tauchte als Autor in ‚Criticón'
    sowie in der rechtsextremen Monatspostille ‚Der Schlesier' und in ‚Erneuerung und Abwehr'
    auf. Groppe war Referent bei der rechtsextremen ‚Freien Deutschen Sommerakademie' (vgl.
    Dietzsch u.a. 2004: 207).

8   Marcel Lefebvre, früherer Missionsbischof in Dakar, wurde 1988 nach von ihm vorgenomme-
    nen und nicht vom Vatikan genehmigten Bischofsweihen exkommuniziert. Bereits 1974 erklär-
    te er, dass keine Autorität, nicht einmal der Papst, ihn zwingen könne, von dem Glauben, der 19
    Jahrhunderte gelehrt wurde, abzuweichen (vgl. Walf 1989: 250). Vier Jahre zuvor gründete
    Marcel Lefebvre in der Schweiz die ‚Priesterbruderschaft St. Pius X.' und eröffnete später zahl-
    reiche Priesterseminare sowie ein enges Netz eigener Kirchen. Lefebvre war einer der heftigs-
    ten Kritiker des zweiten vatikanischen Konzils. Er lehnte sowohl die Beschlüsse zur Religions-
    freiheit wie auch die „Pastoralkonstitution über die Kirche in der Welt von heute" ab. Beson-
    ders der damalige Kardinal Ratzinger - heute Papst Benedikt XVI. - bemühte sich teilweise er-
    folgreich um Versöhnung mit den abtrünnigen Priestern.Seit dem Bruch mit der offiziellen Kir-
    che, von den Anhängern Lefebvres selbst ‚Konzilskirche' genannt, gilt dieser ihre Kampferklä-
    rung. Vertreter der offiziellen Kirche werden als Antichristen bezeichnet, der Satan habe in die
    Kirche Einzug gehalten (vgl. Niewiadomski 1991: 157). Die seit dem zweiten vatikanischen
    Konzil gefassten Beschlüsse zum Umgang mit nicht-christlichen Religionen sehen die Lefebv-
    risten als den Ursprung allen Übels innerhalb der katholischen Kirche. Beklagt wird, dass das
    Christentum von der ‚Konzilskirche' nicht als einzig wahrer Glaube in scharfer Abgrenzung zu
    den beiden anderen monotheistischen Religionen angesehen wird. Die Polemiken gegen das
    Judentum sind unbestreitbar. Die Anhänger Lefebvres sehen ihre Hauptfeinde im Modernis-
    mus, Relativismus und Liberalismus. Sowohl innerhalb als auch außerhalb der Kirche machen
    sie für all diese Entwicklungen Juden, Freimaurer und Kommunisten verantwortlich (Niewia-
    domski 1991: 158).

9   Barti bezeichnet Marcel Lefebvre hier als „renitenten Erzbischof", der sich „mit der Zerstörung
    der Kirche nicht zufriedengeben" wollte und seine Anhänger als „eine Gemeinschaft, die nicht
    bereit ist zu faulen Kompromissen". Barti verteidigt die Haltung der ‚Priesterbruderschaft St.
    Pius X.', sich nicht wieder in die offizielle Kirche einzugliedern: „Die Priesterbruderschaft St.

der Barti sieht sich als ‚traditionalen Fundamentalisten'. In dem Artikel „Der verborgene Fundamentalismus"[10] wendet er sich gegen Gleichheit, Fortschritt und Materialismus. Er sieht die Entstehung der bürgerlichen Gesellschaft als illegitimen Aufstand des dritten und vierten Standes: „Ob die Revolte von 1789, die ‚Freiheitskämpfe' von 1848 oder die ‚Befreiung' von 1919: im Lichte der Tradition sind sie allesamt satanische Früchte."[11]

Werner Olles, ebenfalls Stammautor der JF, gehört einer noch skurrileren Richtung des Christentums an. Werner Olles ist bekennender Sedisvakantist.[12] Olles hat freilich ganz eigene Vorstellungen, was katholisch ist und was nicht. Im Katholizismus sieht er „das letzte Bollwerk gegen den Liberalismus".[13] Seinen Standpunkt zum Glauben beschreibt Olles in dem Artikel „Das, was Bestand hat".[14] In diesem Artikel, der in der Ausgabe der JF vom 7. März 2003 erschien, bespricht Olles ein Buch des Münchener Philosophieprofessors und Sedisvakantisten Reinhard Lauth[15], der sich dagegen ausspricht, die Wahrheit als geschichtlichen Prozess aufzufassen. Olles stellt sich in dem Artikel gegen ‚Wahrheitsrelativisten'. Er referiert, Lauth habe am Beispiel „‚katholischer' Reformpriester in Münster, die die trinitarische Schlußformel der Kirchengebete dahingehend umänderten, daß sie an die Stelle des Heiligen Geistes ‚die Gemeinde' setzten"[16] dargestellt,

> „daß die Wahrheitsrelativisten sich und ihre Meinung in Wahrheit nicht nur neben, sondern über Gott, über die Wahrheit setzen. So erweist sich die scheinbare Tole-

---

Pius X. möchte kein Folkloreverein werden, der sich mit dem Pomp des Barock und einer alten Liturgie zufrieden gibt. Die Piusbrüder wollen das Übel an der Wurzel anpacken, sich nicht in einer ‚Schmuddelecke' der Hierarchie verkriechen, schikaniert und gedemütigt wie die anderen" (Barti JF50/04: 14).

10   Vgl. Barti JF36/00: 14.

11   Ebd.

12   Die Sedisvakantisten zweifeln die Legitimität des Papstes, jedoch nicht des Papsttums an. Aus Sicht der katholischen Kirche befinden sich Sedisvakantisten im Schisma. Die Sedisvakantisten kommen aus dem traditionalistischen Spektrum und lehnen jeden Papst seit dem zweiten vatikanischen Konzil ab. Der Stuhl Petri (sedis) sei seit diesem vakant. Die römisch-katholische Kirche bezeichnen sie abwertend als „Konzils-Kirche" oder gar als „V2-Sekte".

13   Ebd.

14   Olles JF11/03: 21.

15   Reinhard Lauth schreibt in dem sedisvakantistischen Blatt ‚Einsicht' und im der Zeitschrift ‚Im Zeichen Mariens'. Er ist Mitherausgeber der Fichte-Gesamtausgabe der Bayrischen Akademie der Wissenschaften. Die meisten seiner Werke sind beim ‚Christian Jerrentrup Verlag' erschienen. Christian Jerrentrup war vor Eberhard Heller Vorsitzender des ‚Freundeskreises Una Voce (München)', der die ‚Einsicht' herausgibt.

16   Olles JF11/03: 21.

ranz, das vorgebliche ‚gelassene Geltenlassen' des anderen, als seine ‚moralische Tötung', in diesem speziellen Fall gar als die Tötung Gottes".[17]

Dass Olles ‚katholisch' in Anführungszeichen setzt, ist kein Zufall. So sieht er doch als Sedisvakantist die Amtskirche als illegitime Sekte an, mit der ‚wahren' katholischen Kirche habe die offizielle Kirche nach dem zweiten vatikanischen Konzil nichts mehr zu tun.

Dieser Artikel zeigt, wie sehr Werner Olles in der Verkündung seiner ‚Wahrheit' in der JF durch seine Glaubenspraxis geprägt ist. So ist es nicht verwunderlich, dass der Kontakt zwischen JF und der sedisvakantistischen Postille ‚Einsicht' von Eberhart Heller über Werner Olles läuft.[18] Es ist schon erstaunlich, dass die JF einen Anhänger einer solchen Gruppe so ausführlich zu Wort kommen lässt. Olles ist einer der Hauptautoren in Sachen Christentum und stellt in der Rubrik ‚Zeitschriftenkritik', in der er wöchentlich verschiedene Publikationen vorgestellt werden, mit Vorliebe solche sedisvakantistischer und rechtschristlicher, außerhalb der Kirche stehender Organisationen vor. Für eine Zeitung, die so darauf bedacht ist, an hegemoniale Diskurse anzuschließen, ist dies eine ungewöhnliche Wahl der Stammautoren.

Neben seiner Tätigkeit als JF-Stammautor, publizierte der ex-SDSler und spätere Nationalrevolutionär Werner Olles in ‚wir selbst', ‚Eckartbote', ‚criticón' und ‚Nation&Europa'.

In dieser breiten Streuung christlicher Positionen muss es zwangsläufig verbindende Elemente geben. Neben Antimodernismus, Dekadenzkritik und Antiliberalismus ist vor allem der Antisemitismus ein einendes Thema.

Das christlich geprägte Judenbild der „Jungen Freiheit"

Im Religionsdiskurs der JF wird Antisemitismus nicht separat vermittelt. Vielmehr verschränken die Autoren völkischen Nationalismus[19] mit traditionell-

---

17   Ebd.
18   Vgl. Schobert 2005: 4. In der ‚Einsicht' findet sich ein Gespräch zwischen Heller und Olles, aus dem der Standpunkt der beiden Sedisvakantisten zu Religion und Judentum deutlich wird. Die Anerkennung der beiden anderen monotheistischen Religionen und damit verbunden der Glaube an den ‚einen Gott' der Moslems, Juden und Christen, also der Verzicht auf den christlichen Absolutheitsanspruch wird mit Verweis auf das Dogma als Häresie eingestuft. Als Hauptfeinde der ‚echten' Kirche seien die Einflüsse der französischen Revolution und der Aufklärung. Konkret benennt Heller Freimaurer, Illuminaten und Juden (vgl.: Heller/Olles 2003: 188). Das Interview wurde in der ‚Einsicht' als Vorabdruck für die JF angekündigt. Dass es in der JF nie erschien, lässt auf innerredaktionelle Auseinandersetzungen um Olles' und Hellers Positionen schließen.
19   Vgl. zum völkischen Nationalismus Kellershohn, Helmut (Hrsg.) 1994: Das Plagiat. Der völki-

christlichem Gedankengut. Zur ethnischen Homogenität gehört demnach auch die religiöse Homogenität. Elemente des völkischen Nationalismus, die Dekadenzkritik, der Antiliberalismus und die Ablehnung der Menschenrechte sind ebenso Bestandteile des Diskursstranges Nation, wie auch die des Diskurses über Religion. Über den gemeinsamen inneren und äußeren Feind schaffen die Autoren eine kollektive christliche, nationale Identität, die ihre Homogenität im Kampf um das ‚bedrohte Christentum' und die ‚bedrohte Nation' bewahren muss.

Aus verschiedenen Themenfeldern innerhalb des christlichen Diskurses der JF kann das Bild von Juden und Judentum extrahiert werden.[20] Das für das Judenbild wichtigste Thema ist das zweite vatikanische Konzil, in dessen Verlauf die katholische Kirche ihr Verhältnis zum Judentum offiziell neu bestimmte.

Die JF verfolgt unterschiedliche Argumentationsstrategien, mit denen sie antisemitische Muster vermittelt. Die Fülle antisemitischer Aussagen ist nicht in jedem einzelnen Artikel gegeben. Erst das ‚Puzzelspiel', die Analyse der Diskursfragmente ermöglicht ein umfassendes Bild aller Ideologeme. Wenige Artikel befassen sich direkt mit dem Judentum oder dem Antisemitismus.[21] Vielmehr werden Gesprächsanlässe gesucht, um von dort aus das Bild von Juden und Judentum zu konstruieren.

Der Dialog

Ein bei katholischen Autoren beliebter Gesprächsanlass ist das zweite vatikanische Konzil, welches den extrem rechten und konservativen Christen als Ursprung allen Übels, als Verrat am katholischen Glauben, als Häresie, als „Lunte der antichristlichen Revolution", als „Entmannung" der Kirche gilt.[22] Die Autoren machen das Konzil für allerlei „Häresien" verantwortlich. Neben „Synkretismus, Neo-Protestantismus, Modernismus, Feminismus, Buddha, Wotan und New Age"[23], der „Zersetzung und Auflösung des katholischen Glaubens"[24] und

---

sche Nationalismus der Jungen Freiheit. Duisburg: unrast und Dietzsch, Martin u.a. (2004): Nation statt Demokratie. Sein und Design der ‚Jungen Freiheit'. Münster: unrast

20 Ich verweise für das Folgende auf die von mir an der RWTH Aachen vorgelegte Magisterarbeit „Der christliche Antisemitismus der Jungen Freiheit. Eine kritische Diskursanalyse", deren Ergebnisse ich folgend zusammenfassen und erweitern werde. Dieser Analyse liegen 105 Artikel der JF zu den Themen Kirche, Christentum, Religion und Glaubensinhalte von 2000 bis 2006 zu Grunde.

21 Diese wenigen Artikel beziehen sich fast ausschließlich auf die Tötung Jesu, den Talmud und die Bestimmung des Judentums als ‚Gesetzesreligion'.

22 Vgl. Olles JF34/02, Barti JF44/02.

23 Olles JF34/02 : 14.

24 Ebd.

den „Krankheits- und Dekadenzerscheinungen"[25] unserer gott- und glaubenslosen Gesellschaft"[26] sei dem Konzil eben auch die ökumenische und interreligiöse Praxis geschuldet.[27] Und genau diese, also der Dialog mit Judentum und Islam, führe zur Auflösung des Christentums:

> „Naiver geht es nicht. In vollständiger ökumenischer Umnachtung glaubt der Katholikenrat allen Ernstes, daß für einen gläubigen Juden oder Moslem eine christliche Kirche ein ‚Haus Gottes' sei. Mitnichten! Für den gläubigen Juden ist Jesus Christus ein blasphemischer Sektenführer, der sich unverschämterweise zum Messias ernannt hat - und der zurecht am Kreuz ‚hingerichtet' wurde. Der gläubige Moslem sieht in Christus immerhin einen ‚Propheten' (...). Für beide, gläubige Juden und Moslems, bleibt Christus ein Ärgernis, daran ändert auch die getrübte Sicht durch die Brille des Ökumenismus wenig. Und in dem Maße, wie die ‚abendländische Kultur' in zunehmender Entkräftung (...) weiter geschwächt wird, werden ihre Kultstätten geschändet und verwüstet werden."[28]

Alexander Barti vermittelt in diesem für das christlich bestimmte Judenbild der JF höchst aufschlussreichen Artikel „Letzte Konsequenz" einen Zusammenhang zwischen „Schändung christlicher Kultstätten" und Ökumene, also nach seinem Verständnis dem Dialog mit dem Judentum und der Anerkennung der jüdischen Religion. Es ist das antijudaistische Muster der Christenfeindlichkeit, welches hier die Dynamik des Arguments gibt.[29]

---

25   Nach Kurt Lenk sind die Topiken Dekadenz, Apokalypse und Heroismus „Evergreen[s] aus der langen Tradition des revolutionären Konservatismus" (Lenk 2005: 50). Dekadenz beschreibt seit der späten Antike Verfallsperioden in zyklischen Geschichtsschreibungen.

26   Olles JF40/02: 13.

27   Im Themenbereich Ökumene sind etliche antisemitische Konstruktionen zu finden. In der JF wird die Ökumene oft mit dem interreligiösen Dialog gleichgesetzt. Dies ist ein reichlich unübliches Verständnis der Ökumene, die eigentlich den Dialog zwischen den protestantischen Konfessionen, teilweise unter Einbeziehung der katholischen Glaubensrichtung beschreibt. Sinnbildlich für den interreligiösen Dialog steht im Diskurs der JF das Weltgebetstreffen von Assisi, dessen interreligiöse Praxis die Distriktobere für Deutschland der Piusbruderschaft, Pater Niklaus Pfluger in einem Interview in der JF als Gedanken der Freimaurerei bezeichnet (vgl.: Pfluger 15/05: 3). Pfluger schließt hiermit an den alten antisemitischen Wahn vom jüdisch-freimaurerischen Komplott an, indem er den Dialog mit dem Judentum, die Aussöhnung zwischen Judentum und Christentum durch den Einzug freimaurerischer Ansichten in die katholische Kirche unter Aufgabe des christlichen Fundaments als vollzogen sieht. Dieses Muster des modernen Antisemitismus, die Koppelung von Judentum und Freimaurern wird reaktiviert und auf die Gegenwart übertragen.

28   Barti JF23/02: 13.

29   Die Annahme der Christenfeindlichkeit ist ein wichtiges Moment des Antijudaismus. Aus der Situation von Nachfolge und Konkurrenz entstand eine bereits im Neuen Testament spürbare antijüdische Tradition, die die Juden als „Volk des alten Bundes" aus dem neuen Gottesbund ausschloss und ihnen die Schuld am Leid Jesu gab (vgl. Bergmann 2002: 9).

Die eigentliche Gefahr für das Christentum, so meint auch Günther Zehm[30] und schließt an die Kritik des interreligiösen Dialogs an, sei die „selbstmörderische (...) Rejudaisierung bzw. Islamisierung des Christentums, seine (...) systematische (...) Verwandlung in eine kahle Anstalt zur Ausgabe von Befehlen und Büßerhemden". So erziehe man Sklaven.[31] Die These der ‚Judaisierung' des Christentums taucht mehrfach auf. So sinniert auch Barti in seinem bereits erwähnten Artikel über die Gefahr durch das Judentum. Trotz eines Schriftzuges der faschistischen türkischen Organisation ‚Graue Wölfe' in einer der angegriffenen Kirchen, wird in diesem Artikel vor allem das Judentum zur Bedrohung stilisiert, denn vor

> „schnellen Urteilen ist aber auch in diesem Fall zu warnen, denn nicht erst seit heute weiß man, daß Anschläge mit mitgelieferten ‚Bekennerschreiben' in Form von Farbschmierereien oft von anderen ‚Agenturen' verübt werden."[32]

Nicht nur eine ‚Judaisierung' der Kirche, sondern auch der Staatspolitik wird von Barti angenommen, wenn er schreibt, dass zwar die Schändungen von Synagogen als ein Angriff auf den Staat angesehen würden, jedoch „brennende Kirchen (...) höchstens ein kriminelles Ereignis"[33] darstellten. Dies begründet er mit der These, die Gründung der BRD sei eng mit der Shoa verbunden, eine „ähnliche Symbiose" mit dem Christentum sei jedoch nicht vorhanden. Barti versucht hier, seinen Vorwurf der ‚Judaisierung' der christlichen Religion mit der sekundär antisemitischen These einer ‚Symbiose' des deutschen Staates mit dem Judentum zu unterstützen. Er stilisiert Juden als existenziell bedrohlich für den Fortbestand der christlichen Religion und nutzt damit den Manichäismus des modernen Antisemitismus. Vertreter der liberalen Kirche (als innere ‚Feinde') würden diese Entwicklung begünstigen, indem sie den gleichberechtigten Dialog mit dem Judentum fordern. Es entsteht der Eindruck einer elementaren, existenziellen Gefahr durch eine aggressive ‚Rejudaisierung', die sich ‚zersetzend' auf das Christentum und seine Moralvorstellungen, die gesamte Gesellschaft, die Institutionen des Staates und die demokratische Grundfreiheit auswirke.[34] Ganz

---

30 Günther Zehm ist Philosophieprofessor an der Friedrich-Schiller-Universität Jena und ständiger Mitarbeiter der JF. Als Referent trat er bei der Burschenschaft ‚Danubia' auf und schrieb 1998 in einer Festschrift für den Holocaustleugner David Irving, die im Arndt-Verlag in dem Sammelband „Wagnis Wahrheit" erschien. Zehm ist Unterzeichner der Solidaritätskampagne für den neurechten Historiker Rainer Zitelmann (vgl. Dietzsch 2004: 217).

31 Vgl. Zehm JF10/02: 11.

32 Ebd.

33 Ebd.

34 Diese Annahme steht im Zusammenhang mit der Rede Martin Hohmanns zum 3. Oktober 2003 im Mittelpunkt der Diskussion. Die Rede und die breite Debatte um diese Rede waren in der JF

im Carl Schmittschen Sinne werden innere und äußere Feinde verknüpft, um die vermeintliche Bedrohungssituation zu steigern.

Das Gegenmodell – Mission

Gerade im evangelikalen Protestantismus, in der JF hauptsächlich vertreten durch Autoren von ‚ideaSpektrum', spielt die Mission als Gegenmodell zum Dialog eine wichtige Rolle.[35] Harmonie und Frieden mit den anderen abrahamiti-

---

monatelang Anlass für zahlreiche Artikel. (Vgl. zur Rede Kellershohn 2004 und Schobert 2003: 12f.). In der JF wurde die Debatte um Hohmann als „skandalöse Kampagne" (Motschmann JF7/04) der „maßgebenden Meinungsgouvernanten" (ebd.), als Krise der Meinungsfreiheit dargestellt. Der Fall Hohmann sei, so der Chefredakteur der JF Dieter Stein, „einer der empörendsten Auswüchse der ‚Political Correctness', eines totalitären Klimas, das unser Land fest im Griff hat. Wie auf einer Perlenkette reihen sich die Kampagnen aneinander, bei denen immer wieder einzelne Persönlichkeiten skandalisiert und wie bei einer Art Säuberung erledigt werden sollen." (Stein JF23/04: 12.) Dabei wird davon ausgegangen, Hohmann habe in aufklärerischem Gestus wider alle Tabus die Wahrheit ausgesprochen und werde nun von der viel zitierten ‚politischen Klasse' einer gezielten Diffamierungspolitik ausgesetzt. Dabei sei die Rede nicht antisemitisch, da Hohmann ja gerade seinen eigenen Vorwurf an die Juden, sie seien das Tätervolk des letzten Jahrhunderts, zurückgenommen habe. Den Startschuss zu der Kampagne, so Hohmann selbst in einem Interview mit der JF, habe Paul Spiegel, damals Vorsitzender des Zentralrates der Juden, als „Strippenzieher" gegeben (vgl. Hohmann JF35/04: 4f.). Das in der Debatte viel zitierte Tabu, das „Diktat der political correctness" gehe von diesem Zentralrat aus, da dieser „in gewissen gesellschaftlichen Bereichen die absolute Deutungshoheit inne" (ebd.) habe und der „Vorsitzende des Zentralrates ein Tabu" (Schmidt JF47/00: 5) bilde. Selten ist in der JF so massiv offener Antisemitismus zu finden, wie in dieser Debatte. So wird Juden die Macht zugeschrieben, die Meinungsfreiheit einzuengen und damit allgemein die demokratische Grundfreiheit zu bedrohen (vgl. Hohmann JF35/04: 4f.).

35 Die ‚Deutsche evangelische Allianz', die der ‚idea' nahe steht, wie auch große Teile der evangelikalen Bewegung positionieren sich nicht selten als Anhänger des ‚christlichen Zionismus'. So sind auch in dem Nachrichtenmagazin der Agentur ‚ideaSpektrum' häufig Artikel zu finden, die Solidarität mit Israel und scheinbare Solidarität mit dem Judentum vermitteln (vgl. ideaSpektrum 2/2006: 10, 5/2006: 9, 16/2006: 13). Dass diese ‚Solidarität' aber einen sehr instrumentalisierenden Zug hat, macht die Bezugnahme auf die christliche Heilsgeschichte deutlich (vgl. hierzu die Handreichung der ‚Deutschen Evangelischen Allianz': „Zum Verhältnis von Christen und Juden", 2005). Eine in der evangelikalen Bewegung vorherrschende Vorstellung ist es, dass Juden als ‚auserwähltes Volk' nach Israel zurückkehren müssen um schließlich, nach der ‚erneuten' Ankunft des Messias bekehrt zu werden. Auch in ‚ideaSpektrum' liegt ein Schwerpunkt auf der (Juden-)Mission. In diesem Zusammenhang berufen sich die Autoren positiv auf so genannte judenchristliche Gemeinden, die in Israel die christliche Mission unter Juden praktizieren. Ein Leiter einer messianischen Gemeinde in Israel wird mit den Worten zitiert: „Wer verhindert, dass Juden die Botschaft von Jesus Christus hören können, betreibt geistige Diskriminierung" (ideaSpektrum 18/2006: 12). Autoren von ‚ideaSpektrum' publizieren auch in der JF. Dort verzichten sie darauf, das Thema Israel zu behandeln. Der Konflikt, der sich aus den gegensätzlichen Positionen von JF und ‚idea' in dieser Frage zwangsläufig ergibt, wird ausgeblendet. Das für Evangelikale wichtige Themenfeld ‚christlicher Zionismus' ist in

schen Religionen, der gleichberechtigte Dialog, bedeutet auch hier Verwässerung von Wahrheit. So meinte Theo Lehmann[36] in einem Interview in der JF, dass die Wahrheitsfrage beim Dialog im Vordergrund stehen müsse:

> „Für mich ist Ökumene - und ich spreche dabei vom Dialog der Religionen, nicht vom Dialog der Konfessionen, etwa zwischen katholischen und evangelischen Christen, denn der hat mit Ökumene gar nichts zu tun - nur dann akzeptabel, wenn die Wahrheitsfrage im Vordergrund steht und nicht das Streben nach Harmonie unter Zurückdrängung der Glaubensinhalte."[37]

Schließlich, anders kann die Äußerung Lehmanns nicht verstanden werden, kann es bei einem akzeptablen Dialog nur um Mission gehen. So kritisiert er, dass die Organisation ‚Beit Sar Shalom', die sich der Judenmission verschrieben hat, wegen dieser nicht zum evangelischen Kirchentag in Hannover eingeladen war.[38] Statt Dialog fordert auch ‚idea' Mission. Ein Artikel in der JF mit der Autorenangabe ‚idea' bezieht sich auf den Sprecher des ‚Runden Tisches für Bibel und Bekenntnis' in der Nordelbischen Kirche, Pastor Dieter Müller:

> „Müller kritisiert auch das Missionsverständnis der Bischöfin: ‚Mission ist für sie eher auf Weltfrieden fixierter interreligiöser Dialog als auf Glauben an Jesus Christus zielende Rettung verlorener Menschen im Horizont des Jüngsten Gerichts.' Außerdem verschleiße sie, durch eine Fülle tagespolitischer Äußerungen den geringen Restbestand an kirchlicher Autorität'."[39]

Die Argumentationslinie befürwortet Dialog solange er auf Mission ausgerichtet ist, ein gleichberechtigter Dialog aber wird strikt abgelehnt.

Das schuldige Opfer

Eine weitere Argumentationsweise der JF ist es, Juden als schuldige Opfer zu konstruieren, ihnen gleich dem sekundären Antisemitismus die Schuld an ihrer eigenen Verfolgung und damit schließlich auch ihrer Vernichtung zuzuschreiben.

---

    diesem Fall augenscheinlich nicht so relevant wie das Bündnis mit der JF.

36   Theo Lehmann ist ein evangelisch-lutherischer Pfarrer, Jugendevangelist und Buchautor. Bis zu seiner Pensionierung 1998 war er Landesevangelist der Evangelisch-Lutherischen Landeskirche Sachsens.

37   Vgl. Lehmann/Schwarz JF21/05: 3.

38   Ebd.

39   idea JF16/02: 12.

Für diese Schuldumkehr bedienen sich die Autoren der JF antijudaistischer Denkfiguren.

Neben der Annahme der aktuellen Bedrohung durch das Judentum vermittelt die JF den so genannten ‚Antichristianismus' als die Geschichte des Christentums durchziehende historische Tatsache. So werden Juden als Mörder Jesu dargestellt. Aus der Annahme der ‚vererbten Schuld' resultiert die antisemitische Schuldumkehr. Der Antisemitismus entspringe demnach der Nichtanerkennung Jesu durch Juden:

> „Es trifft gewiß zu, daß es in der Kirche Jahrhunderte hindurch einen Antijudaismus gegeben hat, der aber mit dem Antisemitismus, wie er heute verstanden wird, absolut nichts zu tun hat. Sicherlich ist er einmal in der Tatsache begründet, daß Juden, keineswegs aber ‚die Juden', Christus verworfen haben und von Pilatus seinen Tod forderten."[40]

Ähnlich dem sekundären Antisemitismus macht Lothar Groppe hier Juden selbst für deren Verfolgung verantwortlich. Widersprüche übersieht er geflissentlich. So stellt Groppe zwar fest, dass nicht „die Juden", also das Judentum Jesu abgelehnt habe, sondern allenfalls einzelne Menschen, sieht in dieser „Tatsache" jedoch die Begründung für einen Jahrhunderte dauernden Antijudaismus, der sich zweifelsfrei gegen „die Juden", das Judentum als solches richtet. Ziel seiner Aussage ist es, den Antijudaismus als theologisch gerechtfertigte Folge der Tötung Jesu darzustellen und zugleich die Identität zwischen Antijudaismus und Antisemitismus zu leugnen. Die scheinbaren Eingeständnisse an die Kritik gegen den neutestamentlichen Antisemitismus („Es trifft gewiss zu" und „Sicherlich ist er...") führen sich selbst ad absurdum, indem Groppe zugleich den Antijudaismus rechtfertigt. Groppe nimmt hier genau das vor, was die Schuldkontenbegleichung meint. Die Konstruktion des schuldigen Opfers leitet Groppe in diesem Artikel sehr deutlich aus dem Urbild den schuldigen Juden ab, das er mit dem Vorwurf der Tötung Jesu konstruiert.

Diese Konstruktion wiederholt sich ständig. Die Juden selbst seien durch die ihnen zugeschriebene Schuld am Tod Christi die Auslöser des Antisemitismus, der als Selbstverteidigung verstanden wird. Zumindest in diesem Punkt sind sich die Vertreter der verschiedenen christlichen Konfessionen innerhalb der JF einig. So knüpft der Chef der evangelischen Nachrichtenagentur ‚idea', Helmuth Matthies, der auch Mitglied des geschäftsführenden Vorstands der ‚Deutschen Evangelischen Allianz' ist, an Talmudlegenden an, um die vorgebliche ‚Christenfeindlichkeit' des Judentums zu belegen:

---

40   Groppe JF25/02: 16.

„Der Antijudaismus wurzelte auch nicht zuletzt im Talmud, dem Nachschlagewerk
und der Rechtsquelle für Lehre, Kult und Gesetz des Judentums. In ihm finden wir
zahlreiche christenfeindliche Aussagen und der Name Jesus wird stets mit schmä-
henden Zusätzen wie Betrüger, Bastard und ähnliches gebraucht."[41]

Weniger verwunderlich ist es, dass auch Werner Olles diesem Wahn verfällt.
Auch er sehnt sich nach den Zeiten, in denen es zum christlichen Wissensbestand
gehörte, dass Antijudaismus nur Reflex und logische Reaktion auf ‚jüdische
Christenfeindlichkeit' sei. Die Zäsur sieht Olles auch hier im zweiten vatikanischen Konzil, welches vor etwa 40 Jahren stattfand:

„Nur wissen unsere intellektuellen Kritiker leider nichts mehr davon, was vor vier-
zig Jahren noch jedes alte Mütterchen wußte, daß nämlich der traditionell-kirchliche
Antijudaismus mit Antisemitismus aber auch gar nichts zu tun hatte, sondern sozu-
sagen als Reflex auf einen oft sehr aggressiven jüdischen Antichristianismus, wie er
in manchen haßerfüllten Passagen des Talmuds zu lesen ist, zustande kam."[42]

Während Olles den Zusammenhang zwischen Antijudaismus und Antisemitismus negiert, verdeutlicht sich dieser gerade in der Schuldumkehr. Antijudaismus
bezeichnet Werner Olles in seinen Ausführungen als „traditionell-kirchlich". Er
ordnet ihn somit der Normalität zu. Er stellt den „Antichristianismus des Talmud" hingegen als aggressiv und hasserfüllt dar und setzt diesen somit dieser
Normalität entgegen und legt ihn ihr gleichsam zu Grunde.[43]

---

41   Matthies/Schwarz JF15/04: 3. Spätestens hier wird deutlich, dass sich der Prozionismus der
     Evangelikalen, der auch in ‚ideaSpektrum' seinen Ausdruck findet, oft mit antijüdischen Ste-
     reotypen mischt.
42   Olles JF13/04: 21.
43   Oft berufen sich Autoren der JF auf Talmudlegenden. Die Bezichtigung der Christenfeindlich-
     keit im Talmud geht wohl auf Johann Andreas Eisenmenger zurück, der mit seinem Werk
     „Entdecktes Judentum" 1700 die antisemitische Tradition der Legenden über den Talmud be-
     gründete. Als Standardwerk des Antisemitismus im 19.Jhd. gilt August Rohlings „Der Talmud-
     jude", in dem „sinnlos aus dem Kontext gerissen, gefälscht, falsch verbunden und falsch inter-
     pretiert" wird (Krupp 1999: 101). Auch Alexander Barti bedient sich dieser Fälschungen und
     kombiniert dieses Muster mit dem Bild der rachsüchtigen Königin Esther: „Wie steht es mit
     dem Buch Esther? Wird dort nicht ein hinterhältiger Massenmord verherrlicht, der auch noch
     heute von gläubigen Juden als ‚Purim' gefeiert wird? Oder was ist mit den zahlreichen Text-
     stellen im Talmud, die sich nicht gerade freundlich gegenüber den Nicht-Juden äußern und etli-
     che Anweisungen mit ‚struktureller Gewalt' enthalten?" (Barti JF50/04: 14). Die jüdische Kö-
     nigin Esther aus dem Alten Testament ist als Retterin der persischen Juden die Hauptgestalt im
     Purim-Fest. Von Antisemiten wurde Esther aber zur Verkörperung der Rache- und Mordlust,
     zu einer Herrscherin, die „aus Lust am Verbrechen ihre eigene Tochter ins Feuer wirft" (Jaku-
     bowski 1995: 201). Als beständiges Symbol jüdischen Machtwillens erschien sie häufig in der
     antisemitischen Literatur des deutschen Kaiserreiches (vgl. ebd.).

Jede Kritik am Antijudaismus gilt der JF als Kritik an den Grundlagen des Christentums und wird somit existenziell bedrohlich. So immunisieren sich die Protagonisten gegen Kritik. Um anschlussfähig an hegemoniale Diskurse zu bleiben, werden Antisemitismus und Antijudaismus apodiktisch voneinander unterschieden.[44]

Abgrenzungen

Neben der Schuldabwehr und – umkehr dient die strikte Abgrenzung den Autoren der JF als Argumentationsmuster, um einerseits das eigene identitäre Kollektiv zu behaupten, andererseits um jeden gemeinsamen Ursprung, jede theologische Gemeinsamkeit zwischen Judentum und Christentum zu negieren. Auch hier steht das Themenfeld ‚interreligiöser Dialog' häufig im Vordergrund. Jede interreligiöse Annäherung von Christentum und Judentum werten die Autoren der JF als ‚Verwässerung' und ‚Zersetzung' des Glaubens. So wenden sie sich gegen den Glauben an einen gemeinsamen Gott der Christen, Juden und Moslems und gegen die Allerlösungs-Theologie. Parallel dazu wird dann auch der Frieden mit Gott als alleiniges Privileg der Christen gekennzeichnet. Die Abgrenzungsversuche gegen das Judentum werden durch das dogmatische Beharren auf der einen Wahrheit verstärkt. Inhaltlich füllt Michael Wiesberg[45] diese Abgrenzung mit den aus dem Antisemitismus bekannten Gegenüberstellungen von dem vorchristlichen, jüdisch Abstrakten und der christlichen Konkretion:

> „Konkret heißt das: Gott hat sich mit seinem Sohn dem Menschen gleichgemacht. Das ist die zentrale Weihnachtsbotschaft. Und genau dieses Ereignis feiern wir in diesen Tagen. Aus dem unsichtbaren Gott ist ein sich offenbarender Gott geworden. Der Gott, der sich zuvor in Gedanken und Worten vermittelte, in Zeichen und in Wundern, ist nun greifbar. Die Wahrheit Gottes vermittelt sich nicht mehr in abstrakten theologischen Reflexionen, sondern ganz konkret. Wie kann Gottes Botschaft anschaulicher werden als durch die Geburt seines Sohnes, als mit dessen Eintritt in die Welt des Menschen?"[46]

---

44 Die Rede von den zwei Antisemitismen ist ein spätestens seit Treitschke und dem Berliner Antisemitismusstreit in den Jahren um 1879/81 bekanntes Muster. Die Unterscheidung soll die eigene Position anschlussfähig für bürgerliche Kreise machen, um diese Differenzierung schließlich aufheben zu können.

45 Wiesberg ist ehemaliger „wissenschaftlicher Mitarbeiter" der Republikaner im Landtag von Baden-Württemberg. Er trat als Referent bei Tagungen des ‚Instituts für Staatspolitik' auf.

46 Wiesberg JF 1/02: 1.

Wiesberg stellt manichäistisch den jüdischen unsichtbaren Gott dem christlichen offenbarten Gott gegenüber. Wo auf der prächristlichen Seite Gottes Wahrheit durch Gedanken und Worte, also in abstrakter theologischer Reflexion gesucht wird, ist die christliche Wahrheit greifbar und konkret. Diese binäre antijudaistische und moderne antisemitische Auffassung der Welt zeigt sich bereits im Titel „Licht in der Finsternis", der das Licht, das durch Jesus auf die Welt gekommen sei, der bis dahin herrschenden jüdischen Finsternis gegenüberstellt.[47]

Auch die Zeitperspektive betont Wiesberg. Das Christentum gilt ihm als evolutionäre, befreiende Neuerung, als Überholung des Judentums. Durch die angenommene Ankunft des Messias spricht der Antijudaismus dem Judentum die weitere Existenzberechtigung ab. Das Judentum gilt nunmehr als Negativfolie, als Paradigma für den Heilsverlust, für Sünde, Verderben und Gefahr.

Wiesberg beginnt diesen Artikel mit seiner Bewertung des Nah-Ost Konfliktes. Israel sieht er als „Hauptkampfplatz entfesselter Gewalt".[48]

Stellt man die Bildlichkeit, die in diesem Artikel Juden zugeschrieben wird (festgemacht an Israel und der prächristlichen Religion) der Bildlichkeit, mit der das Christentum ausgestattet wird, gegenüber, so ergibt sich ein Schema, das an die antijudaistische Gegenüberstellung des jüdischen Gottes der Rache und des christlichen Gottes der Liebe anschließt. Während auf der jüdischen Seite entfesselte Gewalt, Friedlosigkeit, Angriffe, Exekutionen und Zerstörung herrschen, zeichnet sich das Christentum durch Liebe, Wahrheit und Frieden, Befreiung, Gnade, Trost und Gerechtigkeit aus.

Die Abgrenzung zum Judentum vollzieht sich also einerseits über simple Zuschreibungen und dualistische Gegenüberstellungen, andererseits versucht gerade Günther Zehm immer wieder christliche Dogmen (also die Regeln des eigenen identitären Kollektivs) mit dem Ziel umzudeuten, das Judentum und das Christentum als zwei völlig von einander unabhängige Religionen darzustellen, gemeinsame Wurzeln dieser Religionen zu negieren. Das Bildnisverbot (oder auch „jüdische Bilderverbot"[49]) gelte demnach nicht für das Christentum, da Gott es durch sein Ebenbild Jesus Christus zurückgenommen habe:

> „Seit Jesus lautet das Zweite Gebot des Dekalogs: ‚Du sollst dir von Gott ein Bild machen, und dieses Bild ist Jesus Christus'. Juden und Muslime werden aufschreien."[50]

Auch den Monotheismus des Christentums stellt er in Frage. Das Konzil habe versucht, die Dreifaltigkeit zu leugnen, indem es den einen Gott behauptete.

---

47 Vgl. ebd.
48 Ebd.
49 Weißmann JF2/06: 18.
50 Zehm JF50/02: 11.

„Im Vergleich zu Islam und frommem Judentum ist das Christentum immer weniger monotheistisch gewesen. Die ‚Einheit' der heiligen Dreifaltigkeit war stets ein Problem für die Kirchenväter und Konzilsstrategen der Frühzeit. Es fiel ihnen ausgesprochen schwer, zu ‚beweisen', daß Eins Drei sei und Drei Eins."[51]

Zehm stuft das Christentum wegen der Dreifaltigkeit und der Vielzahl der Heiligen als polytheistische Religion ein und schafft somit eine scharfe Abgrenzung von Judentum und Islam zum Christentum. Nur Judentum und Islam seien monotheistische Religionen, der Monotheismus wiederum sei identisch mit Sklaventum, so Zehm:

„Der französische Bestsellerautor Michel Houellebecq (…) stellt - im Anschluß an Schopenhauer - die These auf, daß Monotheismus identisch sei mit Sklaverei, daß er den Menschen in einer unglaublichen Weise unterjoche, in den Staub trete, zum Vieh mache."[52]

Auch Karlheinz Weißmann weist eine gemeinsame christlich-jüdische Tradition mit Verweis auf die Eroberung Jerusalems im Jahre 70 n. Chr. durch die Römer zurück. Dort sei das Tempeljudentum und das Judenchristentum zerstört, die ältere jüdische Tradition abgeschnitten worden und die Eroberung habe „einerseits das neue Judentum hervorgebracht, das ohne Tempel und Opfer auskam, andererseits das Christentum als eine schließlich ganz vom Judentum getrennte Religion entstehen lassen".[53] Vielmehr sei das Christentum verwoben mit dem Heidentum, die „heidnische Mentalität" verschwand nie vollständig, so Weißmann. Dieser ‚Erkenntnis' sei jedoch nie soviel Platz eingeräumt worden, wie der Frage nach dem Verhältnis von Christentum zu Judentum.[54] Weißmann unterstellt hier, dass sich mit dem als anders und fremd konnotierten Judentum weitaus mehr auseinandergesetzt werde, als mit der eigenen, ‚heidnisch-christlichen' Religion. Während er zunächst noch Übereinstimmungen zwischen Judentum und Christentum feststellt, schließt er mit der kategorischen Scheidung der beiden Religionen:

„Das Christentum als Christentum ist keine Variante des Judentums. Die Trennung beider lag im Plan Gottes oder wenigstens in der Logik der geschichtlichen Entwicklung. Und im Grunde gilt von jedem Christen, was der kolumbianische Philosoph

---

51   Zehm JF 10/02:11.
52   Zehm JF 10/02: 11.
53   Weißmann JF 2/06:18.
54   Ebd.

Nicholás Gómez Dávila (1913-1994) über sich selbst gesagt hat, nämlich, daß er nur ein Heide sei, der versuche, an Christus zu glauben."[55]

Neben der Abgrenzung zum Judentum spannt Weißmann mit diesen Annahmen zugleich einen Bogen zum Heidentum[56], zum Neopaganismus der neuen Rechten und weist somit den dort weit verbreiteten Vorwurf der ‚judäo-christlichen Religion' (de Benoist) zurück.

Relativierung der Shoa

Das Thema Abtreibung ist im Zusammenhang mit dem Judenbild der JF nebensächlich, sollte man meinen. Doch gerade hier werden die Autoren deutlicher. Immer wieder finden sich in der christlichen Abtreibungsdebatte die Shoa relativierende Äußerungen. So bezeichnet Alexander Barti Kardinal Meisners Vergleich von Zyklon B und Myfegyne, von Shoa und Abtreibung als „konsequent".[57] Dieser Vergleich wird fortan in nahezu jedem Artikel, in dem Meisner auftaucht, zitiert.

Günther Zehm regte eine Äußerung Papst Johannes Paul II. dazu an, den Holocaust auf eine machtvolle Metapher zu reduzieren:

„Ignorieren kann man das Gezeter über die angebliche ‚Verharmlosung des Holocaust', derer sich Johannes Paul II. schuldig mache, indem er das Wort ‚Holocaust' als Metapher nahelegt, um seinen Standpunkt in der Abtreibungsfrage zu verdeutlichen. Seit wann ist es verboten, machtvolle, sinnträchtige Wörter als Metaphern zu benutzen? Außerdem gibt es hier gar nichts zu verbieten; Metapherbildung ist ein der Sprache innewohnender Naturprozeß, der sich spontan und gleichsam naturwüchsig der jeweiligen Superwörter bemächtigt. Der Kampf dagegen ist ein Kampf gegen Windmühlenflügel."[58]

Die christlichen Kirchen im Nationalsozialismus

Sekundärer Antisemitismus findet sich ganz massiv im Diskursstrang ‚Kirche und Nationalsozialismus'. Gehäuft traten Artikel zu der Rolle des Vatikans im

55 Ebd.
56 In diesem Punkt sind sich die Autoren der JF jedoch nicht einig. So widerspricht Alexander Barti am 18. April 2003 in dem Artikel „Ohne Tod keine Auferstehung" der Auffassung, das christliche Osterfest habe Anleihen beim germanischen Heidentum gemacht (vgl. Barti JF17/03: 11).
57 Vgl. Barti JF30/02: 3.
58 Zehm JF10/05: 11.

Nationalsozialismus nach der Buchveröffentlichung „Die katholische Kirche und der Holocaust. Eine Untersuchung über Schuld und Sühne" von Daniel Jonah Goldhagen auf. Hier würde, so Groppe, versucht „die katholische Kirche zum Sündenbock für den Holocaust"[59] zu machen.

> „Insgesamt 450 antisemitische Stellen glaubt er [Goldhagen im Neuen Testament, RW] ausgemacht zu haben. Alles, was im Neuen Testament gegen die jüdischen Zeitgenossen Jesu und seine Jünger spricht, ist nach ihm üble Verleumdung. Mit derselben Argumentation könnte man natürlich die Behauptung, die Nazionalsozialisten [sic!] hätten millionenfachen Mord begangen, als Brunnenvergiftung zurückweisen."[60]

Diese Äußerung Groppes erfüllt mehrere Funktionen. Zum einen stellt sie die Zweifel Goldhagens bezüglich der Anfeindungen seitens der „jüdischen Zeitgenossen Jesu" gegen Jesus und seine Jünger mit der Leugnung der Shoa gleich. Dies sei ein und dieselbe Argumentationslinie. Andererseits rückt Groppe auch das, was das Neue Testament Juden gegenüber behauptet, in eine Nähe zur Shoa selbst. Damit vermittelt der Autor, dass auf der einen Seite Goldhagen als Jude die Anschuldigungen des Neuen Testaments Juden gegenüber leugnen darf, ,man' jedoch die ,Behauptung' der Shoa nicht zurückweisen dürfe. Auf zwei Begriffe, derer sich Groppe hier bedient, muss näher eingegangen werden. Von der ,Behauptung' der Shoa zu sprechen, stellt diese selbstverständlich als solche in Frage. Zuvor beschrieb Groppe die ,Tatsache', „daß Juden (…) Christus verworfen haben und von Pilatus seinen Tod forderten".[61] Wo seine Zweifel liegen, wird allein durch die Wortwahl eindeutig. Weiterhin nutzt Groppe das Bild der ,Brunnenvergiftung', ein wichtiges antijudaistisches Muster, um es in den Zusammenhang mit (der ,Behauptung') der Shoa zu stellen.

Auch Hochhuths „Stellvertreter" attackieren die Autoren der JF im Zusammenhang mit der Rolle der Kirche im Nationalsozialismus. Beiden Autoren wird die Argumentationslinie gegenübergestellt, Pius XII. habe stillen Protest geübt, um tausende Juden zu retten und den Krieg zu verhindern. Dem Vatikan sei demnach nichts vorzuwerfen.[62] Ein Schuldeingeständnis, wie es etwa die evangelische Kirche 1945 mit der „Stuttgarter Schulderklärung" abgegeben hat, lehnt Klaus Motschmann ab.

> „Es bleibe in diesem Zusammenhang dahingestellt, ob es sich die Verfasser und Unterzeichner der ,Stuttgarter Erklärung' die reichen Erfahrungen des Mißbrauchs poli-

---

59   Groppe JF25/02: 16.
60   Ebd.
61   Ebd.
62   Vgl. Groppe JF6/02: 15.

tischer Schulderklärungen hinreichend klargemacht haben. Tatsache ist, daß sie bis heute als Kronzeugen für eine gründlich ideologisierte Vergangenheitsbewältigung mißbraucht werden können, weil sie entscheidende Stichworte für das ‚falsche Reden' über das vermeintlich ‚falsche Schweigen' der Kirchen beziehungsweise der Christen im nationalsozialistischen Deutschland geliefert haben, in denen von Schuldbekenntnissen sehr viel und immer mehr, von Schuldvergebung kaum und immer weniger die Rede ist. Auf diese Weise wird das abendländische Rechts- und das christliche Moralverständnis systematisch zersetzt, wobei es inzwischen relativ belanglos ist, ob dies bewußt oder unbewußt geschieht. Es geschieht!"[63]

Es ist schon erstaunlich, wie viele antisemitische Denkfiguren Motschmann in ein paar Zeilen unterbringen kann. Er suggeriert, dass das als zusammenhängend betrachtete abendländische Rechtsverständnis und das christliche Moralverständnis durch Schuldeingeständnisforderungen und durch fehlende Bereitschaft zur Schuldvergebung systematisch ‚zersetzt'[64] würden. Nicht die NS-Täter, oder die, die zu den Taten schwiegen, sind hier die Schuldigen, sondern die Opfer des Nationalsozialismus, die mit ihrem fehlenden Vergebungswillen ,zersetzend' seien. Die Bereitschaft zur Vergebung wird als Bestandteil der christlichen Moral gewertet und dem Drang zur Rache (also dem fehlenden Vergebungswillen) gegenübergestellt. Schließlich wird nicht nur der fehlende Wille zur Vergebung beklagt, sondern auch noch der Missbrauch politischer Schulderklärungen für eine ,Ideologisierung der Vergangenheitsbewältigung'.

Demnach hätten sich der Vatikan und die christlichen Kirchen bezüglich des Nationalsozialismus nichts vorzuwerfen. Der Forderung nach Entschuld(ig)ung wird die Forderung nach Schuldvergebung entgegengestellt.

Ein umfassend antisemitisches Bild von Juden und Judentum

Werden alle diese Ideologeme, die in der JF vermittelt werden, zusammengefasst, ergibt sich ein umfassendes Bild des dort propagierten Antisemitismus.

So wird die existenzielle Gefahr einer ‚Judaisierung' des Christentums durch die These aufgebaut, das Christentum erkenne zwar das Judentum als gleichwertige Religion an, dieses aber beharre auf seinem Wahrheitsanspruch und sei christenfeindlich. Eine Begünstigung der von der JF imaginierten ‚Judaisierung' finde durch Vertreter der liberalen Kirche statt, indem sie den gleichberechtigten Dialog mit dem Judentum fordern.

---

63   Motschmann JF44/02: 16.
64   Man achte hier auf die Wortwahl. Juden wird im Antisemitismus eine analytische, ‚zersetzende' Kraft zugeschrieben. Als ‚Zersetzer' werden Juden mit Liberalismus, Sozialismus, Revolution und Emanzipation in Verbindung gebracht (vgl. Faber 1995: 260).

Jede Behauptung der Gleichwertigkeit der abrahamitischen Religionen führe zur Verwässerung, Relativierung, ‚Zersetzung' und schließlich zur Vernichtung des christlichen Glaubens. Es solle um Mission statt Dialog gehen. Antijudaismus (und damit Antisemitismus) gilt in der JF als Abwehr, als Selbstverteidigung. Dies wird auch durch die Behauptung der Tötung Jesu durch Juden untermauert. Der Antijudaismus entspringe der Ablehnung und Tötung Jesu durch Juden und der jüdischen Christenfeindlichkeit und sei damit gerechtfertigt. Gerade durch die Schuldkontenbegleichung, durch die Konstruktion des schuldigen Opfers werden sekundärer Antisemitismus und Antijudaismus miteinander verbunden.

Die JF arbeitet mit dualistischen Gegenüberstellungen von Christentum und Judentum. Der christliche Gott sei ein Gott der Liebe und des Friedens, der Wärme, des Trostes und der Klarheit. Die jüdische Religion hingegen nutze das Prinzip der Rache und sei eine abstrakte Religion. Das Judentum suche die ‚Wahrheit' in abstrakter theologischer Reflexion, durch Gedanken und Worte während im Christentum die ‚Wahrheit' greifbar und konkret sei. Die Autoren sehen das Christentum als Befreiung von jüdischem Gesetz. Allein durch den Glauben an Jesus Christus könnten Menschen erlöst werden. Im Christentum gehe es schließlich nicht um Verbote, Gesetze und Regeln, sondern um die ‚Glaubenswahrheit'. Es wird eine Macht der Juden in allen gesellschaftlichen Bereichen behauptet. Dadurch würden antidemokratische Zustände forciert und die Meinungsfreiheit eingeschränkt.

Relativierungen der Shoa finden sich insbesondere in der Abtreibungsdebatte. Im Themenbereich ‚Kirche und Nationalsozialismus' wird eine Gefährdung der christlichen Moral durch Endschuld(ig)ungsforderungen imaginiert.

Diese antisemitischen Thesen werden durch vier Argumentationslinien unterstützt. Es wird eine Trennung von Antisemitismus und Antijudaismus vorgenommen. Der neutestamentliche Antijudaismus habe nichts mit Antisemitismus zu tun. Um anschlussfähig an hegemoniale Diskurse zu bleiben, werden Antisemitismus und Antijudaismus apodiktisch voneinander unterschieden.

Eine Abwehr der Kritik findet durch die Wertung jeder Kritik als christenfeindlich statt. Jede Kritik am Antijudaismus sei eine Kritik an den Grundlagen des Christentums und somit existenziell bedrohlich.

Die Abgrenzung zum Judentum erfolgt durch die Leugnung jeder gemeinsamen Tradition. Das Christentum entspringe weniger dem Judentum als dem Heidentum und der antiken Mythologie. Es gebe keine gemeinsame christlichjüdische Tradition. So sei also das Christentum eine ganz vom Judentum getrennt zu sehende Religion.

Zudem wird ein starres Feindbild aufgebaut, um einen ‚Kampf der Religionen' zu suggerieren.

Die „Junge Freiheit" als Mitte – Projekt?

Zurück zum Eingangs-Zitat:

> „Die Titulierung der JUNGEN FREIHEIT als ‚NPD-nah' oder gar als ‚antisemitisch' oder ‚rassistisch' ist Verleumdung und Rufmord. Die JUNGE FREIHEIT ist eine kritische unabhängige Wochenzeitung aus der Hauptstadt (...)."[65]

An diesem Punkt, also der Zurückweisung des diskreditierten Antisemitismus bei massiver Forcierung eines teils sehr alten, teils neu formierten Antijudaismus wird die Strategie der JF deutlich.

Wer die JF das erste Mal in die Hand nimmt, wird weder das zum gesamten Verständnis nötige Vorwissen haben, noch die Anspielungen entschlüsseln können, derer sich die Autoren bedienen. Stammleser und -leserinnen jedoch, die den Diskurs kennen, die regelmäßig diese Wissenspartikel aufnehmen und bei denen sich ein entsprechendes Bewusstsein gefestigt hat, werden in diesem bestätigt.[66] Diese Strategie der JF zielt darauf, das Image einer konservativen Zeitung zu bedienen, Stammleserinnen und -lesern aber dennoch Antisemitismus und völkischen Nationalismus zu vermitteln. Es wird an Mitte-Diskurse angeknüpft, um diese radikalisiert und transformiert in den hegemonialen Diskurs zurückzugeben.

Und diese Strategie geht immer noch allzu oft auf. In den letzten acht Jahren stellten sich Politiker und Politikerinnen aller etablierten politischen Parteien für ein Interview mit und in der JF zur Verfügung. Neben Laurenz Meyer, Peter Gauweiler, Egon Bahr, Günther Rexrodt, Albert Schmidt (Bündnis 90/Die Grünen) und Johann Scheringer (PDS) ließen sich extrem Rechte wie Filip Dewinter, Fraktionschef des Vlaams Belang, Bruno Gollnisch, Generalsekretär des Front National, Steffen Hupka, neonazistischer Multifunktionär und Sascha Wagner, stellvertretender Landesvorsitzender der NPD Rheinland-Pfalz interviewen. Und selbst kritische Wissenschaftler scheuten sich nicht, durch ein von

---

65 Stein, zitiert nach Thaler 2002.
66 Diskurse werden hier als materiell, als die Realität determinierend und Subjekte produzierend, begriffen. Nach Siegfried Jäger ist der Diskurs ein „gesellschaftliches Produktionsmittel", dessen eigene Wirklichkeit nicht „Verzerrung und Lüge" ist, „sondern eigene Materialität hat und sich aus den vergangenen und (anderen) aktuellen Diskursen speist" (Jäger 2004: 146f.). Durch die Vermittlung von jeweils gültigen Wahrheiten und Wissen konstituieren Diskurse Subjekte und erzeugen Machteffekte, da sie Wissen transportieren, das kollektives und individuelles Bewusstsein speist. Dieses Wissen ist die Grundlage für individuelles und kollektives Handeln und die Gestaltung von Wirklichkeit. Der Diskurs der Jungen Freiheit ist demnach nicht einfach bloße Ideologie. Durch diesen werden protonormalistische Subjekte mit antisemitischen Weltbildern erschaffen und damit der Jahrtausende alte Antisemitismus weiter zum Bestandteil des Wissens, der Wirklichkeit gemacht, der Auschwitz möglich machte.

ihnen gegebenes Interview das Image einer extrem rechten Zeitung faktisch zu polieren.[67]

Literatur

Adorno, Theodor W. u.a. (1969): Dialektik der Aufklärung. Philosophische Fragmente. Frankfurt/M.: Fischer.

Barti, Alexander 2000: Der verborgene Fundamentalismus. In: Junge Freiheit 36. 2000: 14.

Barti, Alexander 2002: Letzte Konsequenz. In: Junge Freiheit 23. 2002: 13.

Barti, Alexander 2002: Joachim Kardinal Meisner. In: Junge Freiheit 30. 2002: 3.

Barti, Alexander 2002: Hineinfahren wie ein Sturm. In: Junge Freiheit 44. 2002: 10.

Barti, Alexander 2003: Ohne Tod keine Auferstehung. In: Junge Freiheit 17. 2003: 11.

Barti, Alexander 2004: Katholischer als der Papst. In: Junge Freiheit 50. 2004: 14.

Bergmann, Werner (2002): Geschichte des Antisemitismus. München: C. H. Beck.

Bodek, Janusz (1991): Die Fassbinder-Kontroversen: Entstehung und Wirkung eines literarischen Textes; Zu Kontinuität und Wandel einiger Erscheinungsformen des Alltagsantisemitismus in Deutschland nach 1945, seinen künstlerischen Weihen und seiner öffentlichen Inszenierung. Frankfurt/M: Peter Lang.

Braun, Stephan u.a. (Hrsg.) (2004): Rechte Netzwerke – eine Gefahr. Wiesbaden: VS Verlag für Sozialwissenschaften.

Deutsche Evangelische Allianz (2005): Zum Verhältnis von Christen und Juden. Stuttgart. Einsehbar unter http://www.ead.de/dokumente/files/7.pdf

Dietzsch, Martin u.a. (2004): Nation statt Demokratie. Sein und Design der ‚Jungen Freiheit'. 2. Aufl. Münster: unrast.

Erb, Rainer 1995: Drittes Bild: Der „Ritualmord". In: Schoeps, (1995): 74-79.

Faber, Richard 1995: Zwanzigstes Bild: „Der Zersetzer". In: Schoeps (1995): 260-264.

Groppe, Lothar 2002: Stille Hilfe aus dem Vatikan. In: Junge Freiheit 6. 2002: 15.

Groppe, Lothar 2002: Faktenverzerrung willig vollstreckt. In: Junge Freiheit 25. 2002: 16.

Haury, Thomas (2002): Antisemitismus von links. Kommunistische Ideologie, Nationalismus und Antizionismus in der frühen DDR. Hamburg: HIS Verlag.

Heller, Eberhard/Olles, Werner 2003: Zur derzeitigen Situation der Kirche. In: Einsicht. Römisch-Katholische Zeitschrift. Jg.33. 6. 2003: 187-191.

Hohmann, Martin/Schwarz, Moritz 2004: Ich will mir nicht anmaßen, ein so hartes Urteil zu fällen. In: Junge Freiheit 35. 2004: 4f.

idea 2002: Ein zwiespältiges Bild. In: Junge Freiheit 16. 2002: 12.

ideaSpektrum 2006: Für Politiker in Deutschland und Israel beten. In: ideaSpektrum 2. 2006: 10.

ideaSpektrum 2006: Für Versöhnung mit den Juden wie kaum ein anderer. In: ideaSpektrum 5. 2006: 9.

---

67 Vgl. hierzu die Liste der Interviewpartnerinnen und -partner der Jungen Freiheit unter: http://www.jungefreiheit.de/jf_ges.htm. Vgl.: auch Dietzsch 2004: 108f.

ideaSpektrum 2006: Frankreich: Immer mehr Juden wandern aus. In: ideaSpektrum 16. 2006: 13.

ideaSpektrum 2006: Auch Juden sollen das Evangelium hören. In: ideaSpektrum 18. 2006: 12.

Jäger, Siegfried (2004): Kritische Diskursanalyse. Eine Einführung. 4. Aufl., Münster: unrast.

Jakubowski, Jeanette 1995: Vierzehntes Bild: „Die Jüdin". In: Schoeps (1995): 196-209.

Kauffmann, Heiko u.a. (Hrsg.) (2005): Völkische Bande. Dekadenz und Wiedergeburt – Analysen rechter Ideologie. Münster: unrast.

Kellershohn, Helmut (Hrsg.) (1994): Das Plagiat. Der völkische Nationalismus der Jungen Freiheit. Duisburg: unrast.

Kellershohn, Helmut 2004: Das Doppelspiel der Jungen Freiheit am Beispiel der Hohmann-Affäre. In: Braun (2004): 79-95.

Kochanek, Hermann (Hrsg.) (1991): Die verdrängte Freiheit. Fundamentalismus in den Kirchen. Freiburg/Basel/Wien: Herder.

Kriener, Klaus 1994: Plettenberg – Freiburg – Potsdam. Über den Einfluß Carl Schmitts auf die *Junge Freiheit*. In: Kellershohn (1994): 181-213.

Krupp, Michael (1999): Der Talmud. Eine Einführung in die Grundschrift des Judentums mit ausgewählten Texten. 2. durchgesehene Aufl. Gütersloh: Gütersloher Verl.-Haus.

Lehmann, Theo/Schwarz, Moritz 2005: Wer widerspricht, fliegt raus. In: Junge Freiheit 21. 2005: 3.

Lenk, Kurt 2005: Das Problem der Dekadenz seit Georges Sorel. In: Kauffmann (2005): 49-66.

Matthies, Helmut/Schwarz, Moritz 2004: Fast ein Kulturkampf. In: Junge Freiheit 15. 2004: 3.

Mecklenburg, Jens (Hrsg.) (1996): Handbuch deutscher Rechtsextremismus. Berlin: Elefanten Press.

Meyer, Thomas (Hrsg.) (1989): Fundamentalismus in der modernen Welt. Die Internationale der Unvernunft. Frankfurt a. M.: Suhrkamp Verlag.

Motschmann, Klaus 2002: Schuld, die keine Vergebung kennt. In: Junge Freiheit 44. 2002: 16.

Motschmann, Klaus 2004: Mit der Wahrheit ist nicht zu spaßen. In: Junge Freiheit 7. 2004: 12.

Naser, Gerhard (Hrsg.) (2002): Lebenswege Creglinger Juden. Das Pogrom von 1933. Der schwierige Umgang mit der Vergangenheit. Bergatreute: Eppe Verlag.

Neujahr, Doris 2003: Reden über Deutschland. In: Junge Freiheit 46. 2003: 1.

Niewiadomski, Józef 1991: „Wohl tobet um die Mauern…". Fundamentalistische katholische Gruppierungen. In: Kochanek (1991): 156-181.

Olles, Werner 2002: Die göttliche Wahrheit erkennen. In: Junge Freiheit 34. 2002: 14.

Olles, Werner 2002: Das Kreuz mit dem Kreuz. In: Junge Freiheit 40. 2002: 13.

Olles, Werner 2003: Das, was Bestand hat. In: Junge Freiheit 11. 2003: 21.

Olles, Werner 2004: Im Anfang war das Blut. In: Junge Freiheit 13. 2004: 21.

Pfluger, Niklaus/Schwarz, Moritz 2005: Der Fels Petri ist zermahlen. In: Junge Freiheit 15. 2005: 3.

Postone, Moishe 1995: Nationalsozialismus und Antisemitismus. Ein theoretischer Versuch, in: Werz (1995): 29-43.

Rubeli Guthauser, Nico 2002: Christlicher Antijudaismus. Ein Bogen vom Christentum zur Schoa: der christliche „Gottesmordvorwurf". In: Naser (2002): 11-30.

Schmidt, Alexander 2000: Ins offene Messer gelaufen. In: Junge Freiheit 47. 2000: 5.

Schobert, Alfred 2003: Eliten-Antisemitismus in Nazi-Kontinuität. In: Graswurzelrevolution 284. 2003: 1 und 12-13.

Schobert, Alfred 2005: Apostolizität oder Apostasie? Anlässlich des Wachwechsels von Wojtyla zu Ratzinger. In: Archiv-Notizen April 2005.

Schoeps, Julius H. u.a. (Hrsg.) (1995): Antisemitismus. Vorurteile und Mythen. München: Piper.

Stein, Dieter 2004: Künftig noch stärkerer Protest. In: Junge Freiheit 23. 2004: 12.

Thaler, Thorsten 2002: Pressemitteilung. Presseberichte über „Affäre Mettbach" (Schill-Partei) / Kein NPD-Blatt / Pressesprecherin der GAL schrieb auch in der JF. 28.1.2002. Einsehbar unter http://www.jf-archiv.de/archiv02/042yy59.htm

Walf, Knut 1989: Fundamentalistische Strömungen in der katholischen Kirche. In: Meyer (1989): 248-262.

Weißmann, Karlheinz 2006: Christentum, Judentum, Heidentum. In: Junge Freiheit 02. 2006: 18.

Werz, Michael (Hrsg.) (1995): Antisemitismus und Gesellschaft. Zur Diskussion um Auschwitz, Kulturindustrie und Gewalt. Frankfurt/M: Neue Kritik.

Wiesberg, Michael 2002: Licht in der Finsternis. In: Junge Freiheit 1. 2002: 1.

Zehm, Günther 2002: Schicksal ist stärker als Gott. In: Junge Freiheit 10. 2002: 11.

Zehm, Günther 2002: Jesus und die Ikebana-Schale. In: Junge Freiheit 50. 2002: 11.

Zehm, Günther 2005: Zweifler sind kein Unglück. In: Junge Freiheit 10. 2005: 11.

Außen- und Militärpolitik für Volk und Nation

Fabian Virchow

Im Verlauf ihrer nunmehr gut zwanzigjährigen Geschichte hat die „Junge Freiheit" (JF) mit mancherlei Versuchen sympathisiert, rechts von der CDU/CSU eine politische Partei dauerhaft im Parteiengefüge der Bundesrepublik Deutschland zu etablieren. Das Interesse des Zeitungsprojektes als „institutionalisierte politisierte kollektive Identität"[1] an einer unmittelbaren Beförderung eines solchen Parteiprojektes unterlag dabei durchaus Schwankungen; in jüngster Zeit sind solche Überlegungen nicht zuletzt im Rahmen des der Zeitung eng verbundenen ‚Instituts für Staatspolitik' (IfS) forciert worden. Während dieses – u. a. unter Verweis auf das gegenwärtige Vorhandensein einer Großen Koalition – in einer Anfang 2007 publizierten Studie mit dem Titel „Parteigründung von rechts" konstatierte, dass „historisch (...) die Situation derzeit vergleichsweise günstig für eine neue Partei rechts von der Union"[2] sei, wurde in der Zeitung selbst an prominenter Stelle über eine entsprechende Vertretungslücke geklagt[3].

Auch wenn angesichts einer seitens der JF behaupteten ‚Sozialdemokratisierung' der CDU gegenwärtig insbesondere die Themen demographischer Wandel und Familie, Migration, Bedeutung(sverlust) des Nationalstaates und die Veränderung des „religiös-kulturellen Charakters" Europas relevant gesetzt werden[4] und einer „neuen Rechtspartei" die Aufgabe gestellt wird, „der Linken möglichst große Teile der Unterschichten wegzunehmen"[5], so haben außen- und militärpolitische Themen in der Geschichte der JF immer einen bedeutenden Stellenwert gehabt. Aus einer im Jahr 2001 von der JF durchgeführten Leseranalyse ergab sich, dass dabei hinsichtlich der außenpolitischen Berichterstattung am häufigsten eine Berücksichtigung geopolitischer Perspektiven erwartet wurde (70,7 Prozent), gefolgt von Nationalitäten- und Minderheitenfragen (61,3 Prozent) und militärischen Konflikten (50 Prozent)[6].

---

1   Klein 2003: 44 ff.
2   IfS 2007: 36.
3   Vgl. Neujahr JF 08/07: 1; Stein JF 04/07: 1.
4   Stein JF 04/07: 1.
5   IfS 2007: 28.
6   Vgl. Barti JF 05/02: 8.

Im Rahmen des folgenden Beitrages soll gezeigt werden, welche außen-
und militärpolitischen Positionen in der JF bedeutsam gesetzt werden und wie
die Entwicklung der Bundeswehr und die Veränderung ihres Aufgabenspektrums
zu Interventionsstreitkräften dargestellt und bewertet werden. Auf eine detaillierte Untersuchung der Berichterstattung und Kommentierung der JF über die ge-
waltsam ausgetragenen Konflikte im ausgehenden 20. Jahrhundert, etwa um die
Zerstörung Jugoslawiens, muss hier aus Platzgründen verzichtet werden.

Plädoyer für den hegemonialen Machtstaat Deutschland

Mit der weltpolitisch bedeutsamen Auflösung der Warschauer Vertragsorganisa-
tion, der Transformation der nicht-kapitalistischen Gesellschaften Osteuropas und
der früheren Sowjetunion sowie der Vergrößerung der Bundesrepublik Deutschland sah die JF die Zeit eines Aufstiegs Deutschlands zu einer aktiven Großmacht
gekommen. So forderte Zehme, dass es „mit der Wiederherstellung der Einheit"
nun gelte, „einen Kurs in der Außenpolitik zu finden, der einerseits die langjährige Politik bundesrepublikanischer Unterwürfigkeit endlich beendet ohne andererseits in wilhelminisches Gepolter zu verfallen"[7]. In einem programmatischen
Beitrag trat Kopp in der Anfang der 1990er Jahre noch monatlich erscheinenden
JF unter der Überschrift „Geopolitik statt Neopazifismus" unter Bezugnahme auf
geopolitische Paradigmen, denen er im Kern unveränderte Gültigkeit attestierte,
dafür ein, dass sich Deutschland „seiner unverändert exponierten Lage und
zugleich den veränderten Gegebenheiten der Umgebung"[8] stellen müsse. JF-
Mitbegründer Stein trat dafür ein, nun die ‚Vokabel der Hegemonie' zu entzau-
bern: „Ein Staat von der Größe Deutschlands übt geopolitisch schon Kraft seiner
Existenz Hegemonie aus."[9] Geopolitische Ansätze, deren bedeutendste originäre
Vertreter wie Alfred Mahan, Friedrich Ratzel, Karl Haushofer, Rudolf Kjellén
und Halford Mackinder alle „in der einen oder anderen Form Imperialisten" waren, deren „imperialistisches Programm (...) die Überlegenheit der jeweiligen
nationalen Variante der europäischen oder westlichen Zivilisation voraus[setzte]"[10], und die in Deutschland nach 1918 „zu einer Apologie von bewaff-
neter Volksgemeinschaft und imperialistischer Landnahme"[11] geworden waren,
gehören bis in die Gegenwart zum zentralen Repertoire der JF[12].

---

7   Zehme JF 10-11/90: 2.
8   Kopp JF 05/93: 13.
9   Stein JF 09/92: 1.
10   Tuathail 2001: 9-10.
11   Osterhammel 1998: 380.
12   Vgl. z.B. Tietze JF 06/06: 16.

Inzwischen ist der Anfang der 1990er Jahre in der JF zentrale geopolitische Begriff der ‚deutschen Mittellage' und die daran anschließende Idee eines von Deutschland kontrollierten, jedoch nur selten konkret gefassten ‚Mitteleuropas'[13], in dem „der französische Begriff von der Nation als Staatsvolk offensichtlich irrelevant ist"[14], nicht zuletzt aufgrund der EU-Osterweiterung etwas in den Hintergrund getreten ist. Die von Kopp einst formulierte Position, nach der ein geopolitisches Verständnis von ‚Mitteleuropa' darin bestünde, wenn Deutschland in Konfrontation mit der EU „eine im herkömmlichen Sinne souveräne, seine Scharnierfunktion wiederaufnehmende Außenpolitik betreibe"[15], findet sich noch im Repertoire der gegen die EU vorgebrachten Argumente. Besonderes Augenmerk gilt in den letzten Jahren jedoch zunehmend bevölkerungspolitischen Entwicklungen und Migrationsbewegungen nach Europa[16], zu deren Abwehr auch Reminiszenzen an „die erfolgreiche Türkenabwehr des christlichen Abendlandes"[17] gehören. Die strikte Gegnerschaft gegen einen EU-Beitritt der Türkei findet ihre Begründung in deren behaupteter „kulturellen, religiösen und historischen Andersartigkeit", welche die EU „endgültig in ein amorphes, handlungsschwaches Gebilde verwandeln" würde: „Der Traum vom starken Europa wäre ausgeträumt"[18].

Zahlreiche JF-Autoren wünschen sich statt der EU ein Europa der Nationalstaaten, welches den USA weltpolitisch Paroli bieten kann. Sie beklagen die Wiederannäherung der Großen Koalition unter Merkel an die US-Regierung („Die Achse Paris-Berlin-Moskau gehört der Vergangenheit an."[19]), möchten den Aufstieg Europas zum ‚global player' und fordern einen Bruch mit der US-amerikanischen Weltpolitik, wie etwa der Vertreter der französischen Nouvelle Droite, Alain de Benoist[20] oder Schüßlburner, der einer „Ausgrenzung der USA" als notwendigem Bestandteil zur „Definition (‚Abgrenzung') einer europäischen Willenseinheit"[21] das Wort redet. Für Maschke sind die USA – ganz in der Diktion von Carl Schmitt – eine „raumfremde Macht", die „zweimal gegen uns den Krieg entschieden"[22] hat.

Grotesk mutet es an, wenn Stein gegenüber den Verletzungen internationalen Rechts durch die gegenwärtige US-Administration ausgerechnet Carl Schmitt

---

13 Vgl. Jendra JF 3/93: 18; JF 4/93: 8 sowie dazu Schobert/Papke 1994.
14 Vgl. Klein JF 04/92: 9.
15 Kopp JF 09/91: 2.
16 Vgl. z.B. Hepp JF 36/2006: 2.
17 Schüßlburner JF 16/97: 2.
18 Neujahr JF 33/06: 13.
19 Brandelberger JF 07/06: 6.
20 JF 37/06: 9; McCulloch 2006.
21 JF 16/97: 2.
22 Maschke JF 06/91: 3.

als Zeugen für die Bewahrung des internationalen Rechts und der Einhegung des Krieges anruft[23], hatte jener doch zwischen 1939 und 1943 in zahlreichen Schriften[24] eine Interpretation des internationalen Rechts entwickelt, mit dem sich die Aggressionskriege des NS-Regimes legitimieren ließen. Die von ihm konstruierte „weltgeschichtliche Gesamtdeutung von Raum und Recht"[25] rückte angesichts des zunehmenden Stellenwerts der Außenpolitik in der zweiten Hälfte der 1930er Jahre in den Mittelpunkt des Schmitt'schen Wirkens, nachdem es ihm zunächst um die Propagierung der Entscheidungsfähigkeit des Staates über den Ausnahmezustand im Innern gegangen war.

> „Carl Schmitt nahm den Großraum-Gedanken auf, als er im Rahmen der deutschen Neuordnungs-Planungen erneut akut zu werden begann und Deutschland die machtpolitischen Voraussetzungen für ein solches Ausgreifen zurückerobert hatte"[26].

Wiederholt hat Schmitt die Unaufhaltbarkeit der „Raumrevolution", der das Völkerrecht angeglichen werden müsse, skizziert. Der Zweite Weltkrieg wurde in Schmitts Konzeption wie Diktion so zu einem Krieg, in dem „für und gegen eine neue Raumordnung gekämpft"[27] wurde. Wie Diner gezeigt hat, waren die um den ,Großraum' kreisenden Schriften Carl Schmitts Teil der Bemühungen zur Formulierung eines NS-Völkerrechts, dessen Kern auf die Zerstörung bzw. Ersetzung der abstrakten Rechtsform und der universalen Einheit der Staatenwelt durch eine „scheinkonkrete vertikale Hierarchie letztendlich rassischer Wertigkeit" zielte bzw. „einen in sich geschlossenen und von Vormächten geführten Kosmos der Großräume zu etablieren"[28] trachtete.

Für die JF ist Carl Schmitt nicht nur hinsichtlich seiner Liberalismuskritik[29] systematisch bedeutsam, sondern auch hinsichtlich der Außenpolitik. So hatte nicht nur der frühere Funktionär der extrem rechten Partei ,Die Republikaner', Thorsten Thaler, gefordert, dass der „Rekurs auf Carl Schmitts Deutungen für die deutsche Außenpolitik unumgänglich"[30] sei; der Schmitt-Exeget Maschke verwies zudem affirmativ auf dessen Überlegung, wonach der „Krieg wieder vom Makel der Illegalität"[31] zu befreien sei.

---

23   Stein JF 11/07: 1.
24   Vgl. Maschke 1995: 225-480.
25   Zakravsky 1999: 179.
26   Laak 2000: 274-275.
27   Schmitt 1940/1995: 388.
28   Diner 1989: 24-25.
29   Vgl. den Beitrag von Wolfgang Gessenharter in diesem Band.
30   Thaler JF 18/99: 11.
31   Maschke JF 37/06: 20.

Neben solch expliziten Bezugnahmen auf Schmitt finden sich zahlreiche weitere implizite Bezüge, so etwa im Diskurs um die angeblich fehlende Souveränität der Bundesrepublik Deutschland. Neben den auf Gebiet der Bundesrepublik Deutschland stationierten Militäreinheiten anderer Nationen[32] sind es besonders die UN-Feindstaatenklauseln, von denen JF-Autoren meinen, sie konstituierten ein Souveränitätsdefizit. Damit wird ignoriert, dass die ursprünglich gegen ein Wiederaufleben der rassen-imperialistischen Politik Deutschlands gerichteten Abschnitte durch die Aufnahme der DDR und der Bundesrepublik Deutschland in die UNO aufgrund des für alle Mitglieder geltenden Prinzips der souveränen Gleichheit sowie durch entsprechende Äußerungen einer Vielzahl von Regierungen, darunter der USA und Großbritanniens, bedeutungslos geworden sind[33].

Die Forderung nach einem „Kampf um die Wiedergewinnung von Souveränität und die Behauptung Deutschlands als politisch eigenständig handelndes Subjekt"[34], da der 2+4-Vertrag eben nicht die volle Souveränität gebracht habe, ist Teil der nationalistischen Konzeption deutscher Außen- und Militärpolitik in der JF. So wurde auch im Zusammenhang mit dem jüngsten Weißbuch der Bundeswehr deklariert, dass dieses „kein außenpolitisches Konzept" enthalte, in dem „die Interessenlage der Bundesrepublik Deutschland formuliert würde". Solch „allgemeines Geplauder" verdecke, dass sich Kanzlerin Merkel und die Minister Steinmeier und Jung „in internationale Einsätze hineinziehen" ließen und lediglich „Schachfiguren auf der Bühne der Weltpolitik, aber keine Akteure" seien[35]. Die seit 1990 im Rahmen des multilateralen Beziehungsgefüges bereits vorgenommene Verlagerung auf sogenannte nationale Interessen[36] gilt der JF als nicht ausreichend. So wird denn auch an Autoren wie Hans-Peter Schwarz (2005) kritisiert, dass sie ihrer Priorisierung nationaler vor europäischen Interessen keine politische Operationalisierung folgen ließen[37].

Teil einer solchen Operationalisierung hätte die Überwindung des Habermas'schen Verfassungspatriotismus und die als „kollektive Neurose" denunzierte Skepsis gegenüber essentialistischen ‚nationalen' Identitätskonzeptionen zu sein[38]. Andere Autoren deklarieren als Voraussetzung zur Wahrnehmung der geopolitisch vermeintlich unausweichlichen ‚Ordnungsaufgaben' eines deutschen Machtstaates ein Ende der sogenannten ‚Vergangenheitsbewältigung'. Diese könne Deutschland in Zukunft ohne nicht mehr ‚bändigen', prognostizier-

---

32   Vgl. Venohr JF 8-9/90: 3; Zehme JF 4/1991: 2.
33   Vgl. Ress 1991: 681 ff.
34   Wiesberg JF 49/05: 1.
35   Rosen JF 52/06-01/07: 5.
36   Vgl. Baumann 2002; Buras/Longhurst 2004.
37   Vgl. Lebitsch JF 40/05: 15.
38   Neujahr JF 23/06: 1.

ten die einen[39]; „Vergangenheitsbewältigung und Umerziehung" seien Fesseln für den Einsatz der Bundeswehr als Instrument deutscher Außenpolitik[40] und „solange es die gibt, solange sie nicht ausgerottet wird, wird es keine deutsche Politik geben"[41], proklamierten die anderen.

Die Forderungen von JF-Autoren nach ‚Rückkehr in die Weltpolitik' und nach ‚deutscher Politik' zielen auf der Basis geopolitischer Konstruktionen und völkisch-nationalistischer Handlungsparadigmen auf die Etablierung eines hegemonialen Machtstaates Deutschland, dem in Europa eine Ordnungsfunktion zukommt und der sich als Teil eines ‚Europa der Nationen' (nicht der EU) in Abgrenzung und Konkurrenz zu den USA zu profilieren hätte. Integraler Bestandteil dieser auf der Betonung ‚nationaler Interessen' basierenden Option ist die Relativierung der NS-Verbrechen.

Militarisierung von Bundeswehr und Gesellschaft

Seit Erscheinen der JF haben ihre Autoren eine angebliche „Dauerkrise der Bundeswehr" beklagt, die zum „Testfeld für Psychologen und Antimilitaristen geworden"[42] sei und eher „an die Heilsarmee als an eine einsatzbereite Armee"[43] erinnere. Zwar wird inzwischen gelegentlich zugestanden, dass das Ausbildungsniveau in der Bundeswehr den veränderten Aufgaben angepasst wurde[44], insgesamt dominiert jedoch eine Darstellung der Bundeswehr, die diese als unterfinanziert und nicht militärisch genug charakterisiert[45]. Da würden Offiziere in militärische Spitzenpositionen befördert, die nicht über ausreichende Truppenerfahrung verfügten[46]; da sei mit der Verkürzung der Militärdienstzeit auf neun Monate eine kriegstaugliche Qualifikation nicht zu erreichen („Kanonenfutter") und die (theoretisch-rechtlich gegebene) Möglichkeit auch für Soldatinnen und Soldaten, den Dienst aus Gewissensgründen zu verweigern, ähnele „dem Recht, jederzeit zu desertieren"[47]. Anlässlich des 50-jährigen Bestehens der Bundeswehr wurde in der JF – erneut – von einer „tiefen Krise der Bundeswehr" gesprochen: „Sie ist nicht nur beträchtlich unterfinanziert und zugleich mit ihren von der Politik erteilten Aufträgen heillos überfordert. Die Krise betrifft vor allem die Motivation, das

---

39   Vgl. Weissmann JF 10/92: 3.
40   Stein JF 09/92: 1.
41   Maschke JF 06/91: 3.
42   Stein JF 03/89: 1.
43   Zehme JF 03/91: 2.
44   Rosen JF 37/2006: 5.
45   Vgl. auch Backerra JF 23/06: 18.
46   Uhle-Wettler JF 11/91: 2.
47   Uhle-Wettler JF 03/93: 11.

heißt die geistigen Wurzeln und historisch-politischen Begründungen des Offiziers und Soldaten"[48]; die rot-grüne Regierungszeit sei „verheerend" für das „handwerkliche Können der Soldaten wie den geistigen Zustand des Führerkorps"[49] gewesen. Auch seien keine Aktivitäten erkennbar, das deutsche Militär öffentlich zu präsentieren und gesellschaftlich stärker einzubetten. Während an der Feier zum 50. Jahrestag der Gründung der Bundeswehr lediglich 4.000 geladene Gäste teilgenommen hätten, habe man in Österreich eine Parade des Bundesheeres durchgeführt, der eine Millionen Menschen beigewohnt hätten. Auch in Deutschland wäre eine große Feldparade angemessen gewesen[50], schließlich übten Soldaten den „stolzesten Beruf des Gemeinwesens"[51] aus. Allerdings seien „die Liebe zum Vaterland und der Stolz auf die Nation", die die Bundeswehr im Inneren gestärkt hätten, „kein öffentliches Thema"[52].

Als einem der ‚Experten', die einer Militarisierung der Bundeswehr das Wort reden, wird dem ehemaligen Kommandeur des ‚Kommando Spezialkräfte' (KSK), Brigadegeneral a.D. Reinhard Günzel, in der JF eine Plattform geboten[53]. Günzel war seines Postens enthoben worden, nachdem ein Brief an den CDU-Bundestagsabgeordneten Martin Hohmann bekannt geworden war, in dem Günzel Zustimmung zu dessen antisemitischer Rede[54] signalisiert hatte. Nach Ansicht von JF-Autoren würde der Generalinspekteur der Bundeswehr, General Wolfgang Schneiderhan, zur Durchsetzung seines Vorhabens der Zentralisierung von Funktionen zuungunsten der Teilstreitkräfte nicht nur die Abgeordneten des Deutschen Bundestages und die Minister täuschen[55], sondern auch den zuständigen Minister, Franz Josef Jung, „am Gängelband"[56] führen. Bundeswehrinterne Kritiker der Vorhaben Schneiderhans wie die Generäle Ruwe und Dieter würden kaltgestellt. Zugleich wird beklagt, dass es innerhalb des Deutschen Bundestages keine ernsthafte Debatte über die jeweiligen Entscheidungsgründe und Zielsetzungen der Entsendung von Bundeswehreinheiten ins Ausland gebe; entsprechende Anträge würden weniger intensiv diskutiert als „das Rauchverbot im öffentlichen Raum" und dann „mit gelangweilter Routine" durch gewunken[57].

Wenn Autoren der JF kritisch anmerken, dass die zunehmende Beteiligung der Bundeswehr an Kampfeinsätzen hinter euphemisierenden Begriffen wie

---

48   Hornung JF 46/05: 21.
49   Range JF 52/05-01/06: 6.
50   Vgl. Range JF 52/05-01/06: 6.
51   Stein JF 46/05: 1.
52   Schultze-Rhonhof JF 46/05: 7.
53   Vgl. z.B. Günzel JF 50/2006: 3.
54   Vgl. Geier 2004.
55   Vgl. Rosen JF 7/06: 2.
56   Freitag JF 09/06: 3.
57   Stein JF 11/07: 1.

‚humanitäre Mission' oder ‚Polizeieinsätze' versteckt werde, so tun sie dies vor dem Hintergrund, dass sie dies für ungeeignet halten, der von ihr als ‚wehrunwillig' charakterisierten Gesellschaft bewerteten Gesellschaft, in der selbst bei der CDU eine „Distanz zum Wehrwillen"[58] konstatiert wird, die Notwendigkeit des Einsatzes deutscher Streitkräfte und des dabei zu erwartenden Verlustes an Menschenleben zu vermitteln. Statt die Fiktion aufrechtzuerhalten, die Bundeswehr sei „als bewaffnetes THW oder Entwicklungshelfer in Oliv unterwegs" müsse offensiv kommuniziert werden, dass „Soldaten im Ernstfall töten und bereit sein [müssen], zu sterben. Dafür verdienen sie die Anerkennung, Dankbarkeit, ja Liebe ihres Volkes und seiner Repräsentanten"[59].

Als zentraler Vermittlungsbegriff verweisen die JF-Autoren auf den des „nationalen Interesses", dessen Berücksichtigung in den Auslandseinsätzen kaum erkennbar sei. Auch die Soldatinnen und Soldaten fragten „nach dem Sinn von Auslandseinsätzen auf dem Balkan und in Afghanistan, wo die Truppe praktisch die Rolle eines bewaffneten Technischen Hilfswerks spielt"[60]. Anlässlich des Zweiten Golfkrieges 1990/1991 hatte Maschke in der JF unter machtpolitischen Gesichtspunkten dafür optiert, dass Deutschland sich entweder mit Bodentruppen an diesem Krieg beteiligt, dafür jedoch Bedingungen – Sitz im Sicherheitsrat, Wegfall der Feindstaatenklauseln, Nichtverlängerung des Atomwaffensperrvertrages – stellt oder in Opposition zu diesem Waffengang den Konflikt mit den USA sucht[61].

Auch anlässlich der Entsendung der Bundeswehr nach Somalia im Jahre 1993 wurde der Standpunkt vertreten, dass diese „Expedition des neuen deutschen Afrika-Korps" einem „Kotau einer von anderen betriebenen Machtpolitik"[62] entspreche, denn der UN-Sicherheitsrat sei noch immer „die Koalition der Siegermächte" des Zweiten Weltkrieges. Eine Außen- und Militärpolitik Deutschlands, die diesen Namen verdiene, müsse nach der Maxime handeln, nur dort „Soldaten hin[zu]senden wo es politisch und militärisch die Kontrolle über den Einsatz seiner Soldaten behält"[63]. Auch in diesem Einsatzkontext kam es zu der Litanei, dass den Auslandseinsätzen der Bundeswehr im UN-Rahmen keine adäquate Gegenleistung, etwa die Streichung der Feindstaatenklauseln[64] oder die Zuteilung eines Sitzes im UN-Sicherheitsrat[65] gegenüberstünden.

---

58   Stein JF 03/89: 3.
59   Paulwitz JF 47/06: 1.
60   Rosen JF 08/06: 5.
61   Maschke JF 06/91: 3.
62   Zehme JF 06/93: 2.
63   Ebd.
64   Uhle-Wettler JF 03/93: 11; Zehme JF 06/93: 2.
65   Wolf JF 11/92: 2.

Der Einsatz von Bundeswehr-Einheiten auf dem Balkan Ende der 1990er Jahre wurde – wie von zahlreichen Strömungen der extremen Rechten[66] auch – mehrheitlich ablehnend kommentiert, sah man doch das Prinzip des ‚Selbstbestimmungsrechts der Völker' ebenso verletzt wie im Waffengang eine Entscheidung zugunsten der Einmischung der USA in europäische Angelegenheiten[67]. Gleichwohl wurde in der JF darauf verwiesen, dass es – angesichts der jahrzehntelangen Abstinenz der deutschen Armee – für die entsandten Bundeswehr-Einheiten ein positives Gefühl sei, mit Blumen willkommen geheißen zu werden[68]. Auch sei das Symbol bedeutsam, dass „der Verlierer zweier Weltkriege in das Lager der Sieger gewechselt sei", wodurch erst der ‚Zusammenbruch' von 1945 „aktiv bewältigt"[69] worden sei. Nun beginne die Aufgabe Deutschlands als „natürlicher Hegemoniestaat in Mitteleuropa"[70].

Bezüglich des Einsatzes der Bundeswehr im Jahr 2006 im Kongo kolportierten Autoren der JF, dass die entsprechende Entscheidung als Zugeständnis an Frankreich betrachtet werden müsse, das sich „die Drecksarbeit im Dschungel"[71] teilen wolle. Während einerseits moniert wurde, dass im Weißbuch der Bundeswehr zu den ‚deutschen Interessen' bzw. zum „Schutz des eigenen Vaterlandes" auch die „Sicherung der in Deutschland benötigten Rohstoffe" hätte gehören müssen, so dass Deutschland seinen Anspruch auf „Einflußgebiete in Afrika zur Ausbeutung von Ressourcen"[72] markiere, wurde andererseits vermerkt, dass Franz Josef Jung „mit einer für Politiker seltenen Ehrlichkeit bereits zugegeben [hat], dass es auch um wirtschaftliche Interessen geht. In gebührend deutscher Zurückhaltung nennt sich das Sicherung marktwirtschaftlichen Verhaltens in Afrika, wenn es um die Ausbeutung von Rohstoffen geht. Aber im Ergebnis heißt das: In Afrika werden die Claims abgesteckt, und die Deutschen sind dabei"[73]. Gern hätte die JF diese „Sinnfrage, was deutsche Soldaten in Zentralafrika sollen"[74] nicht mehr aus dem öffentlichen Diskurs ausgeklammert gesehen.

Die Entsendung von Soldatinnen und Soldaten der Bundeswehr nach Afghanistan fand in der JF ein uneinheitliches Echo. Während etwa Griesbach betonte, dass es dort „weder deutsche Interessen zu verteidigen" gebe noch „deutscherseits ‚Verantwortung' zu übernehmen" sei und daher die Bundeswehr „nicht länger als Ausputzer für die Kollateralschäden des amerikanischen Panin-

---

66 Vgl. Virchow 2006: 229-288.
67 Vgl. z.B. Benoist 12/99: 2.
68 Vgl. Neuhaus JF 25/99: 2; Waldherr JF 13/03: 7.
69 Geldzus JF 26/99: 13.
70 Ebd.
71 Vgl. Rosen JF 08/06: 5.
72 Ebd.
73 Rosen JF 13/06: 2.
74 Rosen JF 30/06: 5.

terventionismus missbraucht werden"[75] dürfe, proklamierten andere im Zusammenhang mit der im Frühjahr 2007 vom Deutschen Bundestag beschlossenen Verlegung von Tornado-Aufklärungsflugzeugen, dass „dem Feind mit allen Mitteln Paroli" geboten werden müsse, wenn schon „kleine Möchtegern-Generale im Bundestag"[76] behaupteten, Deutschlands Sicherheit werde am Hindukusch verteidigt. Und Paulwitz beharrte darauf, dass die Teilnahme am Afghanistan-Krieg nicht schon deshalb ein Fehler sei, weil dies die Terrorgefahr im eigenen Land erhöhe: „Wer zu den Waffen greift, muß Opfer in Kauf nehmen; und dass in einem asymmetrischen Krieg jedermann zur Zielscheibe werden kann, ist ein Risiko, das bei allen Kriegsentscheidungen einkalkuliert werden muß"[77]. Schließlich durfte auch in diesem Kontext die Behauptung nicht fehlen, das die Bundeswehr mit veraltetem Material im Einsatz sei und die „Armee (...) am Ende ihrer Kräfte"[78], so dass dringlichst mehr Haushaltsmittel zur Verfügung gestellt werden müssten. Einen einseitigen Rückzug der Bundeswehr-Einheiten aus Afghanistan schloss der frühere Redakteur der ‚Frankfurter Allgemeinen Zeitung', Karl Feldmeyer, aus bündnispolitischen Erwägungen aus[79].

Anlässlich des Einsatzes deutscher Marine-Einheiten vor der Küste des Libanon wurde in der JF einerseits darauf verwiesen, dass zunächst die „zweifelhaften Einsätze" in Afghanistan und im Kongo hätten hinterfragt werden sollen, bevor „man sich in ein weiteres Abenteuer stürzt"[80]; Generalmajor a.D. Vollstedt plädierte – die Entscheidung zur Entsendung von Truppen vorausgesetzt – für ein „starkes Signal", d.h. auch die Entsendung von Bodentruppen[81]. Neujahr sah die Entsendung der UNIFIL (‚United Nations Interim Force in Lebanon') als von Israel erzwungenen Schritt an, der in einer zukünftigen militärischen Auseinandersetzung Israels mit dem Iran diese direkt involvieren würde[82]. Aus realpolitischer Perspektive sei am Existenzrecht Israels nicht zu rütteln, allerdings müssten (auch) im Falle Deutschlands die „aus einer unseligen Vergangenheit abgeleiteten moralischen Verpflichten dort enden, wo die Lebensinteressen des eigenen Landes bedroht"[83] seien. Die „politische Synchronität mit Israel" sei der „Versuch, Teile der 1990 zurückgewonnenen Souveränität Deutschlands auf kaltem Wege zu enteignen"[84].

---

75   Griesbach JF 24/06: 1.
76   Herrnstein JF 12/07: 2.
77   Paulwitz JF 12/07: 2.
78   Rosen JF 37/2006: 5.
79   Vgl. Feldmeyer JF 43/05: 12-13.
80   Denes JF 36/06: 2.
81   Vollstedt JF 35/06: 2.
82   Neujahr JF 37/06: 2.
83   Neujahr JF 34/06: 11.
84   Ebd.

Rehabilitierung von Wehrmacht und Waffen-SS

Gegenstand zahlreicher Beiträge in der JF ist die Rehabilitierung von Wehrmacht und Waffen-SS – auch mit Blick auf deren Traditionswürdigkeit für die Bundeswehr. In diesem Bemühen fehlt es nicht an der Legendenbildung, die Wehrmacht habe lediglich einen ‚Abwehrkampf gegen den Bolschewismus geführt' sowie an Hinweisen auf die große Zahl von Wehrmachts- und Waffen-SS-Soldaten, die bis in die 1980er Jahre in der Bundeswehr Dienst taten. Die JF-Autoren erwarten, dass die Bundeswehr sich offensiv/er zu diesen Soldaten bekennt und die Erinnerung an die Wehrmacht zu einem konkreten Gegenstand des Traditionsgefüges der Bundeswehr macht. In diesem Sinne betonte der frühere KSK-Kommandeur Günzel deren Traditionslinie zu den sogenannten ‚Brandenburgern', einer Spezialtruppe der Wehrmacht, welche für zahlreiche Verbrechen verantwortlich war; demgegenüber habe die heutige Bundeswehr – nicht zuletzt aufgrund des Konzepts der ‚Inneren Führung' keinen „klassischen soldatischen Ehrbegriff"[85] mehr.

Die in der Bundeswehr in den vergangenen fünfzehn Jahren erfolgten Umbenennungen von Kasernennamen haben stets eine Welle der Empörung bei den Stammautoren der JF ausgelöst. Dies galt für die Durchhalte-Generäle Dietl (Füssen) und Kübler (Mittenwald)[86] wie für die aufgrund eines Bundestagsbeschlusses zustande gekommene Namensänderung eines Jagdgeschwaders in Neuburg an der Donau und einer Kaserne in Visselhövede in Niedersachsen, die sich seit 2005 nicht mehr mit dem Namen von Werner Mölders schmücken durften, da dieser im Rahmen der ‚Legion Condor' an dem illegalen Militäreinsatz zur Unterstützung der franquistischen Putschisten in Spanien teilgenommen hatte. Gegen eine solche ‚Verunglimpfung der Soldaten der Legion Condor' wandten sich mehrfach Stimmen in der JF[87]. Als „vorauseilenden Gehorsam" und „im Kern barbarischen Akt" bezeichnete JF-Chefredakteur Stein die Entscheidung, im Luftwaffenstützpunkt Fürstenfeldbruck Straßenbezeichnungen, die bisher nach den „Helden" und „Fliegerlegenden Hans-Joachim Marseille, Ernst Udet, Max Immelmann, Oswald Boelcke"[88] benannt waren, zu ändern. Während der zuständige Kommandeur gegenüber der JF, die Tauglichkeit von Straßenschildern als Mittel der Traditionspflege verneinte[89], skandalisierten JF-Autoren den Vorgang als „Namenstürmerei bei der Luftwaffe"[90], als Teil einer

---

85   Günzel JF 50/06: 3.
86   Vgl. Ochsenreiter JF 46/95: 2.
87   Z.B. Vollstedt JF 11/06: 8.
88   Stein JF 10/06: 1.
89   Vgl. Gericke JF 10/06: 3.
90   Rosen JF 9/06: 5.

„Traditions- und Erinnerungsvernichtung", die die Bundeswehr als „traditions-
vergessenste Armee der Allianz"[91] auszeichne, sowie als „Akt nationaler Schan-
de", der „typisch für die geistige Verfassung unserer Nation"[92] sei. Auch die
Verhängung eines offiziellen Kontaktverbots der Bundeswehr zur ‚Ordensge-
meinschaft der Ritterkreuzträger' (1999) und zum ‚Verband deutscher Soldaten'
(2004), nachdem zu den Autoren in der Publikation des letztgenannten auch ein
führender Funktionär einer neonazistischen Organisation aus den USA gehörte,
sorgte in der JF für Empörung[93]. Hingegen wurde mit Zufriedenheit vermerkt,
dass der 1935 für das Jagdgeschwader 2 ‚Richthofen' der illegal aufgerüsteten
NS-Luftwaffe komponierte Richthofen-Marsch in der Bundeswehr weiterhin
gespielt wird[94].

Gegenüber den Soldaten der Waffen-SS, die vom Internationalen Militärtri-
bunal in Nürnberg insgesamt zur verbrecherischen Organisation erklärt worden
war, findet sich bei der JF zwar ein gewisses Abrücken von einigen ‚zweifelhaften Elementen', im Kern jedoch eine Betonung der Vorbildfunktion bzw. des
‚Elite-Charakters' dieser Verbände. Deschner etwa preist den „Reformgeist" der
„SS-eigene[n] Militärreform"[95]. Venohr sieht die Angehörigen der Waffen-SS
als junge Schwärmgeister – getrieben „von Vaterlandsliebe und vom Patriotismus"[96], also vermeintlich ganz entideologisiert. Bei ihm wird die Ermordung von
US-Soldaten durch eine Einheit der Waffen-SS zu einem „Versehen"; außerdem
hätten ohnehin alle Parteien Kriegsverbrechen begangen[97]. Neben derartigen
Relativierungen gilt eine Besorgnis auch der Abgrenzung der Soldaten der Waffen-SS von den Angehörigen der KZ-Wachmannschaften. So hätten sich die
„Frontsoldaten der Waffen-SS (...) über Nacht mit KZ-Aufsehern auf eine Stufe
gestellt"[98] gesehen; tatsächlich war die Trennung zwischen Wehrmacht und Waffen-SS einerseits und dem KZ-Wachpersonal, das für die reibungslose Ausbeutung der KZ-Häftlinge, ihre schließliche Ermordung und die Beseitigung der
Spuren verantwortlich war, nicht so deutlich wie dies im Nachhinein gerne dargestellt wurde[99].

Ungeachtet der langjährigen Mitwirkung bedeutender Repräsentanten am
NS-Regime und dessen völkerrechtswidriger Kriegsführung sowie des auch in

---

91   Kielmansegg JF 10/06: 3.
92   Stein JF 10/06: 1.
93   Vgl. Range JF 10/06: 10.
94   Freitag JF 14/06: 4.
95   Deschner JF 34/06: 10.
96   Venohr JF 35/06: 19.
97   Ebd.
98   Deschner JF 34/06: 10.
99   Vgl. Boberach 1983; Kárný 1986; Perz 1995; Güldenpfennig 2002.

diesen Kreisen anzutreffenden manifesten Antisemitismus[100] nimmt die Widerstandsgruppe des 20. Juli[101] einen zentralen Platz in der Berichterstattung der JF und in ihrer politischen Gedankenwelt ein. Ihre bekannteste Figur, Claus Schenk Graf von Stauffenberg, dient nicht nur zur Unterfütterung der These, dass ‚große Männer' Politik und Geschichte machen[102], sondern symbolisiert auch einstige (und zukünftige?) deutsche Großmachtambitionen und territoriale Ansprüche. Autoren der JF betonen dabei die Prägung Stauffenbergs durch den Kreis um Stefan George und die dort gepflegten Vorstellungen der Mittelalterlichen Reichsidee und des Elitismus[103]. Ein „ständestaatlich organisiertes Reich in der Gemeinschaft der abendländischen Völker, jenseits der ‚Gleichheitslüge'"[104] sei Ziel Stauffenbergs gewesen. Tatsächlich finden sich auf dieser Linie weitgehende Parallelen zu den aktuellen Vorstellungen der extremen Rechten zur Neuordnung Europas[105].

Wenn die JF unter Berufung auf ehemalige Angehörige der Gruppe die Sichtweise vertritt, dass es ohne die Vernichtungspolitik gegen das Judentum keinen 20. Juli gegeben hätte, so ist diese Perspektive zumindest insofern unvollständig, wenn nicht auch die Wendung des Kriegsverlaufes, insbesondere an der Ostfront, als maßgeblicher Faktor genannt und als Motiv berücksichtigt wird. Wiederholt wird in den Würdigungen des 20. Juli in der JF deutlich, dass deren Exponenten mit ihrer Opferbereitschaft, der Erziehung zu Demut, Treue, Verantwortung und Disziplin[106] und dem organizistischen Gesellschaftsmodell und der Idee eines Europäischen Staatenbundes sowie der Zielsetzung der Erhaltung des Deutschen Reiches auf völkischer Grundlage[107] wichtige Orientierungsmarken auch für aktuelle Politikentwürfe von Autoren der JF setzen. Neben der emphatisch gefeierten Bereitschaft der „Verschwörer um Stauffenberg", das „eigene Leben zu opfern (...), um das Ganze, Deutschland, zu retten"[108], stehen die Hinweise auf ihre erhebliche Übereinstimmungen mit dem Programm der NSDAP, insbesondere der Kampfansage an den Kommunismus, die Volksgemeinschaftsideologie und den Nationalismus[109].

---

100 Vgl. Messerschmidt 2000; Wette 2000.
101 Vgl. Ueberschär 2006.
102 Weissmann JF 30/06: 1.
103 Vgl. Konitzer JF 12/07: 17; Brauns JF 30/06: 17.
104 Brauns JF 30/06: 17.
105 Vgl. Virchow 2006: 111-128.
106 Hardenberg JF 30/06: 3.
107 Vgl. Venohr JF 29/99: 16-17.
108 Stein JF 29/19: 11.
109 Vgl. Venohr JF 29/99: 16-17; Busch JF 19/06: 17; Hardenberg JF 30/06: 3.

Die JF als politische Intervention

Außen- und militärpolitische Themen gehören zum festen Kanon der Berichterstattung der JF, die sich dabei der sogenannten ‚realistischen Schule' der internationalen Beziehungen zuordnet; zahlreiche der damit befassten Autoren haben als Offiziere in der Bundeswehr gedient oder nehmen noch immer an Wehrübungen teil, was freilich nicht immer vor sachlich unsinnigen Interpretationen schützt, wie etwa diejenige des in den letzten Jahren in der Bundeswehr verstärkt verfolgten Ansatzes des teilstreitkraft-übergreifenden Einsatzes („joint') als „jeder kann alles"[110].

Insbesondere unter Berufung auf geopolitische Ansätze und Denkfiguren Carl Schmitts tritt die JF für die Schaffung eines deutschen Machtstaates ‚in der Mitte Europas' ein[111], dessen Militärpolitik einer „nationalstaatlichen Logik" und nicht „einer angelsächsischen Logik"[112] zu folgen hätte. Die Ausbildung der Soldaten hätte sich am Ziel der Herausbildung von „Persönlichkeiten voll Kampfgeist und Opferwillen"[113] zu orientieren; und Wehrmacht und Waffen-SS würden zum Kanon der Traditionsbezüge der Bundeswehr gehören. Angesichts der von deutschen Soldaten im Zusammenhang mit den rasseimperialistischen Expansionsplänen des NS-Regimes begangenen Verbrechen bedarf dies freilich einer geschichtsrevisionistischen Darstellung, die in zahlreichen Beiträgen in der JF ihren Platz findet[114]. Diese können als Gegenstück zu einer Aufarbeitung des deutschen Faschismus gelesen werden, die nach Ansicht des JF-Gründers Stein inzwischen das Stadium des „Psychopathologischen"[115] erreicht habe. Hier aber sieht Weissmann die Möglichkeit der Umkehr; denn die „moralische Diskreditierung des Vorbilds USA und der Kampf der Kulturen, die Unmöglichkeit, eine nationale Identität aus dem Geist permanenter Bußbereitschaft erwachsen zu lassen" und der zunehmende zeitliche Abstand zu den Verbrechen des deutschen Faschismus seien signifikante Faktoren, die dazu führten, dass in der Mitte des ersten Jahrzehnts des 21. Jahrhunderts die „Kombination aus Westbindung und Sonderwegtabu auf der einen, Kollektivscham und dauernder Vergangenheitsbewältigung auf der anderen Seite"[116] zunehmend in Frage gestellt würden. Für die JF und ihre Parteigänger brächte dies die ersehnte Aufwertung des Militäri-

---

110 Rosen JF 7/06: 2.
111 Paulwitz JF 50/06: 1.
112 Günzel JF 05/06: 3.
113 Wolf JF 30-31/94: 19.
114 Vgl. z.B. Uhle-Wettler JF 06/91: 11; Magenheimer JF 04/93: 16; Sothen JF 45/98: 15; Schultze-Rhonhof JF 41/2005: 15; Krienen JF 43/05: 30.
115 Stein JF 10/06: 1.
116 Weissmann JF 22/06: 1.

schen in den Streitkräften und in der Gesellschaft[117] und eine Renationalisierung von Politik und Gemeinwesen[118].

Für die JF gilt, dass sie weniger als etwa das extrem rechte Monatsmagazin ‚Nation & Europa' der Selbstverständigung einer präzise abgrenzbaren politischen Strömung dient, sondern mit ihrer gelegentlichen Erweiterung auf das imperative Kommunikationsmuster des Diskurses[119] versucht, auch in der breiteren Öffentlichkeit wahrgenommen zu werden und gesellschaftliche Diskussionen zu beeinflussen. Die von ihr publizierten Interviews erweisen sich dabei zum Teil als schlagzeilenträchtig, erhöhen jedoch auch das soziale Kapital des Projekts, können doch Verweise auf Interviewpartner wie Johan Galtung[120] oder Charlotte Knobloch vom Zentralrat der Juden in Deutschland[121] zur Reputation des Projekts beitragen[122].

Schließlich sind unter dem Gesichtspunkt gezielter Einflussnahme auch die von der JF bzw. ihrem unmittelbaren Umfeld initiierten Unterschriftensammlungen und Kampagnen zu erwähnen. Im Kontext dieses Beitrages ist insbesondere jene zugunsten des langjährigen JF-Autors Götz Kubitschek erwähnenswert. Dieser war 1998 im Rahmen einer Wehrübung als Zugführer des Taktischen OpInfo-Zuges (vulgo: Einheit für psychologische Kriegsführung) eingesetzt und hatte während seines dortigen Aufenthaltes anlässlich des Todes von Ernst Jünger eine Lesung aus Jüngers Schriften veranstaltet. Als Co-Autor publizierte Kubitschek anschließend seine Erlebnisse aus dem Einsatz in Bosnien[123]. Die Bundeswehr entschied daraufhin, Kubitschek zukünftig nicht mehr zu Wehrübungen einzuziehen und entließ ihn aus einer im August 2001 stattfindenden Übung. Als Zeitungsprojekt organisierte die JF unter der Bezeichnung ‚Appell an die Bundeswehr: Gegen die Entlassung konservativer Soldaten' eine Solidaritätskampagne, die schließlich über 2.000 Unterschriften zusammenbrachte, darunter zahlreiche aktive und deaktivierte Bundeswehrsoldaten[124]. Im Februar 2002 wurde die Entscheidung der Bundeswehr vom Amtschef des Personalamtes der Bundeswehr aufgehoben.

---

117 Vgl. Stein JF 46/05: 1.
118 Schultze-Rhonhof JF 46/05: 7
119 Vgl. Echelmeyer 1999: 188-189.
120 Galtung JF 50/05: 3.
121 Knobloch JF 42/00: 3.
122 Vgl. Dietzsch/Jäger/Kellershohn/Schobert 2004.
123 Vgl. Kubitschek/Felser 1999.
124 Vgl. JF 40/01: 16.

Quellenverzeichnis

Backerra, Manfred (2006): Der Feind des Opportunismus. In: JF 23/2006 vom 02.06.2006: 18.

Barti, Alexander (2002): Eine Zeitung mit gebildeten Lesern. In: JF 5/2002 vom 25.01.2002: 8.

Benoist, Alain de (1999): Eigene Interessen. In: JF 12/1999 vom 05.03.1999: 2.

Benoist, Alain de (2006): Die Amerikaner haben doppelt unrecht. In: JF 37/2006 vom 08.09.2006: 9.

Brandlberger, Hans (2006): Zufriedene Amerikaner. In: JF 7/2006 vom 10.02.2006: 6.

Busch, Oliver (2006): Generationenkonflikt unter falschen Vorzeichen. In: JF 19/2006 vom 05.05.2006: 17.

Denes, Ivan (2006): Keine Kampftruppe. In: JF 36/2006 vom 01.09.2006: 2.

Deschner, Günther (2006): Die Geächteten. In: JF 34/2006 vom 18.08.2006: 10.

Feldmeyer, Karl (2005): Bundeswehr am Hindukusch. In: JF 43/2005 vom 21.10.2005: 12-13.

Freitag, Peter (2006): Minister am Gängelband. In: JF 09/2006 vom 24.02.2006: 3.

Freitag, Peter (2006): Viel Lärm um nichts. In: JF 14/2006 vom 31.03.2006: 4.

Galtung, Johan (2005): ,Ich nenne das Geofaschismus'. In: JF 50/2005 vom 09.12.2005: 3.

Geldzus, Oliver (1999): Ungewohnte Normalität. In: JF 26/1999 vom 25.06.1999: 13.

Gericke, Thomas (2006): ,Praktische Lösung für ein Problem'. In: JF 10/2006 vom 03.03.2006: 3.

Gillessen, Günther (2006): Von der Labilität der Offiziersehre. In: JF 46/2006 vom 10.11.2006: 15.

Griesbach, Alexander (2006): Holt unsere Soldaten heim!. In: JF 24/2006 vom 09.06.2006: 1.

Grüning, Lars (2005): Polizei im Tarnanzug. In: JF 44/2005 vom 28.10.2005: 6.

Günzel, Reinhard (2006): ,Ein neues ,Jena und Auerstedt''. In: JF 50/2006 vom 08.12.2006: 3.

Hagena, Hermann (2006): Im Schatten der Palme. In: JF 46/2006 vom 10.11.2006: 2.

Hepp, Robert (2006): Zufälle gibt es! In: JF 36/2006 vom 01.09.2006: 2.

Herrnstein, David (2007): Konzeptionslos. In: JF 12/2007 vom 16.03.2007: 2.

Hinz, Thorsten (2006): Siegfried aus dem Westen. In: JF 11/2006 vom 10.03.2006: 13.

Hornung, Klaus (2005): Die Krise der Bundeswehr und der Geist Scharnhorsts. In: JF 46/2005 vom 11.11.2005: 21.

IfS/Institut für Staatspolitik (2007): Parteigründung von rechts. Sind schlanke Strukturen möglich?, Albersroda.

Jendra, Ernst (1993): Kleinlandschaften und Kleinvölker. In: JF 3/1993 vom März 1993: 18.

Jendra, Ernst (1993): Hierarchisch und föderal. In: JF 4/1993 vom April 1993: 8.

JF (2001): Appell an die Bundeswehr: Gegen die Entlassung konservativer Soldaten. In: JF 40/2001 vom 28.09.2001: 16.

Kielmansegg, Hanno Graf von (2006): ,Traditionsvernichtung ohne Beispiel'. In: JF 10/2006 vom 03.03.2006: 3.

Klein, Markus (1992): Verortung in Mitteleuropa. In: JF 04/1992 vom April 1992: 9.

Knobloch, Charlotte (2000): ‚Für ein ungestörtes Verhältnis'. IN: JF 42/2000 vom 13.10.2000: 3.

Konitzer, Marzin (2007): Poetik des Widerstandes. In: JF 12/07 vom 16.03.2007: 17.

Kopp. Hans-Ulrich (1991): Reizwort Mitteleuropa. In: JF 09/1991 vom September 1991: 2.

Kopp, Hans-Ulrich (1993): Geopolitik statt Neopazifismus. In: JF 05/1993 vom Mai 1993: 13.

Krienen, Dag (2005): Europa in Brand stecken. In: JF 43/2005 vom 21.10.2005: 30.

Kubitschek, Götz/Felser, Peter (1999): Raki am Igman. Texte und Reportagen aus dem Bosnien-Einsatz der Bundeswehr. Steinheim: edition die lanze.

Kubitschek, Götz (2006): Es wird ernst. In: JF 09/2006 vom 24.02.2006: 1.

Lebitsch, Peter (2005): Weltgestaltung aus der Froschperspektive. In: JF 40/05 vom 30.09.2005: 15.

Magenheimer, Heinz (1993): Der Präventivkrieg. In: JF 04/1993 vom April 1993: 16.

Maschke, Günter (1991): ‚Der Raum der geistigen Freiheit ist geradezu verdampft'. In: JF 06/1991 vom Juni 1991: 3.

Maschke, Günter (1995): Staat, Großraum, Nomos. Arbeiten aus den Jahren 1916 – 1996. Berlin: Duncker & Humblot.

Maschke, Günter (2006): Kains Spur in Kolumbien. In: JF 37/2006 vom 08.09.2006: 20.

Neuhaus, Patrick (1999): Panzer und Blumen. In: JF 25/1999 vom 18.06.1999: 2.

Neujahr, Doris (2006): Ohne Nation geht's nicht. In: JF 23/2006 vom 02.06.2006: 1.

Neujahr, Doris (2006): Der Feind wird zum Verbrecher. In: JF 27/2006 vom 30.06.2006: 17.

Neujahr, Doris (2006): Es spricht der Ehrendoktor. In: JF 33/2006 vom 11.08.2006: 13.

Neujahr, Doris (2006): Es ist nicht unser Krieg. In: JF 34/2006 vom 18.08.2006: 11.

Neujahr, Doris (2006): Dreidimensional. In: JF 37/2006: vom 08.09.2006: 2.

Neujahr, Doris (2007): Das rechte Vakuum. In: JF 8/2007 vom 16.02.2007: 1.

Ochsenreiter, Manuel (1995): Das leise Lächeln der Genugtuung. In: JF 46/1995 vom 17.11.1995: 2.

Paulwitz, Michael (2006): Unfähig zur Volkstrauer. In: JF 47/2006 vom 17.11.2006: 1.

Paulwitz, Michael (2006): Das Lavieren beenden. In: JF 50/2006 vom 08.12.2006: 1.

Paulwitz, Michael (2007): Heimatfront. In: JF 12/2007 vom 16.03.2007: 2.

Range, Clemens (2005): ‚Radikaler Bruch mit Traditionen'. In: JF 52/2005-01/2006 vom 23./30.12.2005: 6.

Range, Clemens (2006): Politische Bilderstürmerei. In: JF 10/2006 vom 03.03.2006: 10.

Rosen, Paul (2006): Jung sieht alt aus. In: JF 7/2006 vom 10.02.2006: 2.

Rosen, Paul (2006): Das afrikanische Abenteuer. In: JF 8/2006 vom 17.02.2006: 5.

Rosen, Paul (2006): Gefährliche Schieflage. In: JF 9/2006 vom 24.02.2006: 5.

Rosen, Paul (2006): Afrikanische Spiele. In: JF 13/2006 vom 24.03.2006: 2.

Rosen, Paul (2006): Ausweitung des Einsatzgebietes. In: JF 22/2006 vom 26.05.2006: 5.

Rosen, Paul (2006): Reise ins Ungewisse. In: JF 30/2006 vom 21.07.2006: 5.

Rosen, Paul (2006): Mit den Kräften am Ende. In: JF 37/2006 vom 08.09.2006: 5.

Rosen, Paul (2006): Schachfiguren auf der Bühne der Weltpolitik. In: JF 52/2006-01/2007 vom 22./29.12.2006: 5.

Schmitt, Carl (1940/1995): Die Raumrevolution. Durch den totalen Krieg zu einem totalen Frieden. In: ders.: Staat, Großraum, Nomos. Arbeiten aus den Jahren 1916 – 1996. Berlin: Duncker & Humblot: 388-391.

Schüßlburner, Josef (1993): Die UNO als verlängerter arm. In: JF 11/1993 vom November 1993: 2.

Schüßlburner, Josef (1997): NATO oder Europa. In: JF 16/1997 vom 11.04.1997: 2.

Schultze-Rhonhof, Gerd (2005): Mildernde Umstände statt Freispruch. In: JF 41/2005 vom 07.10.2005: 15.

Schultze-Rhonhof, Gerd (2005): Stolz und Dankbarkeit. In: JF 46/2005 vom 11.11.2005: 7.

Sothen, Hans B. von (1998): Ein überfälliger Angriff. In: JF 45/1998 vom 30.10.1998: 15.

Stein, Dieter (1989): Eine Armee ohne Auftrag. In: JF 03/1989: 1/3.

Stein, Dieter (1992): Ohne letzte Konsequenz. In: JF 09/1992 vom September 1992: 1.

Stein, Dieter (1999): Deutscher Größenwahn, Holocaust-Mahnmal, 20. Juli 1944 und nationale Identität. In: JF 29/1999 vom 16.07.1999: 11.

Stein, Dieter (2005): Armee im Schatten der Gesellschaft. In: JF 46/2005 vom 11.11.2005: 1.

Stein, Dieter (2006): Eine Armee löscht ihr Gedächtnis. In: JF 10/2006 vom 03.03.2006: 1.

Stein, Dieter (2007): Wo ist die Rechte?. In: JF 4/2007 vom 19.01.2007: 1.

Stein, Dieter (2007): Kampf um das Völkerrecht. In. JF 11/2007 vom 09.03.2007: 1.

Thaler, Thorsten (1999): Entscheidung im Ernstfall. In: JF 18/1999 vom 30. April 1999: 11.

Tietze, Wolf (2006): Die Macht und der Raum. In: JF 06/2006 vom 03.02.2006: 16.

Uhle-Wettler, Franz (1991): Unbequeme Lehren aus dem Golfkrieg. In: JF 4/1991 vom April 1991: 7.

Uhle-Wettler, Franz (1991): Der Angriff auf die Sowjetunion als zeitgeschichtliches Tabu. In: JF 06/1991 vom Juni 1991: 11.

Uhle-Wettler, Franz (1991): Hofgenerale und Hofpresse. In: JF 11/1991 vom November 1991: 2.

Uhle-Wettler, Franz (1993): Die Demontage der Bundeswehr. In: JF 03/1993 vom März 1993: 11.

Venohr, Wolfgang (1990): ‚Es geht um den Abzug aller fremden Truppen aus Deutschland'. In: JF 8-9/1990 vom August/September 1990: 3.

Venohr, Wolfgang (1999): ‚Alle haben die Hosen voll! Niemand wagt zu widersprechen!' – Vergessene Dokumente des deutschen Widerstandes zeigen Größe und Tragödie eines Versuchs, Deutschland vor dem Untergang zu retten. In: JF 29/1999 vom 16.07.1999: 16-17.

Venohr, Wolfgang (2006): ‚Sie wollten Elitesoldaten sein'. In: JF 35/2006 vom 25.08.2006: 19.

Vollstedt, Michael (2006): ‚Standfest und entschlossen'. In: JF 11/2006 vom 10.03.2006: 8.

Vollstedt, Michael (2006): Mutlos in den Kampf. In: JF 35/2006 vom 25.08.2006: 2.

Von Sandrart, Hans-Henning (2006): ‚Abgesandte der Nation'. In: JF 24/2006 vom 09.06.2006: 3.

Waldherr, Michael (2003): Keine Besatzer, sondern Dauergäste. In: JF13/2003 vom 21.03.2003: 7.

Weissmann, Karlheinz (1992): ‚Den Deutschen werden noch große Aufgaben zuwachsen'. In: JF 10/1992 vom Oktober 1992: 3.

Weissmann, Karlheinz (2006): Von Dämonen zu Göttern. In: JF 22/2006 vom 26.05.2006: 1.

Weissmann, Karlheinz (2006): Der geheime Held. In: JF 30/2006 vom 21.07.2006: 1.
Wiesberg, Michael (2005): Wie souverän ist Deutschland?. In: JF 49/2005 vom 02.12.2005: 1.
Wolf, Alexander (1992): Macht und Völkerrecht. In: JF 11/1992 vom November 1992: 2.
Wolf, Kurt (1994): Das abenteuerliche Herz. In: JF 30-31/1994 vom 22.07.1994: 19.
Zehme, Markus (1990): Deutschlands Herausforderung. In: JF 10-11/1990 vom Oktober/November 1990: 2.
Zehme, Markus (1991): Die weltfremden Deutschen. In: JF 3/1991 vom März 1991: 2.
Zehme, Markus (1991): Fremde Truppen müssen raus. In: JF 4/1991 vom April 1991: 2.
Zehme, Markus (1993): Einsatz ohne Kommando. In: JF 06/1993 vom Juni 1993: 2.

Literatur

Baumann, Rainer (2002): The Transformation of German Multilateralism. Changes in the Foreign Policy Discourse since Unification. In: German Politics and Society 20.4: 1-26.
Boberach, Heinz (1983): Die Überführung von Soldaten des Heeres und der Luftwaffe in die SS-Totenkopfverbände zur Bewachung von Konzentrationslagern 1944. In: Militärgeschichtliche Mitteilungen Nr. 34: 185-190.
Buras, Piotr/Longhurst, Kerry (2004): The Berlin Republic, Iraq, and the Use of Force. In: European Security 13.3: 215-245.
Childers, Thomas (2005): ‚Facilis descensus averni est': The Allied Bombing of Germany and the Issue of German Suffering. In: Central European History 38.1: 75-105.
Chiozza, Giacomo (2002): Is Their a Clash between Civilizations? Evidence from Patterns of International Conflict Involvement, 1946-97. In: Journal of Peace Research 39.6: 711-734.
Dietzsch, Martin/Jäger, Siegfried/Kellershohn, Helmut/Schobert, Alfred (2004): Nation statt Demokratie. Sein und Design der ‚Jungen Freiheit'. Münster: Unrast.
Diner, Dan (1989): Rassistisches Völkerrecht. Elemente einer nationalsozialistischen Weltordnung. In: Vierteljahrshefte für Zeitgeschichte 37.1: 23-56.
Echelmeyer, Axel (1999): Rechtsextreme Publizistik, Frankfurt/Main: Lang.
Geier, Andrea (2004): Topik des Antisemitismus am Beispiel der Neuhofer Rede Martin Hohmanns – Oder: Woran erkennt man eine antisemitische Rede?. In: RhetOn. Online Zeitschrift für Rhetorik & Wissenstransfer 2/2004 (http://www.rheton.sbg.ac.at/?page=articles&section=02.04&article=geier, [05.04.2007]).
Güldenpfennig, Leonie (2002): Sozialstruktur und Alltag der Konzentrationslager-SS Neuengamme. In: Beiträge zur Geschichte der nationalsozialistischen Verfolgung in Norddeutschland Bd. 7 (Entgrenzte Gewalt. Täterinnen und Täter im Nationalsozialismus). Bremen: Temmen: 66-78.
Kárný, Miroslav (1986): Waffen-SS und Konzentrationslager. In: Jahrbuch für Geschichte 33: 231-261.
Klein, Ludger (2003): Rechtsextremismus und kollektive Identität. Eine sozialpsychologische Studie über ‚Die Republikaner' und die ‚Junge Freiheit'. Dissertation, Christian-Albrechts-Universität zu Kiel.

Laak, Dirk van (2000): Von Alfred T. Mahan zu Carl Schmitt: Das Verhältnis von Land-und Seemacht. In: Diekmann, Irene/Krüger, Peter/Schoeps, Julius H.: Geopolitik. Grenzgänge im Zeitgeist (Band 1.1: 1890 bis 1945). Potsdam: Verlag für Berlin-Brandenburg: 257-282.

McCulloch, Tom (2006): The Nouvelle Droite in the 1980s and 1990s: Ideology and Entryism, the Relationship with the Front National. In: French Politics 4.2: 158-178.

Messerschmidt, Manfred (2000): Motive der militärischen Verschwörer gegen Hitler. In: Ueberschär, Gerd R. (Hg.): NS-Verbrechen und der militärische Widerstand gegen Hitler. Darmstadt: WBG: 107-118.

Mosse, George L. (1986): Two World Wars and the Myth of the War Experience. In: Journal of Contemporary History 21.4: 491-513.

Nolan, Mary (2005): Germans as Victims during the Second World War. In: Central European History 38.1: 7-40.

Osterhammel, Jürgen (1998): Die Wiederkehr des Raumes: Geopolitik, Geohistorie und historische Geographie. In: neue politische literatur 3/1998: 374-397.

Perz, Bertrand (1995): Wehrmacht und KZ-Bewachung. In: Mittelweg36 4.5: 69-82.

Ress, Georg (1991): Art. 53. In: Simma, Bruno (Hg.): Charta der Vereinten Nationen. Kommentar. München: Beck: 676-695.

Russett, Bruce M./Oneal, John R./Cox, Michaelene (2000): Clash of Civilizations, or Realism and Liberalism Déjà Vu? Some Evidence. In: Journal of Peace Research 37.5: 583-608.

Schobert, Alfred/Papke, Ronald (1994): Ab durch die Mitte. Der Mitteleuropa-Gedanke in der Jungen Freiheit. In: Kellershohn, Helmut (Hg.): Das Plagiat. Der Völkische Nationalismus der Jungen Freiheit. Duisburg: DISS: 297-322.

Schwarz, Hans-Peter (2005): Republik ohne Kompaß. Anmerkungen zur deutschen Außenpolitik. Berlin: Propyläen.

Tuathail, Gearóid Ó (2001): Geopolitik – zur Entstehungsgeschichte einer Disziplin. In: Zeilinger, Reinhard/Rammer, Christian (Hg.): Geopolitik. Zur Ideologiekritik politischer Raumkonzepte. Wien: Promedia: 9-28.

Ueberschär, Gerd R. (2006): Stauffenberg und das Attentat vom 20. Juli 1944. Frankfurt/Main: Fischer.

Virchow, Fabian (2006): Gegen den Zivilismus. Internationale Beziehungen und Militär in den politischen Konzeptionen der extremen Rechten, Wiesbaden: VS.

Wette, Wolfram (2000): Reichswehr, Wehrmacht, Antisemitismus und militärischer Widerstand (1933-1939). In: Ueberschär, Gerd R. (Hg.): NS-Verbrechen und der militärische Widerstand gegen Hitler. Darmstadt: WBG: 19-30.

Zakravsky, Catherina (1999): Politische Mythologie des letzten Krieges als Völkerrechtswissenschaft. In: Pircher, Wolfgang (Hg.): Gegen den Ausnahmezustand. Zur Kritik an Carl Schmitt. Wien & New York: Springer: 179-200.

II. Akteure, Kunden und Kampagnen

Politischer und publizistischer Werdegang von Autoren der „Jungen Freiheit"

Anton Maegerle

> „Sie verstößt nicht gegen geltendes Recht. Aber zur Demokratie gehört neben der Freiheit der ‚Jungen Freiheit' erscheinen zu dürfen, auch das Recht sagen zu dürfen: Dieses Blatt ist ein rechtsradikal ausgerichtetes Blatt."[1]

Dieser Aufsatz will ausgewählte ehemalige und aktuelle Autoren sowie Redakteure der „Jungen Freiheit" (JF) vorstellen: in welchem politischen Umfeld sie sich bewegen, referieren und publizieren.

Einleitend sei der einstige Bundesvorsitzende der rechtsextremen Partei ‚Die Republikaner', Franz Schönhuber, zitiert. Auf dessen Homepage war 2003 zu lesen, dass es neben der „organisierten Rechten" ein „Sammelbecken für Verhaltensgestörte, Neidhammel, Gschaftlhuber und Besserwisser" gebe. „Einige aus diesem Bereich", so Schönhuber, „haben sogar eine journalistische Plattform gefunden, die ‚Junge Freiheit'." Schönhuber weiter: „Dabei tut dieses Wochenblatt alles, um von rechts loszukommen und prozessiert unentwegt gegen die vom Verfassungsschutz vorgenommene Einstufung als radikal oder extremistisch." Nach Auffassung von Schönhuber ist jedoch „nicht einzusehen, warum die ‚Junge Freiheit' anders beurteilt werden sollte, als die ‚Nationalzeitung', die ‚Deutsche Stimme' oder ‚Nation & Europa'." Schönhubers Argumentation: „Die Redaktionsspitze der ‚Jungen Freiheit' kommt ja schließlich von den Republikanern oder der noch weiter rechts stehenden REP-Abspaltung, der ‚Deutschen Liga'." Erzürnt ist Schönhuber darüber, dass dies JF-Chefredakteur Dieter Stein „nicht mehr wahrhaben" will: „Dabei ist Stein selbst alles andere als ein Adonis, sondern ein introvertierter und sich seiner selbst nicht sicherer Zeitgenosse." Teilen der JF-Redaktionsmannschaft, „die anderwärts gescheitert sind und für die jetzt die JF eine Art Arche Noah darstellt", warf Schönhuber einen „weit verbreiteten Minderwertigkeitskomplex", den sie durch ein „elitäres Gehabe" kompensieren, vor.[2]

---

1   Sebastian Edathy, Vorsitzender Bundestags-Innenausschuss, zit. nach http://www3.ndr.de/ndrtv_pages_std/0,3147,OID2401286,OO.htm eingesehen am 30. September 2006.

2   Zit. nach http://www.schoenhuber-franz.de/buch_werkstatt/8-kapitel.html eingesehen am 03. Oktober 2003.

Alain de Benoist

Im Kapitel „Intellektualisierungsbemühungen im Rechtsextremismus" hielten die niedersächsischen Verfassungsschützer in ihrem Jahresbericht 2005 fest: „Die ‚Neue Rechte' verbirgt ihre fremdenfeindliche Grundtendenz in dem von ihr propagierten Konzept des Ethnopluralismus. Der führende Vertreter dieses Denkansatzes ist der Vertreter der französischen Nouvelle Droite (Neue Rechte) Alain de Benoist, ein Philosoph, dessen Schriften von deutschen Rechtsextremisten umfassend rezipiert werden." Er bildet damit eine wichtige Mittlerrolle zwischen den rechtsintellektuellen Lagern beider Länder. Weiter konstatieren die niedersächsischen Verfassungsschützer: „De Benoist betrachtet Völker als ‚organische Gemeinschaften', die sich von der Fremdbestimmung befreien müssten. Ausgehend von der homogenen Ethnie lehnen von ihm beeinflusste Vertreter der ‚Neuen Rechten' Einwanderung als ‚volksgemeinschaftsschädlich' ab. Das Konzept des Ethnopluralismus stellt die kulturellen Unterschiede der Menschen in den Vordergrund und propagiert die kulturelle, möglichst aber auch räumliche Trennung ethnischer Gruppen."[3]

De Benoist, Jahrgang 1943, der „eindeutig dem Rechtsextremismus zuzurechnen ist", so das bayerische Staatsministerium des Innern[4], ist langjähriger ständiger Mitarbeiter der JF. Sein erster Beitrag in der JF erschien 1991. De Benoists Titel „Aufstand der Kulturen" bildete 1999 den ersten Band der 1999 geschaffenen Edition JF.

Mehrere der Übersetzungen seiner Bücher in Deutschland erschienen im rechtsextremen Verlagskomplex Grabert/Hohenrain (Tübingen). Außerdem war de Benoist Gelegenheitsautor der beim Grabert-Verlag erscheinenden geschichtsrevisionistischen Vierteljahresschrift ‚Deutschland in Geschichte und Gegenwart' (DGG). Darin beklagte er 2002, dass „die Anprangerung des Nationalsozialismus paradoxerweise stärker" wird, „je mehr Zeit vergeht".[5]

Das baden-württembergische Landesamt für Verfassungsschutz bescheinigte dem Verlagskomplex für das Jahr 2002, mit seinen Verlagsprogrammen alle Themenfelder abzudecken, „die für den Rechtsextremismus von politisch-ideologischer Bedeutung sind"[6].

In einem 2004 erschienenen JF-Artikel verglich de Benoist den nordrhein-westfälischen Verfassungsschutz mit einer NSDAP-Behörde. Er erklärte in ei-

3   Niedersächsisches Ministerium für Inneres und Sport (Hg.): Verfassungsschutzbericht 2005, Hannover 2006: 21.
4   Bayerischer Landtag, Drucksache 15/3836.
5   De Benoist, Alain: Zur Verharmlosung des Kommunismus. In: „Deutschland in Geschichte und Gegenwart", 1/2002: 24-27, hier: 24.
6   Innenministerium Baden-Württemberg (Hg.): Verfassungsschutzbericht Baden-Württemberg 2002. Stuttgart 2003: 75.

nem Artikel unter der Überschrift „Frischer Atemzug", die Rolle des nordrhein-westfälischen Verfassungsschutzes entspräche „exakt derjenigen [...], die die Prüfungskommissionsstelle der NSDAP im Dritten Reich erfüllte - Gedanken (und Hintergedanken) zu überwachen, die Meinungsfreiheit einzuschränken, Zensur auszuüben".[7]

Im gleichen Jahr kritisierte Benoist in seinem JF-Artikel „Freiheit braucht Gemeinschaft" die „bemerkenswerte Dürftigkeit" des Begriffs des Individuums und sprach abwertend von der bloßen „Rhetorik der Menschenrechte". Die Bedeutung der Menschenrechte als grundlegende Werte des Verfassungsstaates in Frage stellend, fuhr er fort: „Das Individuum als solches" könne „kein echtes Rechtssubjekt sein", da Rechte nur mit der „Mitgliedschaft in einem politischen Ganzen einhergehen" könnten. Der Macht der „politischen Obrigkeit" seien Grenzen gesetzt, „nicht weil Individuen von Natur aus unbegrenzte Rechte" hätten, sondern wegen der „Verpflichtung der politischen Obrigkeit, die Freiheit der Gesellschaftsmitglieder zu achten".[8]

Aufmerksam registriert wurde dieser Artikel beim Bundesamt für Verfassungsschutz. Bezug nehmend auf diesen JF-Beitrag nannte das Bundesamt für Verfassungsschutz de Benoist einen „rechtsextremistischen Autor".[9]

Erstmals erwähnt in einem Verfassungsschutzbericht des Bundes wurde Benoist im Jahr 1979. Benoist, so der Vorwurf der Verfassungsschützer damals, schwebe „ein von einer naturgegebenen, hierarchisch-geordneten Elite geführter Staat" vor, der „die ‚Ideologie der Gleichmacherei' ebenso bekämpft wie die ‚jüdisch christliche Tradition'."[10]

Als Interviewpartner stand de Benoist unter anderem dem NPD-Parteiorgan ‚Deutsche Stimme', der Parteizeitung ‚Der Republikaner' und der rechtsextremen Monatszeitschrift ‚Nation & Europa' zur Verfügung. Als Referent trat er unter anderem bei der Münchner Burschenschaft ‚Danubia' und beim ‚Deutschen Seminar' in Erscheinung. Die pflichtschlagende Burschenschaft ‚Danubia' gehört zum radikal völkischen Flügel des ‚Dachverbandes der Deutschen Burschenschaft' (DB). Das ‚Deutsche Seminar' war regionales Beobachtungsobjekt des Landesamtes für Verfassungsschutz Baden-Württemberg.

---

7   De Benoist, Alain: Frischer Atemzug. In: JF 5/2004.
8   De Benoist, Alain: Freiheit braucht Gemeinschaft. In: JF 5/2004: 15.
9   Bundesministerium des Innern (Hg.): Verfassungsschutzbericht 2004. Berlin 2005: 101.
10   Bundesministerium des Innern (Hg.): Betrifft: Verfassungsschutz 1979. Bonn 1980: 44.

Hans-Ulrich Kopp

Hans-Ulrich Kopp, Jahrgang 1962, gehörte in führender Funktion der JF-Redaktionsmannschaft bis Anfang 1995 an; in dem Blatt, zu dessen Mitherausgebern er zählte, publizierte Kopp auch unter dem Pseudonym „Friedrich von Lodenitz" (seine Familie kam aus Lodenitz, südwestlich von Prag). Kopp war für die Organisation der JF-‚Sommeruniversitäten' zuständig. Nach seinem Ausscheiden aus der JF-Mannschaft war Kopp führend am Aufbau der ‚Freien Deutschen Sommerakademie' als Abspaltung der ‚Sommeruniversität' beteiligt. Absicht der ‚Sommerakademie'-Organisatoren war es, so nordrhein-westfälische Verfassungsschützer, „die Vernetzung der rechtsextremistischen Szene voranzutreiben und rechtsextremistische Ideologieansätze auch in akademischen Kreisen diskutabel zu machen."[11]

Während seiner JF-Tätigkeit übte Kopp zeitweilig das Amt des Beisitzers des revanchistischen ‚Witikobundes' und des „Schriftleiters" des ‚Witikobriefs' aus. Er gehörte dem unionsnahen ‚Studienzentrum Weikersheim' (SZW) und dessen Jugendorganisation ‚Junges Weikersheim' an, referierte bei der rechtsextremen ‚Gesellschaft für Freie Publizistik' (GFP) und der geschichtsrevisionistischen ‚Zeitgeschichtlichen Forschungsstelle Ingolstadt' (ZFI). Die GFP wurde 1960 von ehemaligen SS-Offizieren und NSDAP-Funktionären gegründet. Erkenntnissen der Verfassungsschützer zufolge ist die GFP die größte rechtsextreme kulturpolitische Vereinigung in der Bundesrepublik. Ihr gehören insbesondere rechtsextreme Publizisten, Schriftsteller und Verleger an. Als der ‚Republikanische Hochschulverband' (RHV), die Studierendenorganisation der Republikaner, 1989 im Haus der Münchner Burschenschaft ‚Danubia' gegründet wurde, war Kopp, der als Mitglied des baden-württembergischen Landesvorstandes der ‚Union der Vertriebenen' zuvor die CDU verlassen hatte, auch dabei und wurde zu einem von drei gleichberechtigten Vorsitzenden gewählt. 1993 wurde Kopp zum Vorsitzenden des Altherrenverbandes der ‚Danubia' gewählt. Das Amt hatte er bis 1998 inne. Beim GFP-Jahreskongress 1994 lamentierte Kopp über die „antifaschistische Gesinnungsdiktatur" und den „direkten Weg in den linken Polizeistaat". O-Ton Kopp: „Ich fürchte, daß viele Patrioten den Ernst der Situation noch nicht erkannt haben. Nur so läßt sich erklären, daß – während alle Beteiligten schon mit einem Bein im Grab stehen – immer noch und zunehmend groteskere Ab- und Ausgrenzungsrituale vollzogen werden, [...] weil man z.B. meint, dieser oder jener sei zu bürgerlich oder zu wenig radikal; dabei läßt sich

---

11   Innenministerium des Landes Nordrhein-Westfalen (Hg.): Verfassungsschutzbericht des Landes Nordrhein-Westfalen über das Jahr 1997. Düsseldorf 1998: 126.

in Sandalen ebenso radikal denken (und damit zum Handeln anleiten) wie in Knobelbechern."[12]

Politisch trat Kopp erstmals im Alter von 20 Jahren in Erscheinung, als er zum Schriftführer und stellvertretenden Obmann des ‚Verbandes deutscher Sprachvereine und Sprachfreunde' gewählt wurde. Der Verband betrachtete sich als Nachfolger des 1943 aufgelösten ‚Deutschen Sprachvereins'. Er übernahm laut Satzung auch die Betreuung des deutschsprachigen Südtirol, Elsass, Lothringen und des „Rheinlands in der Wallonie" (Eupen-Malmedy).

Nach seiner JF-Tätigkeit war der heutige Stuttgarter Bauunternehmer Kopp unter anderem Pressesprecher der ‚Deutschen Burschenschaft' (1996-97). Anzeigen für seine Firma ‚Lautenschlager + Kopp' schaltete Kopp auch in der ‚DanubenZeitung'. In den letzten Jahren war Kopp Autor einschlägiger Publikationen wie der ‚Deutschen Militärzeitschrift', ‚Deutsche Geschichte', ‚Nation & Europa', ‚Aula' und ‚Frieden 2000' (Alfred Mechtersheimer). In „Frieden 2000" schrieb er 1998: „Verschwenden wir [...] unsere Zeit nicht damit, den süßlichen Weihrauch der Christenunion zu schnuppern. Der einzige Weg zur nationalen Zukunft führt durch die kühle Luft einer Lebenswirklichkeit, die man außerhalb der staatlichen Amtsstuben atmet."[13]

Zeitweilig war Kopp Sprecher der extrem rechten ‚Akademischen Ferialverbindung Rugia Karlsbad' (‚AFV! Rugia Karlsbad') und Vorstandsmitglied des rechtsextremen ‚Cannstatter Kreises'. Der ‚Cannstatter Kreis' stellte im November 2002 seine Arbeit ein, nachdem ihm die Gemeinnützigkeit entzogen worden war.

Im gleichen Jahr fand sich Kopp auf der Teilnehmerliste des Maikongresses des ‚Studienzentrums Weikersheim'. Seit 2006 ist Kopp wieder Funktionär des ‚Witikobundes'. Als Vorsitzender steht er seit 1999 dem gemeinnützigen Verein ‚Kultur-und Zeitgeschichte - Archiv der Zeit' vor. Gründer und Ehrenvorsitzender des geschichtsrevisionistischen Vereins ist der 1999 verstorbene rechtsextreme Verleger Waldemar Schütz, vormals Ordensjunker und Hauptsturmführer der Waffen-SS, später NPD-Landtagsabgeordneter und GFP-Vize.

Günter Maschke

Ein knappes Dutzend Teilnehmer hatte sich im Oktober 2006 zum JF-Gesprächsforum „Raum für geistige Freiheit" mit dem Publizisten Günter Maschke,

---

12 Kopp, Hans-Ulrich: "Überfremdung" und andere Unwörter. In: „Gesellschaft für Freie Publizistik" (Hg.): Kongress-Protokoll 1994. Schicksalsjahr 1994 - Wandel tut Not! Oberboihingen 1994: 11-22; hier: 22.
13 Kopp, Hans-Ulrich: Keine Hoffnung auf die Union setzen. In: Frieden 2000, 10-12/1998: 3.

Jahrgang 1943, auf der Frankfurter Buchmesse eingefunden. Der in Trier aufge-
wachsene JF-Gelegenheitsautor Maschke galt einst als „Rudi Dutschke von
Wien". In Wien organisierte er 1967 den „Aufbau" der APO und entschwand
1968 ins politische Exil nach Kuba. Die Zuckerrohrinsel musste Maschke,
Schwager von Gudrun Ensslin (RAF), im Folgejahr wegen „konterrevolutionärer
Umtriebe" verlassen. Maschke hat wesentlich zur Renaissance von Carl Schmitt
innerhalb der intellektuellen Neuen Rechten beigetragen. Der antidemokratische
Staatsrechtler und Gegner des Parlamentarismus Schmitt gilt als einer der intellektuellen Zerstörer der Weimarer Republik und „Kronjurist" der Nazis. Der
wüste Nazi-Parteigänger rechtfertigte die politischen Morde im Zusammenhang
mit dem sogenannten Röhm-Putsch („Der Führer schützt das Recht") und prä-
sentierte sich als rabiater Antisemit. Nach 1949 verspottete er die im Grundgesetz festgelegten Grundrechte als „unveräußerliche Eselsrechte". Schmitts Denken und das Grundgesetz sind, so der Hamburger Politikwissenschaftler Wolfgang Gessenharter, „in keiner Weise in Harmonie" zu bringen.[14]

Die JF, für die Maschke mehrfach als Interviewpartner zur Verfügung
stand, bescheinigt ihm, einer der schärfsten und gefürchtesten Kritiker des „deutschen Parlamentarismus und der Vergangenheitsbewältigung"[15] zu sein. Auf die
Frage, ob er ein „Verfassungsfeind" sei, antwortete Maschke der JF: „Ja, denn
das Grundgesetz ist halb Oktroi, halb ein Produkt von Kollaborateuren der Sieger. Man könnte sagen, daß es ein selbst auferlegtes Oktroi ist. Die besten Fesseln Deutschlands sind immer die, die wir selber machen."[16]

Feindbild sind für Maschke die USA: „Amerika hat zweimal gegen uns den
Krieg entschieden, es hat uns besetzt, es hat uns umerzogen. ... Amerika ist eine
raumfremde Macht, die in Europa steht, deren Verlockungen ich nicht haben
will, deren Massenkultur desorientierende Folgen hat."[17]

An anderer Stelle bewertete Maschke die Verfassung als „Gefängnis" und
diffamierte demokratische Werte als „Kannibalenhumanität und Zigeunerlibera-
lismus".[18]

Maschke, Interviewpartner der NPD-Postille ‚Deutsche Stimme', ist einer
der Autoren des Sammelbandes „Wagnis Wahrheit. Historiker in Handschellen?", einer „Festschrift für David Irving", die 1998 beim rechtsextremen Arndt-
Verlag (Kiel) von Dietmar Munier, vormals stellvertretender schleswig-

---

14   Vgl. Gessenharter, Wolfgang: Kippt die Republik? Die Neue Rechte und ihre Unterstützung
     durch Politik und Medien. München 1994: 85.
15   JF 6/1991: 3.
16   Ebd.
17   Ebd.
18   Maschke, Günter: Der Engel der Vernichtung. In: JF 15/2003: 17.

holsteinischer Landesvorsitzender der NPD-Jugendorganisation ‚Junge Nationaldemokraten', erschien.[19]

Der Brite Irving ist weltweit der bekannteste Geschichtsrevisionist. Irving
wurde 1993 vom Landgericht München wegen Beleidigung und Verunglimpfung
Verstorbener zu einer Geldstrafe verurteilt und ausgewiesen. Seitdem besteht ein
Einreiseverbot. Im Jahr 2000 unterlag Irving in einem von ihm angestrengten
Verleumdungsprozess gegen eine US-amerikanische Historikerin vor dem Lon-
doner High Court, die ihn als „einen der gefährlichsten Holocaustleugner" bezeichnet hatte. Das Gericht bezeichnete Irving in der Urteilsverkündung als Ras-
sisten, Antisemiten und Fälscher historischer Fakten.[20]

Andreas Molau

Andreas Molau, Jahrgang 1968, war von 1991 bis 1994 verantwortlicher Redakteur des JF-Kulturteils. 2004 avancierte Molau zum Berater der NPD-
Landtagsfraktion in Sachsen und zum stellvertretenden Chefredakteur der ‚Deutschen Stimme'. Im April 2005 wurde Molau zum Vorsitzenden der ‚Gesellschaft
für freie Publizistik' (GFP) gewählt. Auf dem GFP-Jahreskongress in Bayreuth
betonte Molau: „Wir sind nicht verpflichtet, die Geschichtslügen der Sieger und
ihrer deutschen Helfershelfer zu glauben, [...] wir müssen nicht die gleiche
Schuldliteratur lesen, [...] wir können unsere Kinder [...] loslassen, denn es gibt
nationale Jugendbünde, die einen freiheitlichen Impuls pflegen. Wir können eine
Gegengesellschaft aufbauen, und wir müssen das tun. Jeder Einzelne, der aus
dem Wahnsinn ausschert, ist ein Stachel im Fleisch der großen Gleichschalter.
Wir müssen uns selbst befreien!"[21]

Im November 2006 wurde Molau in den NPD-Bundesvorstand gewählt. Er
betreut das Referat Bildung und steht dem Parteivorsitzenden als Mitarbeiter zu
Seite. In seiner Eigenschaft als Leiter des „Amtes Bildung" in der NPD kommentierte Molau die Verurteilung des notorischen Holocaustleugners und Antisemiten Ernst Zündel im Februar 2007 in einer Pressemitteilung: „Es zeigt sich
im Urteil und seiner Aufnahme ein erschreckendes Maß an geistiger Unfreiheit.
Im Deutschland des Jahres 2007 werden Menschen eingesperrt, weil sie eine von
der Politik in Gesetzesform gegossene ‚Wahrheit' bestreiten [...] Man ahnt, sol-

---

19   Vgl. Uhle-Wettler, Reinhard: Wagnis Wahrheit. Historiker in Handschellen? Festschrift für
     David Irving. Kiel 1998.

20   Vgl. dazu: Bundesministerium des Innern (Hg.): Verfassungsschutzbericht 2000, Berlin 2001,
     S.103f.

21   Zit. nach Niedersächsisches Ministerium für Inneres und Sport (Hg.): Verfassungsschutzbericht
     des Landes Niedersachsen 2005. Hannover 2006: 22.

che Richter hätten auch skrupellos Menschen wegen ‚Republikhetze' nach Bautzen geschickt."[22]

Kontakte zur NPD nahm Molau bereits in seiner Gymnasialzeit auf. Öffentlichkeitswirksam machte er in diesen Kreisen erstmals Ostern 1995 auf sich aufmerksam. Bei einem Osterlager der ‚Jungen Nationaldemokraten' trat Molau neben Alt-NPD-Kadern wie den Holocaustleugnern Udo Walendy und Günter Deckert als Referent auf.

Während seiner Redakteurs-Tätigkeit bei der JF veröffentlichte Molau 1993 beim nationalrevolutionären Verlag Siegfried Bublies das Buch „Alfred Rosenberg. Die Ideologie des Nationalsozialismus". Die Monatszeitschrift ‚Nation & Europa' bescheinigte Molau mit diesem Buch einen „veritablen Mosaikstein zur Historisierung des NS"[23] geliefert zu haben. Die Zeitschrift ‚Europa Vorn' erklärte: „Keiner wird an diesem Buch vorbeikommen, der sich bei der Beschäftigung mit dem Nationalsozialismus nicht nur auf die Personen Hitler und Goebbels beschränken will."[24]

Die JF empfahl das Buch „auch dem historisch interessierten Laien als wichtige Ergänzung zum Verständnis der Zeit des Nationalsozialismus".[25]

Rosenberg war Mitglied der NSDAP-Vorläuferorganisation ‚Thule-Gesellschaft', Teilnehmer des „Marsches zur Feldherrnhalle" 1923 und ab 1933 „Beauftragter des Führers für die Überwachung der gesamten geistigen und weltanschaulichen Schulung und Erziehung der NSDAP". 1941 wurde Rosenberg zum „Reichsminister für die besetzten Ostgebiete" ernannt.

Nach seinem Weggang bei der JF arbeitete Molau für das rechtsextreme Verlagsimperium von Gert Sudholt; unter anderem als Redakteur der Zeitschrift ‚Deutsche Geschichte'. Als Lektor stand er Franz Schönhuber zur Seite und publizierte in ‚Nation & Europa' sowie der Wochenzeitung ‚Das Ostpreußenblatt'. Ende 1996 verschwand Molau offiziell von der politisch-publizistischen Bühne und unterrichtete als Lehrer bis zu den Herbstferien 2004 an einer Braunschweiger Waldorfschule Deutsch und Geschichte. Während dieser Tätigkeit publizierte Molau unter dem Pseudonym „Hauke Nanninga". Unter diesem Namen erscheinen auch 2007 weiterhin Artikel von Molau; unter anderem in der ‚Deutschen Stimme'.

---

22 Zit. nach http://www.npd.de eingesehen am 16. Februar 2007.
23 Nation & Europa 11-12/1993: 96.
24 Europa Vorn Nr. 68: 8.
25 JF 25/1994.

Andreas Mölzer

Ständiger JF-Mitarbeiter ist der FPÖ-Europaabgeordnete Andreas Mölzer, Jahrgang 1952. Er ist auch Mitglied der im Januar 2007 ins Leben gerufenen rechtsextremen Fraktion ‚Identität - Souveränität – Transparenz' (IST) im Straßburger Europaparlament. Mölzers Anliegen, so die vom Deutschen Bundestag herausgegebene Zeitung ‚Das Parlament', ist es, „die völkische Weltanschauung und rechtsextremes Gedankengut salonfähig zu machen. Dabei geht es ihm nicht allein um das Zusammenführen des rechten Lagers in Österreich. Er versteht sich auch als Brückenbauer zwischen den Rechten Europas [...] Unverhohlen propagiert er ein Europa in den Grenzen des ‚alten Heiligen Römischen Reiches Deutscher Nation' und warnt in seinen Äußerungen und Beiträgen vor der ‚zionistischen Gefahr'. Er wettert gegen die ‚Umvolkung' in Europa und beklagt die eigene ‚politische Verfolgung' durch ‚die' Eliten sowie die Aufnahme von EU-Beitrittsverhandlungen mit der Türkei."[26]

Mölzer, vormals FPÖ-Chefideologe, ist seit 1997 Mitherausgeber und Chefredakteur der rechtsextremen österreichischen Wochenzeitung ‚Zur Zeit', dem Schwesterblatt der JF. Der Burschenschafter pflegt seit Jahrzehnten vielfältige und intensive Beziehungen zu Gleichgesinnten in der Bundesrepublik. Als Referent trat er unter anderem bei der ‚Gesellschaft für freie Publizistik' (GFP), der Partei ‚Die Republikaner', beim Verein ‚Die Deutschen Konservativen' und bei der Fraktion ‚Pro Köln' in Erscheinung. Als Interviewpartner stand er der ‚National-Zeitung' und der ‚Deutschen Stimme' zur Verfügung. Als Autor war Mölzer unter anderem in den NS-apologetischen ‚Deutschen Monatsheften' und dem ‚NHB-report', dem Organ der NPD-Studierendenorganisation ‚Nationaldemokratischer Hochschulbund' (NHB), vertreten.

Manuel Ochsenreiter

Manuel Ochsenreiter, Jahrgang 1976, ist Chefredakteur der ‚Deutschen Militärzeitschrift' (DMZ). Ende 2004 verließ das JF-Urgestein für diesen Posten deshalb die JF-Redaktion. Ochsenreiter wurde mit warmen Worten von Thorsten Thaler, JF-Chef vom Dienst, vormals Pressesprecher des Berliner REP-Landesverbandes, verabschiedet: „Die Junge Freiheit verliert mit Manuel Ochsenreiter einen engagierten Politik-Redakteur, der besonders durch seine Recherchen und Beiträge in den Themenbereichen Islamismus und Linksradikalismus Maßstäbe gesetzt und das Profil der Zeitung wesentlich mitgeprägt hat".[27]

---

26   Schellenberg, Britta: Stichwort: Andreas Mölzer (FPÖ). In: Das Parlament 45/2005.
27   JF 47/2004.

Die DMZ steht, so die Bundesregierung, „dem rechtsextremistischen ‚Arndt-Verlag' nahe. Sie veröffentlicht regelmäßig Werbeanzeigen für Druckerzeugnisse des ‚Arndt-Verlages' und anderer rechtsextremistischer Verlage. Im redaktionellen Teil der DMZ finden sich Beiträge, die den Zweiten Weltkrieg unkritisch und teilweise mit geschichtsrevisionistischer Tendenz thematisieren."[28]

Domaininhaber der Internetseite www.deutschemilitaerzeitschrift.de ist der ‚Arndt-Buchdienst' im schleswig-holsteinischen Martensrade. Kopf des Verlagskomplexes ist der Kieler Verleger Dietmar Munier.

Anzeigen schaltet die DMZ unter anderem in der JF, im NPD-Sprachrohr ‚Deutsche Stimme' und der Waffen-SS-treuen Monatszeitschrift ‚Der Freiwillige'. Mit Anzeigen in der DMZ war unter anderem der geschichtsrevisionistische Verlagskomplex Grabert/Hohenrain vertreten. Für die DMZ greifen auch JF-Autoren wie Ronald Gläser, zugleich Chefreporter der ‚Konservativen Deutschen Zeitung', dem Organ des extrem rechten Vereins ‚Die Deutschen Konservativen', zur Feder.

Ochsenreiter, vormals stellvertretender Landesvorsitzender des ‚Christlich-Konservativen-Deutschland-Forum' (CKDF) in Bayern/Baden-Württemberg, ist Autor der ‚Konservativen Deutschen Zeitung' und Referent beim JF-nahen ‚Institut für Staatspolitik'. Er gehört dem ‚Witikobund' als Mitglied an. Ochsenreiters Lieblingsautor ist Ernst Jünger („Ich hasse die Demokratie wie die Pest!"[29]).

Werner Olles

JF-Stammautor Olles, Jahrgang 1942, wird vom nordrhein-westfälischen Innenministerium dem nationalrevolutionären Flügel der extremen Rechten zugerechnet.[30]

Olles, der seit Oktober 1990 in der JF publiziert, gehörte einst dem ‚Sozialistischen Deutschen Studentenbund' (SDS) sowie der SPD an und sympathisierte mit dem linkssektiererischen ‚Kommunistischen Bund' (KB). 1981 erschien Olles erster Leserbrief in der nationalrevolutionären Postille ‚Wir Selbst – Zeitschrift für nationale Identität' und Olles entwickelte sich immer weiter nach rechts. 1984 nahm Olles in der nationalrevolutionären Postille ‚Aufbruch' Stellung zum Thema „nationalrevolutionäre Moral": „Wir, die konservativ und revolutionär geblieben sind, haben die Kraft, um die kommenden schwierigen Zeiten

---

28   Deutscher Bundestag, Drucksache 16/1282: 7.
29   Zit. nach Innenministerium des Landes Nordrhein-Westfalen (Hg.): Die Kultur als Machtfrage. Die Neue Rechte in Deutschland. Düsseldorf, 2003: 33.
30   Vgl. ebd.: 19 u.63.

zu bestehen, aus den Werten zu schöpfen, die uns Liebe, Freundschaft, Wärme und Geborgenheit geben: Familie, Natur, Heimat, Volk, Nation."[31]

1990 wurde Olles in der Monatszeitschrift ‚Nation Europa' als „Mitarbeiter" bezeichnet.[32] 2001 antwortete die damalige Bundesregierung auf eine Kleine Anfrage zum Thema „Reaktionen von Rechtsextremisten auf die Terroranschläge in den USA" mit den Worten, dass auch in der JF „einzelne Rechtsextremisten die Terroranschläge gegen die USA mit deutlich antiamerikanischem bzw. antiwestlichem Akzent" kommentierten. Namentlich nannte die Bundesregierung Olles.[33]

Neben der JF publiziert Olles heute unter anderem in der österreichischen Monatszeitschrift ‚Eckart' (vormals ‚Eckartbote'). Im ‚Eckartbote' schrieb Olles im Jahr 2000 über „Facetten des Fortschritts": Deutsche sind „frei, frei von Kindern, frei von Kultur, frei von Scham, frei aber auch von Gefühlen wie Glück, Zufriedenheit, Haß oder Liebe. Ein paar tausend Jahre Kulturleistungen sind auf dem Müll gelandet. Wir erlebten hautnah den Untergang einer Kulturlandschaft, durften deprimiert Zeugen sein, wie eine ranzig gewordene Aufklärung neue Zwänge, Abhängigkeiten und Süchte schaffte und die sogenannte Befreiungsideologie uns in die schlimmste Sklaverei führte, die je auf deutschem Boden existierte." Olles weiter: „Vielfach führt heute das Gesindel das große Wort. Akademisches Proletariat, Spießer in Jeans mit dem dumpfen Trieb des Überlebenswillens, Halbgebildete, die Ezra Pound für die israelische Währung halten. Sie wissen alles, kokettieren aber dabei mit ihrer Kulturfeindlichkeit, die in Deutschland ja nun wirklich eine uralte Tradition hat. Dafür huldigen sie einer Kunst voll häßlicher Kaputtheit, Langeweile und Gefühlsdefiziten. Die selben Leute unterrichten später unsere Kinder und Enkel, erklären ihnen die deutsche Geschichte als einziges Verbrecheralbum, predigen uns Toleranz und Fernstenliebe von der Kanzel herab, therapieren uns, wenn wir krank und depressiv geworden sind durch die deutschen Zustände."[34]

Olles ist regelmäßiger Besucher der ‚tridentinischen Messe', da sich die katholische Kirche seiner Auffassung nach „zu Tode reformiert" habe und ein „Frieden-Freude-Eierkuchen-Geseiere" verbreite. Den Vorsitzenden der deutschen Bischofskonferenz diffamiert Olles im gleichen Atemzug als „eine der größten Pfeifen hierzulande".[35]

---

31 Olles, Werner: Politische Arbeit als Therapie? oder Gibt es eine nationalrevolutionäre Moral? In: Aufbruch 4/1984: 20f; hier: 21.

32 Nation & Europa 3-4/1990: 71.

33 Bundestags-Drucksache 14/6994.

34 Olles, Werner: Facetten des Fortschritts. In: Eckartbote 3/2000: 20.

35 http://www.einsicht-aktuell.de/index.php?svar=2&ausgabe_id= 22&artikel_id=122 eingesehen am 25. April 2005.

Germar Rudolf

Germar Rudolf, Jahrgang 1964, war 1989 zeitweilig im JF-Impressum als Redakteur verzeichnet. Eigenangaben zufolge will er bis 1994 für die JF tätig gewesen sein.[36]

Im November 2006 muss sich Rudolf wegen Volksverhetzung vor dem Mannheimer Landgericht verantworten. Im März 2007 wird er wegen Holocaustleugnung zu zweieinhalb Jahren Haft verurteilt. 1995 wurde er erstmals in Stuttgart zu einer 14-monatigen Haftstrafe wegen Volksverhetzung verurteilt, da er den industriell betriebenen Massenmord in Auschwitz durch Zyklon-B in seinem 1992 erschienenen „Rudolf-Gutachten" geleugnet hatte. Nachdem die Urteilsverkündung im März 1996 rechtskräftig wurde, tauchte Rudolf unter und wurde mit internationalem Haftbefehl gesucht. Nach Aufenthalten in Spanien, England und Mexiko lebte er zuletzt in den USA. Rudolf avancierte nach seiner Flucht zu einem der einflussreichsten deutschen Holocaustleugner und einer zentralen Figur der internationalen Geschichtsrevisionistenszene. Am 14. November 2005 wurde Rudolf von den US-Behörden nach Deutschland abgeschoben.

Unter dem Pseudonym „Jakob Spranger" veröffentlichte Rudolf 1993 in der JF einen Artikel mit dem Titel „Wie Historisierung behindert wird". Darin sprach er von einem „am Max-Planck-Institut beschäftigten Diplom-Chemiker", der „den Leuchter-Report in seiner sachlich-kühlen seriösen Arbeit" verifiziert habe. Mit dem Diplom-Chemiker meinte Rudolf alias „Spranger" sich selbst.[37]

Den Prozess in Sachen Rudolf vor dem Mannheimer Landgericht nahm JF-Autor Thorsten Hinz in dem Blatt zum Anlass, um einen Generalangriff gegen das in rechten Kreisen verhasste Delikt Volksverhetzung (StGB §130) zu führen: „Wer gegen ihn verstößt, hat [...] mit dramatischen Folgen zu rechnen. Daraus läßt sich schließen, daß Bedeutung und Symbolik der im Paragraph 130 umrissenen Handlungen als entsprechend wichtig für die geistig-politische Verfassung und Stabilität des Gemeinwesens angesehen werden. Den Inhabern der Deutungshoheit über sie wächst als Tabuwächtern eine priesterliche und zugleich politische Macht zu, die kaum kontrollier- und begrenzbar ist." Rudolf stilisiert Hinz in seinem Artikel zum Märtyrer: „Polizeilicher und juristischer Verfolgungsdruck sind eine psychische Belastung und ein gesellschaftliches Stigma für den Betroffenen, erst recht, wenn er durch mehrere Hausdurchsuchungen öffentlich wird. In seinem Fall steigerten die zivilgesellschaftlichen Aktivitäten diesen Zustand bis zum gesellschaftlichen und sozialen Tod, der einem Menschen ei-

---

36 Vgl. http://www.germarrudolf.com/persecute/docs/Application.pdf eingesehen am 22. November 2005.
37 JF 9/1993: 18; vgl. dazu: Bundesamt für Verfassungsschutz (Hg.): Rechtsextremistischer Revisionismus. Köln 2001: 21.

gentlich nur noch übrigläßt, ihn durch eigene Hand physisch zu besiegeln [...] Mit der Zerstörung der Familie, der gesellschaftlichen Bindungen und sozialen Schutzhüllen wurde Rudolf außerhalb der Welt gestellt. So behandelt man keinen bloßen Gesetzesbrecher, sondern jemanden, in dem man einen totalen Feind erblickt, der eliminiert gehört!"[38]

Im Mai 1997 stieß Hinz als Kulturkritiker zur JF und zählt seit diesem Zeitpunkt zu den richtungsführenden Autoren. Hinz tritt in der JF auch als „Doris Neujahr" in Erscheinung.

Stefan Scheil

„Bisweilen", so der Verfassungsschutzbericht des Bundes 2004, „finden sich in Beiträgen von Redakteuren und Stammautoren" der JF „gängige rechtsextremistische Argumentationsmuster oder positive Kommentare zu rechtsextremistischen Organisationen, Personen oder Publikationen. Besonderes Augenmerk scheint die JF auf die Relativierung der deutschen Schuld am Zweiten Weltkrieg zu legen." Als Beleg führen die Verfassungsschützer einen Artikel des Historikers Stefan Scheil, Jahrgang 1963 an. So heißt es in einem JF-Artikel von Scheil, dass „Deutschlands aggressive Außenpolitik" lediglich „einer von mehreren Gründen für den Ausbruch des Zweiten Weltkrieges" gewesen sei. Weiter kritisiere Scheil, so der Verfassungsschutz, dass die damaligen „Sicherheitsbedürfnisse und macht-politischen Ziele" Deutschlands von vorneherein als illegitim hingestellt würden. Auch Hitler werde zuweilen falsch dargestellt. So habe dieser die gewaltsame Vereinigung Europas in den 20er Jahren zunächst abgelehnt, da sie zu „Rassenvermischung" führe. Stattdessen habe er damals ein „Europa freier und unabhängiger Nationalstaaten" propagiert.[39]

JF-"Hofhistoriker" Scheil, den die konservative Tageszeitung ‚Die Welt' als „der radikalen Rechten nahe stehenden Publizisten" einstuft[40], versucht in seinen Publikationen „den Nachweis zu führen, daß Deutschland 1939 lediglich das Opfer einer Verschwörung geworden sei, angezettelt von chauvinistischen Polen, machtgierigen Franzosen, Briten und Amerikanern sowie einem finsteren Stalin." Die ‚Frankfurter Allgemeine Zeitung' (FAZ) hielt im vergangenen Jahr in dem Artikel „Adolf der Friedliebende. Diplomatengeschichte 1940/41 – hauptsächlich gestützt auf Zitate von Hitler, Goebbels und Ribbentrop" bezüglich Scheils „These vom gescheiterten Friedensstiftler Hitler" fest: „Natürlich kann man Ursachen und Verlauf des Zweiten Weltkrieges auch als bloßes machtpoliti-

---

38   Hinz, Thorsten: Die Asozialisierung des Delinquenten. In: JF vom 10.11.2006.
39   Bundesministerium des Innern (Hg.): Verfassungsschutzbericht 2004. Berlin 2005: 101.
40   Siehe http://www.welt.de/data/2006/09/26/1051105.html

sches Spiel sehen, an dem sich die ganze Staatenwelt beteiligt hat. Aber läßt sich wirklich ausblenden, daß Hitler diesen Krieg gewollt, angezettelt und als Kampf um ‚Lebensraum' geführt hat?" Zu Scheils Buch „Die Eskalation des Zweiten Weltkriegs" (München 2005) notierte die FAZ: „Der Autor glaubt allen Ernstes, ‚die Arbeiten zahlreicher Universitätshistoriker' wissenschaftlich zerpflückt zu haben, die sich schon längst ‚einer nicht unverdienten Lächerlichkeit preisgegeben' hätten. Man könnte Scheils Buch als verblüffende fiktionale Unterhaltung zur Kenntnis nehmen, wenn nicht zu befürchten wäre, daß es einen Absatz finden wird, von dem mancher seriöser Historiker nur träumen kann."[41]

Scheil, Autor der Reihe ‚Deutsche Geschichte', der ‚Deutschen Militärzeitschrift', der ‚Konservativen Deutschen Zeitung', Referent des Druffel & Vowinckel-Verlages, des ‚Instituts für Staatspolitik', der ‚Staats- und Wirtschaftspolitischen Gesellschaft' (SWG) und beim Lesertreffen des Verlagsimperiums ‚Lesen & Schenken' des Rechtsextremisten Dietmar Munier, wurde am 27. November 2005 in Berlin mit dem Gerhard-Löwenthal-Preis ausgezeichnet. Verliehen wurde Scheil die von der JF erstmals 2004 gestiftete und mit 5000 Euro dotierte Auszeichnung für seine „herausragenden Verdienste für eine engagierte Publizistik".[42]

Die Laudatio hielt der Wiener Historiker und JF-Gelegenheitsautor Lothar Höbelt, Jahrgang 1956. Höbelt ist einer der Autoren des Sammelbandes „Wagnis Wahrheit. Historiker in Handschellen?", einer „Festschrift für David Irving".

Alfred Schickel

Alfred Schickel, ständiger JF-Mitarbeiter, ist Gründer der geschichtsrevisionistischen „Zeitgeschichtlichen Forschungsstelle Ingolstadt" (ZFI), die bei ihrer Herbsttagung am 11. November 2006 in Ingolstadt das 25-jährige Bestehen feiern konnte.

Das ZFI, „eine Institution" (‚National-Zeitung') und „Korrektiv ewiggültiger Wahrheiten" (JF), wurde am 21. November 1981 maßgeblich von Schickel und den zwischenzeitlich verstorbenen Hellmut Diwald und Alfred Seidl als Gegenstück zum renommierten ‚Institut für Zeitgeschichte' (IFZ) in München gegründet. Das ZFI verhalf der „Historiographie aus dem Ghetto der Siegergeschichtsschreibung" und entlarvte „vermeintliche Geschichtsquellen" als „hochprozentige Geschichtsfälschung" - so die JF im Jahr 1991.[43]

---

41 Müller, Rolf-Dieter: Adolf der Friedliebende. Diplomatengeschichte 1940/41 - hauptsächlich
     gestützt auf Zitate von Hitler, Goebbels und Ribbentrop. In: FAZ vom 22. Juni 2006: 9.
42 Thaler, Thorsten: Im Dienst der Wahrheit. Auszeichnung: Gerhard-Löwenthal-Preis an Stefan
     Scheil. In: JF 43/2005.
43 Slabisch, Wenzel: Immer wieder sensationelle Funde. Alfred Schickel zieht Bilanz von zehn

„Unzählige, Deutschland entlastende Dokumente wurden ausgehoben"[44] jubilierte die rechtsextreme österreichische Wochenzeitung ‚Zur Zeit' beim 20-jährigen Bestehen der ‚Zeitgeschichtlichen Forschungsstelle Ingolstadt'. Die ZFI-Mitarbeiter gehen die „jüngere deutsche Geschichte noch einmal durch, klopfen ab, haken nach, ziehen in Zweifel und korrigieren scheinbar ewiggültige Wahrheiten, die es in der Wissenschaft nicht geben kann" - so das jüngste Lob der JF vom November 2006.[45]

In extrem rechten Kreisen gilt ZFI-Leiter Schickel als „Legendenkiller", der „bisher bereits einige hartnäckige zeitgeschichtliche Legenden zurechtgerückt hat".[46] So orakelte Schickel 1980 in der rechtsextremen Zeitschrift ‚Deutschland in Geschichte und Gegenwart' über „Die umstrittenste Zahl der Zeitgeschichte. Das ungeklärte Ausmaß der jüdischen Opfer" und kam zu dem Ergebnis, dass die Zahl von sechs Millionen ermordeter Juden „heute in der zeitgeschichtlichen Wissenschaft nicht mehr ernsthaft vertreten" wird.[47]

Im gleichen Jahr wurde Schickel lobend in den NS-apologetischen ‚Klüter Blätter' erwähnt: „David Irving und Hellmut Diwald sind noch Ausnahmen; doch sie sind nicht allein. Der zeitgeschichtliche Unterricht wird sie nicht länger verleugnen können, soll er mehr werden als Fortsetzung der antideutschen Kriegspropaganda [...] Es ist Dr. Alfred Schickel [...], der wiederholt auch in Massenmedien hervorgetreten ist."[48] Die Ermordung von 500.000 Sinti und Roma bezeichnete Schickel an anderer Stelle als „neueste Zahlenfiktion", die „mit der gleichen unkritischen Beflissenheit unters Volk gebracht" werde „wie die Millionenzahlen zuvor".[49]

Als Referent stand Schickel auch dem NS-apologetischen „Deutschen Kulturwerk Europäischen Geistes" (DKEG) zur Verfügung. 1997 wurde Schickel im Zusammenhang mit den Holocaust leugnenden und antisemitischen ‚Vierteljahresheften für freie Geschichtsforschung' (VffG) namentlich in Verfassungsschutzberichten erwähnt. Schickel, stellte das baden-württembergische Landesamt für Verfassungsschutz fest, sei ein „revisionistischer Historiker".[50]

Jahren Arbeit. In: JF v. September 1991: 13.

44   Pfeiffer, Martin: Revisionismus ist gefragt! Zeitgeschichtliche Forschungsstelle Ingolstadt (ZFI) wurde 20 Jahre alt. In: Zur Zeit, 49/2001.

45   Rudolf, Christian: Korrektiv ewiggültiger Wahrheiten. Die Zeitgeschichtliche Forschungsstelle Ingolstadt blickt auf 25 Jahre Tätigkeit zurück. In: JF, 48/2006.

46   Sarnow, Karsten: Zeitgeschichtliche Mosaiksteine. In: Nation Europa, 10/1982: 10f.; hier: 10.

47   Schickel, Alfred: Die umstrittenste Zahl der Zeitgeschichte. Das ungeklärte Ausmaß der jüdischen Opfer. In: Deutschland in Geschichte und Gegenwart (DGG), 1/1980: 9-11; hier: 10.

48   Klüter Blätter, 1/1980. 50:

49   Schickel, Alfred: Zur „Sinti"-Frage. Merkwürdige Übertreibungen in der deutschen Zeitgeschichte. In: Criticon, Januar/Februar 1981: 36-38, hier: 36.

50   Innenministerium Baden-Württemberg (Hg.): Verfassungsschutzbericht Baden-Württemberg 1997. Stuttgart 1998: 93; Bayerisches Staatsministerium des Innern (Hg): Verfassungsschutz-

Josef Schüßlburner

Holocaustleugnung und Volksverhetzung werden in der Bundesrepublik straf-
rechtlich geahndet. Immer wieder müssen sich Rechtsextremisten wegen dieser
Straftatbestände vor Gericht verantworten. Dagegen zog 2006 der Jurist Josef
Schüßlburner, Jahrgang 1954, ins Feld. In der rechtsextremen österreichischen
Monatszeitschrift ‚Aula' schwadronierte Schüßlburner über die „Verfassungs-
widrigkeit" des „schändlichen §130 StGB, der die ‚Holocaustleugnung' und
‚Relativierung' verbietet". „Verfassungswidrig" sei, so Schüßlburner, auch
„§86a StGB, der u.a. das Zeigen der Hakenkreuzfahne verbietet." Schlussendlich
„verfassungsfeindlich", meint der Autor, sei gar „die amtliche Propagandatätig-
keit der öffentlich in Erscheinung tretenden Inlandsgeheimdienste", „soweit
diese in sog. ‚Verfassungsschutzberichten' oppositionelle Strömungen deshalb
bekämpfen, weil diese bestimmte ‚Ideen' vertreten [...] oder ein ‚verfassungs-
feindliches Menschenbild' vertreten."[51]
    Die extrem rechten Umtriebe von Schüßlburner sind in Berliner Regie-
rungskreisen seit langem bekannt. Im Jahr 2001 gab die damalige Bundesregierung auf Anfrage bekannt, dass Schüßlburner „seit 1993 regelmäßig Beiträge in
rechtsextremistischen Publikationen" verfasst und „zumindest seit 1995 als Vortragender bei rechtsextremistischen Veranstaltungen" auftritt.[52]
    1995 trat Schüßlburner auf einer konspirativ organisierten Tagung der ‚Ge-
sellschaft für Freie Publizistik' auf. Vor alten und jungen Kameraden lamentierte
Schüßlburner über das „Befreiungsgequatsche" und hielt das „Gedenken der
heldenhaft kämpfenden deutschen Soldaten" hoch.[53]
    Ebenfalls 1995 äußerte Schüßlburner in der JF, dass die industriell betriebe-
ne Massenvernichtung von Juden in Auschwitz „in der Konsequenz des sozialistischen Humanitarismus" liege, „da Hitlers Antisemitismus primär sozialistisch
bestimmt war." „Man könnte", so Schüßlburner, „neben dem GULag-
Kommunismus, vom Auschwitz-Sozialismus sprechen."[54] Im Jahr 2003 wurde
Schüßlburner namentlich im Kapitel „rechtsextremistische Bestrebungen" im
Verfassungsschutzbericht des Bundes genannt.[55]

---

        bericht Bayern 1997. München 1998: 66f.

51   Schüßlburner, Josef: Illiberales BRD-Parteiverbotskonzept widerspricht der Meinungsfreiheit."
        In: Die Aula, Februar 2006: 26-27; hier: 26.

52   Bundestags-Drucksache 14/7219.

53   Schüßlburner, Josef: Staatsangehörigkeit und Einwanderungsproblematik angesichts der unbe-
        wältigten Vertreibungsverbrechen an Deutschen. In: Gesellschaft für Freie Publizistik (Hg.):
        Kongress-Protokoll 1995. Oberboihingen 1995: 59-99; hier: 62.

54   Schüßlburner, Josef: Der Wille zur Vernichtung. Sozialistische Wurzeln des Hitlerschen Anti-
        semitismus. In: JF 4/1995: 20.

55   Bundesministerium des Innern (Hg.): Verfassungsschutzbericht 2003. Berlin 2004: 86.

Die JF bot Schüßlburner zuletzt 2004 ein Sprachrohr: die „Wiedervereinigungsfeindlichkeit" wurde durch „Multikulturalismus und Verfassungspatriotismus", deren gemeinsame „'Werte'" die „Deutschfeindlichkeit" sei, abgelöst, lamentierte Schüßlburner. Schüßlburner weiter: „Die gegen die Wiedervereinigung gerichtete Haltung wollte den deutschen Nationalstaat im Interesse des Auslandes besiegt halten, der Multikulturalismus will die Deutschen durch Menschen ersetzen, die als ihr Vaterland nicht Deutschland ansehen, sondern ein imaginäres Grundgesetz-Land." Schüßlburner, nun so richtig in Rage, weiter: „Ist in Berlin erst der Bewältigungstempel und das Siegesdenkmal der US-amerikanischen Zivilreligion errichtet, die als Manifestation ihrer theokratischen Auserwähltheit das nunmehr am Deutschen festgemachte Böse benötigt, werden sich aus der Verfassungsreligion noch andere Konsequenzen ergeben. Die mit dem DDR-Antifaschismus gefüllte Werteordnung verwandelt die Bundesrepublik Deutschland ganz offen in eine Säkular-Theokratie, die vom Verfassungsprinzip der freien Bildung politischer Opposition zumindest ‚gegen Rechts' ‚schon im Vorfeld' immer weniger übrigläßt. Demokratie als staatsorganisationsrechtliche Veranstaltung wird durch den Glauben an ‚demokratische Werte' ersetzt, bzw. ‚Demokratie' wird zur Fehlbezeichnung für Theokratie."[56]

Angelika Willig

Autorenzuwachs konnte im Herbst 2005 die Monatszeitschrift ‚Nation & Europa' verzeichnen. Die langjährige JF-Redakteurin Angelika Willig, Jahrgang 1963, hatte sich zum Autorenkreis des Blattes gesellt. In einem ihrer Artikel in ‚Nation & Europa' bekennt Willig freimütig, dass sie am 1. Mai 2006 an der NPD-Demonstration in Rostock teilnahm: „In Rostock geht richtig die Post ab – dank NPD. Franz Schönhuber hat noch im letzten Jahr vor einem Zuviel gewarnt, aber Marschieren ist jedenfalls besser als gar kein Sport."[57]

Das Ausscheiden von Willig aus dem JF-Redaktionskreis kommentierte das Blatt im September 2004: „Kaum einen anderen Mitarbeiter der Jungen Freiheit verbindet eine so lange und kurvenreiche Geschichte mit dieser Zeitung wie Angelika Willig. Seit über fünfzehn Jahren, zwischenzeitliche Unterbrechungen mitgerechnet, ist die heute 41jährige promovierte Philosophin der JF in unterschiedlichen Rollen verbunden, mal als freie Autorin, mal als angestellte Redakteurin. Zuletzt betreute sie seit 2001 die Forum-Seite."[58]

---

56   Nachdruck aus: Schüßlburner, Josef: Demokratie-Sonderweg Bundesrepublik. Analyse der Herrschaftsordnung in Deutschland von Josef Schüßlburner. In: JF 18/2004.
57   Willig, Angelika: Demonstrationskultur. In: Nation & Europa, 6/2006: 60-62; hier: 62.
58   JF 42/2004.

Neben ‚Nation & Europa' schreibt Willig zwischenzeitlich auch beim bundesweiten NPD-Sprachrohr ‚Deutsche Stimme' und der Zeitschrift ‚Hier & Jetzt', die vom Landesverband Sachsen der ‚Jungen Nationaldemokraten' (JN) herausgegeben wird.

Claus-Martin Wolfschlag

Am 23. Februar 2002 referierte der langjährige JF-Stammautor Claus-Martin Wolfschlag, Jahrgang 1966, zum Thema „Antifaschismus – Terror von links" bei der Aktivitas der Münchner Burschenschaft ‚Danubia'. Aufmerksam registriert wurde der Vortrag von bayerischen Verfassungsschützern. In ihrem Zwischenbericht für das Jahr 2002 hielten diese fest: Die von Wolfschlag „vorgetragenen Thesen sind auch in seinem neuesten Buch mit dem Titel ‚Das antifaschistische Milieu – vom Schwarzen Block zur Lichterkette – Die politische Repression gegen Rechtsextremismus in der Bundesrepublik Deutschland' veröffentlicht, das über den rechtsextremistischen Nation Europa Verlag erhältlich ist. Für das genannte Buch wurde in der vom Verlag herausgegebenen Monatszeitschrift ‚Nation & Europa' geworben." Fazit der Verfassungsschützer: „Die Burschenschaft zeigt damit weiterhin keine Berührungsängste gegenüber Referenten, die zur Verharmlosung des Rechtsextremismus tendieren."[59] Im Jahr 2001 hatten die Verfassungsschützer bezüglich der Aktivitas der Danuben konstatiert, dass diese „Rechtsextremisten wiederholt ein Podium für verfassungsfeindliche Auftritte bot."[60]

Wolfschlags Arbeit wurde am 14. Februar 2001 von der Philosophischen Fakultät der Rheinischen Friedrich-Wilhelms-Universität in Bonn als Dissertation angenommen. Gleich am Anfang seiner Arbeit wies Wolfschlag darauf hin, dass sich seine Abhandlung „nicht mit ‚Rechtsextremismus' als Problem befaßt, sondern mit denjenigen, die es als zentrales Motiv ihres politischen Selbstverständnisses verstehen, sich gegen ‚Rechtsextremismus' zu engagieren."[61] Steckbriefartig werden in der Dissertation Wissenschaftler, Journalisten und Verfassungsschützer an den Anti-Antifa-Pranger gestellt, darunter der international renommierte Antisemitismusforscher Wolfgang Benz. Einer der Doktorväter der Arbeit war Hans-Helmuth Knütter, Referent bei der ‚Gesellschaft für Freie Publizistik'

---

59   Bayerisches Staatsministerium des Innern (Hg.): Verfassungsschutzinformationen 1. Halbjahr 2002. München 2002: 17.

60   Bayerisches Staatsministerium des Innern (Hg.): Verfassungsschutzbericht 2001.München 2002: 63.

61   Claus-M. Wolfschlag: Das „antifaschistische Milieu". Vom „schwarzen Block" zur „Lichterkette" – Die politische Repression gegen „Rechtsextremismus" in der Bundesrepublik Deutschland. Graz 2001: 1.

(GFP) und damals ständiger JF-Mitarbeiter. Erschienen ist die Dissertation beim österreichischen Leopold Stocker Verlag, einem Anzeigenkunden der JF.

Artikel von Wolfschlag fanden bzw. finden sich in einschlägigen Postillen wie der neurechten Zeitschrift ‚Hagal', der nationalrevolutionären Zeitschrift ‚Wir Selbst' und dem rechtsextremen ‚Eckart' aus Österreich. Als Referent trat Wolfschlag bei den ‚Europäischen Synergien' in Erscheinung. Deren Ziel, so der Hamburger Verfassungsschutz, sei die „Überwindung der bestehenden demokratisch-pluralistischen Gesellschaftsordnung in Europa zugunsten eines organisch-hierarchischen Staats- und Gesellschaftsmodells".[62]

Zu seinen Lieblingsautoren zählt Wolfschlag, der seit 1992 für die JF publizistisch tätig ist, den Schriftsteller Ernst von Salomon (1902 - 1972). Freikorpskämpfer Salomon beteiligte sich aktiv am Kapp-Putsch und gehörte danach zum Kreis um den ehemaligen Freikorpsführer Kapitän Ehrhardt und dessen rechtsterroristischer „Organisation Consul". Wegen Beihilfe zur Ermordung von Außenminister Walther Rathenau („Knallt ab den Walther Rathenau, die gottverdammte Judensau!") wurde der antidemokratische Vorkämpfer für ein mythisch verklärtes „Neues Deutschland" Salomon 1922 zu fünf Jahren Zuchthaus und weiteren vier Jahren Ehrverlust verurteilt. 1951 verfasste Salomon das Buch „Der Fragebogen", der zum ersten Bestseller der Bundesrepublik wurde. Das Buch war eine Abrechnung mit den Siegern des Zweiten Weltkrieges und voller Hass auf die USA. Franz Schönhuber zählte den „Fragebogen" kurz vor seinem Tod zum Grundbestand an politischer Literatur, die die Rechte als Rüstzeug braucht.[63]

Günter Zehm

„Bei vielen Meinungsmachern stehen Tugenden in Mißkredit. Jahrzehnte der Verhöhnung, Verspottung und Verächtlichmachung als ‚Sekundärtugenden' haben dazu geführt, daß kaum noch jemand wagt, sie öffentlich aufs Tapet zu bringen. Nur wenige gewichtige Stimmen haben sich der fortwährenden Denunziation tugendhaften Verhaltens standhaft widersetzt."[64]

---

62   Freie und Hansestadt Hamburg. Behörde für Inneres (Hg.): Rechtsextremismus in Stichworten. Hamburg 2001: 127.

63   Vgl. zu Salomon: Sarkowicz, Hans / Mentzer, Ulf: Literatur in Nazi-Deutschland. Ein biografisches Lexikon. Hamburg - Wien 2000: 299-301; Interview mit Franz Schönhuber. In: Deutsche Stimme 6/2005: 3.

64   Thaler, Thorsten: Der Tugendhafte. Aus dem Dasein der JF nicht mehr wegzudenken: Günter Zehm alias „Pankraz". In: 20 Jahre Junge Freiheit, vom Oktober 2006: 10.

Zu ihnen, so die JF, zählt der Philosoph und Publizist Günther Zehm, Jahrgang 1933. „Der Tugendhafte bildet gewissermaßen ‚die spirituelle Mitte der Zeitung'".[65]

Zehm (alias „Pankraz") ist seit Januar 1995 ständiger Kolumnist der JF. Zuvor arbeitete er in verschiedenen Funktionen bei der Tageszeitung ‚Die Welt', zuletzt als stellvertretender Chefredakteur, und war dann als Kolumnist für den ‚Rheinischen Merkur' tätig. Den ‚Rheinischen Merkur' verließ er, nachdem anstelle seines Artikels „Pankraz, die Predigt Zarathustras und die Veteranenfalle" die Redaktion die Mitteilung „Pankraz ist in dieser Woche verreist" gesetzt hatte. In dem später in der JF veröffentlichten Artikel polemisiert Zehm in scharfer Form gegen die Gedenkfeiern zum 50. Jahrestag der Landung der Alliierten in der Normandie.

In der JF kritisierte Zehm 1996 die strafrechtliche Verfolgung der Holocaust-Leugnung und -Verharmlosung. Die Verfolgung des bloßen Leugnens von Tatsachen, so Zehm, sei in monströser Weise lächerlich und anstößig. Ein Staat mit solchen Gesetzen sei kein moderner Rechtsstaat. Vielmehr sei in Deutschland ein regelrechtes Forschungsverbot im Stil der DDR installiert worden. Die neuhistorische Wissenschaft werde durch die staatlichen Sanktionsandrohungen lahmgelegt. Historiker behindere man in ihrer Arbeit und schüchtere sie ein. O-Ton Zehm:

„Was ist eine Verharmlosung? Geht es um bestimmte Opferzahlen, die man nennen muß, oder macht man sich auch strafbar, wenn man sich an gewisse Sprachregelungen hält, die von den Medien oder vom Bundestag vorgegeben werden? Was ist eine Tatsachenbehauptung, was ist eine Vermutung? Wird man schon bestraft, wenn man aufgrund gewisser Nachforschungen gewisse Vermutungen anstellt?"[66]

Der Tenor dieser Ausführungen, so der niedersächsische Verfassungsschutz, „entspricht weitgehend rechtsextremistischen Denkmustern."[67]

Ebenfalls in der JF schrieb Zehm: „Der Holocaust ist an die Stelle Gottes getreten. Über das ‚hohe C' im Namen von Parteien darf man spotten, aber an den Holocaust muss man glauben; wer Zweifel erkennen läßt, verschwindet hinter Gittern."[68]

Apokalyptische Visionen verbreitete Zehm bei einem Interview mit dem Parteiorgan der Republikaner im Jahr 2005:

---

65   Ebd.
66   Pankraz (d.i. Günter Zehm): Pankraz, General a.D. Remer und das Leugnen von Tatsachen. In: JF 9/1996: 14.
67   Niedersächsisches Ministerium für Inneres und Sport (Hg.): Verfassungsschutzbericht des Landes Niedersachsen 1995. Hannover 1996: 20f.
68   JF 9/2000: 13.

„Gefährlich ist eben die künstliche Aufrichtung von Tabus und das Herumwüten gegen die eigene Nation, das im Zeichen der Tabuisierung jeden Tag in den Medien stattfindet. Gefährlich ist das Hinschwinden der eigenen genetischen Substanz [...]: Wir stehen im Zeichen einer neuen Völkerwanderung, wo integrationsunwillige, aus ganz anderen Kulturen stammende und zudem schlecht ausgebildete, das Zusammenleben auf lange Zeit schwer störende Schichten aus anderen Kontinenten in Europa einströmen und die Regierungen, zumindest unsere deutsche Regierung faktisch nichts dagegen tut."[69]

Zehm, Referent bei der Münchner Burschenschaft ‚Danubia' und der ‚Staats- und Wirtschaftspolitischen Gesellschaft' (SWG), ist einer der Autoren des Sammelbandes „Wagnis Wahrheit. Historiker in Handschellen?", einer „Festschrift für David Irving". Irving, so Zehm, ist „ein interessanter Wissenschaftler, der nur die Quellen sprechen lassen will".[70]

Literatur

Bayerisches Staatsministerium des Innern (Hg): Verfassungsschutzbericht Bayern 1997. München 1998.

Bayerisches Staatsministerium des Innern (Hg.): Verfassungsschutzinformationen 1. Halbjahr 2002. München 2002.

Bayerisches Staatsministerium des Innern (Hg.): Verfassungsschutzbericht 2001.München 2002.

Bundesamt für Verfassungsschutz (Hg.): Rechtsextremistischer Revisionismus. Köln 2001.

Bundesministerium des Innern (Hg.): Betrifft: Verfassungsschutz 1979. Bonn 1980.

Bundesministerium des Innern (Hg.): Verfassungsschutzbericht 2000, Berlin 2001.

Bundesministerium des Innern (Hg.): Verfassungsschutzbericht 2003. Berlin 2004.

Bundesministerium des Innern (Hg.): Verfassungsschutzbericht 2004. Berlin 2005.

Claus-M. Wolfschlag: Das „antifaschistische Milieu". Vom „schwarzen Block" zur „Lichterkette" – Die politische Repression gegen „Rechtsextremismus" in der Bundesrepublik Deutschland. Graz 2001.

De Benoist, Alain: Zur Verharmlosung des Kommunismus. In: „Deutschland in Geschichte und Gegenwart", 1/2002: 24-27.

De Benoist, Alain: Freiheit braucht Gemeinschaft. In: JF 5/2004: 15.

De Benoist, Alain: Frischer Atemzug. In: JF 5/2004.

Freie und Hansestadt Hamburg. Behörde für Inneres (Hg.): Rechtsextremismus in Stichworten. Hamburg 2001.

Gessenharter, Wolfgang: Kippt die Republik? Die Neue Rechte und ihre Unterstützung durch Politik und Medien. München 1994.

Hinz, Thorsten: Die Asozialisierung des Delinquenten. In: JF vom 10.11.2006.

---

69   Interview mit Günter Zehm. In: Zeit für Protest 6-7/2005: 3.
70   Zit. nach Der Spiegel 1/2001: 20.

Innenministerium Baden-Württemberg (Hg.): Verfassungsschutzbericht Baden-Württemberg 1997. Stuttgart 1998.

Innenministerium Baden-Württemberg (Hg.): Verfassungsschutzbericht Baden-Württemberg 2002. Stuttgart 2003.

Innenministerium des Landes Nordrhein-Westfalen (Hg.): Verfassungsschutzbericht des Landes Nordrhein-Westfalen über das Jahr 1997. Düsseldorf 1998.

Innenministerium des Landes Nordrhein-Westfalen (Hg.): Die Kultur als Machtfrage. Die Neue Rechte in Deutschland. Düsseldorf, 2003.

Kopp, Hans-Ulrich: "Überfremdung" und andere Unwörter. In: „Gesellschaft für Freie Publizistik" (Hg.): Kongress-Protokoll 1994. Schicksalsjahr 1994 - Wandel tut Not! Oberboihingen 1994: 11-22.

Kopp, Hans-Ulrich: Keine Hoffnung auf die Union setzen. In: Frieden 2000 10-12/1998: 3.

Maschke, Günter: Der Engel der Vernichtung. In: JF 15/2003: 17.

Müller, Rolf-Dieter: Adolf der Friedliebende. Diplomatengeschichte 1940/41 - hauptsäch-lich gestützt auf Zitate von Hitler, Goebbels und Ribbentrop. In: FAZ vom 22. Juni 2006: 9.

Niedersächsisches Ministerium für Inneres und Sport (Hg.): Verfassungsschutzbericht des Landes Niedersachsen 1995. Hannover 1996.

Niedersächsisches Ministerium für Inneres und Sport (Hg.): Verfassungsschutzbericht 2005, Hannover 2006.

Olles, Werner: Politische Arbeit als Therapie? oder Gibt es eine nationalrevolutionäre Moral? In: Aufbruch 4/1984: 20f.

Olles, Werner: Facetten des Fortschritts. In: Eckartbote 3/2000: 20.

Pankraz (d.i. Günter Zehm): Pankraz, General a.D. Remer und das Leugnen von Tatsa-chen. In: JF 9/1996: 14.

Pfeiffer, Martin: Revisionismus ist gefragt! Zeitgeschichtliche Forschungsstelle Ingolstadt wurde 20 Jahre alt. In: Zur Zeit, 49/2001.

Rudolf, Christian: Korrektiv ewiggültiger Wahrheiten. Die Zeitgeschichtliche For-schungsstelle Ingolstadt blickt auf 25 Jahre Tätigkeit zurück. In: JF, 48/2006.

Sarkowicz, Hans / Mentzer, Ulf: Literatur in Nazi-Deutschland. Ein biografisches Lexi-kon. Hamburg - Wien 2000: 299-301.

Sarnow, Karsten: Zeitgeschichtliche Mosaiksteine. In: Nation Europa, 10/1982: 10f.

Schellenberg, Britta: Stichwort: Andreas Mölzer. In: Das Parlament 45/2005.

Schickel, Alfred: Die umstrittenste Zahl der Zeitgeschichte. Das ungeklärte Ausmaß der jüdischen Opfer. In: Deutschland in Geschichte und Gegenwart (DGG), 1/1980: 9-11.

Schickel, Alfred: Zur „Sinti"-Frage. Merkwürdige Übertreibungen in der deutschen Zeit-geschichte. In: Criticon, Januar/Februar 1981: 36-38.

Schüßlburner, Josef: Demokratie-Sonderweg Bundesrepublik. Analyse der Herrschafts-ordnung in Deutschland von Josef Schüßlburner. In: JF 18/2004.

Schüßlburner, Josef: Der Wille zur Vernichtung. Sozialistische Wurzeln des Hitlerschen Antisemitismus. In: JF 4/1995: 20.

Schüßlburner, Josef: Illiberales BRD-Parteiverbotskonzept widerspricht der Meinungs-freiheit." In: Die Aula, Februar 2006: 26-27.

Schüßlburner, Josef: Staatsangehörigkeit und Einwanderungsproblematik angesichts der unbewältigten Vertreibungsverbrechen an Deutschen. In: Gesellschaft für Freie Publizistik (Hg.): Kongress-Protokoll 1995. Oberboihingen 1995: 59-99.

Slabisch, Wenzel: Immer wieder sensationelle Funde. Alfred Schickel zieht Bilanz von zehn Jahren Arbeit. In: JF v. September 1991: 13.

Thaler, Thorsten: Der Tugendhafte. Aus dem Dasein der JF nicht mehr wegzudenken: Günter Zehm alias „Pankraz". In: 20 Jahre Junge Freiheit, vom Oktober 2006: 10.

Thaler, Thorsten: Im Dienst der Wahrheit. Auszeichnung: Gerhard-Löwenthal-Preis an Stefan Scheil. In: JF 43/2005.

Uhle-Wettler, Reinhard: Wagnis Wahrheit. Historiker in Handschellen? Festschrift für David Irving. Kiel 1998.

Willig, Angelika: Demonstrationskultur. In: Nation & Europa, 6/2006: 60-62.

Die Anzeigenkunden der „Jungen Freiheit"

Eine Wochenzeitung als Plattform für extreme Rechte

Gabriele Nandlinger

Bei der Auswahl ihrer Anzeigenkunden zeigt sich die „Junge Freiheit" (JF) nicht zimperlich. Zahlreiche Verlage und Organisationen aus dem äußerst rechten Spektrum konnten in den vergangenen drei Jahren in der JF für sich werben.

Als treuester Kunde in der JF erweist sich der ‚Germania Verlag' aus dem nordbadischen Weinheim. Verlagschef ist Eric Rössler, ein enger Weggefährte des früheren NPD-Bundesvorsitzenden und baden-württembergischen Ex-Landesvorsitzenden Günter Deckert. Im Angebot des ‚Germania-Verlags' findet sich unter anderem das vom französischen Revisionisten Henri Roques herausgegebene Buch „Günter Deckert. Der nicht mit den Wölfen heulte". Darin schildern Holocaust-Leugner wie der Österreicher Gerd Honsik oder der Australier Frederick Toben Deckerts Werdegang bis zum Jahr 2000. Regelmäßig wirbt der ‚Germania-Verlag' auch in dem monatlich erscheinenden Strategieorgan ‚Nation&Europa', nach Einschätzung des Bundesverfassungsschutzes „eines der wichtigsten meinungsbildenden Medien für die rechtsextremistische Szene". Eric Rössler war vormals Landesvorstandesmitglied der NPD und der NPD-Jugendorganisation ‚Junge Nationaldemokraten' in Baden-Württemberg.

Inserentin der JF ist ebenso die ‚Theodor-Storm-Versandbuchhandlung' aus dem nordfriesischen Viöl. Hinter der Versandbuchhandlung steckt der rechtsextreme ‚Verlag für ganzheitliche Forschung und Kultur' (Viöl), der von Dietrich Bohlinger, Sohn des Rechtsextremisten und vormaligen Verlagsinhabers Roland Bohlinger, betrieben wird. Angaben des schleswig-holsteinischen Verfassungsschutzes zufolge vertreibt der Bohlinger-Verlagskomplex „Bücher und Broschüren mit völkischem und nationalsozialistischem Tenor"[1]. In der JF wirbt die ‚Theodor-Storm-Versandbuchhandlung' beispielsweise für ein Werk mit dem bezeichnenden Titel „Entmachtung der Hochfinanz" von Reiner Bischoff, Ex-JF-Autor. Erschienen ist das Buch im Bohlinger-Verlag ‚Freiland'. „Grundübel" der Welt, so ist im Buch zu lesen, sei der Zins.

---

1   Vgl. Innenministerium Schleswig-Holstein, Gegen Extremismus von rechts und links, Verfassungsschutzbericht 2003, erschienen Juni 2004: 36.

Unter den Anzeigenkunden der JF findet sich auch immer wieder der ‚Verlag Deutsche Militärzeitschrift' aus Berchtesgaden in Oberbayern. Der ‚Verlag Deutsche Militärzeitschrift' gibt die rechtsgestrickte zweimonatlich erscheinende ‚Deutsche Militärzeitschrift' (DMZ) heraus, ein Hochglanzmagazin, das an zahlreichen Bahnhofskiosken ausliegt. Die DMZ huldigt dem Geschichtsrevisionismus und ehrt SS-Führer. Chefredakteur ist mit Manuel Ochsenreiter ein früherer Redakteur der JF. Vertrieben wird die DMZ vom rechtsextremen Verleger Dietmar Munier aus Selent bei Kiel in Schleswig-Holstein. Vom DMZ-Versand werden geschichtsrevisionistische Bücher wie „Der Untergang Dresdens" des Holocaust-Leugners David Irving oder „Himmlers Tod" von Joseph Bellinger angeboten. Anzeigen schalten in der DMZ neben anderen auch der rechtsextreme ‚Deutsche Stimme Verlag' der NPD, die revanchistische Wochenzeitung ‚Der Schlesier', der revisionistische ‚Grabert-Verlag' aus Tübingen sowie der rechtslastige ‚Ares-Verlag' aus Graz. Die DMZ sucht ihr Publikum aber nicht nur in der JF sondern per Anzeige auch in dem NPD-Organ ‚Deutsche Stimme'. Die „Deutsche Militärzeitschrift", so heißt es in einer Antwort der Bundesregierung auf eine Anfrage der Linkspartei[2], „steht dem rechtsextremistischen Arndt-Verlag nahe".

Anzeigen schaltet in der JF ferner die ‚Verlagsbuchhandlung Dieter Rüggeberg' aus Wuppertal. Die hat sich besonders auf ein esoterisch-okkultistische sowie antisemitisches und Verschwörungstheorien huldigendes Angebot spezialisiert. Verlegt wurde von Rüggeberg in den 1990er Jahren unter anderem das Buch „Wer half Hitler?" eines I. M. Maiski, der Hitler als Agent einer US-amerikanischen Freimaurerloge geoutet hat.

Auch der seit 1970 bekannte ‚Verlag und Antiquariat Uwe Berg', der vor allem in Niedersachsen Bedeutung hat, inseriert in der JF. Verlagsleiter Uwe Berg war einst Kader der 1994 verbotenen neonazistischen ‚Wiking-Jugend' (WJ) und des ‚Bund Heimattreuer Jugend' (BHJ). Er wirbt in seinem Katalog für NS-Literatur wie zum Beispiel Hitlers „Mein Kampf". 1995 ist im ‚Uwe Berg-Verlag' das rechtsextreme Standardwerk „Herman Wirth" von Eberhard Baumann erschienen. In der „Toppenstedter Reihe" des ‚Uwe Berg-Verlags', für die im März 2007 in einem beigelegten Prospekt in der JF geworben wurde, finden sich zahlreiche Werke aus der NS-Zeit, angeboten als „Sammlung bibliographischer Hilfsmittel zur Erforschung der Konservativen Revolution und des Nationalsozialismus".

Vertreten in der JF ist ebenso der ‚Klosterhaus Verlag und Versand' aus Wahlberg Lippoldsberg, der 1950 von dem Blut-und-Boden-Schriftsteller Hans Grimm gegründet worden war. Die Hauptaufgabe des Verlags ist die Herausgabe

---

2   BT-Drucksache 16/1282.

und der Vertrieb des Gesamtwerks von Hans Grimm, der als einer der Lieblingsautoren Hitlers galt. Bekannt wurde Grimm insbesondere durch das 1926 er-
schienene Werk „Volk ohne Raum".
Langjährige Leiterin des Verlags ist Holle Grimm, die Tochter des Dichters.
Holle Grimm ist Gründungs- und Ehrenmitglied der rechtsextremen ‚Gesellschaft für freie Publizistik' (GFP) und war 1983 bis 1985 deren Vorsitzende.
Über viele Jahre oblag Holle Grimm die Schriftleitung der von der GFP herausgegebenen Quartalsschrift ‚Das Freie Forum'. Im Jahr 1994 wurde Grimm von
der GFP mit der „Urich-von-Hutten-Medaille" ausgezeichnet. Die knapp
90jährige Holle Grimm ist heute immer noch Inhaberin der Internet-Domain
www.klosterhaus-grimm.de.
Geworben wird in der JF auch für ‚Mensch und Maß – Drängende Lebensfragen in neuer Sicht', so lautet der vollständige Titel der 14-tägig erscheinenden
Zeitschrift, in der laut Verfassungsschutz für rassistische und antisemitische
Aussagen geworben wird.[3] Herausgeben wird das Blatt vom ‚Verlag Hohe War-
te', der in Pähl bei Weilheim in Oberbayern seinen Sitz hat und von Freiherr
Franz Karg von Bebensburg geleitet wird. Bebenburg ist der Schwiegersohn von
Mathilde Ludendorff (1877-1966), der Ehefrau von Hitlers Kampfgefährten
Erich Ludendorff (1865-1937). Gemeinsam gründeten sie den Verein ‚Bund für
deutsche Gotterkenntnis', der 1937 von Hitler als Religionsgemeinschaft anerkannt wurde. Nach dem Krieg – die rassistische Sekte wurde von den Besatzungsmächten verboten und Mathilde Ludendorff als NS-Aktivistin verurteilt –
kam es 1951 unter dem Namen ‚Bund für Gotterkenntnis (Ludendorff) e.V.'
(BFG) zu einer Neugründung. 1961 wurde die völkisch-antisemitische Sekte von
einigen Bundesländern verboten, 10 Jahre später wieder ins Leben gerufen.[4]
‚Mensch und Maß' ist das Organ des BFG und erscheint amtlichen Angaben
zufolge alle 14 Tage mit einer Auflage von 2000 Exemplaren.[5]
Anzeigenkunde der JF ist auch der ‚Arbeitskreis Lebenskunde'. Er bekennt
sich zu den Grundlagen der Ludendorff-Sekte und bietet u. a. Ferienlager an für
Kinder und Jugendliche. In der Zeitschrift ‚Mensch und Maß' wirbt der ‚Arbeitskreis Lebenskunde' für seine Veranstaltungen.
Mit einer breiten Palette an rechtsextremer Literatur wartet der ‚Kyffhäuser-
Verlag' auf, ein weiterer Anzeigenkunde der JF. Im Angebot des ‚Kyffhäuser-
Verlags' ist beispielsweise das Monumentalwerk „Der große Wendig" aus dem
geschichtsrevisionistischen ‚Grabert-Verlag' in Tübingen. Verfasser des Werkes
ist Rolf Kosiek, der stellvertretende Vorsitzende der ‚Gesellschaft für freie Publi-

---

3   Vgl. Innenministerium Schleswig-Holstein, a.a.O.: 37f.
4   Vgl. „blick nach rechts", 18. Jg., Nr. 10/2001.
5   Vgl. Bayerisches Staatsministerium des Innern, Verfassungsschutzbericht Bayern 2005, er-
     schienen April 2006: 162.

zistik', der größten rechtsextremen Kulturvereinigung in der Bundesrepublik Deutschland. Der ‚Grabert-Verlag' und dessen Tochterunternehmen ‚Hohenrain-Verlag' „bieten relativ umfangreiche Verlagsprogramme an, mit denen sie die ganze Bandbreite von Themenfeldern bedienen, die für den Rechtsextremismus von politisch-ideologischer Bedeutung sind, zum Beispiel Antiamerikanismus, Geschichts- und Gebietsrevisionismus. Mehrfach wurden bereits Bücher aus den Verlagsprogrammen wegen Volksverhetzung, Beleidigung und Verunglimpfung Verstorbener eingezogen und/oder von der Bundesprüfstelle für jugendgefährdende Medien (BPjM) indiziert.", urteilt das baden-württembergische Landesamt für Verfassungsschutz.[6] Im ‚Kyffhäuser-Verlag' finden sich noch eine Reihe weiterer rechtsextremer Werke, wie zum Beispiel zwei Bände des britischen Autors Martin Allen aus dem ‚Druffel-Verlag'. In dem Allen-Band „Das Himmler-Komplott" wird verraten, „Wie der Reichsführer SS den 2. Weltkrieg beenden wollte"; ebenso versucht der Autor in dem Band „Churchills Friedensfalle – Das Geheimnis des Heß-Fluges" zu enthüllen. Aus dem ‚Vowinckel-Verlag' stammt das Buch „U–751 Triumph und Tragödie eines deutschen U-Boots" aus der Feder des Historikers Olaf Rose, seit Ende 2006 parlamentarischer Berater der NPD-Landtagsfraktion in Sachsen. Sowohl der Druffel- als auch der Vowinckel-Verlag gehören zu der von Gert Sudholt aus Inning am Ammersee in Oberbayern geführten ‚Verlagsgesellschaft Berg', die regelmäßig unter den rechtsextremen Verlagen in den Verfassungsschutzberichten aufgeführt werden.

In einer im Herbst 2005 mehrfach geschalteten Anzeige in der JF ist lediglich eine Internet-Adresse „www.geheimakte-hess.de" angegeben. Durch Anklicken derselben gelangt der Nutzer augenblicklich auf den Seiten der rechtsextremen ‚Sudholtschen Verlagsbuchhandlung' aus Inning; u. a. im Angebot: „Die Erpressung" von Gerhard Frey (Vorsitzender der rechtsextremen DVU und Herausgeber der ‚National-Zeitung'), „Maulkorbrepublik Deutschland" von Sven Eggers (Redakteur der ‚National-Zeitung'), „In Hitlers Schatten" von Olaf Rose oder „Sturm auf Europa – Europa im Fadenkreuz von Masseneinwanderung und Amerikanismus", das von der ‚Gesellschaft für Freie Publistizik' herausgeben wurde.

Häufiger Gast auf den JF-Seiten ist der ‚Ares-Verlag' aus dem österreichischen Graz, ein Tochterunternehmen des unter der gleichen Anschrift in Graz firmierenden ‚Leopold Stocker Verlags', der ebenfalls in der JF inseriert. Vom ‚Ares-Verlag' angeboten werden u. a. beispielsweise das Buch von Wolf Rüdiger Heß, „Ich bereue nichts" (Leopold Stocker Verlag) oder „Höhe- und Wendepunkte deutscher Militärgeschichte" von Franz Uhle-Wettler. Im Angebot ist ferner „Die Konservative Revolution in Deutschland" von Armin Mohler, in

---

6   Vgl. Innenministerium Baden-Württemberg, Verfassungsschutzbericht Baden-Württemberg 2004: 153 f.

sechster Auflage, überarbeitet von Karlheinz Weißmann. Im ‚Stocker Verlag' erschienen sind u. a.: „Das 'antifaschistische Milieu'" von Claus M. Wolfschlag, das „Handbuch des Linksextremismus", verfasst von Hans-Helmuth Knütter und Stefan Winckler oder „Politik und Arzt in bewegten Zeiten" von Otto Scrinzi (vormals SA-Sturmführer, später Funktionär der FPÖ). Der ‚Ares-Verlag' verlegt und gibt auch die Zeitschrift ‚Neue Ordnung' (NO) heraus. In den letzten Jahren hätten sich bei NO infolge der Mitarbeit rechtsextremer Autoren und der inhaltlichen Ausrichtung verstärkt Tendenzen zur Erfüllung mehrerer Kriterien der Rechtsextremismusdefinition gezeigt, die eine Einstufung der Zeitschrift als rechtsextrem bzw. dem rechtsextremen Spektrum zugehörig rechtfertigen, stellte das ‚Dokumentationsarchiv des Österreichischen Widerstands' (DÖW) fest.[7] Laut DÖW „finden sich in der ‚Neuen Ordnung' unkritische bzw. positive Aussagen über ideologische Grundlagen des Faschismus (völkischer Nationalismus, Elitedenken, Aufbau eines organischen Staates – vergleichbar mit der Ideologie der ‚Volksgemeinschaft') sowie dessen Frontstellung zur Demokratie, zum Individualismus und zum Liberalismus ebenso wie nationalistische bis ‚revisionistische' Geschichtsbetrachtungen zu den Themen Auschwitz und Zwangsarbeiter. Einzelne Beiträge beinhalten die Propagierung antisemitischer und rassistischer Ressentiments sowie die Verächtlichmachung von Minderheiten."[8] Als Autoren sind in der NO neben einer Reihe von JF-Autoren der frühere NPD-Chefideologe Jürgen Schwab oder der rechtsextreme Publizist Hans-Dietrich Sander, der wegen Volksverhetzung und Verunglimpfung des Andenkens Verstorbener vorbestraft ist, in Erscheinung getreten. Verlagsleiter Wolfgang Dvorak-Stocker war im Frühjahr 2002 Referent auf dem Jahreskongress der rechtsextremen ‚Gesellschaft für freie Publizistik'.

Dvorak-Stocker ist ebenfalls Redakteur der Zeitschrift ‚Sezession', dem Sprachrohr des JF-nahen ‚Instituts für Staatspolitik' (IfS). Das im Mai 2000 gegründete IfS will sich als eine Art „Reemtsma-Institut von rechts" profilieren. Mit Seminaren und Publikationen wird versucht, „auf die drängenden Fragen unserer Zeit national- und verantwortungsbewusst Antwort [zu] geben". Vortrags- und Seminarthemen waren in der Vergangenheit unter anderem die „Krise" als gesellschaftliche Zustandsbeschreibung, „Traditionelle Weltsicht – der Mythos des Niedergangs" oder die „Anatomie der ‚Neuen Rechten'". Neben der Herausbildung von „geistigen Eliten" gilt dem IfS der Kampf wider die „Versozialdemokratisierung" der Unionsparteien als wichtige Aufgabe. Regelmäßig werden in der JF Anzeigen für Veranstaltungen des IfS, beispielsweise der Reihe

---

7   Vgl. Dokumentationsarchiv des Österreichischen Widerstands, online: http://www.doew.at/
     projekte/rechts/chronik/2005, Neues von ganz rechts - Juni 2005.
8   Vgl. Dokumentationsarchiv des Österreichischen Widerstands, online: www.doew.at/
     projekte/rechts/organisation/no.html

„Berliner Kolleg" sowie der Zeitschrift ‚Sezession', die jetzt zweimonatlich erscheint, geschaltet.

Mit einer JF-Anzeige wirbt auch die österreichische Zeitschrift ‚Der Eckart. So weit die deutsche Sprache reicht', die bis 2003 ‚Der Eckartbote' hieß. Herausgeber der Publikation ist der ‚Schutzverein Österreichische Landsmannschaft' (ÖLM). Nach Einschätzung des ‚Dokumentationsarchivs des österreichischen Widerstands' (DÖW) in Wien handelt es sich bei der ÖLM um eine „rechtsextreme Organisation mit vordergründig humanitärer Ausrichtung, die vor allem im publizistischen Bereich beträchtliche Aktivitäten setzt und aufgrund ihrer ideologisch-kulturellen Tätigkeit eine wichtige integrative Funktion für das deutschnationale und rechtsextreme Lager erfüllt".[9] Kontakte bestünden auch zur NPD. Angaben des DÖW zufolge hat der „Schriftleiter" des Blattes, Helmut Müller, an einer NPD-Veranstaltung teilgenommen und für das NPD-Parteiblatt ‚Deutsche Stimme' zur Feder gegriffen.

„Industrial-Neofolk-Gothic" wird in einer JF-Anzeige unter www.vaws.de angeboten. Dahinter steckt der ‚Verlag & Agentur Werner Symanek' (VAWS). „Der Verlag VAWS von Werner Symanek operiert zwischen Jugendkultur und nationalsozialistischem Kitsch: Neben zahlreichen Gothic-CDs hat er u. a. Bücher über die nationalsozialistischen Künstler Leni Riefenstahl, die u. a. für die Nationalsozialisten die Parteitage 1933 und 1934 filmisch dokumentierte, oder Josef Thorak, der als einer der wichtigsten Bildhauer des Dritten Reichs gilt, im Programm.", heißt es seitens der Brandenburgischen Landeszentrale für Politische Bildung.[10] Das Verlagsprogramm richte sich „vorwiegend an eine jugendliche Zielgruppe aus dem Dark-Wave-Bereich. Inhaltlich bedient es sich einer Mischung aus okkultischen Themen und NS-Ästhetik à la Leni Riefenstahl.". Laut Verfassungsschutz zählt VAWS zu den wichtigsten rechtsextremen Verlagen und Vertrieben in Nordrhein-Westfalen.[11] „Neben Veröffentlichungen seriöser Verlage finden sich immer wieder Bildbände, Bücher und Tonträger im Angebot, die sich in revisionistischer Art und Weise mit der Zeit des Nationalsozialismus befassen. Themenschwerpunkte der [...] Publikationen bildeten neben revisionistischen Themen wie der Kriegsschuldleugnung insbesondere die Verunglimpfung von staatstragenden Parteien in Verknüpfung mit dem angeblichen ‚Aushöhlen' beziehungsweise Abbau von Bürger- und Menschenrechten in der Bundesrepublik.", urteilte der NRW-Verfassungsschutz.[12]

---

9 Vgl. Dokumentationsarchiv des Österreichischen Widerstands, online: www.doew.at/ projekte/rechts/organisation/oelm.html
10 Vgl. Landeszentrale für Politische Bildung Brandenburg, Auseinandersetzung mit Rechtsextremismus, online: www.politische-bildung.de/extrem/index.htm
11 Vgl. ‚Berliner Zeitung' vom 19.03.2005.
12 Vgl. Innenministerium Nordrhein-Westfalen, Verfassungsschutzbericht 2004, Januar 2005: 108.

Der Verlagsinhaber Werner Symanek selbst tauchte und taucht immer wieder in der „Schriftleitung" des antisemitischen Blattes ‚Unabhängige Nachrichten' (UN) auf – und die UN sind in regelmäßigen Abständen ebenfalls in der JF
vertreten.

„Wahrheit – Klarheit – Offenheit" versprechen die ‚Unabhängigen Nachrichten' (Postfachadresse in Bochum). „UN-Lesen schädigt die Unwissenheit,
gefährdet die Nachtruhe und fördert das Nachdenken", so wird u. a. in der JF
geworben. Erkenntnissen des Verfassungsschutzes zufolge leugnen die ‚Unabhängigen Nachrichten' die Kriegsschuld Deutschlands, verunglimpfen die freiheitlich demokratische Grundordnung und prangern die angeblich fortdauernde
„Umerziehung" der Deutschen durch die „alliierten Siegermächte" an. Herausgegeben wird das monatlich erscheinende Blatt von den ‚Unabhängigen Freun-
deskreisen e.V.' respektive dem Verein ‚Freundeskreis Unabhängige Nachrichten' in Oberhausen. Zum ‚Freundeskreis Unabhängige Nachrichten' haben Informationen des baden-württembergischen Verfassungsschutzes zufolge „Personen aus dem gesamten rechtsextremen Lager, vereinzelt auch Neonazis, Kon-
takt". Autoren der fremdenfeindlichen und antisemitischen ‚Unabhängigen
Nachrichten' sind beispielsweise neben vielen anderen Rolf Kosiek, der Ex-
Vorsitzende der rechtsextremen ‚Gesellschaft für Freie Publizistik', der Ex-
NPD-Vorsitzende Günter Deckert oder der NPD-Liedermacher Frank Rennicke.
„In den UN-Artikeln werden die in der Bundesrepublik Deutschland lebenden
Ausländer und Asylbewerber fast ausschließlich unter dem Blickwinkel der
‚Überfremdung', ‚Ausbeutung öffentlicher Kassen' und des ‚Schmarotzertums'
behandelt.", so urteilt der nordrhein-westfälische Verfassungsschutz. Im virtuellen Handbuch des NRW-Verfassungsschutzes über Rechtsextremismus heißt es
über die Methoden der UN: „Die publizistische Gestaltung zahlreicher Artikel in
den UN folgt stets dem gleichen Muster: Aktuelle und historische Aussagen
bzw. Artikel/Interviews aus der Tagespresse und aus Archiven oder anderweiti-
gen Medien werden für einen unbefangenen Leser vermeintlich ‚neutral' wieder
gegeben, die in der Gesamtdarstellung dann jedoch in die eigentlich gewollte
politische Aussage einfließen. Durch die assoziative Verknüpfung der grundlegenden abstrakten Komponenten rechtsextremistischer Angsttheorien von Kul-
turimperialismus, Plutokratie, Zionismus und aggressivem Globalismus als vermeintlichen Ausgangspunkt der weltpolitischen Problemfelder suggerieren die
UN ein unmittelbares Bedrohungspotenzial, das durch permanente Hinweise auf
angeblich ungerechtfertigte Zahlungen Deutschlands an ausländische Personen
und Organisationen um einen behaupteten ursächlichen Zusammenhang mit der

gegenwärtigen wirtschaftspolitischen Situation erweitert wird und damit für den Einzelnen konkrete Formen annimmt."[13]

Für sich werben kann in der JF ferner der ‚Schutzbund für das Deutsche Volk' (SDV; Postfachadresse in Frankfurt). Der fremdenfeindlich agitierende SDV sieht sich als Sachwalter des rassistischen „Heidelberger Manifestes" von 1981, in dem mehrere rechtslastige Hochschullehrer ihre „Sorge" über die „Unterwanderung des deutschen Volkes durch Zuzug vieler Ausländer" ausdrückten. Zweck des Vereins ist die „Erhaltung der ethnischen und kulturellen Eigenart des deutschen Volkes". Der SDV fordert eine verstärkte Ausländerrückführung spricht sich besonders gegen jede „Vermischung" mit „fremden Rassen, Kulturen und Religionen", namentlich auch in Gestalt von „Mischehen", aus. Im Februar 2007 warb der NPD-Kreisverband Göttingen auf seiner Homepage unter dem Motto die „Bevölkerungskatastrophe" mit einem Artikel des SDV, betitelt: „Die Hauptstadt ist gefallen". Der niedersächsische Verfassungsschutz berichtet über Kontakte des SDV zur rechtsextremen ‚Gesellschaft für Freie Publizistik'.[14] Im Jahresbericht 2005 des bayerischen Landesamtes für Verfassungsschutz wird der SDV als „rechtsextremistisch" bezeichnet. Erwähnt wird in dem Bericht auch eine gemeinsame Veranstaltung des SDV mit der extrem rechten Deutschen Partei, dem so genannten „Bodenseetag", an dem nach Erkenntnissen der bayerischen Verfassungsschützer auch der NPD-Bundesvorsitzende Udo Voigt teilgenommen hat.[15]

Die ‚Deutsche Partei' (DP) inseriert selbst regelmäßig in der JF, so wie die DP-Landesverbände Bremen und Baden-Württemberg oder der DP-Kreisverband Mannheim. Der Verfassungsschutz bescheinigt der rund 500 Mitglieder zählenden DP „die Tendenz zu übersteigertem Nationalismus, Fremdenfeindlichkeit und Ressentiments gegen Minderheiten". Ebenso lägen bei der DP „tatsächliche Anhaltspunkte für rechtsextremistische Bestrebungen vor".[16] Kontakte seitens der DP bestünden auch ins neonazistische Lager. So hätten DP-Mitglieder für die NPD in Bayern zu den Bundestagswahlen im September 2005 kandidiert; an einer gemeinsamen Veranstaltung im Januar 2005 Mitglieder von DP, NPD, DVU, Republikaner sowie Angehörige der Neonaziszene teilgenommen, berichtet das bayerische Landesamt für Verfassungsschutz. Angetreten ist die DP, die 1993 wieder gegründet worden war, als Sammelbecken für versprengte Rechts-

---

13 Vgl. Innenministerium Nordrhein-Westfalen, online: www.im.nrw.de/sch/344.htm
14 Vgl. Niedersächsisches Ministerium für Inneres und Sport, Verfassungsschutzbericht Niedersachsen 2005: 17.
15 Vgl. Bayerisches Staatsministerium des Innern, Verfassungsschutzbericht Bayern 2005, April 2006: 123.
16 Vgl. Bayerisches Staatsministerium des Innern, ebd.: 122, 123; Thüringer Innenministerium, Verfassungsschutzbericht Freistaat Thüringen, Juli 2006: 113.

extremisten. Insbesondere unzufriedene REP-Mitglieder fanden in der Vergangenheit den Weg zur DP.

Mit der DP verbandelte sich im Jahr 2003 die von abtrünnigen Parlamentariern der rechtsextremen ‚Deutschen Volksunion' (DVU) in Sachsen-Anhalt gegründete ‚Freiheitliche Deutsche Volkspartei'. Parteiinterne Querelen auf Führungsebene um den (Rechts)Kurs der DP führten Anfang 2005 zu einem weiteren Bedeutungsverlust der Partei. Das baden-württembergische Landesamt für Verfassungsschutz sieht in der DP ein „geradezu klassisches Beispiel für diejenigen unter den rechtsextremistischen Personenzusammenschlüssen, die durch ihre Existenz zur weiteren organisatorischen Zersplitterung der rechtsextremistischen Szene beitragen".[17]

Durch Anzeigen in der JF machen auch die Republikaner immer wieder von sich reden, häufiger deren Landesverband Bremen und der Kreisverband Köln, aber auch der Bundesverband sowie der baden-württembergische Landesverband tauchen auf. Das Bundesamt für Verfassungsschutz sieht bei den Republikanern „weiterhin tatsächliche Anhaltspunkte für rechtsextremistische Bestrebungen". Einer Einschätzung des NRW-Verfassungsschutzes zufolge spielen dabei „insbesondere das Zusammenwirken mit anderen Rechtsextremisten, eine fremdenfeindliche Agitation sowie die Diffamierung von Repräsentanten und Institutionen der freiheitlichen-demokratischen Grundordnung eine bedeutende Rolle".[18] In dem REP-Parteiblatt ‚Zeit für Protest' (6-7/2005) heißt es unter der Überschrift „Das Volk wird ausgewechselt" beispielsweise: „Die Ersetzung des deutschen Staatsvolkes durch eine ‚multikulturelle' Mischbevölkerung hat [...] rasante Fortschritte gemacht". Heftig umstritten ist bei den Republikanern intern auch der von der Parteiführung unter dem Vorsitzenden Rolf Schlierer verordnete Abgrenzungskurs gegenüber anderen rechtsextremen Parteien wie NPD und DVU. Erkenntnissen der Verfassungsschützer zufolge sind Republikaner aber immer wieder bei gemeinsamen Veranstaltungen mit anderen Rechtsextremisten anzutreffen. Zahlreiche Parteifunktionäre und -mitglieder sind besonders bis Ende 2006 von der Fahne gegangen; die Mitgliederzahl der Republikaner wird noch auf rund 6000 geschätzt mit absteigender Tendenz. Wahlerfolge blieben der Partei seit ihrem Auszug aus dem Landtag von Baden-Württemberg weitgehend versagt (dort war sie zwei Legislaturperioden von 1992 bis 2001 in Fraktionsstärke vertreten); bei der Bundestagswahl im September 2005 kam sie mit 0,6 Prozent gerade noch mit Mühe und Not in den Genuss der staatlichen Wahlkampfkostenerstattung.

---

17   Vgl. Innenministerium Baden-Württemberg, Verfassungsschutzbericht 2005: 154.
18   Vgl. Bundesministerium des Innern, Verfassungsschutzbericht 2005, S. 102; Innenministerium des Landes Nordrhein-Westfalen, Verfassungsschutzbericht des Landes Nordrhein-Westfalen über das Jahr 2005, März 2006: 42.

Im Vorfeld der Bundestagswahlen 2005 fanden sich in der JF mehrfach Anzeigen der rechtsextremen Mini-Partei ‚Ab jetzt – Bündnis für Deutschland'. Der
nordrhein-westfälische Verfassungsschutz sieht bei der 1997 gegründeten, bundesweit rund 150 Mitglieder zählenden Partei „tatsächliche Anhaltspunkte für
den Verdacht rechtsextremistischer Bestrebungen". In dem Kurzprogramm zur
Bundestagswahl 2005 habe die Partei „auf perfide Weise den Zuzug von Ausländern als ein ökologisches Problem bezeichnet, merken die Verfassungsschützer an.[19] Zu den Landtagswahlen im September 2006 in Mecklenburg-
Vorpommern war ‚Ab jetzt – Bündnis für Deutschland' mit dem Zusatz ‚Partei
für Volksabstimmung und gegen Zuwanderung ins soziale Netz' angetreten.

Mit großflächigen Anzeigen, gelegentlich über zwei Seiten, warten zuweilen in der JF die ‚Deutschen Konservativen' auf. Der eingetragene Verein war
1986 von dem früheren ‚Bild'-Journalisten und ‚Hörz zu'-Chefreporter Joachim
Siegerist ins Leben gerufen worden. Ehrenpräsident ist der ehemalige Berliner
CDU-Innensenator Heinrich Lummer. Hauptsächliches Anliegen der ‚Deutschen
Konservativen' ist es, ein Gegengewicht zur politischen Linken und den so genannten „linken" Medien zu sein. Im Visier der ‚Deutschen Konservativen' stehen naturgemäß besonders die SPD, die Grünen, („rot-grüne Kasperlbude") und
die Gewerkschaften („Der DGB dient der Demokratie und der Wirtschaft nicht,
er schadet beiden."). Auf ihren Jahreskongressen weilten in der Vergangenheit
schon mal ausgewiesene Rechtsextremisten wie neben anderen Horst Mahler
oder der NPD-Liedermacher Frank Rennicke. 1995 stufte der Verfassungsschutz
den Verein als rechtsextremistisch ein. Der Vereinsvorsitzende Siegerist wurde
1997 vom Hamburger Landgericht wegen Volksverhetzung, Aufstachelung zum
Rassenhass und Beleidigung rechtskräftig verurteilt. Unter anderem machte
Siegerist mit Aussagen wie: „Die Zigeuner produzieren Kinder wie Karnickel!"
auf seine menschenfeindliche, extreme Haltung aufmerksam. Politisch unter-
stützten die ‚Deutschen Konservativen' in den letzten Jahren u. a. die rechtsextreme ‚Deutsche Partei' bei deren Antritt zu den Bürgerschaftswahlen im Mai
2003 in Bremen. Bei den Bürgerschaftswahlen im Mai 2007 trat Siegerist dann
selbst mit weiteren rechtslastigen Vertretern als Spitzenkandidat des ‚Wähler-
bündnis Bremen muss leben' in der Hansestadt an.

In Abständen tauchen als Anzeigenkunden in der JF auch immer wieder
Vereine aus dem Umfeld des nationalistischen Ex-Friedensforschers Alfred
Mechtersheimer auf. Geworben wird beispielsweise für das „Handbuch deutsche
Wirtschaft" aus der Feder von Alfred Mechtersheimer (www.deutsche-
wirtschaft.org), der insbesondere den Ausverkauf deutscher Unternehmen an
ausländische Kapitalinvestoren geißelt. „Vom Ausverkauf ist Deutschland be-

---

19   Vgl. Innenministerium des Landes Nordrhein-Westfalen, ebd.: 56.

sonders betroffen, weil die Wirtschaft der einzige verbliebene politische Sektor in nationaler Verantwortung war, während Währung, Militär-, Außen- und Innenpolitik fremdbestimmt sind, wobei die EU die Globalisierung vorantreibt, was mittlerweile von unterschiedlichen politischen Kräften als verhängnisvoll erkannt wird.", heißt es in der Werbung für das Handbuch 2007, das den bezeichnenden Untertitel „5000 Firmen und die Heuschrecken" trägt. Veröffentlicht wird das Handbuch von dem Verein ‚Unser Land – Wissenschaftliche Stiftung für Deutschland e.V.', dessen Vorsitzender Mechtersheimer ist. Geworben wird in der JF auch für die Mechtersheimer-Organisation ‚Deutschland-Bewegung/Friedenskomitee' beziehungsweise deren Publikationen. Die Mitgliederzahl der 1990 gegründeten ‚Deutschland-Bewegung/Friedenskomitee' beträgt amtlichen Angaben zufolge bundesweit rund 100 Personen. Laut Verfassungsschutz arbeitet Mechtersheimer „mit bekannten rechtsextremistischen Funktionären bzw. Aktivisten verschiedener Parteien und Gruppen zusammen".[20] In Flugblättern seiner Gruppierung wird, so das bayerische Landesamt für Verfassungsschutz, „ein demokratiefeindliches, die Volkssouveränität ablehnendes und rassistisch geprägtes Deutschland" gefordert.

Personelle Verstärkung suchte mittels einer JF-Kleinanzeige im Frühjahr 2005 die Fraktion ‚pro Köln'. Die ‚Bürgerbewegung pro Köln' war unter maßgeblicher Beteiligung von Funktionären der rechtsextremen ‚Deutschen Liga für Volk und Heimat' ins Leben gerufen worden. Zu den Kommunalwahlen im September 2004 erreichte ‚pro Köln' in der Domstadt auf Anhieb 4,7 Prozent der Stimmen. Mit fünf Vertretern (ein parteiloser Stadtrat schloss sich an) ist sie heute im Rat der Stadt Köln vertreten. Der NRW-Verfassungsschutz bescheinigt ‚pro Köln' in seinem Jahresbericht 2005 „Anhaltspunkte für den Verdacht einer rechtsextremistischen Bestrebung".[21] Im Bericht für 2004 war besonders auf die engen Kontakte zum rechtsextremen Spektrum und auf die Ausländerfeindlichkeit der ‚Bürgerbewegung' hingewiesen worden.[22] Das Verwaltungsgericht Düsseldorf hatte im Oktober 2005 eine Klage von ‚pro Köln' gegen die Aufnahme in die Verfassungsschutzberichte 2002 bis 2004 zurückgewiesen. Nach Ansicht des Gerichts enthielten Veröffentlichungen der ‚Bürgerbewegung' Äußerungen, die bei einer Gesamtbetrachtung darauf zielten, Ausländer pauschal und damit wegen ihrer Herkunft oder Abstammung herabzusetzen. Darüber hinaus bestünden Anhaltspunkte für Kontakte zu Vereinigungen, die ihrerseits Bestrebungen gegen die freiheitlich-demokratische Grundordnung entfalteten.[23]

---

20 Vgl. Bayerisches Staatsministerium des Innern, ebd.: 125.
21 Vgl. Innenministerium des Landes Nordrhein-Westfalen, ebd.: 57.
22 Vgl. Innenministerium des Landes Nordrhein-Westfalen, Verfassungsschutzbericht 2004: 75.
23 Vgl. www.rechtgegenrechts.org/node/127

Häufiger inseriert in der JF die ‚Bürgerbewegung Pro Deutschland', die am
20. Januar 2005 aus den Reihen von ‚pro Köln' gegründet worden war. Sie soll
das Erfolgsrezept der ‚Bürgerbewegung pro Köln', auf andere Städte übertragen.
Bundesvorsitzender von ‚Pro Deutschland' ist Manfred Rouhs, gleichzeitig Geschäftsführer der Stadtratsfraktion von ‚pro Köln". Manfred Rouhs, dessen politische Karriere ihn von der Jungen Union, zur NPD und den ‚Jungen Nationaldemokraten', zu den Republikanern und dann über die ‚Deutsche Liga für Volk
und Heimat' zu ‚pro Köln' führte, ist seit langen Jahren auch im publizistischen
Bereich aktiv. Die von ihm in unregelmäßigen Abständen herausgegebene
rechtsextreme Zeitschrift ‚Signal – Das patriotische Magazin' erschien ab 1998
als Nachfolgemagazin des neurechten Strategieorgans ‚Europa Vorn'. Zu ihrer
ersten ordentlichen Bundesversammlung traf ‚pro Deutschland' am 18. November 2006 in Bonn zusammen. Als Redner bei der Veranstaltung in Bonn trat
unter anderem Alfred Mechtersheimer auf, der den „Ausverkauf deutscher Unternehmen" an internationale Finanzinvestoren beklagte.[24]

Mehrfach wurde über Jahre mittels einer unscheinbaren Anzeige in der JF
für einen „Trauermarsch zum Gedenken an die Opfer des Bombenangriffes von
1945" in Dresden geworben. Als Veranstalter ist die JLO Sachsen genannt. Die
JLO (‚Junge Landsmannschaft Ostpreußen'; im Herbst 2006 erfolgte die Umbe-
nennung in ‚Junge Landsmannschaft Ostdeutschland') war bis zum Jahr 2006 die
Jugendorganisation der ‚Landsmannschaft Ostpreußen'. Nach Erkenntnissen des
sächsischen Landesamts für Verfassungsschutz wurden bei dem JLO Landesverband Sachsen/Niederschlesien „1999 erstmalig Anhaltspunkte für rechtsextremistische Bestrebungen deutlich". Diese resultierten auch „aus der engen und
mit deutlichen Sympathiebekundungen verbundenen Zusammenarbeit mit
rechtsextremistischen Parteien und Organisationen".[25] Der regelmäßig von der
JLO veranstaltete Trauermarsch in Dresden gilt als alljährlicher Event der Neo-
nazi-Szene. Der Thüringer Verfassungsschutz beschreibt die Veranstaltung vom
Februar 2006 folgendermaßen:

„Am 11. Februar nahmen in Dresden ca. 4.200 Rechtsextremisten aus dem gesamten
Bundesgebiet und dem Ausland an einem Aufmarsch teil, zu dem anlässlich des 61.
Jahrestags der Bombardierung der Stadt am 13./14. Februar 1945 wie in den Vorjah-
ren die rechtsextremistisch ausgerichtete ‚Junge Landsmannschaft Ostpreußen e.V. –
Landesverband Sachsen-Niederschlesien' aufgerufen hatte. Als Redner traten u.a.
der Bundesvorsitzende der ‚Nationaldemokratischen Partei Deutschlands' (NPD)
und dessen Stellvertreter, Udo Voigt und Holger Apfel, auf. Rechtsextremisten aus
Portugal, der Schweiz und Österreich richteten Grußworte an die Teilnehmer der

---

24   Vgl.www.bnr.de/archiv/meldungsarchiv/jahr2006/meldungen1106/vonprokoelnlernen/
25   Vgl. Landesamt für Verfassungsschutz Freistaat Sachsen, Verfassungsschutzbericht 2005: 43.

Veranstaltung, unter denen sich die führenden Neonazis Christian Worch, Thomas Wulff und Thorsten Heise aus Fretterode/Thüringen befanden [...] Seit dem Jahr 2004 hat sich der Aufmarsch in Dresden zu einer der bedeutendsten Veranstaltungen der rechtsextremistischen Szene in der Bundesrepublik entwickelt."[26]

In der Berichterstattung der JF (Ausgabe 8/05) über den Dresdner Aufmarsch im Februar 2005 war der rechtsextreme Charakter dieser Veranstaltung durchaus deutlich geworden. Ungeachtet dessen konnte aber im Folgejahr die JLO wieder Anzeigen in der JF schalten.

Ein Stelldichein geben sich in der JF auch diverse mehr oder weniger rechtsgestrickte Burschenschaften, die allesamt in dem völkischen Dachverband ‚Deutsche Burschenschaft' organisiert sind.

In regelmäßigen Abständen ist in der JF ausgerechnet die ‚Burschenschaft Danubia' aus München vertreten. Geworben wird da beispielsweise für eine Ausstellung im Hause der ‚Danubia' im noblen Münchner Stadtteil Bogenhausen für eine „kleine deutsche Kunstausstellung" über die NS-Künstler Rudolf Warnecke, Ernst von Dombrowski und Georg Sluyterman von Langeweyde. Oder die ‚Danubia' inseriert in der JF die von ihr durchgeführten „Bogenhauser Gespräche", an denen in der Vergangenheit ausgewiesene Vertreter der extremen Rechten wie Reinhold Oberlercher, Horst Mahler, Peter Kienesberger oder der französische neurechte Theoretiker Alain de Benoist teilgenommen haben. Erkenntnissen der Bundesregierung zufolge „hielten bei der Burschenschaft Danubia in der Vergangenheit einzelne NPD-Mitglieder Vorträge".[27] Nach einem brutalen Skinhead-Angriffs auf einen Griechen im Januar 2001 wurde dem Haupttäter in den Räumen der ‚Danubia' eine Übernachtungsmöglichkeit geboten. In den 1970er Jahren galt die ‚Burschenschaft Danubia' als Kaderschmiede für die NPD-Studierendenorganisation ‚Nationaldemokratischer Hochschulbund', Ende der 1980er Jahre waren die Danuben eng mit der Partei ‚Die Republikaner' liiert. Seit dem Jahr 2001 wird die ‚Burschenschaft Danubia' in den Verfassungsschutzberichten des Bayerischen Staatsministeriums des Innern aufgeführt.

Für eine Veranstaltung auf ihrem Haus „'David gegen Goliath' – Konzepte wieder die Hegemonialpolitik der USA" hat die schlagende ‚Erlanger Burschenschaft Frankonia' Anfang 2007 mit einer Anzeige in der JF geworben. Als Referent ist dabei neben anderen rechtslastigen Vertretern der wegen Volksverhetzung und Verunglimpfung des Andenkens Verstorbener verurteilte Publizist Hans-Dietrich Sander angekündigt. Die ‚Erlanger Burschenschaft Frankonia' – Wahlspruch: „Ehre, Freiheit, Vaterland" kennt offenkundig wenig Berührungsängste gegenüber Rechtsaußen: Als Redner traten dort in der Vergangenheit

---

26 Thüringer Landesamt für Verfassungsschutz, Monatschronik Februar 2006.
27 BT-Drucksache 14/6729 vom 24.7.2001.

schon Rechtsextremisten wie Pierre Krebs, Horst Mahler und Reinhold Oberlercher in Erscheinung. Im Jahr 2001 berichtete das bayerische Landesamt für Verfassungsschutz von Flügelkämpfen zwischen einem demokratischen und einem extremistischen Flügel innerhalb der ‚Frankonia'.[28]

Inserentin in der JF ist auch die schlagende Verbindung ‚Hamburger Burschenschaft Germania', die wie die ‚Danubia' und die ‚Frankonia' dem radikalvölkischen Flügel der DB, der Burschenschaftlichen Gemeinschaft, zugerechnet wird. Auch die Hamburger ‚Germania' machte in der Vergangenheit häufiger durch Kontakte ins rechtsextreme Lager von sich reden. Der frühere Funktionär der NPD-Studierendenorganisation NHB Jürgen Gansel, heutiger sächsischer NPD-Landtagsabgeordneter, verwies Hamburger Studenten schon mal auf die ‚Germania'.[29] Anfang der 90er Jahre wohnte auf dem Haus der ‚Germania' ein damaliger Funktionär der neonazistischen ‚Freiheitlichen Deutschen Arbeiterpartei', die 1994 verboten wurde. Mehrfach traten Vertreter der extremen Rechten bei der ‚Germania' als Referenten in Erscheinung. Zusammen mit der ‚Erlanger Burschenschaft Frankonia' und der ‚Burschenschaft Germania Halle zu Mainz', die selbst regelmäßig in der JF Anzeigen schaltet, bildet ‚Germania Hamburg' das „Schwarz-Weiß-Rote Kartell".

„Wir bringen Schmiss ins Studium", verspricht die schlagende ‚Burschenschaft Germania Marburg', die sich mehrfach in der JF empfiehlt. „Freiheitlich – national – schlagend – gesellschaftlich" stellt sich die ‚Münchner Burschenschaft Cimbria' dar, die Zimmer an „deutsche Studenten" vermietet. Für Vorträge wirbt in der JF regelmäßig – beispielsweise zum Thema „Antifaschismus – Zur Geschichte eines politischen Kampfbegriffes" – die ‚Berliner Burschenschaft Gothia'.

---

28   Vgl. Bayerisches Staatsministerium des Innern, Pressemitteilung 268/01 vom 14. Juni 2001.
29   Vgl. „blick nach rechts", 18. Jg., Ausgabe 1/2001.

Griff nach der Meinungshoheit

Internetkampagnen der „Jungen Freiheit" am Beispiel von Wikipedia

Margret Chatwin

Die Online-Enzyklopädie „Wikipedia" hat sich in den vergangenen Jahren zum sicher meistgenutzten Informationsportal im Internet entwickelt.[1] Mit dem Anspruch, die größte freie Online-Enzyklopädie zu schaffen, ging das Projekt im Jahr 2000 ins Netz. Inzwischen erscheint Wikipedia in 250 Sprachen und Dialekten. Nach den Vorstellungen der amerikanischen Gründer, Jimmy Wales und Larry Sanger, sollte jeder interessierte Internet-Nutzer darin selbst lexikalische Beiträge erstellen können, die wiederum von anderen Nutzern bearbeitet und gegebenenfalls korrigiert würden. So würde sich im Laufe der Zeit das Allgemeinwissen erweitern und durch gegenseitige Kontrolle und Korrekturen aus Autoren Experten werden. Zudem wären Wissenschaftler, die sich beteiligen, gezwungen, ihren Wissensvorsprung allgemeinverständlich zu vermitteln. So die Idee. Diese interaktive „E-Community" – inzwischen in Fachkreisen meist unter dem Terminus „Web 2.0" rubriziert – soll so selbst für die Qualität der Beiträge sorgen („Vier-Augen-Prinzip").[2]

Die Entwicklung seit der Gründung hat gezeigt, dass das Vorzeigeprojekt des „sozialen Web" diesem hohen Anspruch in weiten Teilen nicht gerecht wird. Schließlich sind die meisten Teilnehmer nur Amateure, denen Wikipedia die Möglichkeit bietet, sich als „Autoren" zu jedem beliebigen Thema zu profilieren. Dies führt häufig zu Artikeln, die kaum das Niveau von Schulaufsätzen erreichen, die Privatmeinung der Autoren abbilden und mit vielen Fehlern behaftet sind, und die ohne ausreichendes Fachwissen wiederum nur sehr mühsam oder gar nicht entdeckt und behoben werden können. Daher lautete schon vor Jahren das Verdikt

---

1 Beim „Traffic Rank" lag die deutschprachige Wikipedia laut dem Internetdienst alexa.com weltweit auf Platz 10 (das englische Wikipedia liegt auf Platz 6), Stand: 3.4.07.
2 Über das Projekt liegen inzwischen zahlreiche wissenschaftliche Untersuchungen vor. Mit Unterstützung von Wikipedia entstand 2006 z.B. die Diplomarbeit von Ingo Frost mit dem Titel „Zivilgesellschaftliches Engagement in virtuellen Gemeinschaften", als PDF-Datei abrufbar unter: http://www-lehre.inf.uos.de/~ifrost/offiziell/frost2006_wikipedia.pdf

der ‚Süddeutschen Zeitung', Wikipedia sei der „Brockhaus des Halbwissens".[3] Die mangelnde Qualität der von zahllosen Amateuren zusammengetragenen Informationen hat in den USA dazu geführt, dass einzelne Fakultäten an Hochschulen ihren Studenten untersagt haben, aus Wikipedia zu zitieren.[4]

Tatsächlich wird häufig zu Themen einfach nur „gegoogelt" und fremde Inhalte per „copy & paste" und ohne Quellenangabe eingestellt.[5]

Derlei Urheberrechtsverletzungen sind regelmäßig ein Thema bei Wikipedia. Seit das deutschsprachige Wikipedia im Mai 2001 online ging, hat das Volumen der abrufbaren Artikel die Zahl 560.677 erreicht[6]. Alleine ein solches Volumen erschwert eine Kontrolle erheblich. Insbesondere bei politischen und zeitgeschichtlichen Themen erwies sich das für jedermann zugängliche Projekt als besonders anfällig für Versuche der ideologischen Einvernahme. Wiederholt kam es dabei auch zur Veröffentlichung falscher (mitunter auch diffamierender) biographischer Daten bekannter Persönlichkeiten, die sich politisch und publizistisch gegen rechtsextreme Strömungen wenden. Derartige Rufschädigungen finden sich nicht nur in den Lexikoneinträgen selbst, sondern insbesondere in den ebenfalls öffentlich zugänglichen Wiki-Diskussionen. Dem Wissenschaftler Wolfgang Gessenharter etwa wurde eine Mitgliedschaft in der WASG angedichtet.

Eher harmlos nimmt sich dagegen die Fehlinformation über den SPD-Landtagsabgeordneten Stephan Braun aus, in der behauptet wurde, er habe in Israel und New York studiert. Zu lesen war dies weltweit ab dem 28. November 2005. Derartige Ortsangaben werden in rechtsextremen Kreisen unweigerlich mit dem Symbol der „Ostküste" assoziiert, welches immer wieder durch die einschlägige Presse geistert. Gemeint sind die an der Ostküste der Vereinigten Staaten beheimateten jüdischen Organisationen, aber auch die vermeintlich jüdisch dominierte Wallstreet. Unter der gleichen IP-Adresse wurde noch am selben Tag auf der gleichen Seite ein Link zur Website der NPD eingestellt. Dieser Link wurde zwar rasch als „Nazi-Spam" erkannt, die unter der gleichen IP-Adresse eingestellte Fehlinformation über Braun blieb aber bis zum 14. August 2006 im Netz.

Weniger amüsant ist die Verbreitung eines Gerüchts ohne jeden Quellennachweis vom 5. Januar 2007. Darin wurde behauptet, es habe „wiederholt Vorwürfe" gegeben, dass Braun „zeitweise als Inoffizieller Mitarbeiter für die Stasi gearbeitet hat, was jedoch bislang nie eindeutig bewiesen werden konnte". Als der Betroffene diese Verleumdung entfernen wollte, wurde mehrfach „rever-

---

3   Bock, Andreas M.: Brockhaus des Halbwissens, Süddeutsche Zeitung, 14.8.04.
4   Niederberger, Walter: Angriff auf Wikipedia lanciert, Tagesanzeiger, 27.3.07.
5   Hunderte von Beiträgen wurden beispielsweise DDR-Standardwerken entnommen, wie dem
     „Philosophischen Wörterbuch" (Leipzig, 1964) oder dem „Kleinen Lexikon Sowjetstreitkräfte"
     (Ost-Berlin, 1987), wie 2005 bekannt wurde.
6   http://de.wikipedia.org/wiki/Wikipedia:Meilensteine, Stand 23.3.07.

tiert", das heißt, die von einem nicht angemeldeten Wikipedia-Benutzer eingestellte Fassung wiederhergestellt. Wegen des fehlenden Belegs für dieses Gerücht wurde der Satz unter dem Stichwort „Kritik" am 20. Januar 2007 schließlich ersetzt durch:

> „An dieser Stelle stand etwas Kritisches, was anscheinend Mitarbeiter und Helfer
> von Stephan Braun wiederholt entfernt haben. Es bleibt anzumerken, dass es in Wi-
> kipedia kein Redaktionsmonopol von Politikern geben sollte und dass die Homepage
> der richtige Ort der eigenen Selbstdarstellung ist."[7]

Internationale Aufmerksamkeit erreichte der englischsprachige Wikipedia-
Eintrag über den 78-jährigen John Seigenthaler, ehemaliger Politikberater und
Assistent von Robert Kennedy, in dem er beschuldigt wurde, in die Ermordung
der Kennedy-Brüder John und Bobby verwickelt gewesen zu sein.[8]

Struktur von Wikipedia

Das deutschsprachige Wikipedia ging im Mai 2001 online. Seit Juni 2004 fungiert
der Verein Wikimedia Deutschland – Gesellschaft zur Förderung Freien Wissens
e.V. als offizieller Vertreter Tausender Online-Enzyklopädisten. Die Zahl der
registrierten Benutzer beträgt derzeit mehr als 200.000, wobei die Anzahl der
tatsächlich aktiven Teilnehmer deutlich darunter liegt. Das Projekt trägt sich aus
Spenden, die Inhalte basieren auf der honorarfreien Mitarbeit der Teilnehmer.
    Unter Geldnöten scheint Wikipedia dank der Spendenfreudigkeit der Deut-
schen nicht zu leiden. 2005 waren die Einnahmen aus Spenden so hoch, dass sie
nach Abzug der laufenden Kosten nicht dem Vereinszweck entsprechend ausge-
geben werden konnten.[9] Technisch wurde das Projekt auf der Basis einer lizenz-
freien („Open Source")-„Wiki"-Software realisiert. Recht unkompliziert ermöglicht diese die Erstellung einer Seitensammlung für das „World Wide Web", die
von den Benutzern nicht nur gelesen, sondern auch online geändert werden kann.
„Wiki" leitet sich vom hawaiianischen Wort „wikiwiki" ab, was „schnell" bedeutet.[10]

---

7   http://de.wikipedia.org/wiki/Stephan_Braun
8   Vgl. Seigenthaler, John: A false Wikipedia 'biography', USA Today, 29.11.05.
9   Dirscherl, Hans-Christian: Wikimedia Deutschland schwimmt im Geld, Süddeutsche Zeitung,
    31.8.06, Tätigkeitsberichte des Vereins und Spendenstatistik siehe bei Wikipedia selbst:
    http://www.wikimedia.de/spenden.html
10 http://de.wikipedia.org/wiki/Wiki

Anonymität

Um Artikel einzustellen, zu bearbeiten oder sich an Diskussionen zu beteiligen, ist eine Anmeldung nicht zwingend erforderlich. In solchen Fällen wird die jeweilige IP-Adresse ermittelt und dem Beitrag hinzugefügt. Die meisten Teilnehmer treten unter einem „Nickname", das heißt anonym auf. Nur eine verschwindend kleine Minderheit der Wikipedia-Autoren erscheint unter dem richtigen Namen. Das hat zur Folge, dass nicht nur ernsthaft Interessierte sich hier beteiligen, sondern auch zahllose Selbstdarsteller, pubertierende Wichtigtuer und „Trolle" (Internet-Jargon für Unruhestifter) sich dort tummeln und mit „Edit-Wars" und Vandalismus für Unruhe in der „Community" sorgen.[11]

Neutralität

Ein wesentlicher Grundsatz bei Wikipedia ist die Neutralität. Zum Stichpunkt „Neutraler Standpunkt" heißt es bei Wikipedia:

> „Zur unparteiischen Darstellung gehört in erster Linie, die Argumente aller Seiten angemessen zu schildern, das heißt, sowohl vom Umfang her eine Ausgewogenheit zu wahren, als auch in der Wortwahl keine (implizite) Wertung vorzunehmen." [12]

Im Wikipedia-Jargon wird diese Neutralität auch „NPOV" (Abkürzung aus dem Englischen für „Neutral Point Of View") genannt. „POV" ist das Gegenteil, das heißt ein nicht neutraler Standpunkt.

Benutzer, die sich nicht an diese Vorgaben halten, können auf Antrag anderer Teilnehmer gesperrt werden. Die Sperrung kann tageweise sein bis hin zur ultimativen Sanktion - die dauerhafte Sperrung.

Ist ein Beitrag aufgrund von Meinungsverschiedenheiten von Vandalismus bedroht, so kann er für weitere Bearbeitungen gesperrt werden. Bei Zweifeln an der Neutralität erhält der Beitrag einen entsprechenden Hinweis, wie das nachstehende Beispiel zum Lemma „Negationismus" illustriert:

---

11   http://de.wikipedia.org/wiki/Wikipedia:Anonymität
12   http://de.wikipedia.org/wiki/Wikipedia:Neutraler_Standpunkt

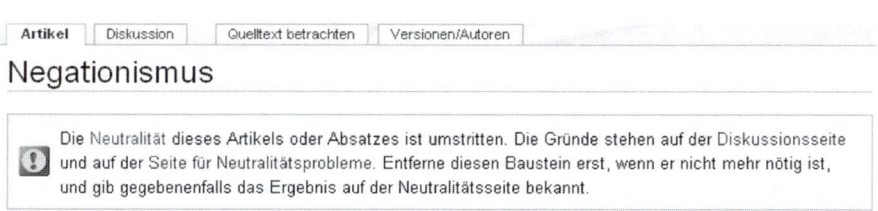

Auch auf fehlende oder mangelnde Quellenangaben kann durch einen entsprechenden Wikipedia-Baustein hingewiesen werden. Eine Sperrung kann erst aufgehoben werden, sobald in Diskussionen eine Einigung der Kontrahenten erzielt werden konnte.

Wissenschaftlichkeit

Es ist neben der auf den ersten Blick chaotisch erscheinenden Struktur vor allem das Fehlen einer redaktionellen Durchsicht durch Fachleute, was viele Wissenschaftler bislang von einer Mitarbeit bei Wikipedia abschreckt. Dieses Manko versuchte der Verein 2006 mit Unterstützung der Niedersächsischen Staats- und Universitätsbibliothek Göttingen durch das Projekt „Wikipedia-Academy" auszugleichen und sich zugleich stärker im akademischen Umfeld zu etablieren, wie es in einer Erklärung von Wikipedia heißt."[13] Mit diesem Teilprojekt nahm Wikipedia Deutschland 2006 am „Informatikjahr" teil, das im Rahmen der seit sieben Jahren durchgeführten Wissenschaftstage stattfand.[14]

Freie Nutzung

Die Möglichkeit der freien Nutzung der Inhalte von Wikipedia durch Spiegelung auf der eigenen Website hat dazu geführt, dass zahlreiche kommerzielle Web-Auftritte – darunter auch recht fragwürdige – die Online-Enzyklopädie spiegeln, um von den hohen Zugriffszahlen („Traffic") von Wikipedia zu profitieren. Mitunter dienen die Spiegelungen ausschließlich dem Zweck, Einnahmen aus Werbeeinblendungen zu sichern. Einträge findiger PR-Agenturen, die ihre Kunden bei

---

13   http://www.wikipedia-academy.de/index.php
14   http://www.informatikjahr.de

Wikipedia in möglichst gutem Licht darstellen wollen, werden zwar in der Regel einigermaßen rasch aufgespürt[15], doch zeigt diese Entwicklung deutlich auf, wie anfällig Wikipedia für Manipulationen durch vielerlei Interessengruppen ist.

Vandalismus

Wie aus der nachstehenden Wikipedia-Grafik hervorgeht, kam es im August 2006 zu dem bisherigen Höchststand der dauerhaft gesperrten Benutzer. Auf Nachfrage teilte der Wikipedia-Verein mit, dass dieser Ausreißer „offenbar auf eine umfangreiche Sperrung anonymer Proxies zurückzuführen" sei. Ein konkreter Anlass für diese Maßnahme, beispielsweise Angriffe auf Artikel eines bestimmten Themenbereichs, sei nicht ersichtlich.[16]

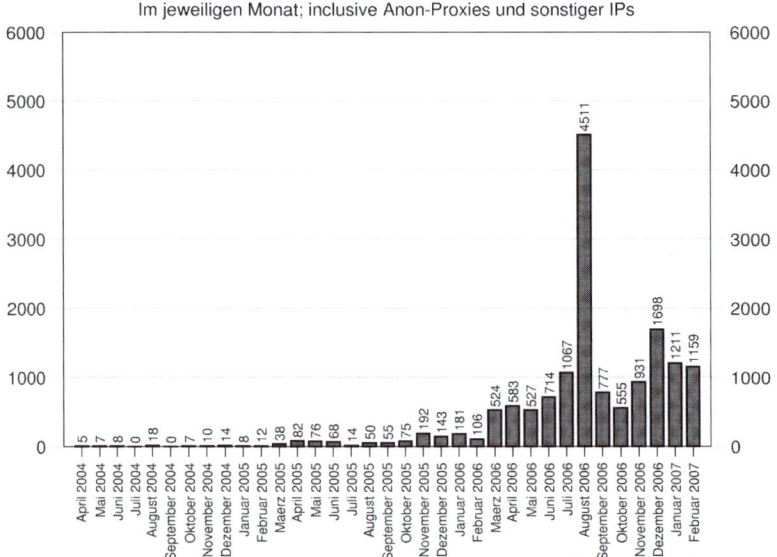

Anzahl der dauerhaft gesperrten Benutzer der Wikipedia
Im jeweiligen Monat; inclusive Anon-Proxies und sonstiger IPs

17

---

15   Vgl. Graff, Bernd: „Schmutzige Spielchen". Wikipedia und ungewollte Artikel von Werbern, Süddeutsche Zeitung, 26.1.07.
16   E-Mail-Antwort Wikipedia-Verein vom 3.4.07.
17   Grafik am 3.4.07 bei Wikipedia abgerufen.

Volkspädagogik von rechts

Es ist vor allem die garantierte Anonymität, die Wikipedia für politische Aktivisten attraktiv macht, die hier eine Gelegenheit sehen, ihre Agenda schnell und dazu noch ohne Kostenaufwand in die Öffentlichkeit zu bringen. Dies hat auch die neurechte Szene auf den Plan gerufen. 2005 erschien in der JF ein Artikel, in dem dazu aufgerufen wurde, sich bei Wikipedia zu beteiligen:

> „Bei Wikipedia müssen die Konservativen stärker aktiv werden. Mit einfachen Mitteln lassen sich jeder einseitigen Information oder gar Propaganda Argumente entgegensetzen. Im Vergleich zu anderen Medien setzt sich bei Wikipedia das bessere Argument durch. Redakteure oder Zensoren gibt es nicht. Die dominante linke Repression hat keine Möglichkeiten, Diskussionsbeiträge zu unterdrücken."[18]

Verfasser dieses Beitrags war Frank Liebermann, JF-Autor, Mitglied der CDU sowie Erstunterzeichner eines „Kritischen Appells für Martin Hohmann".[19]

Seit diesem Aufruf ist die Präsenz der Protagonisten aus dem Umfeld der JF bei Wikipedia nicht mehr zu übersehen. Bietet eine solche Online-Enzyklopädie schließlich die idealen Voraussetzungen für eine sukzessive „Umwertung der Werte"[20] durch die Macht des Wortes, dem erklärten Ziel der JF.[21]

Die Struktur bei Wikipedia eröffnet dabei auch weitere Möglichkeiten der Einflussnahme. Ab 200 bearbeiteten Artikeln („Edits") und einer mindestens drei Monate dauernden Mitarbeit als registrierter Teilnehmer besteht die Möglichkeit zum Administrator aufzusteigen und somit an Einfluss zu gewinnen. Für die Wahl zum „Admin" sind eine Reihe von Hürden zu überwinden, denn die damit verbundenen Aufgaben erfordern eine hohe Bereitschaft zu kontinuierlichem Engagement. Ein Admin darf nicht parteiisch sein, er muss vermitteln und er muss vor allem mit den Mechanismen und Regeln der Community bestens vertraut sein. Die persönliche Integrität, die von einem Admin verlangt wird, soll Missbrauch und Parteinahme verhindern.

Dass Personen aus dem Umfeld der „Neuen Rechten" von dieser Möglichkeit des Aufstiegs innerhalb der Hierarchie tatsächlich schon Gebrauch gemacht haben,

---

18 Liebermann, Frank: Der anarchische Almanach, „Junge Freiheit", 22.7.05.
19 „Kritischer Appell für Martin Hohmann. Für eine offene, faire Debatte – gegen Partei- und Fraktionsausschlußverfahren", http://www.kritische-solidaritaet.de/appell.html
20 Pfahl-Traughber, Armin: Die „Umwertung der Werte" als Bestandteil einer Strategie der „Kulturrevolution". In: Gessenharter, Wolfgang, Pfeiffer, Thomas: Die Neue Rechte – eine Gefahr für die Demokratie?, 2004, VS-Verlag, Wiesbaden: 73-94.
21 Pfeiffer, Thomas: „Unsere Waffe ist das Wort". Neue Rechte: Avantgarde und Ideologieschmiede des Rechtsextremismus, in: Braun, Stephan, Hörsch, Daniel (Hrsg.): Rechte Netzwerke – eine Gefahr, VS-Verlag, Wiesbaden, 2004: 27.

wurde durch die Recherchen nicht erkennbar. Selbstverständlich ist es möglich, dass auch die „Gegenseite" derartige Überlegungen anstellt oder gar Strategien entwickelt, um die eigene politische Agenda bei Wikipedia zu etablieren.

„Die Kultur als Machtfrage"

Ziel der neurechten Aktivisten bei Wikipedia ist die Entlastung bestimmter Begriffe und Werte durch „Tabubruch"[22], die Erlangung größerer Akzeptanz in der Öffentlichkeit, ja mehr noch die Möglichkeit des Einflusses auf die öffentliche Meinung mittels eines Massenmediums. Kaum ein anderes Medium bietet derartige Möglichkeiten, gesellschaftliche Diskurse zu prägen und Begriffe zu besetzen. Mit dieser Strategie der „kulturellen Hegemonie" orientiert sich die „Neue Rechte" an dem italienischen Marxisten Antonio Gramsci. Publizistische Aktivitäten sind dabei ein zentrales Mittel, um auf dieser Basis zu einer breiten gesellschaftlichen Akzeptanz zu gelangen, nach und nach die öffentliche Meinung zu dominieren, um schließlich die politische Führungsrolle ihrer „intellektuellen Eliten" zu beanspruchen.

Bei Wikipedia wie auch in anderen Medien wird durch die Protagonisten der „Neuen Rechten" häufig eine angebliche „Hegemonie der ‚Linken' in Medien, Universitäten, Schulen, Kirchen und Parteien" ins Felde geführt, wo immer dieses Vorhaben auf Widerstand stößt, und dabei nicht selten das Schlagwort „Zensur" bemüht.

Alain de Benoist, Gründer der französischen „Nouvelle Droite" und Vordenker der „Neuen Rechten", bedient sich in seinen strategischen Überlegungen zur Strategie der Erlangung der „kulturellen Hegemonie" auch der militärischen Terminologie, wenn er von einem „ideologischen Stellungskrieg" schreibt. Der „direktive und suggestive Charakter" der kulturellen Macht werde als solcher nicht klar erkannt und stoße folglich nicht auf dieselben rationalen und bewussten Widerstände.[23]

Diffamieren, Tarnen, Täuschen

Roland Bubik griff Benoist's Überlegungen bereits 1993 in einem Beitrag für die JF mit dem Titel „Die Kultur als Machtfrage" auf.[24] Noch weiter geht der Publi-

---

22 Weißmann, Karlheinz: Das Tabu als Machtfrage, Institut für Staatspolitik; Kunze, Klaus: Mut zur Freiheit – Ruf zur Ordnung, Esslingen 1995: 215f.
23 Benoist, Alain: Kulturrevolution von rechts. Gramsci und die Nouvelle Droite. Krefeld 1985: 51.
24 Bubik, Roland: Die Kultur als Machtfrage, JF 10/93.

zist und Anwalt der JF Klaus Kunze, der 1995 eine „Strategie der Systemüberwindung" empfahl:

> „Hauptwaffe ist der Tabubuch. Er ist der erste Schritt zur nötigen Umwertung der Werte. Diese beginnt mit dem gezielten Lächerlichmachen der gegnerischen Ideologeme, soweit diese nicht angeeignet und umgepolt werden können, wie zum Beispiel das Demokratieprinzip."[25]

Ein Plädoyer für eine „Systemüberwindung" wird man in der JF vergeblich suchen. Die „Neue Rechte" bemüht sich seit Anbeginn, sich nicht nur mit den konservativen Strömungen in Deutschland zu arrangieren, sondern sie auch gezielt für eigene Zwecke zu nutzen. So wird auch in den Diskussionen bei Wikipedia rund um die typischen Themenfelder die Klassifizierung „Neue Rechte" abgewehrt und stattdessen das Etikett „konservativ" oder allenfalls „rechtskonservativ" bevorzugt. Auch der von Rechtsextremismusforschern diagnostizierte Antiliberalismus ist hier nur schwer aufzuspüren. Hier zeigt sich die Raffinesse „neurechter" Gruppierungen, die mit einer (fast) perfekten politischen Mimikry, durch verbale Tarnung und Verwirrspiele Anziehungskraft weit über ihr eigenes Lager zu entfalten vermögen.

Karlheinz Weißmann, führender intellektueller Vordenker und Stratege der „Neuen Rechten", hatte 1986 in einem ‚Criticón'-Beitrag gefordert, sich der „politischen Mimikry" zu bedienen, also je nach Adressaten unterschiedlich hart und angriffslustig und im Zweifelsfall eher verfassungskonform zu argumentieren, um im Bild der Öffentlichkeit nicht als eindeutig rechts erkennbar zu sein und eine Verbindung mit dem demokratischen Konservatismus nicht zu gefährden.[26]

So stellen sich auch die bei Wikipedia aktiven Vertreter dieser Ideologie meist als vehemente „Hüter liberaler Ideen" dar. Zeigt sich etwa Widerstand bei der Strategie der Umschreibung von Begriffen oder historischen Fakten, so wird unverzüglich das Recht auf Meinungsfreiheit bemüht, die anderen Teilnehmer zu „Gegnern" und zu Anhängern linksextremen Gedankenguts erklärt.[27]

Ideologisch beruft sich die JF nach wie vor auf den Staatsrechtler Carl Schmitt[28], der in seinen Schriften andere Menschengruppen in erster Linie als potenzielle Feinde wahrnimmt und der den Parlamentarismus vehement ablehnte. Die universalen Menschenrechte nannte er „unveräußerliche Eselsrechte".[29]

---

25 Kunze, Klaus: Wege aus der Systemkrise, in: Molau, Andreas (Hrsg.): Opposition für Deutschland – Widerspruch und Erneuerung, Berg am Starnberger See 1995: 216.

26 Criticón, 1986, Nr. 96: 61ff.

27 Siehe z.B. http://de.wikipedia.org/wiki/Benutzer_Diskussion:Pluriscient

28 Dieter Stein beklagte etwa in seiner Kolumne vom 3. März 2007, die von Schmitt geforderte begriffliche Schärfe fehle mehr denn je (Tornados in Afganistan, JF 11/07).

29 Vgl. Die Kultur als Machtfrage. Die Neue Rechte in Deutschland, Hrsg. Innenministerium des

Dieses ausgeprägte „Freund-Feind-Schema" gehört zum festen Inventar der „Neuen Rechten", wie bei Wikipedia nur allzu deutlich wird.[30]

Bei den von der „Neuen Rechten" bevorzugten Themenfeldern ist es in vielen Fällen gelungen, mit dem Argument der „Ausgewogenheit" bzw. „Neutralität" per Konsens unter den beteiligten Akteuren nicht nur die eigene Position einzuarbeiten, sondern auch zahllosen Publikationen aus den eigenen Reihen quasi einen wissenschaftlichen Rang zu verleihen, indem sie unkommentiert zusammen mit seriöser Literatur aufgelistet sind. In den Diskussionen ist oftmals die Rede von „Argumenten der Gegenseite", die gleichrangig zu behandeln seien. Hingegen fällt auf, dass bei vielen Wikipedia-Beiträgen Quellenangaben gänzlich fehlen. Andere Einträge wiederum zu ideologisch durchaus kontroversen Themen und Personen (z.B. beim Begriff Theosophie oder dem Personeneintrag zu Helena Petrovna Blavatsky) wurden zwar mit überbordenden Literaturhinweisen bestückt, die unverkennbar der im Lexikonbeitrag beschriebenen ideologischen Ausrichtung entstammen, lassen eine kritische Würdigung auf wissenschaftlicher Basis gänzlich vermissen.

Heftig umkämpfte Einträge bei Wikipedia bis hin zu sog. „Edit Wars" waren unter anderem die Lemmata: Konservative Revolution, Nation, Volk, Überfremdung, Umerziehung, Präventivkriegsthese, Holocaust, 9. November, Umerziehung, Institut für Staatspolitik, Junge Freiheit, Studienzentrum Weikersheim, Gesellschaft für freie Publizistik, Carl Schmitt, Alain de Benoist, Armin Mohler, Martin Hohmann, Hans-Helmuth Knütter, Germar Rudolf, Günter Zehm („Pankraz").[31]

Zum Beispiel „Junge Freiheit"

Das Ausmaß der Beteiligung durch das Umfeld der JF zeigt sich besonders deutlich beim Wikipedia-Beitrag zur JF selbst. Nach dem Urteil des Bundesverfassungsgerichts zur Rechtmäßigkeit der Nennung des Presseorgans durch die nordrhein-westfälische Verfassungsschutzbehörde unter der Rubrik „Rechtsextremismus"[32] entbrannten hier heftige Diskussionen und „Edit Wars" mit zeitwei-

---

Landes Nordrhein-Westfalen, 2003: 31.

30   Vgl. hierzu: Gessenharter, Wolfgang: Intellektuelle Strömungen und Vordenker in der deutschen Neuen Radikalen Rechten, in: Grumke, Thomas/Wagner, Bernd (Hrsg.): Handbuch Rechtsradikalismus. Personen – Organisationen – Netzwerke vom Neonazismus bis in die Mitte der Gesellschaft, Opladen: Leske + Budrich 2002: 189-201 sowie ders.: Das Freund-Feind-Denken der Neuen Rechten, in: Butterwegge, C./Isola, H. (Hrsg.): Rechtsextremismus im vereinten Deutschland, Bremen, 1991: 62-70.

31   Zum „Institut für Staatspolitik" siehe: 17.

32   BVerfG, 1 BvR 1072/01 vom 24.5.2005, Absatz-Nr. (1 - 92), http://www.bverfg.de/entscheidungen/rs20050524_1bvr107201.html

sen Sperrungen des gesamten Artikels. Die Diskussionen waren so umfangreich, dass sie unter mehreren Archiven abgelegt werden mussten. Federführend war der Teilnehmer „Potzblitz", der sich auf seiner Benutzerseite bei Wikipedia als Ingenieur der Verfahrenstechnik und wissenschaftlicher Mitarbeiter vorstellt. Der Ingenieur erweist sich somit als der typische Vertreter der erklärten Zielgruppe der JF, die ihre Klientel bevorzugt im akademischen Umfeld sucht.

Die Wikipedia-Archive geben aber auch weitere Informationen preis. So offenbarte er einmal in einer Diskussion zur JF, dass das Wochenblatt Anfang der 90er Jahre Fotomaterial von ihm publiziert habe.[33] Nahezu täglich rund um die Uhr war „Potzblitz" zeitweise bei Wikipedia unterwegs, um auf die Darstellung des Wochenblattes in der Online-Enzyklopädie Einfluss zu nehmen.[34]

Mehrfach griff er einen Artikel aus der ‚Welt am Sonntag' auf, der unverkennbar das Resultat einer Medienkampagne gegen eine Veranstaltung des Innenministeriums Nordrhein-Westfalen war. Die Fachtagung „Die Neue Rechte – eine Gefahr für die Demokratie?" am 8. Oktober 2003 in Düsseldorf hatte unter anderem die Wochenzeitung JF zum Thema. Kurz nach der Ankündigung der Tagung kam es zum Versand einer Pressemitteilung aus dem Büro eines CDU-Bundestagstagsabgeordneten, in der die Referenten – Wissenschaftler, Experten und ein wissenschaftlicher Mitarbeiter des Innenministeriums – als „Linksextremisten" diffamiert wurden. Gleichzeitig sah sich der Präsident der Verfassungsschutzbehörde massiven Angriffen ausgesetzt.

Nach den Informationen von ‚Spiegel online' soll es sich beim Verfasser des „Dossiers" um Sebastian Prinz gehandelt haben, der zu dieser Zeit bei dem Abgeordneten als wissenschaftlicher Mitarbeiter beschäftigt war.[35] Prinz, Mitglied der ‚Alten Breslauer Burschenschaft der Raczeks', war noch wenige Jahre zuvor im ‚Leserkreis Köln' aktiv, einem der zahlreichen Leserkreise, die sich in den Anfangszeiten der JF gebildet hatten. Gleichzeitig soll er bei Treffen lokaler Aktivisten der inzwischen verbotenen, neonazistischen ‚Freiheitliche Arbeiter Partei' (FAP) über Veranstaltungen des Kreises informiert haben.[36]

Den Auftakt der Kampagne bildete bereits im Mai 2003 ein Artikel in der JF. Darin hieß es, die Referentenliste sei „ein Skandal", eine „Ansammlung von Linksextremisten entscheide über Verfassungstreue".[37] Einige wenige Publikationsorgane, darunter die ‚Welt am Sonntag'[38] hatten Aussagen aus dieser Presse-

---

33   de.wikipedia.org/wiki/Diskussion:Junge_Freiheit/Archiv5
34   http://de.wikipedia.org/w/index.php?title=Spezial:Beiträge&limit=500&target=PotzBlitz
35   Cziesche, Dominik/Bayer, Wolfgang: Rechte Presse. Die geschätzten Menotren der „Jungen Freiheit", Der Spiegel, 4.11.03.
36   Vgl. Pfeiffer, Thomas: Medien einer neuen sozialen Bewegung von rechts, Diss.2001, Ruhr-Universität Bochum: 181, Fußnote 818.
37   Ochsenreiter, Manuel: Eigenartige Extremismus-Experten, JF 21/03, 16.5.03.
38   Pott, Wolfgang: Arbeitet Verfassungsschutz mit Linksextremisten? CDU will Hinweise auf

mitteilung zu weiten Teilen übernommen und damit den Zweck dieser Kampagne voll und ganz erfüllt. So beruft sich die neurechte Szene seither gerne auf eben diese Veröffentlichungen, um Stellungnahmen und Publikationen der Landesbehörde in Misskredit zu bringen. Auch offen neonazistische Kreise griffen die Kampagne, einmal an die Öffentlichkeit gebracht, begierig auf. Unmittelbar nach Bekanntwerden der Hintergründe wurde Prinz „beurlaubt", berichtete der ‚Mannheimer Morgen'.[39]

Sie wurde auch in die Online-Plattform Wikipedia getragen. In den Diskussionen plädierte unter anderem „Potzblitz", als Quelle zum Lexikoneintrag über die JF nicht den nordrhein-westfälischen Verfassungsschutz zu nennen, sondern eine Publikation des JF-Herausgebers Dieter Stein.[40]

Anlass war die Nennung einer Broschüre der Landesbehörde zum Thema „Neue Rechte" als Quelle in diesem Lemma. Mit dem Kommentar „für diese Info muss man nicht hintenrum wieder den VS NRW ins Spiel bringen, das kann man auch bei Stein nachlesen (s.Phantom ‚Neue Rechte')" wurde bei dieser Gelegenheit auch der Hinweis entfernt, dass es sich bei der genannten „Freiheitlichen Volkspartei" um eine Republikaner-Abspaltung handelte.[41] Die beiden Zeitungsartikel, in welchen Behauptungen aus der erwähnten Pressemitteilung aufgriffen wurden, wurden wiederholt in den Diskussionen zum Lemma JF herangezogen, werden aber derzeit nicht mehr als Quelle zitiert.[42]

Verbindungen der NRW-Behörde zur radikalen Szene haben. Innenministerium weist Vorwürfe zurück. In: Welt am Sonntag v.27. Juli 2003, http://www.wams.de/data/2003/07/27/141086.html

39   Mannheimer Morgen, 5.11.03.
40   Stein, Dieter: Phantom „Neue Rechte". Die Geschichte eines politischen Begriffs und sein Missbrauch durch den Verfassungsschutz, JF-Verlag, 2004.
41   Wie im Original zitiert.
42   http://de.wikipedia.org/wiki/Junge_Freiheit, eingesehen am 8.4.07.

Hingegen finden sich derartige Verweise noch bei einzelnen Zielobjekten dieser Kampagne. Nach heftigem „Edit War" kam bei dem Lemma über den Sozialwissenschaftler Christoph Butterwegge, der ebenfalls als „Linksextremer" diffamiert wurde, am Ende doch noch ein sachliches, auf Fakten beruhendes Ergebnis zustande, das kaum zu beanstanden ist.[44]

Wie die Durchsicht der Beiträge von „Potzblitz" zeigt, erweist er sich durchaus als profunder Kenner der Verlagsgeschichte. Mit Nachdruck arbeitete er an deren Korrektur beim entsprechenden Wikipedia-Eintrag. Dabei konnte er – wie er selbst einräumte – auf das vollständige (teilweise vergilbte) Archiv der Wochenzeitung seit Bestehen zurückgreifen. Frühere Interviewpartner und Autoren, die eindeutig dem rechtsextremen Spektrum zuzuordnen sind, wollte er erklärtermaßen aus der Verlagsgeschichte streichen und hat dies in zähen Diskussionen auch erfolgreich durchgesetzt.[45]

---

43 Dargestellt ist hier eine bei Wikipedia angebotene Option, mit der Versionen verglichen werden können.
44 http://de.wikipedia.org/wiki/Butterwegge
45 Siehe die Diskussionen unter:
   http://de.wikipedia.org/wiki/Diskussion:Junge_Freiheit/Archiv2#Recherche-Hausaufgaben

Nicht genannt sind mehrere Autoren, die auch nach dem Urteil des Bundesverfassungsgerichtes in der JF veröffentlichten und bei denen Verbindungen zur
rechtsextremen Szene zweifelsfrei bekannt sind.[46] So fehlt in der Liste beispielsweise Claus M. Wolfschlag, Referent bei der Aktivitas der Burschenschaft
‚Danubia' und Autor der rechtsextremen österreichischen Monatszeitschrift ‚Der
Eckart'. Auch dessen Name fiel diesen kosmetischen Eingriffen zum Opfer, wie
auch Hans-Ulrich Pieper, Autor in ‚Nation & Europa'. Ebenfalls nicht genannt in
dem Wikipedia-Eintrag sind Ronald Gläser und Claus Nordbruch, während das
Wochenblatt selbst diese in ihrem Archiv auflistet.[47] Gläser kandidiert derzeit für
den Landesverband Bremen der ‚Deutschen Konservativen e.V.' in Bremerha-
ven.[48] Nordbruch, Publizist mit Wohnort in Südafrika, ist bekennender Anhänger
der Apartheid und trat häufig als Referent bei rechtsextremen Vereinigungen
auf.[49] Auch wenn die Beiträge dieser Autoren in der JF nicht immer einen expliziten Hinweis auf rechtsextremes Gedankengut offenbaren, so stellt sich doch
die Frage, weshalb sie in der tatkräftig redigierten Online-Darstellung der JF
verschwiegen werden.

Die manipulative Einflussnahme wird auch deutlich bei der Beschreibung des
JF-Kolumnisten „Pankraz" in der Reihe der genannten Autoren. Dort wird er aufgeführt als „Günter Zehm, Philosoph und Publizist, langjähriger Kulturredakteur
der Zeitung ‚Die Welt'". Klaus Hornung wird zwar namentlich genannt, seine
publizistische Verbindung zum Grabert/Hohenrain-Verlagskomplex jedoch nicht.

Als nicht neutral, d.h. „POV", wies „Potzblitz" den von Wolfgang Gessenharter geprägten Terminus der „Scharnierfunktion" zurück. Ebenso vehement
wies er Berichte von Verfassungsschutzbehörden zurück, in denen in Zusammenhang mit der „Jungen Freiheit" Personen aus dem rechtsextremen Spektrum
genannt sind. Die dort genannten Personen reduzierte er in seinem mit „Hoff-
nungslos" überschriebenen Diskussionsbeitrag zum legitimen Gegenstand der
Berichterstattung des Blattes:

> „(...) Die JF steht nach den Feststellungen des VS Hamburg also ZWISCHEN dem
> konservativen und einem extremen Block, gehörte demnach gar nicht zum Aktions-

---

    http://de.wikipedia.org/wiki/Diskussion:Junge_Freiheit/Archiv2#Sinn_der_Autorenliste.3F
    http://de.wikipedia.org/wiki/Diskussion:Junge_Freiheit/Archiv4#Detail-Diskussion
    http://de.wikipedia.org/wiki/Diskussion:Junge_Freiheit/Archiv5#JF-Bashing
46 Vgl. Drucksache 14/128, Landtag von Baden-Württemberg, 14.7.06, http://www.stephan-
    braun-mdl.de/doku_je/WP14/14_0128_d.pdf
47 „Für die JUNGE FREIHEIT schreiben und schrieben u. a.: (Stand: 02.02.2007)",
    http://www.jungefreiheit.de/jf_aut.htm
48 Vgl. Website der Organisation, eingesehen am 4.4.07:
    http://www.konservative.de//index.php?con_id=n3Ocq&nav_2=8JoLw2Zh
49 Vgl. z.B. Landesamt für Verfassungsschutz Baden-Württemberg, http://www.verfassungsschutz-
    bw.de/rechts/rechts_sonst.html, sowie Verfassungsschutzbericht Sachsen-Anhalt 2004: 46.

feld des Verfassungsschutzes und wird dennoch als ‚rechtsextrem' gebranntmarkt. Mit welcher verfassungsmäßigen demokratischen Legitimation geschieht so was eigentlich?????

Die wahre ‚Scharnierfunktion' einer solchen verfassungswidrigen Vorgehensweise kann doch nur darin gesehen werden, dass von interessierter, vulgo linker Seite, mutwillig ein willkürlicher und rechtsstaatlich fragwürdiger Konnex geschaffen wird zwischen einer „rechtskonservativen Zeitung" (VS Hamburg) und der Existenz von extrem rechten Einzelgeistern, über die in der JF allein schon aus journalistischem Interesse berichtet wird, wie es für ein Medium selbstverständlich sein sollte, das die Öffentlichkeit unvoreingenommen über alles aufzuklären hat, was in dem von ihr schwerpunktmäßig beobachteten politischen Sektor passiert."[50]

Die stärkste Waffe zur Durchsetzung der eigenen Sicht und zur Abwehr kritischer Darstellungen bei Wikipedia heißt somit „POV" und unter diesem Stichwort wird in diesem Statement sogar die demokratische Legitimation der Verfassungsschutzbehörden in Zweifel gezogen.

Während Wikipedia-Beiträge, die schon auf den ersten Blick rechtsextremes Gedanken- oder Schriftgut offenbaren, selten eine lange Lebensdauer bei Wikipedia haben, tut sich das Gros der Teilnehmer meist recht schwer mit jenen, die ihre Agenda mit den Begriffen „konservativ" oder „rechtskonservativ" zu tarnen versuchen und bei genauer Betrachtung im Einzelnen durchaus dem Kreis zuzuordnen sind, von dem die JF behauptet, sich vor Jahren schon distanziert zu haben – ehemalige Funktionäre der Republikaner und Teilnehmer der Leserkreise aus ihren Anfangszeiten.

Wikipedia erweist sich so tatsächlich als die ideale Plattform, die erklärte „Kulturrevolution von rechts" durch eine Umdeutung der Begriffe Schritt für Schritt durchzusetzen und schließlich so zu einer Deutungshoheit durch ein Internet-Medium gelangen, welches außerordentlich hohe Zugriffe vorweisen kann.

Der Kampagnencharakter wird mitunter deutlich durch offene Absprachen und Aufrufe zur Unterstützung bei konkreten Beiträgen, in denen die neurechte Agenda durchgesetzt werden soll. Dabei sind solche Unterwanderungsstrategien so alt wie das Internet selbst. In der Frühzeit des Internet, als es noch gar kein World Wide Web gab, konzentrierten sich derartige Aktivitäten auf die Diskussionsforen im Usenet. Wie im englischsprachigen Teil des Usenet, waren auch im deutschsprachigen Usenet sehr bald bekannte Aktivisten der rechten Szene erkennbar, die vor allem den Thesen einschlägig bekannter Holocaust-Leugner auf diesem Wege zu Popularität verhelfen wollten, und die sich in den Diskussionen gegenseitig die Bälle zuwarfen.

---

50   http://de.wikipedia.org/wiki/Diskussion:Junge_Freiheit/Archiv4 (Orthographie wie im Original)

Die „Selbstregulation des Netze" war das Schlagwort dieser Zeit, mit der andere Nutzer sich aufgerufen sahen, derartigen Versuchen mit Gegenargumenten entgegenzutreten. Auch das in Kanada beheimatete „Nizkor Project" hatte sich einer solchen Gegenöffentlichkeit im Usenet verschrieben und bot in seiner Anfangszeit, als es noch gar kein Web gab, wichtige Dokumente auf einem anonymen FTP-Server an, die der Widerlegung von Argumenten von Holocaust-Leugnern in diesen Diskussionsforen dienen sollten.[51] Auch die Schöpfer von Wikipedia entstammen dieser idealistisch geprägten Frühphase des Internet und ließen dieses Grundprinzip der „Graswurzel-Bewegungen" bei Wikipedia einfließen. Während diese „Selbstregulation" bei unverkennbar rechtsextremem Gedankengut noch einigermaßen funktioniert[52], versagt sie völlig bei der doch deutlich fein gewirkteren Strategie der „Neuen Rechten", die sich oftmals hinter einem konservativen und damit für den unbefangenen Leser unverfänglichen Weltbild versteckt. Jegliche Kritik an Darstellungen, die den Kaderschmieden der „Neuen Rechten" entstammen[53], wird dabei fast durchgängig als „linksextrem" oder nicht neutral („POV") gebrandmarkt.

Mit dieser Begründung wurden auch Zitate aus den Publikationen des renommierten Politologen Kurt Sontheimer gelöscht, dessen Beurteilung der „Konservativen Revolution" als „POV" zurückgewiesen, d.h. als rein persönliche Meinung bzw. Wertung, die von keinen wissenschaftlichen Fakten erhärtet bzw. wissenschaftlich umstritten sei.[54]

„Unwissenschaftlichkeit" ist neben dem Vorwurf des „Linksextremismus" ein weiterer stereotyper Vorwurf, mit dem Publikationen der „Gegenseite" meist ohne jede inhaltlich fundierte Begründung zurückgewiesen werden. Meist eilt in solchen Fällen ein Mitstreiter herbei, um den Argumenten des anderen ein größeres Gewicht zu verleihen.

Kampf gegen den Feind

Mit ausreichend langem Atem, viel Zeit, einem ordentlichen Maß an Streitbarkeit und konzertierten Aktionen lässt Wikipedia sich unverkennbar für neurechte Strategien instrumentalisieren. Hier wie in zahlreichen Artikeln der JF wird ein ausgeprägtes Freund-Feind-Denken sichtbar. Eine „Hegemonie der Linken" wird

---

51   Das Projekt ist seit vielen Jahren quasi „eingefroren" auf einem alten Stand.
52   Siehe auch Chatwin, Margret: Nur Internet-Spiel oder politische Realität? Die Politiksimulation ,Democracy Online Today' (Dol2Day), in: Rechtsextremismus im Internet, CD-ROM, 2. Aufl. 2004, Hrsg. Bundeszentrale für politische Bildung.
53   Weißmann, Karlheinz: Das Tabu als Machtfrage, Institut für Staatspolitik.
54   Vgl. http://de.wikipedia.org/wiki/Diskussion:Konservative_Revolution

stereotyp beschworen, die „Neue Rechte" sei nicht mehr als ein „Phantom", wie auch JF-Herausgeber Dieter Stein suggerieren möchte.[55]

JF-Autor Kurt Wolff verstieg sich gar zu ungeheuerlichen Anschuldigungen gegen den „Feind". In einem Artikel in der JF ist die Rede von „Drahtziehern" und „Stichwortgebern" in Zusammenhang mit einer nicht angemeldeten Demonstration vor dem Anwesen des ‚Instituts für Staatspolitik' sowie einem Hacker-Angriff auf die Computer dieser Organisation:

> „Als Drahtzieher können Helmut Kellershohn (Duisburger Institut für Sprach- und Sozialforschung/ DISS) und Gabriele Nandlinger (Redakteurin beim Blick nach rechts) gelten. Kellershohn ist Vorstandsmitglied im DISS und eingeschossen auf „rechtsextreme Entwicklungen" und „völkisch-nationale Tendenzen" in der Bundesrepublik. In Artikeln und Interviews warnt er vor der Tätigkeit des INSTAPO, so seine Abkürzung für das IfS. Kellershohn sieht das Institut als Ableger der JUNGEN FREIHEIT, als strategische Verlängerung der „neuen Rechten" in die konservative CDU hinein, deren nationalbewußte Kräfte Schützenhilfe dringend nötig hätten."[56]

Das Zusammenspiel der Wikipedia-Aktivisten funktionierte auch im Zusammenhang mit dem Lexikoneintrag zu Stephan Braun[57], als der Nutzer, der das infame Gerücht über eine angebliche IM-Tätigkeit eingestellt hatte, sich unter der gleichen IP-Adresse erneut mit einem Kommentar in der Sache zu Wort meldete: „Ein Schelm, wer dabei denkt, dass ein Landtagsabgeordneter aus der SPD versucht, seinen Wikipedia-Eintrag zu frisieren." Worauf der nächste „Bearbeiter" der Seite, der sich hier „Scooter" nennt, zur Antwort gab:

> „Tja, und ein Schelm auch, wer denkt, gewisse Kreise könnten ein Interesse daran haben, Stephan Braun, der sich um die Wiederaufnahme der Jungen Freiheit in den Verfassungsschutzbericht des Landes Baden-Württemberg bemüht hat, in ein schlechtes Licht zu stellen."[58]

Von neutraler Darstellung ist dieser Lexikoneintrag somit weit entfernt. Auf seiner Benutzerseite stellt „Scooter" sich als „Redakteur" im richtigen Leben vor.[59] Gänzlich unbeachtet und unbeanstandet von der „Community" war das infame Gerücht dort noch zum Zeitpunkt der Fertigstellung dieses Beitrags zu lesen.

---

55 Siehe auch Stein, Dieter: Phantom „Neue Rechte", aaO.
56 Wolff, Kurt: Treffer ins Mark. Institut für Staatspolitik: Antifa-Angriffe bedrohen die Tätigkeit der Initiative, JF 31.8.01; bei dem Autorennamen handelt es sich mit großer Wahrscheinlichkeit um ein Pseudonym. „Kurt Wolff" hat in seinen Beiträgen in der JF bislang die Bundeswehr und das Verlagswesen thematisiert.
57 Siehe weiter oben in diesem Beitrag.
58 http://de.wikipedia.org/wiki/Diskussion:Stephan_Braun
59 http://de.wikipedia.org/wiki/Benutzer:Scooter

Dagegen entbrannten beim Thema Antisemitismus lang anhaltende „POV"-Diskussionen, ob die Einordnung bekennender Antisemiten in die Rubrik „Antisemitismus" zulässig sei. „Ehrverletzende Kategorien" nannte etwa der Benutzer „Morgenstar" ein solches Lemma.[60] Selbst die Begriffe „Rechtsextremismus", „Revisionismus" und „Neonazismus" waren wiederholt das Ziel von Löschversuchen als Wikipedia-Kategorie.[61]

Institut für Staatspolitik

Das ‚Institut für Staatspolitik' (IfS) wurde im Mai 2000 nach einer lang anhaltenden Kampagne gegründet. Mit dem Slogan „Für ein Reemtsma-Institut von rechts" unterstützte nicht nur die JF die Organisation im Vorfeld ihrer Gründung bei ihrer Suche nach kapitalkräftigen Geldgebern, sondern auch das rechtsextreme ‚Ostpreußenblatt' warb durch ein Interview mit Karlheinz Weißmann, dem heutigen „Spiritus Rector" des Instituts, für das ehrgeizige Vorhaben.[62] Götz Kubitschek wies in einem späteren Interview mit der JF allerdings diesen Slogan zurück und beschrieb die geplanten Vorhaben wie folgt:

„Zuerst sage ich, was wir nicht sind: ein "Reemtsma-Institut von rechts". Das ist ein griffiges Etikett, in dem so der richtige Angriffsgeist steckt, mehr nicht. Wir werden keine politischen Sauereien planen. (...) Im August wird es eine Sommeruniversität für Schüler und Studenten geben. Ich erinnere an die erste JF-Sommeruniversität in Ravensburg, 1993. (…) Geplant sind außerdem Treffen für Publizisten und – für das Frühjahr – ein erster wissenschaftlicher Kongreß."[63]

Kubitschek weiter:

„Uns geht es um Öffentlichkeit, Vernetzung und Aktion. (...) es liegt zu den unterschiedlichsten Themen viel gutes Material in den Schubladen, das meiste ist auch veröffentlicht. Was wir brauchen, ist eine Öffentlichkeitsoffensive. Viele unserer Themen sind vermittelbar, wenn wir uns geschickt anstellen. (…) Ich möchte die Sache gleich richtig einordnen. Wenn wir uns ganz ohne Eitelkeit die Frage stellen, was wir mit unseren Vorträgen, Büchern und Zeitungsartikeln treiben, lautet meiner

60   http://de.wikipedia.org/wiki/Wikipedia:WikiProjekt_Kategorien/Diskussionen/2006/
     November/12
61   http://de.wikipedia.org/wiki/Benutzer_Diskussion:Kamerad
62   Ostpreußenblatt, 5.2.00.
63   Stein, Dieter: Gründung im Mai. Ein Gespräch mit Götz Kubitschek über das geplante „Institut
     für Staatspolitik", JF 17/00, 21.4.00.

Meinung nach die Antwort: Wir beteiligen uns an einem Spiel. (…) Es gibt viele junge Leute, die jetzt losschlagen wollen."[64]

Das IfS beschreibt sich selbst als „unabhängige, wissenschaftliche Einrichtung".[65] Seit 2001 hat das IfS eine Reihe von Broschüren veröffentlicht, die als „Wissenschaftliche Reihe" firmieren:

- Heft 1: Zuwanderung nach Deutschland. Chancen Mythen Risiken, 2001.
- Heft 2: Der Aufstand der Anständigen. Hintergründe und Erklärungsansätze, 2001.
- Heft 3: Nationale Identität, 2001
- Heft 4: Politische Kampagnen. Erfolg und Misserfolg in der „Leitkulturdebatte" und im „Antisemitismusstreit", 2002
- Heft 5: Die Neue Rechte. Sinn und Grenze eines Begriffs, 2003
- Heft 6: Erosion der Mitte. Die Verflechtung von demokratischer und radikaler Linker im „Kampf gegen Rechts" am Beispiel der Amadeu Antonio-Stiftung, 2004
- Heft 7: Kritik als Ideologie. Die "Kritische Diskursanalyse" des Duisburger Institutes für Sprach- und Sozialforschung (DISS), 2004
- Heft 8: Politik ohne Überzeugung – Merkels Union, 2005
- Heft 9: "Das hier ist Krieg" – Die Rassenunruhen in Frankreich und die Zukunft der multikulturellen Gesellschaft, 2005

Die „Dossiers" nennen durchweg keine Autoren, nicht einmal das jeweilige Vorwort ist namentlich gezeichnet. Schon von daher steht der behauptete wissenschaftliche Anspruch auf äußerst wackeligem Fuß. Publikationsorgan des Instituts ist die Zeitschrift ‚Sezession'.[66]

Im Fokus des Instituts steht unter anderem das ‚Duisburger Institut für Sprach- und Sozialforschung' (DISS), dem die neurechte Riege ein eigenes Heft in ihrer „Wissenschaftlichen Reihe" gewidmet hat. Im Verlauf einer Diskussion zu einem Wikipedia-Beitrag zum Thema „Rechtsextremismus der Mitte" ging eine öffentliche Einladung der neurechten Kaderschmiede ‚Institut für Staatspoli-

---

64 Ebd.
65 Pressemitteilung IfS vom 20.5.05: Totalitäre Propaganda im „Stern". Falsche Anschuldigungen gegen das Institut für Staatspolitik (IfS).
66 In den veröffentlichten Mediendaten zur Zeitschrift wird erklärt: „SEZESSION ist eine Zeitschrift für politische und kulturelle Fragestellungen. Herausgegeben wird SEZESSION vom Institut für Staatspolitik (IfS), das sich mit seiner Bildungs- und Forschungsarbeit vor allem an Nachwuchsakademiker wendet. Verantwortlich für den Inhalt ist Götz Kubitschek aus dem Gründungskollegium des Instituts." (Media-Informationen, Anzeigen- und Beilagenpreisliste Nr. 7, Gültig ab 1. März 2007).

tik' an den Teilnehmer „Andrax", verbunden mit dem Angebot eines „professionelle(n) Positioning eigener Interessen und Überzeugungen":

> „Sehr geehrter Herr Andrax,
> leider muss ich konstatieren, dass Sie (wie in der Diskussion zu Duisburger Institut für Sprach- und Sozialforschung) ziemlich viele richtige und kluge Aussagen gemacht haben, ohne „die Substanz des Problems exakt zu treffen". Ihre soziologisch offenbar weniger vorgebildete ‚Kontrahenten' waren von Ihren Argumentationsmuster leider wenig beeindruckt. Aber das kann man ändern. Sie sind doch ein politisch und gesellschaftlich aktiver und engagierter Mensch. Ich könnte Ihnen sehr gute und informative Seminare und Weiterbildungsveranstaltungen zu Kommunikationstechniken, sozialen Forschungsmethoden (wobei auch neues und interessantes zum DISS dabei sein wird), Migrationsforschung, und vielen anderen für Sie sicher relevanten Themen in Albersroda (Sachsen-Anhalt) vermitteln. Das professionelle Positioning eigener Interessen und Überzeugungen ist auch ein Schwerpunkt unserer Schulungen, von der Sie sicher auch als Sozialforscher profitieren könnten. Falls ich Ihr Interesse erweckt haben könnte, möchte ich Sie bitten, mir auf dieser Seite ein positives Feedback zu hinterlassen." [67]

Dies illustriert, wie aufmerksam die Vorgänge bei Wikipedia in diesen Kreisen verfolgt werden und dies auch als Möglichkeit der Rekrutierung von Nachwuchs betrachtet wird. „Herr Andrax" war so klug, nicht auf das lockende Angebot zu reagieren – zumindest nicht öffentlich.

Die Themen des „Herrn Andrax" waren bis dahin ausschließlich dem DISS mit seinem Vorstand Siegfried Jäger gewidmet, dessen Fachkollegen Jürgen Link, sowie dem Lemma „Antifa" und der ‚Vereinigung der Verfolgten des Nazi-Regimes' (VVN). „Herr Andrax" hatte unter anderem auf einen Artikel des Journalisten Heribert Seifert hingewiesen. Seifert (Autorenkürzel „H.Sf.") schreibt regelmäßig medienkritische Beiträge im Feuilletonteil der ‚Neuen Zürcher Zeitung'. In seiner Kritik an den Forschungsmethoden des DISS (NZZ[68] und ‚epd-Mediendienst'[69]) hat Seifert es aber leider versäumt, Ross und Reiter zu nennen. Stattdessen beschränkt er sich auf Andeutungen:

> „Entsprechende Studien über angeblich antisemitische und ausländerfeindliche Tendenzen in den deutschen Medien, die das DISS in den letzten Jahren publizierte, wurden wegen ideologischer und methodischer Schwächen kritisiert."[70]

---

67   http://de.wikipedia.org/wiki/Diskussion:Extremismus_der_Mitte, 28.3.07
68   H.St. (Heribert Seifert): Risiko der raschen Abnutzung. Vage Vorwürfe des Antisemitismus, NZZ, 31.5.02.
69   Aufblähender Abwehrzauber. Die Studie zum Antisemitismus deutscher Zeitungen, in: epd-Medien 43/02.
70   Reinigungsaktion, NZZ, 7.4.06, http://www.nzz.ch/2006/04/07/em/articleDQ8WV.html; es

Die Seifert-Artikel wiederum finden sich in dem IfS-Dossier zum DISS als Quelle genannt.[71] Auch die weiteren Schwerpunktthemen des Instituts finden regelmäßig ihren Widerhall bei Wikipedia. Die in den Dossiers des ,Instituts für Staatspolitik' enthaltenen Argumentationsmuster werden besonders deutlich in den Bearbeitungen und Diskussion zu dem Duisburger Forschungsinstitut. Benutzer „Pittiplatsch71"[72] etwa behauptete, das Institut stehe „nach Meinung von Fachleuten der PDS nahe".[73] Dieser Satz wurde von anderen Wikipedia-Teilnehmern mehrfach gelöscht, von nicht angemeldeten Benutzern unter ihrer IP-Adresse aber regelmäßig wieder hergestellt („revertiert") – ein klares Indiz, dass dieser Eintrag einem „Edit War" unterliegt und Wikipedia weiterhin für derartige Kampagnen im Internet missbraucht werden soll.

Hinweise, dass die neurechten Wikipedianer seit dem Aufruf der JF auch selbst auf dem Rittergut Schnellroda in Albersroda für ihren strategischen Einsatz geschult wurden, waren hingegen nicht zu finden. In diesem Punkt hält man sich bedeckt. Allerdings hat das ,Institut für Staatspolitik' unverkennbar von der Strategie profitiert, Publikationen aus neurechten Zusammenhängen aus Gründen einer vermeintlichen „Neutralität" quasi gleichberechtigt und völlig unkritisch neben seriöser wissenschaftlicher Literatur zu platzieren. Das Gleiche gilt für den Verlag ,Edition Antaios' von Götz Kubitschek, der bei den populären Themen der „Neuen Rechten" häufig genannt wird.

Aktivitäten über Wikipedia hinaus im realen Leben

So sehr der Kreis neurechter Aktivisten sich um Diskretion bemüht und möglichst wenig über sich preisgeben möchte, so flossen gelegentlich durchaus erhellende Informationen über Aktivitäten außerhalb von Wikipeda, das heißt „im wirklichen Leben" in die Diskussionen ein. Innerhalb einer Benutzerdiskussion zu den Inhalten im Lexikon rief „Potzblitz" am 7. Mai 2005 die anderen Wikipedianer unter Angabe der entsprechenden Adresse dazu auf, sich schriftlich mit einer Anfrage an den Präsidenten des Landesamtes für Verfassungsschutz Baden-Württemberg zu wenden:

> „Vielleicht sind einige der ansonsten so auf Offenheit und Transparenz bedachten Wikepedianer so konsequent und haben den Mut, den amtierenden Präsidenten des

---

geht hier um eine vom Deutschen Journalistenverband in Auftrag gegebene „Fibel der rassistischen Wörter".
71 Vgl. Kritik als Ideologie, IfS: 30, Fußnote 61.
72 http://de.wikipedia.org/wiki/Benutzer:Pittiplatsch71
73 http://de.wikipedia.org/w/index.php?title=Duisburger_Institut_für_Sprach-_und_Sozialforschung&diff=prev&oldid=29904633

Landesamts für Verfassungsschutz Baden-Württemberg, Herrn Dr. Helmut Ranna-
cher (..) dazu aufzufordern, dass das Landesamt die Liste der aus Sicht des Landesamts bedenklichen JF-Artikel ('etliche') öffentlich bekannt gibt, damit sich die
Öffentlichkeit ein Bild machen kann, WAS nach behördlicher Zensur gelesen bzw.
gedruckt werden darf – und was nicht."[74]

Am 30. Juni berichtete er über die Reaktion der Behörde auf seine eigene schrift-
liche Aufforderung:

> „(..) das Landesamt für Verfassungsschutz (LfV) Baden-Württemberg hat auf meine
> Email vom 28.06. hin sämtliche Archivartikel über die JF aus dem Internetangebot
> entfernt. [30.06.05: ... die gewünschte Internetseite ist nicht erreichbar. Gründe hier-
> für können sein: Nach einem Update von www.verfassungsschutz-bw.de, wurde die
> Seite verschoben oder gelöscht.]"75

In gleicher Sache habe man sich auch den Vorsitzenden des Ständigen Aus-
schusses des Landtags von Baden-Württemberg, Klaus Hermann (MdL), ge-
wandt, berichtete „Potzblitz". Hermann habe zugesichert, sich dafür einzusetzen,
dass „auch der Abschnitt über die JF aus der jetzigen Pressefassung unverzüglich
entfernt" werde bzw. „die Übernahme in die endgültige Fassung des Jahresbe-
richts 2004 des LfV" unterbleibe. Dem damaligen Leiter der Verfassungsschutzbehörde von Nordrhein-Westfalen unterstellte „Potzblitz" zugleich, seine Behörde würde zugunsten der Lektüre der JF dringendere Aufgaben vernachlässigen,
wie etwa die Beobachtung organisierter Kriminalität.[76]

Tatsächlich ist das Wochenblatt in dem fraglichen Bericht der Landesbehörde für das Jahr 2004 unter der Rubrik „Theorie- und Strategiebildung im
deutschen Rechtsextremismus" genannt. Darin heißt es:

> „Neben den bereits genannten Zeitschriften und weiteren hier nicht näher beschrie-
> benen Publikationen, die eindeutig dem rechtsextremistischen Spektrum zuzurech-
> nen sind, existiert eine Zeitung, die Wochenzeitung „Junge Freiheit" (JF), deren i-
> deologische Einordnung weniger eindeutig und die daher seit Jahren immer wieder
> Diskussionsgegenstand im politisch-parlamentarischen Raum und in den Medien ist.
> Festzuhalten bleibt, dass etliche Beiträge in den Ausgaben des Jahres 2004 –
> wenn auch mehrheitlich in den Ausgaben des 1. Halbjahres - tatsächliche Anhalts-
> punkte für rechtsextremistische Bestrebungen enthalten. (…) Die JF muss also wei-
> terhin als ein wichtiges publizistisches Bindeglied zwischen dem rechtskonservati-
> ven und dem rechtsextremistischen Spektrum angesehen werden. Sie bietet einzel-

---

74 http://de.wikipedia.org/w/index.php?title=Diskussion:Junge_Freiheit&diff=
    prev&oldid=9689243 (Hervorhebungen wie im Original)
75 Ebd.
76 Ebd.

nen rechtsextremistischen Autoren ein Forum, während es ihr gleichzeitig seit Jahren immer wieder gelingt, namhafte demokratische Vertreter aus Medien, Politik und Wissenschaft für Interviews zu gewinnen.[77]

Desweiteren wird in dem Bericht das Interview mit dem NPD-Vorsitzenden Udo Voigt thematisiert, welches zu einem Ermittlungsverfahren gegen Voigt geführt hat. Die JF distanzierte sich nach der Veröffentlichung des Interviews von den Aussagen Voigts.[78]

Auch die Vorjahresberichte sind unverändert über die Website der Behörde einsehbar.[79] Die Erfolgsmeldung bei Wikipedia kam offensichtlich verfrüht und „Potzblitz" hatte seine Einflussmöglichkeiten sichtlich überschätzt. Im Jahresbericht 2005 hingegen ist die JF nicht mehr erwähnt.[80]

Im darauffolgenden Jahr wandte „Potzblitz" sich schriftlich an Bundesministerin Annette Schavan in Sachen Beobachtung JF durch die Verfassungsschutzbehörden. Wie er die Wikipedia-Community wissen ließ, war er mit der erhaltenen Antwort offenbar nicht sonderlich zufrieden:

> „Frau Dr. Annette Schavan (CDU) schrieb mir am 12.02.06, dass sie es für „dringend erforderlich" hält, dass die Junge Freiheit „durch die jeweiligen Verfassungsschutzbehörden [...] überwacht [wird]", weil „die Leugnung des Holocaust und die Verbreitung nationalsozialistischer Propaganda strafbar sind" und „das Verbreiten von (rechts-)extremem Gedankengut [...] in Deutschland verboten werden [kann]".
> Zur Begründung haben ihre Mitarbeiter Auszüge aus dem die JF betreffenden Artikel des IDGR-Lexikons wörtlich übernommen (CRTL-C / CRTL-V) und in den Brief der für Forschung (!) und Bildung (!) zuständigen CDU-Bundesministerin hineinkopiert.
> Die dubiosen Machenschaften des IDGR-Lexikon, die letztlich darauf abzielen, auch namhafte CDU-Politiker wie Jörg Schönbohm dadurch zu diskreditieren, dass deren Wirkungskreise (z.B. das Studienzentrum Weikersheim) mutwillig in den Verdacht rechtsextremer Aktivitäten gerückt werden, werden demnach noch nicht einmal von einem führenden Präsidiumsmitglied der Bundes-CDU durchschaut."[81]

Dem Urteil des Bundesverfassungsgerichts, welches lediglich die Messlatte für die Aufnahme eines Presseorgans in die Jahresberichte der Verfassungsschutz-

---

77 Verfassungsschutzbericht 2004, Baden-Württemberg: 159f.
78 VS-Bericht 2004 Baden-Württemberg: 135.
79 http://www.verfassungsschutz-bw.de/lfv/lfv_publ.htm, eingesehen am 12.4.07.
80 http://www.innenministerium.baden-wuerttemberg.de/fm/1227/Verfassungsschutzbericht%202005.pdf, eingesehen am 16.4.07.
81 http://de.wikipedia.org/wiki/Benutzer_Diskussion:PotzBlitz#POV (die Benutzerseiten von „Potzblitz" sind seit der endgültigen Sperrung des Benutzers nicht mehr öffentlich zugänglich, wenngleich durch Wikipedia archiviert); das Online-Projekt IDGR ist seit September 2006 nicht mehr online abrufbar.

behörden deutlich höher setzte, nicht aber die Einschätzungen der Behörde an sich kritisierte oder in Frage stellte, folgten auch zahllose Emails an Webseiten-Betreiber, in der die Entfernung von Beurteilungen der JF auf der Basis wissenschaftlicher Forschung bzw. von Verfassungsschutzberichten, die gar nicht Gegenstand des Rechtsstreits waren, gefordert wurde.[82] „Potzblitz" und mit ihm weitere neurechte Aktivisten argumentieren auch bei Wikipedia unzulässigerweise, es dürfe sich auch kein anderes Medium mehr kritisch mit dem Wochenblatt auseinandersetzen und über rechtsextreme Tendenzen berichten. Ganz im Gegenteil hieß es im Tenor, dass die Auseinandersetzung nun verstärkt auf einer anderen Ebene stattfinden müsse, das heißt durch Politik und Medien. Als einen solchen Auftrag formuliert es auch die baden-württembergische Landesregierung in ihrer Antwort auf einen Antrag der SPD auf Wiederaufnahme der JF in die regelmäßigen Verfassungsschutzberichte.[83]

Dieser Antrag, den der Landtagsabgeordnete Stephan Braun (SPD) initiiert hatte, hatte ebenfalls eine wahre Brief- und Email-Flut zur Folge.[84] Derartige Kampagnen werden im JF-Umfeld schon lange als probates Mittel zur Durchsetzung politischer Ziele betrachtet.[85]

Die JF hat selbst mehrere Appelle befördert. In eigener Sache etwa den „Appell für die Pressefreiheit – Gegen die Verletzung demokratischer Grundrechte durch den NRW-Verfassungsschutz", in dem mehr als 2000 Unterschriften gesammelt werden konnten.[86] Im Falle der Entlassung von Götz Kubitschek (Oberleutnant der Reserve) aus der Bundeswehr etwa war einer solchen Kampagne am Ende Erfolg beschieden, die Entlassung rückgängig gemacht.[87] In der Berichterstattung der JF fand auch der von Fritz Schenk initiierte Appell „Kritische Solidarität mit Martin Hohmann" Resonanz.[88] Auch vom ‚Institut für

---

82 Mehrere solche Emails gingen auch an die Autorin.
83 Drucksache 14/128, Landtag von Baden-Württemberg, 14.7.06, http://www.stephan-braun-mdl.de/doku_je/WP14/14_0128_d.pdf
84 Siehe Website http://www.stephan-braun-mdl.de
85 Gemeinsam mit Rainer Zitelmann, Ulrich Schacht und Heimo Schwilk initiierte Röhl zum 50. Jahrestag des Kriegsendes den geschichtsrevisionistischen Aufruf zum „8. Mai 1945 - Gegen das Vergessen". In dem Appell wurde dazu aufgerufen, den 8. Mai als Tag der Befreiung vom Nationalsozialismus nicht mehr so wichtig zu nehmen. Die „Junge Freiheit" jubilierte über Zitelmann: „Zum ersten Mal geht von der ‚Rechten' substantielle Gefahr für das Establishment aus", zit. nach: Archiv-Notizen Januar (Hrsg.: DISS), 2002.
86 Vgl. „Schon 2000 Unterschriften gegen NRW-Verfassungsschutz", Pressemitteilung der JF vom 3.6.02.
87 Bäkermann, Mathias: Belohnter Widerstand, JF 16/02, 12.4.02; Appell an die Bundeswehr: Gegen die ENTLASSUNG konservativer Soldaten, Der „Fall Götz KUBITSCHEK", JF 40/01, 28.9.01.
88 „Ausschluß rückgängig machen", JF 4/03, 21.11.03; des weiteren Manuel Ochsenreiter: "Methoden aus der untersten Schublade". CDU/CSU II: JF-Gespräch mit dem Ravensburger JU-Mitglied Siegfried Bauer über sein Engagement für Hohmann und die schlechte Stimmung an

Staatspolitik' wurden ähnliche Aufrufe bekannt, über die auch in der JF berichtet wurde.[89]

Doppelspiel

So nützlich „Potzblitz" ihm selbst die Anonymität für seine Aktivitäten bei Wikipedia ist, so greift er doch andere Teilnehmer wegen eben deren anonymen Auftritten an, wann immer er mit deren Auffassung nicht konform geht:

> „Erst dann, wenn es in der Wikipedia zur Regel geworden sein wird, dass Autoren hier nur noch unter ihrem richtigen Namen schreiben dürfen, also erst nach vorheriger Feststellung ihrer Personalien, wird der ganze Wahnsinn der jetzt auch von Ihnen in diesem Artikel festgestellten fantastischen, jedenfalls wenig objektiven Erzählungen aufhören." [90]

Das Doppelspiel der neurechten Aktivisten, von anderen zu fordern, wozu man selbst in keiner Weise bereit ist, wird hier nur allzu deutlich. Denn die Gelegenheit, anlässlich dieser Forderung den eigenen Realnamen, vor allem aber die eigene politische Agenda zu offenbaren, ließ der verbeamtete Aktivist in Sachen JF bislang ungenutzt.

Anti-Antifa-Aktivisten

Anti-Antifa-Strategien werden schon lange in rechtsextremen Kreisen propagiert und praktiziert. Es geht hier um die Ausforschung des politischen Gegners bis in seinen privaten Bereich. Zugleich werden die so gewonnenen Daten (Adresse, Telefon, Arbeitgeber, Familienangehörige u. ä.) veröffentlicht. Dies soll vor allem der Einschüchterung dienen. Der Terminus „Anti-Antifa" tauchte erstmals 1972 in der Monatszeitschrift ‚Nation Europa' auf (heute ‚Nation und Europa'). Antifaschismus, so war unter dem Titel „Plädoyer für einen Anti-Antifaschismus" zu lesen, sei „der geniale Trick zur Entmündigung der Menschheit".[91]

---

der Parteibasis, JF 48/03, 21.11.03.

89   Z.B. „AUFRUF der Generäle zum 8. Mai", JF 17/05, 22.4.05.
90   PotzBlitz, 18:18, 19. Jan. 2007 (CET), Wikipedia-Diskussion zum Beitrag „Junge Freiheit", http://de.wikipedia.org/wiki/Diskussion:Junge_Freiheit
91   Vgl. Anton Maegerle, Martin Dietzsch: Anti-Antifa. Einigendes Band von Neonazis bis zur intellektuellen Rechten. In: Friedrich-Ebert-Stiftung (Hrsg.): Hintergrundinformationen zum Rechtsextremismus, August 1996.

Akademische Weihen erhielt derartige Feindaufklärung erstmals durch den 1994 gegründeten „Arbeitskreis Linksextremismus" des damals an der Universität Bonn lehrenden Politik-Professors Hans-Helmuth Knütter.[92] Zuvor hatte Knütter als Mentor und Vertrauensdozent des studentischen Ost-West-Arbeitskreises fungiert, der im Rahmen des Studium Generale nicht nur den Auschwitz-Leugner David Irving eingeladen hatte (Juli 1991), sondern auch einen Liederabend des „nationalen Barden" Frank Rennicke organisierte (September 1991).[93] In dem „AK Linksextremismus" fanden Mitglieder des ‚Vereins zur Förderung der psychologischen Menschenkenntnis' (VPM) Aufnahme, Autoren der JF, Vertriebenenfunktionäre und Vertreter des ‚Rings Christlich-Demokratischer Studenten' (RCDS), der Studentengruppe innerhalb der CDU/CSU. Hinzu kamen zahlreiche Burschenschafter. Mit Hilfe dieser Kampftruppe entwickelte Knütter weitere Anti-Antifa-Strategien, berichtete der ‚blick nach rechts' 1996.[94]

So startete er im gleichen Jahr in seiner Position als damaliger stellvertretender Geschäftsführer des Politischen Seminars der Universität Bonn eine Kampagne gegen den sozialdemokratischen Journalisten Anton Maegerle. In einem Schreiben mit Institutsbriefkopf bot Knütters Mitarbeiter Burkhard Rinkens der Zeitung ‚Zeit-Fragen', Organ der ultrakonservativen Psycho-Sekte ‚Verein zur Förderung der psychologischen Menschenkenntnis' (VPM), den Nachdruck des Artikels an, in dem er unter anderem auch Maegerles Realnamen publik macht.[95] In der JF erschienen in der Folge zahlreiche Attacken auf den Journalisten mit Nennung von dessen Klarnamen.[96] Auch weitere Personen und Institutionen, die später in dem „Dossier" des Sebastian Prinz genannt sind, wurden mehrfach in der JF des Linksextremismus bezichtigt.[97]

Zusammen mit Josef Schüßlburner veröffentlichte Knütter im März 2007 das Buch „Was der Verfassungsschutz verschweigt. Bausteine für einen alternativen Verfassungsschutzbericht". Als Verlag ist das ‚Institut für Staatspolitik' genannt. Beworben wird das Buch als „Tipp der Woche" vom JF-Buchdienst.[98]

Die Ergebnisse solcher „Feindaufklärung" mit oftmals denunziatorischem Charakter sind aber inzwischen nicht mehr nur in der einschlägigen Presse veröf-

---

92   Titel seiner Habilitationsschrift: „Die Juden und die deutsche Linke in der Weimarer Zeit" (1971).
93   Anti-Antifaschismus als Mission: Der Feind steht links, bnr, 24/96: 2-3.
94   Ebd.
95   Der Feind steht links, bnr.
96   Z.B. JF 15/97, 21/97, 08/98, 48/01, 08/02, 25/02, 10/03, 21/03, 28/03, 33/03, 34/03, 43/03, 49/03, 40/04, 13/06, 13/06, 14/06, 22/06, 41/06, 48/06.
97   Im Falle von Gessenharter (Bundeswehrhochschule Hamburg) schrieb die JF, ihr lägen Informationen vor, wonach „hochrangige Bundeswehr-Offiziere, Politiker und Publizisten" beabsichtigten, sich „in einer gemeinsamen Dienstaufsichtsbeschwerde gegen Gessenharter an das Verteidigungsministerium als Dienstherren" wenden. JF 08/98, 13.2.98.
98   JF 16/07: 20.

fentlicht – sie haben Wikipedia erreicht. Wikipedia hat sich dadurch zur schlag-
kräftigsten Waffe der Anti-Antifa-Strategen entwickelt. Das ist nur möglich, da
es bei Wikipedia zwar zahlreiche politisch engagierte Benutzer gibt, doch nur
wenige fachlich fundierte Experten, die solche Vorgehensweisen eher durchschauen. Außerdem hält man es bei Wikipedia allgemein für legitim, Klarnamen,
sind sie einmal bekannt, auch zu veröffentlichen. Damit unterscheidet sich dieses
Medium deutlich von der seriösen Presse, die sich bisher geweigert hat, derartige
Methoden publizistisch zu stützen.

Burschenschaften im neurechten Netzwerk

Burschenschaften sind studentische Vereinigungen mit unterschiedlichen politischen Einstellungen. Alle Korporationen verbindet das Prinzip eines elitären
Lebensbundes und es sind überwiegend Männerbünde. Zu den Gemeinsamkeiten, die alle Studentenverbindungen teilen, gehört die Fixierung auf überkomme-
ne Traditionen. Wer in eine Studentenverbindung eintritt, muss zunächst ihre
Verhaltensregeln („Comment") erlernen. Dazu gehören auch Feierriten, so genannte Kneipen, bei denen nach festgelegten Regeln gesungen, gelacht und ge-
trunken wird. Die Kneipe ist Erziehungsmittel und begünstigt den strukturellen
Konservatismus der Studentenverbindungen. „Ehre, Freiheit, Vaterland" ist das
Motto der Studentenverbindungen.

Dieter Stein, Herausgeber der JF, ist – wie zahlreiche weitere Personen aus
dem Umfeld der „Neuen Rechten" – Mitglied der ‚Deutschen Gildenschaft'
(DG). Dies trifft ebenso zu auf Karlheinz Weißmann (IfS) wie auf Götz Kubitschek (‚Edition Antaios', Geschäftsführer des IfS sowie Herausgeber der Zeitschrift ‚Sezession', dem Organ des IfS). Dieter Stein kommt von der ‚Hoch-
schulgilde Balmung zu Freiburg', Weißmann entstammt der ‚Göttinger Gilde'.[99]

Bei der ‚Deutschen Gildenschaft' handelt es sich um eine bündisch orientierte Studentenverbindung, die im Dachverband ‚Deutsche Burschenschaft'
(DB) organisiert ist. Die DG bezeichnet sich selbst als „wertkonservativ", vertritt
aber einen völkischen Nationalismus mit engen personellen und organisatorischen Verbindungen ins rechtsextreme Lager. Zu den Mitgliedern der DG zählt
auch der frühere Ressortleiter des Kulturteils der JF, Andreas Molau, der 1994
zusammen mit Armin Mohler nach einem internen Richtungsstreit die JF verließ.
Molau schrieb auch in ‚Nation und Europa' und ‚Criticón'. 2005 wurde er Vorsitzender der rechtsextremen ‚Gesellschaft für freie Publizistik' (GfP).[100]

---

99 Kellershohn, Helmut: Die Deutsche Gildenschaft und die Gründung des „Instituts für Staatspolitik", DISS-Journal 8/01.
100 GFP wählt neuen Vorsitzenden, JF 16/05, 15.4.05.

Die Durchführung von Sommer- und Winterakademien des ‚Instituts für Staatspolitik' entspricht einer Umsetzung der Salzburger Erklärung der Gildenschaft von 1992. Darin heißt es:

> „Die Deutsche Gildenschaft (ist eine) akademische Erziehungsgemeinschaft mit nationaler Überzeugung und bündischer Tradition."[101]

Ein ähnlicher Ansatz wird auch durch die früher von der JF regelmäßig veranstalteten „Sommeruniversitäten" erkennbar. Der erzieherischen Wirkung einer Feindbestimmung widmeten sich bisher nicht nur zahlreiche Artikel der JF[102], sondern dies ist auch eines der zentralen Themen der Veranstaltungen des ‚Instituts für Staatspolitik'.

Auch die Burschenschaften führen regelmäßig Schulungsabende und Vorträge in ihrem Programm. Die Aktivitas der pflichtschlagenden Burschenschaft ‚Danubia'[103], die seit 2001 im bayrischen Verfassungsschutzbericht unter der Rubrik „Rechtsextremismus" aufgelistet wird, führt seit Mitte der 1980er Jahre regelmäßig die „Bogenhausener Gespräche" durch. Hier begegnet uns erneut Hans-Helmuth Knütter. 1999 referierte er zum Thema „Antifaschismus als Kampfmittel der Linksextremisten", 2000 zum Thema „Wie die Politik in Deutschland von Geheimdiensten manipuliert wird – Gefahr für Freiheit und Demokratie", und 2001 zum Thema „Immunisierung gegen linksextreme Volksverhetzung – Angriff statt Verteidigung."[104] Das gleiche Themenfeld behandelt Claus M. Wolfschlag, der wiederum häufig in den Broschüren des IfS zitiert wird. 2002 berichtete er bei den „Bogenhausener Gesprächen" über „Antifaschismus – Terror von links?"[105] Und wie aus einer 2002 veröffentlichten Referentenliste der ‚Danubia' hervorgeht, moderierte Karlheinz Weißmann 1998 die „Bogenhausener Gespräche" zum Thema „Facetten der Konservativen Revolution."[106] JF-Herausgeber Dieter Stein sprach im Januar 2006 über „Pressefreiheit

---

101   Zit. nach: Kellershohn, aaO, s.a. Website der Deutschen Gildenschaft, http://www.deutsche-gildenschaft.de/grundsatzerklaerungen.html, siehe auch Kellershohn, Helmut: Deutsche Gildenschaft im Internet, in: Archiv-Notizen,H. 4/1999: 9-10.
102   Vgl. den Abschnitt „Anti-Antifa-Strategien".
103   VS-Bericht Bayern 2001, hrsg. Bay.Innenministerium München, S.64. Seit 2001 müssen in Bayern Bewerber für den Öffentlichen Dienst ihre Mitgliedschaft in der Aktivitas der Danubia angeben.
104   Burschenschaft Danubia, Danubia Webseiten, abgerufen 15.4.07.
105   Ebd.
106   Danubia-Referentenliste WS 98/99 bis WS 01/02, Danubia Webseiten, abgerufen 22.3.02; In der derzeit veröffentlichten Liste in PDF-Format fehlt dieser Eintrag, hier wurde offenbar „redigierend" eingegriffen. Auf der Website selbst ist Weißmann hingegen unverändert als Referent gelistet: Website http://www.danubia.de, eingesehen am 17.4.07; ebenfalls nicht mehr aufgeführt ist der langjährige NHB-Funktionär Alexander von Webenau, der auf der Website der

in Deutschland".[107] Das erste „Münchner Kolleg" des ‚Instituts für Staatspolitik' 2004 mit Martin Hohmann, Reinard Günzel, Konrad Löw und Fritz Schenk als Referenten fand in den Räumen der ‚Danubia' statt, nachdem alle anderen möglichen Vermieter von Räumen abgesagt hatten.[108] Nachdem die ‚Danubia' erstmals im bayerischen Verfassungsschutzbericht genannt wurde, erstellte Knütter ein Auftragsgutachten zur Entlastung der Burschenschaft.[109] Im bayerischen Verfassungsschutzbericht für das Jahr 2002 wird dieses „Gutachten" ausführlich kommentiert:

> „Das von einem emeritierten Politologen verfasste Papier versucht den Vorwurf, die Aktivitas der Danubia verfolge extremistische Bestrebungen, dadurch zu widerlegen, dass es dem Verfassungsschutz und dem hinter ihm stehenden Staat generell diffamierende Absichten gegenüber allen Bestrebungen zuweist, die nicht dem Zeitgeist entsprechend antifaschistisch seien. (…) Im Gutachten selbst vertritt der Autor die Auffassung, dass nur aggressiv-kämpferisches und gewaltbefürwortendes Verhalten die Einstufung einer Vereinigung als extremistisch rechtfertige. Die Verfassungsschutzbehörden hätten dies aber ausgeweitet, um Organisationen schon im Vorfeld aggressiv-kämpferischen Verhaltens beobachten zu können. Der Autor verkennt dabei die Rechtslage."[110]

Burschenschaftliche Vereinigungen und deren Dachverbände sind bei Wikipedia inzwischen recht umfangreich dokumentiert, wobei zahlreiche Einträge zwar angekündigt sind, aber noch zu erstellen sind.[111] Die meisten dieser Darstellungen erscheinen auf den ersten Blick ausgewogen und sachlich. Dies dürfte auch dem Bedürfnis entspringen, in der Öffentlichkeit in positivem Licht zu erscheinen. Bei den Einträgen zur ‚Deutschen Burschenschaft' und zur Burschenschaft ‚Danubia' fällt positiv auf, dass nicht nur Primärquellen (d.h. die Selbstdarstellung der jeweiligen Burschenschaft) nachgewiesen sind, sondern auch wissenschaftliche Standardwerke zum Thema. In diesen Fällen wurde um eine differenzierte Darstellung, die auch kritische Aspekte einschließt, hart gerungen.

Durch das Raster aufmerksamer Wikipedianer fiel dabei aber sichtlich die Burschenschaft ‚Teutonia Regensburg', vor der der bayerische Innenminister 2001 im Zusammenhang mit einer „zunehmenden Unterwanderung von Hochschulen durch Rechtsextremisten" gewarnt hatte. Die Warnung hatte sich gleichzeitig auf die ‚Frankonia Erlangen' sowie die ‚Danubia' bezogen.[112] Über die

---

Danubia angekündigt war, um am 18.6.2001 ein Referat über Leo Albert Schlageter zu halten.
107 Burschenschaft Danubia, von der Website abgerufen 15.4.07.
108 Schön, Helmut: Verstetigung des Protests, JF 33/04 06. August 2004.
109 Das Knütter-Gutachten. Kurzfassung, von der Website abgerufen am 18.4.07.
110 Bayerischer Verfassungsschutzbericht 2002: 63-64.
111 http://de.wikipedia.org/wiki/Liste_der_Burschenschaften#Erlangen
112 Pressemitteilung des Bayerischen Staatsministeriums des Innern, 268/01; Beckstein besorgt

‚Frankonia Erlangen' liegt bei Wikipedia noch kein Eintrag vor. Das Lemma „Alte Breslauer Burschenschaft der Raczeks" wurde augenscheinlich fast nur von Burschenschaftern selbst bearbeitet, am aktivsten von einem Wikipedia-Benutzer, dessen Benutzername sinnigerweise „Raczeks" lautet.[113] Keine Erwähnung finden hier die rechtsextremen Referenten Horst Mahler und Jürgen Schwab (beide NPD) oder der JF-Autor Rolf Stolz. Zu den Mitgliedern der ‚Raczeks' zählt nicht nur Sebastian Prinz, sondern auch Norbert Weidner, heute Pressesprecher der ‚Deutschen Burschenschaft'[114], einst ein führendes Mitglied der FAP, welche die Anti-Antifa-Broschüre ‚Der Einblick' produziert hatte.[115]

Im Falle des Lemmas zum Dachverband ‚Deutsche Burschenschaft' ging einigen Burschenschaftern die ausführliche Darstellung antisemitischer Strömungen in der Geschichte der Burschenschaften zu weit, weshalb nun eine Überarbeitung eingefordert wird:

Deutsche Burschenschaften und Antisemitismus

 Dieser Artikel oder Abschnitt bedarf einer Überarbeitung. Näheres ist auf der Diskussionsseite angegeben. Hilf bitte mit, ihn zu verbessern, und entferne anschließend diese Markierung.

Das Programm der Urburschenschaft

Die Idee einer Vereinheitlichung der akademischen Jugend als Vorläufer und Wegbereiter eines geeinten Deutschlands stammt von den *Vätern* der Jenaer Urburschenschaft: Friedrich Ludwig Jahn (1778-1852), Jakob Friedrich Fries (1773-1843) und Ernst Moritz Arndt (1769-1860). Deren Haltung lässt eine tiefe Judenfeindlichkeit erkennen, die sich aus verschiedenen Wurzeln speiste:

- dem mittelalterlichen Erbe des christlichen Antijudaismus,
- der Gleichsetzung aufklärerischer und menschenrechtlicher Ideen mit einem *zersetzenden* jüdischen Internationalismus schon vor, verstärkt aber seit der französischen Revolution,
- vor allem: einem Volks-, Vaterlands- und Einheitsbegriff, der auf Einschluss aller Deutschstämmigen oder Deutschsprachigen im Ausland, aber Ausschluss aller Fremden und Andersartigen im Inland angelegt war.

116

Die Zahl der Burschenschafter, die sich bei Wikipedia nicht nur burschenschaftlichen Themen widmen, sondern auch bei den üblichen Schauplätzen des neu-

---

über Rechtsextremisten an Hochschulen, Augsburger Allgemeine, 14.6.01; Einfluss Rechtsextremer an Unis wächst, Netzeitung 15.6.01.

113   http://de.wikipedia.org/w/index.php?title=Alte_Breslauer_Burschenschaft_der_Raczeks &limit=500&action=history

114   Burschenschaftliche Blätter, 2/06.

115   Dietzsch, Martin/Maegerle, Anton: „Anti-Antifa" - einigendes Band Band von Neonazis bis zur Intellektuellen Rechten, DISS 25.9.96, http://www.dissduisburg.de/Internetbibliothek/ Artikel/Anti_Antifa.htm

116   http://de.wikipedia.org/wiki/Deutsche_Burschenschaft

rechten Kampfes um die Begriffe und deren Korrektur zugegen sind, ist beachtlich. Beispielhaft sei hier nur der Wikipedia-Benutzer „Bärlach"[117] genannt. Seine weiteren Themen sind: Republikaner, Institut für Staatspolitik, Neofaschismus, Witikobund, Hofgeismarer Kreis, Sezession, Götz Kubitschek, Karlheinz Weißmann; er trat aber auch mit mehreren „Edits" in den Lemmata zum „Feind" hervor: Duisburger Institut für Sprach- und Sozialforschung (DISS), Dokumentationsarchiv des österreichischen Widerstandes (DÖW), blick nach rechts, Christoph Butterwegge.[118]

„Wer hartnäckig ist, bestimmt"

Die Aktivisten aus dem neurechten Umfeld bemühen sich offenbar um eine sukzessive ideologische Unterwanderung von Wikipedia, indem sie ihre Absichten teilweise recht geschickt verschleiern. Eine der Strategien ist, sich durch zunächst unverfängliche Themen das Vertrauen der Community zu erwerben und im Laufe der Zeit mit der Zahl der „Edits" in der Hierarchie aufzusteigen. Die Eingriffe in die „eigentlichen" Themen erfolgen dann punktuell. Dass sie dabei die Vorgabe eines moderaten, unverfänglich erscheinenden Auftretens nicht immer durchhalten können, hat sich in mehreren Fällen gezeigt, wo eine tageweise Sperrung, bis hin zur endgültigen Sperrung die Konsequenz war.

Welchen Stellenwert Wikipedia bei der JF für die Veränderung des öffentlichen Meinungsklimas einnimmt, wird durch die regelmäßige Berichterstattung über das Online-Projekt in der Rubrik ‚Zeitgeist & Medien' erkennbar.

JF-Redakteur Manuel Ochsenreiter referierte schon 2001 bei der Sommerakademie des ‚Instituts für Staatspolitik' zum Thema „PR-Strategien und Internetarbeit". „Institutionen, die sich als vertrauenswürdiger Filter um die Auswahl ernstzunehmender Informationen kümmern, komme deshalb eine wichtige Stellung zu", heißt es in der Zusammenfassung seines Referats.[119]

Dass es der JF um die Veränderung des öffentlichen Meinungsklimas durch eine Einflussnahme auf Wikipedia geht, wird auch in einem Artikel vom 30. März 2007 deutlich. Er trägt den Titel „Wer hartnäckig ist, bestimmt".[120] Darin beklagt der Autor, dass die Durchsetzung bei Wikipedia nicht immer gelinge und er glaubt, eine strategische Vorgehensweise der „Gegenseite" zu erkennen:

---

117   Offenbar nach der Romanfigur des Kriminalkommissars Hans Bärlach (Friedrich Dürrenmatt
        „Der Richter und sein Henker").
118   http://de.wikipedia.org/wiki/Spezial:Beiträge/Bärlach
119   http://www.staatspolitik.de/rumpf/akademien.html
120   Freitag, Peter: Wer hartnäckig ist, bestimmt. JF 14/07, 30.3.07.

„Die Vorgehensweise ist dabei recht einfach: Der entsprechende Artikel vom Benutzer auf seine ‚Watchlist' gesetzt, das heißt, er beobachtet dauerhaft jegliche Veränderung der Einträge. Hat ein anderer die antifaschistisch bestimmte Formulierung
geändert, greift der ‚Wächter' ein und ändert wiederum. Im Diskussionsforum kann
der Kontrahent auch schon mal mit rüden Formulierungen (...) bedacht werden. Am
einfachsten ist es, wenn sich mehrere Benutzer, die dasselbe politische Ziel verfolgen, zusammentun und die in ihrem Sinne beste Formulierung durchpauken. Widersetzt sich die Gegenseite im Forum zu hartnäckig, kann gegen sie von der Benutzer-
Gemeinschaft eine Sperrung beantragt werden, etwa wegen des Vorwurfs des ‚Vandalismus'."[121]

„Denunzierung" gehöre zum Wikipedia-Geschäft, heißt es weiter; was Liberali-
tät und Basisdemokratie verspreche, sei de facto anfällig für selbsternannte Zensoren.

Was hier als Kritik an der „Gegenseite" erscheint, deckt sich aber in keiner
Weise mit dem tatsächlichen Erscheinungsbild. Von daher liegt der Schluss
nahe, dass dieser Bericht durchaus auch als strategische Handlungsanweisung für
das eigene politische Lager verstanden sein will. Auch der Titel eines schon
länger zurückliegenden Artikels von Claus M. Wolfschlag in der JF lässt vermuten, dass mit solchen Headlines zugleich eine Botschaft, eine Aufforderung zum
Handeln, transportiert werden soll. Denn das Zitat aus der Überschrift („Macht
ihnen ihr soziales Umfeld zur Hölle"[122]) beschreibt exakt die Vorgehensweise
einiger Wikipedia-Aktivisten, die sich nicht nur die Verbreitung der neurechten
Agenda bei Wikipedia zur Aufgabe gemacht haben, sondern hier auch die üblichen Mittel der „Anti-Antifa"-Strategie zum Einsatz bringen. Ein weiteres Indiz
für diese These ist der häufige Verweis bei Wikipedia durch neurechte bis
rechtsextreme Aktivisten auf eben diesen Wolfschlag-Artikel, in dem der „Gegner", der erklärte Feind, d.h. Autoren und Wissenschaftler, diffamiert und unzu-
treffend mit dem Prädikat „linksradikal" belegt werden, weil diese sich in ihren
Veröffentlichungen nicht nur mit dem Rechtsextremismus auseinandersetzen,
sondern ihr Augenmerk auch auf das Phänomen „Neue Rechte" richten.

Um den Vorwurf der Einflussnahme durch angebliche Linksextremisten zu
untermauern, beruft JF-Autor Peter Freitag sich auf die Kritik des amerikanischen Netzpioniers und „Virtual Reality"-Experten Jaron Lanier an Wikipedia
und dessen Warnung vor Tendenzen eines „digitalen Maoismus".[123] Doch der
Kern seines Vorwurfs richtet sich weniger gegen „Linksextreme", sondern vielmehr gegen einen „anonymen Online-Kollektivismus", der per „Konsens" bar

---

121 Ebd.
122 JF 10/03.
123 Lanier, Jaron: Digital Maoism. The Hazards of the New Online Collectivism. The Edge,
     30.5.06, http://www.edge.org/3rd_culture/lanier06/lanier06_index.html

jeder Verantwortung gültige Wahrheiten zu schaffen sucht, gegen die sich auch das Objekt der enzyklopädischen Erfassung nicht zu wehren vermag. Als Beispiel nennt Lanier die über ihn bei Wikipedia veröffentlichten biographischen Daten und seine vergeblichen Versuche, Falschinformationen daraus zu tilgen. Lanier warnt vor einem Verlust der Kultur und vor einer geistig-moralischen Verrohung als Folge der Anonymität im Netz:

> „Sobald Leute (...) anonym schreiben, werden sie gemein. Sie werden widerlich. Lass Menschen zur breiten Masse werden und sie werden böse. Und sie verlieren sich selbst."[124]

Doch in dem Artikel in der JF wird Laniers Kritik auf eine angeblich linksextreme Beeinflussung von Wikipedia verkürzt, was den Schluss nahelegt, dass der Autor von Laniers Kritik kaum mehr als den Titel gelesen haben kann.

Man darf jedenfalls annehmen, dass der Kreis derjenigen, die bei Wikipedia einschlägige Themenfelder zu bestimmen und mit ihrer Agenda zu besetzen suchen, für ihre Internet-Strategien selbst wohl kaum auf den Vorteil der Anonymität verzichten wollen. Schließlich halten nur wenige die selbst auferlegte Zurückhaltung und Tarnung als harmloser „Konservativer" konsequent über einen längeren Zeitraum durch. „Potzblitz" konnte zwar dank einer recht glaubwürdigen Mimikry lange Zeit relativ unbehelligt agieren, hat schließlich aber doch den Bogen überspannt. Bei vorangegangenen kurzzeitigen Sperrungen wegen Vandalismus war noch sein Kommentar: „Das stehe ich durch".[125] Dennoch ereilte ihn Anfang April 2007 die dauerhafte Sperrung, nachdem er wiederholte Male – zum Teil mit Unterstützung weiterer Aktivisten – private Daten über die Autorin veröffentlicht hatte.

Sowohl der Umfang wie das erklärt „anarchische Prinzip" von Wikipedia macht eine systematische Durchsicht und Kontrolle quer durch die Themen, die eventuell von den hier beschriebenen Manipulationen betroffen sein könnten, schier unmöglich. Es gibt zwar die Möglichkeit für die Teilnehmer, heftig umkämpfte Lemmata auf eine individuelle „Watchlist" zu setzen und so jede Veränderung oder gar Vandalismus zu beobachten, doch bleibt dies stets die subjektive Auswahl eines einzelnen Teilnehmers. Es dauert oft Monate, bis ideologisch gefärbte bis hin zu eindeutig dem rechtsextremen Gedankengut zuzurechnende Beiträge als solche erkannt werden. Selbst nach Eingang entsprechender Hinweise bleiben diese oft über einen langen Zeitraum als „nicht neutral" gekennzeich-

---

124 Zitiert nach einem Interview der Süddeutschen Zeitung mit Jaron Lanier: „Hässlich, unzivilisiert und böse", 12.2.06.

125 http://de.wikipedia.org/w/index.php?title=Wikipedia:Vandalensperrung&diff=prev&oldid=22600333#Benutzer:PotzBlitz

net stehen, ohne dass es zu einer Überarbeitung kommt. Das Fehlen einer redaktionellen Durchsicht und insbesondere einer Fachredaktion zu zeitgeschichtlichen und politischen Themen ist damit das größte Defizit bei Wikipedia.

Hinzu kommt, dass die härtere Fraktion unter den Nutzern, die Wikipedia dazu missbraucht, um zu stören oder gar Gesetzesverstöße zu begehen, mitunter mehrfach die Benutzernamen wechselt, bis es schließlich zu einer endgültigen Sperrung der IP-Adresse kommt. Aber auch eine solche Sperre ist keine Garantie, dass derselbe Benutzer nicht unter neuem Namen und neuer (oder wechselnder) IP-Adresse auftaucht. Die konsequente Archivierung aller Beiträge sorgt allerdings auch dafür, dass die Historie solcher Aktivitäten erhalten bleibt.

Die größte Gefahr, die dies birgt, ist aber, dass viele Leser – darunter sicher nicht wenige Studenten und Schüler, die Wikipedia als Quelle für Hausarbeiten nutzen – die Informationen der Online-Enzyklopädie für bare Münze nehmen oder sie gar für zitierfähig halten. Das betrifft nicht nur die Beiträge selbst, sondern auch die zahllos vorgebrachten Verleumdungen gegen den „Feind" innerhalb der Diskussionen bleiben bestehen, solange Betroffene sich nicht nachhaltig dagegen wehren.

Wikipedia will dennoch an der Anonymität festhalten, meint Arne Klemper vom Wikipedia-Verein. Die Offenheit des Systems stelle in der Tat eine Schwäche dar, zugleich sei dies aber auch eine wesentliche Stärke der Wikipedia. Eine Verbesserung der Qualität soll über so genannte „Stabile Versionen" erfolgen, so Klemper. Das heißt, ein Text, der als stabil gekennzeichnet ist, wird sich dann nicht mehr ändern lassen. Ein weiterer Versuch den lädierten Ruf[126] zu retten, ist die Qualitätsoffensive über „exzellente Artikel", über deren Aufnahme in diese Kategorie in festgelegter Form abgestimmt wird.

Citzendium – Konkurrenz für Wikipedia?

Die Idee von Wikipedia, mit mündigen Bürgern, egal mit welchem Bildungshintergrund, mittels einer basisdemokratisch aufgebauten Online-Plattform eine Enzyklopädie aufzubauen, wie es sie noch nie gab, ist gut. Jeder soll sein Teilwissen einbringen können, ist die Idee, und so nach und nach selbst zum Experten werden. Aber welche Büchse der Pandora durch die Teilnahme von nur wenigen destruktiven Teilnehmern geöffnet wird, welche Wirkung diese auf das Ganze haben können, hat man sicher zunächst nicht bedacht. Larry Sanger, einer der Mitbegründer, hat aus der Entwicklung die Konsequenz gezogen. Sein neues Projekt „Citizendi-

---

126 Wikipedia setzt sich selbst auf seinen Webseiten mit der Kritik in den Medien auseinander und dokumentiert diese teilweise: http://de.wikipedia.org/wiki/Wikipedia:Kritik

um"[127] ist ähnlich wie Wikipedia strukturiert, doch der wesentliche Unterschied ist die redaktionelle Betreuung und Durchsicht durch Fachleute. Auch vom Prinzip der Anonymität der Autoren hat Sanger sich aufgrund der Erfahrungen gelöst.[128] „Citizendium" soll wissenschaftlichen Ansprüchen genügen.

Dazu setzt Sanger auf mehr Kontrolle: „Der entscheidende Unterschied liegt darin, dass Citizendium offizielle Redakteure haben wird. Sie können einem Artikel zustimmen oder auch nicht."[129] Außerdem werden Autoren und Redakteure, anders als bei Wikipedia, mit vollem Namen im Netz erscheinen. Wer einen Artikel erstellen will, muss zuerst seine persönlichen Daten angeben und einen kurzen Lebenslauf verfassen. Wer einen Artikel schreibt, muss außerdem mindestens 25 Jahre alt sein, einen Hochschulabschluss haben, oder im Falle von Journalisten Veröffentlichungen vorweisen können. Laut Sanger sind bis jetzt 820 Autoren und 180 Redakteure bereit, für Citizendium zu arbeiten. Mit derzeit 1100 Artikeln, teilweise von Wikipedia übernommen, stellt sich das Konkurrenzprojekt allerdings eher bescheiden dar.

Einige der Voraussetzungen für die Mitarbeit bei Citizendium kann „Potzblitz" durchaus vorweisen. Er hat einen Studienabschluss und auch das geforderte Mindestalter erfüllt er problemlos. Nur ein Experte auf den von ihm vorzugsweise beackerten Gebieten ist der Ingenieur wohl eher nicht. Eine Bewerbung als Autor für politikwissenschaftliche Themen und als Experte in Sachen JF dürfte daher wenig erfolgreich sein.

Nach seinem Rausschmiss beim deutschen Wikipedia tauchten unverzüglich weitere Anti-Antifa-Mitstreiter im englischsprachigen Wikipedia auf, um unter dem Schutz der Anonymität diese Angriffe gegen den „Feind" fortzusetzen. Von dort wird nun auch auf Diskussionsbeiträge aus den eigenen Reihen im deutschen Wikipedia verwiesen, um so die an Stalking erinnernden Methoden zu rechtfertigen. Die auch bei Wikipedia durch die rechten Anti-Antifa-Aktivisten immer wieder reklamierten Persönlichkeitsrechte, das Recht auf freie Meinungsäußerung, wie auch der Schutz der Privatsphäre, dient offenbar nur dem Zweck der Wahrnehmung eigener Interessen. Dem politischen Gegner werden diese Rechte abgesprochen. Der Kampf um die Begriffe, der Krieg im Netz um die Meinungshoheit, lässt es vielmehr legitim erscheinen, den erklärten „Feind" mit allen verfügbaren Mitteln anzugreifen – im Netz wie im realen Leben. Der politische Gegner muss nur nachhaltig und kontinuierlich genug als „Feind", ja sogar als Angreifer beschrieben werden, die eigene Gruppe hingegen als deren angeb-

---

127 http://en.citizendium.org/wiki/Main_Page
128 Nikolaus Piper: Von Bürgern und Trollen, Süddeutsche Zeitung, 19.3.07: 18.
129 Niederberger, Walter: Angriff auf Wikipedia lanciert, Tagesanzeiger, 27.3.07; Citizendium: Wikipedia, jetzt aber richtig, 20minuten, 27.3.07,http://www.20min.ch/digital/hardware/story/10732359

liches Opfer. Aus der Sicht der so Indoktrinierten wird schließlich jede Grenz-
überschreitung, jeder Tabubruch zur legitimen Notwehr.

Literatur

Bayerisches Innenministerium (Hrsg.): Verfassungsschutzbericht 2001-2006.

Benoist, Alain: Kulturrevolution von rechts. Gramsci und die Nouvelle Droite. Krefeld
1985: 51.

Bock, Andreas M.: Brockhaus des Halbwissens, Süddeutsche Zeitung, 14.8.04.

Bubik, Roland: Die Kultur als Machtfrage, JF 10/93.

Cziesche, Dominik/Bayer, Wolfgang: Rechte Presse. Die geschätzten Mentoren der „Jungen Freiheit", Der Spiegel, 4.11.03.

Chatwin, Margret: Nur Internet-Spiel oder politische Realität? Die Politiksimulation
‚Democracy Online Today' (Dol2Day), in: Rechtsextremismus im Internet, CD-
ROM, 2. Aufl. 2004, Hrsg. Bundeszentrale für politische Bildung.

Dirscherl, Hans-Christian: Wikimedia Deutschland schwimmt im Geld, Süddeutsche
Zeitung, 31.8.06.

Freitag, Peter: Wer hartnäckig ist, bestimmt. JF 14/07, 30.3.07.

Gessenharter, Wolfgang: Intellektuelle Strömungen und Vordenker in der deutschen
Neuen Radikalen Rechten, in: Grumke, Thomas/Wagner, Bernd (Hrsg.): Handbuch
Rechtsradikalismus. Personen – Organisationen – Netzwerke vom Neonazismus bis
in die Mitte der Gesellschaft, Opladen: Leske + Budrich 2002: 189-201.

ders.: Das Freund-Feind-Denken der Neuen Rechten, in: Butterwegge, C./Isola, H.
(Hrsg.): Rechtsextremismus im vereinten Deutschland, Bremen, 1991: 62-70.

Graff, Bernd: „Schmutzige Spielchen". Wikipedia und ungewollte Artikel von Werbern,
Süddeutsche Zeitung, 26.1.07.

IfS (Hrsg.): Kritik als Ideologie, Heft 7, 2004.

Innenministerium des Landes Nordrhein-Westfalen: Die Kultur als Machtfrage. Die Neue
Rechte in Deutschland, 2003 31.

Kellershohn, Helmut: Die Deutsche Gildenschaft und die Gründung des „Instituts für
Staatspolitik", DISS-Journal 8/01.

Kunze, Klaus: Wege aus der Systemkrise, in: Molau, Andreas (Hrsg.): Opposition für
Deutschland - Widerspruch und Erneuerung, Berg am Starnberger See 1995.

Kunze, Klaus: Mut zur Freiheit – Ruf zur Ordnung, Esslingen 1995: 215f.

Landesamt für Verfassungsschutz, Sachsen-Anhalt: Verfassungsschutzbericht 2004: 46.

Landesamt für Verfassungsschutz, Baden-Württemberg, Verfassungsschutzbericht 2004.

Lanier, Jaron: Digital Maoism. The Hazards of the New Online Collectivism. The Edge,
30.5.06, http://www.edge.org/3rd_culture/lanier06/lanier06_index.html

Landtag von Baden-Württemberg, Drucksache 14/128, 14.7.06.

Liebermann, Frank: Der anarchische Almanach, „Junge Freiheit", 22.7.05.

Maegerle, Anton/Martin Dietzsch: Anti-Antifa. Einigendes Band von Neonazis bis zur
intellektuellen Rechten. In: Friedrich-Ebert-Stiftung (Hrsg.): HIntergrundinformationen zum Rechtsextremismus, August 1996.

Niederberger, Walter: Angriff auf Wikipedia lanciert, Tagesanzeiger, 27.3.07.

Ochsenreiter, Manuel: Eigenartige Extremismus-Experten, JF 21/03, 16.5.03.

Pfahl-Traughber, Armin: Die „Umwertung der Werte" als Bestandteil einer Strategie der „Kulturrevolution". In: Gessenharter, Wolfgang, Pfeiffer, Thomas: Die Neue Rechte – eine Gefahr für die Demokratie?, 2004, VS-Verlag, Wiesbaden: 73-94.

Pfeiffer, Thomas: „Unsere Waffe ist das Wort". Neue Rechte: Avantgarde und Ideologieschmiede des Rechtsextremismus, in: Braun, Stephan, Hörsch, Daniel (Hrsg.): Rechte Netzwerke – eine Gefahr, VS-Verlag, Wiesbaden, 2004: 27.

Ders.: Medien einer neuen sozialen Bewegung von rechts, Dissertation, 2001, Ruhr-Universität Bochum: 181, Fußnote 818.

Piper, Nikolaus: Von Bürgern und Trollen, Süddeutsche Zeitung, 19.3.07: 18.

Pott, Wolfgang: Arbeitet Verfassungsschutz mit Linksextremisten? CDU will Hinweise auf Verbindungen der NRW-Behörde zur radikalen Szene haben. Innenministerium weist Vorwürfe zurück. In: Welt am Sonntag v. 27. Juli 2003.

Schön, Helmut: Verstetigung des Protests, JF 33/04.

Seigenthaler, John: A false Wikipedia 'biography', USA Today, 29.11.05.

Seifert, Heribert: Risiko der raschen Abnutzung, NZZ 31.5.02.

Ders.: Aufblähender Abwehrzauber, epd-Medien 43/02.

Ders.: Reinigungsaktion, NZZ 7.4.06.

Stein, Dieter: Phanton „Neue Rechte". Die Geschichte eines politischen Begriffs und sein Mißbrauch durch den Verfassungsschutz. JF-Verlag, 2004.

Ders.: Gründung im Mai. Ein Gespräch mit Götz Kubitschek über das geplante „Institut für Staatspolitik, JF 17/00, 21.4.00.

Weißmann, Karlheinz: Das Tabu als Machtfrage, Institut für Staatspolitik.

Wolff, Kurt: Treffer ins Mark. Institut für Staatspolitik: Antifa-Angriffe bedrohen die Tätigkeit der Initiative, JF 31.8.01.

III. Eine Herausforderung für Politik und Öffentlichkeit, Wissenschaft und Bildungsarbeit

Die Interview-Falle

Wie die „Junge Freiheit" immer wieder Prominente und sogar Sozialdemokraten einspannte

Helmut Lölhöffel

In den vergangenen Jahren hat die „Junge Freiheit" (JF) eine rege Interview-Politik betrieben. Deren Ziel ist offenkundig, Zeugen für ihre völkisch-nationalistische Grundhaltung und Zustimmung zu ihren internationalen Positionen zu finden. Sicherlich ist auch beabsichtigt, sich ein reputierliches, honoriges Image zuzulegen und damit der keineswegs monolithischen Leserschaft das Gefühl zu geben, das Blatt stehe gar nicht so weit rechts außen wie sein Ruf. Gleichzeitig steckt wohl der Anspruch dahinter, inhaltlich attraktiver zu werden.

Leichtfertig oder vorsätzlich haben sich Politiker, Wissenschaftler, Künstler, Publizisten und Journalisten immer wieder auf Interviews mit der JF eingelassen. Auch prominente Sozialdemokraten. Nur einzelne haben es wirklich bereut. Die SPD hat einen Sperrriegel eingebaut. Die Union hält sich den Zugang offen.

Eine der klassischen Formen des Journalismus ist neben Bericht, Kommentar und Reportage das Interview. Sinn eines Interviews ist es, Ansichten der Befragten zu erkunden oder sie zu portraitieren. Bei Sachinterviews geht es um Ereignisse, Vorgänge oder strittige Debatten. Nicht die Person der Befragten soll im Vordergrund stehen, sondern deren Wissen. Meist handelt es sich um Gespräche mit Fachleuten, die Meinungen zu einem öffentlich diskutierten Thema beisteuern. Ein Meinungsinterview thematisiert den inneren Zusammenhang zwischen einer Person und einer Sache. Die befragte Person gibt über Entscheidungen oder aktuelle Ereignisse oder deren Hintergründe Auskunft. Die dritte gängige Form ist das Personen-Interview, bei dem die Gesprächspartner, meistens Prominente, mit ihren Besonderheiten vorgestellt werden.

Für manche Medien sind Interviews aber nichts anderes als ein Mittel, selbst ins Gespräch zu kommen. Die JF nutzt dieses Instrument mit raffiniertem Geschick, indem sie für die Rubrik „Im Gespräch" dann und wann Interviewpartner gewinnt, die nicht am nationalkonservativen rechten Rand stehen, sondern die politisch neutral sind oder aus dem links-liberalen Spektrum stammen und somit dem Blatt den Anschein überparteilicher Seriosität vermitteln. Auf diese Masche sind schon viele hereingefallen. Manche von ihnen stolperten blauäugig in die Falle, einige stellten sich unwissend. Andere waren sich durchaus bewusst, welche Tribüne sie betraten. Gewonnen hat dabei allerdings immer nur die JF – zumindest zeitweilige Aufmerksamkeit.

Obwohl die JF keine nachweisbaren organisatorischen oder materiellen Beziehungen zur rechtsextremen NPD hat, passt die Interview-Taktik der Redaktion doch in die NPD-Strategie des „Kampfs um die Köpfe". Und die JF bildet sich zweifellos etwas darauf ein, Intellektuelle anzusprechen und sie für ihre Art des Deutsch-Nationalismus zu gewinnen. Dass sich robuste Politiker aus CDU und CSU wie Peter Harry Carstensen, Kurt Faltlhauser, Peter Gauweiler und Jörg Schönbohm, die sich selbst als „Männer klarer Worte" sehen, bereitwillig für Interviews zur Verfügung stellten, ist kaum überraschend. Aber dass sich kluge Denker aus der SPD wie Egon Bahr, Peter Glotz und Christoph Zöpel einspannen ließen, ist verwunderlich und unbegreiflich. Diese drei haben übrigens niemals wirklich eingesehen, dass sie einen Fehler machten und letztlich nicht verstanden, warum sie deshalb kritisiert worden sind.

So hat der Sozialdemokrat Egon Bahr (geboren 1922), einer der großen und hoch geachteten Männer der SPD, früher Bundesminister, Bundesgeschäftsführer und Bundestagsabgeordneter, sein Gespräch mit der JF im Nachhinein als „vertretbar" gerechtfertigt – auch als der scheinbar Ahnungslose auf das fragwürdige Umfeld aufmerksam gemacht wurde, in das er sich begeben hatte. Ob das nur eine Art Altersstarrsinn war oder echte Überzeugung, ist schwer herauszufinden und noch schwerer zu bewerten.

Jedenfalls hat Peter Glotz (1939-2005), ebenfalls einstiger Bundesgeschäftsführer der SPD und langjähriger Bundestagabgeordneter, nicht nur keine Einsicht erkennen lassen, als ihm sein Interview in der JF vorgehalten wurde, sondern sich sogar mit dem Recht auf Meinungsfreiheit verteidigt. Als ihm Empörung aus seiner Partei und Unverständnis von Kommentatoren entgegenschlug, wehrte er sich gegen Besserwisserei von Journalisten, denen er „Lehrer-Attitüde" vorwarf[1] und beharrte darauf, man müsse sich mit dem rechten Rand auseinandersetzen. Bahr formulierte ähnlich: „Soll man sich als Sozialdemokrat von dem Versuch ausschließen, mit dem, was sich am rechten Rand bildet, zu diskutieren?"[2].

Genau hier liegt der Kern des Missverständnisses. Die ‚ZEIT' kommentierte: „Die JF ist kein Bürgertreff, wo man verirrte Skinheads besozialarbeitet, und nicht das öffentlich-rechtliche Fernsehen, das über Extremisten aufklären soll. Sie ist vielmehr eine Zeitung der bösen Absicht." Ausgerechnet in diesem Blatt hatte Egon Bahr einen unfassbaren Gedanken ausgesprochen: „Willy Brandts Kniefall hat deutsche Schuld bezeugt. Aber kein Volk kann dauernd knieend

---

1   Jüdische Allgemeine, 18.4.2005.
2   Der Tagesspiegel, 9.11.2004.

leben."[3]. Das war ein gefundenes Fressen für die JF. Hätte Bahr dies bei einer Tagung der sozialdemokratischen Friedrich-Ebert-Stiftung gesagt, wäre ihm ein allenfalls durch Respekt gedämpftes protestierendes Murren entgegengeschlagen. „In der Jungen Freiheit aber wird der Satz zur Waffe", analysierte die ‚ZEIT' zutreffend. „Keine Arglosigkeit, kein Patriotismus, kein charmanter Altersradikalismus kann den unsichtbaren Kontext brechen, in den sie ihn mit Wonne stellt."[4]. Die Süddeutsche Zeitung erkannte ebenfalls, dass sich Bahr mit diesem Zitat zum Werkzeug hatte machen lassen: „Ein Satz, der sich schnell zu einer Losung der extremen Rechten umfunktionieren lässt."[5].

Die JF selbst berichtete sachlich, aber mit erkennbar genüsslichem Unterton über die verwirrten Reaktionen von Tageszeitungen und des Fernsehens auf das Bahr-Interview: „Mehr noch als das Gespräch nehmen es die Genossen dem verdienten Parteimann Bahr offensichtlich übel, dass er die JF-Redakteure im Allerheiligsten der Sozialdemokratie, dem Berliner Willy-Brandt-Haus, empfangen hatte", war in einer Medienrückschau zu lesen.[6] Schon im Nachspann des Interviews hatte die JF ebenso genussvoll darauf hingewiesen, dass Bahr der „persönliche Freund Willy Brandts war"[7]. Mit beiden Hinweisen hat die JF einen wunden Punkt von SPD-Mitgliedern berührt, gerade von solchen, die Egon Bahr schätzen oder gar verehren, und damit einen Keil zwischen sie getrieben.

Noch krasser sind die Widersprüche bei Peter Glotz ausgenutzt worden. In der selben Ausgabe, in der Glotz den Linken „ein gestörtes Verhältnis zur Vertreibung der Deutschen" vorhielt und seinen Interviewern in die Hände spielte, wenn er „über das Leid, das Deutschen zugefügt worden ist" sprach, schrieb der Chefredakteur der JF, Dieter Stein, die NPD sei „das lebende schlechte Gewissen der übrigen Parteien, die Existenzfragen des Volkes vernachlässigen"[8]. Gewiss hat Glotz das vorher nicht gewusst, als er über das von Deutschen angerichtete Leid sprach. Zweifellos hat er sich mit seinen Interviewern auch wacker über den Begriff „nationale Identität" auseinandergesetzt und sich nichts unterstellen lassen. Aber nachher hätte er lesen können, in welches Umfeld er geraten war. Und er hätte sich distanzieren müssen.

In seiner klugen Streitschrift „Die deutsche Rechte"[9], hatte Glotz in einem fiktiven „Brief an einen Freund in Warschau" gemahnt: „Wir müssen aufpassen, dass wir den Rechtspopulisten die Arbeit nicht allzu sehr erleichtern." Gut 15 Jahre später vergaß der scharfsinnige Analytiker diese Empfehlung und blieb

---

3   JF, 5.11.2004.
4   DIE ZEIT, 11.11.2004.
5   Süddeutsche Zeitung, 9.11.2004.
6   „Aufregung um Gespräch in der JF", JF, 12.11.2004.
7   JF, 5.11.2004.
8   JF, 28.1.2005.
9   Deutsche Verlags-Anstalt, Stuttgart 1989.

dickköpfig dabei, er lasse sich das Recht zum Dialog nicht nehmen: „Wenn ich etwas hasse, dann sind es Berührungsängste."[10]. Er wolle auf Leser und Zuhörer zugehen, die er nachdenklich machen könne, „nicht vorsichtig, nicht opportunistisch, sondern klar und deutlich". Dass darüber niemand mehr erfreut war als die JF[11] und ihn nun gar als Kronzeugen missbrauchte, schien ihn nicht zu stören.

Wissend bewegten sich Bahr und Glotz auf einem Terrain, das der Linie der JF entgegenkommt. Und beide müssen mit ihrer politischen, journalistischen und publizistischen Erfahrung gewusst haben, dass derartige Interviews benutzbar sind. Selbst wenn sie, wie sie vorgeben, die Tricks der JF nicht kannten, muss ihnen doch wenigstens in den Hinterköpfen klar gewesen sein, dass Zeitungen, nicht nur die JF, gerne Zeitgenossen mit Fragen konfrontieren, die diese dann nicht hundertprozentig exakt, sondern zugespitzt oder interpretierbar beantworten. Dieser für Medienprofis eigentlich durchschaubaren Masche sind Bahr und Glotz und andere auf den Leim gegangen. Warum ausgerechnet von einer ultrarechten Zeitung, das bleibt ihr Geheimnis. Schlüssige Antworten haben sie jedenfalls nicht gegeben.

Auch Christoph Zöpel (Jahrgang 1943) nicht, der sich ungeniert aufs Glatteis locken ließ. Am Inhalt der Aussagen des SPD-Politikers, damals Staatsminister im Auswärtigen Amt, ist nichts auszusetzen. Im Gegenteil, er hat sogar einige dummdeutsche Provokationen der Fragesteller höflich, aber eindeutig korrigiert.[12] „Das, was ich dem Blatt gesagt habe, ist für deren rechtsradikale Leser schwerer Tobak und für die Zeitschrift eine größere Zumutung als für mich", rechtfertigte sich Zöpel, „so viel Anti-Nationales haben die Leser der Jungen Freiheit noch nie gelesen". Ähnlich wie Bahr und Glotz argumentierte auch er, dass die geistige Auseinandersetzung geführt werden müsse und „das nicht nur in der FAZ oder dem Tagesspiegel"[13]. Er finde es vernünftig, „sich auch bei einer konservativen Leserschaft zu Wort zu melden und Argumente vorzubringen, die sie sonst nicht kennt"[14].

Er hatte aber außer acht gelassen, dass allein die Tatsache, als Mitglied der Bundesregierung das Interview zu geben, wie ein amtliches Gütesiegel verstanden werden konnte, dass die JF ein seriöses, pluralistisches Blatt sei. Die Vorgeschichte stellte Zöpel so dar: Zum Gespräch mit der JF habe er sich bereit gefunden, nachdem ein CDU-Bundestagabgeordneter seinen Rücktritt „wegen nationaler Unzuverlässigkeit" gefordert hatte. Dagegen wollte er sich an Ort und Stelle zur Wehr setzen.

10   Jüdische Allgemeine, 18.4.2005.
11   „Glotz gegen Maulkorberlass seiner Partei", JF, 22.4.2005.
12   Siehe JF, 22.9.2000.
13   Der Tagesspiegel, 25.9.2000.
14   Frankfurter Rundschau, 24.9.2000.

In einem Rundbrief an die aufgebrachten Mitglieder der SPD-Bundestags-fraktion, der er selbst als Abgeordneter angehörte, bestätigte Zöpel, das Interview sei „korrekt geführt und wiedergegeben" worden. Ihm sei bewusst, dass es sich um ein äußerst rechtes Organ handele. Aber in der JF hätten sich vor ihm schon „eine Fülle demokratischer deutscher und europäischer Politiker geäußert". Wer sich mit nationalistischem Gedankengut auseinandersetzen wolle, dürfe die national-konservativen Medien nicht ausschließen, sondern müsse sie „in geeigneten Fällen" nutzen. Zöpel, der in seiner Partei dafür bekannt ist, dass er sich nie scheute, mit einer Minderheitenmeinung allein dazustehen, erläuterte: „Die Demokratie beruht darauf, dass Aufklärung über ihre Werte und Wirkungen gelingt. Das gilt gegenüber dem Linksextremismus, die entsprechende Hoffnung gebe ich auch gegenüber rechtsradikalen Gedanken nicht auf."[15]

Aber er mochte nicht wahrhaben, wie die JF seine subjektiv gut gemeinte und glaubhafte Dialogbereitschaft ausnutzte. In einem Kommentar mit der Überschrift „Zoff um Zöpel" mimte Chefredakteur Stein den Verfolgten: „Wir leben in einer Demokratie, das scheint sich zu manchen Platzhirschen in großen Zeitungen und Parteien nicht gänzlich herumgesprochen zu haben. Wer für Interview-Sperren mit unbequemen Zeitungen eintritt, entlarvt sich als Antidemokrat und Gegner der Meinungsfreiheit."[16]

Der SPD-Bundestagsabgeordnete Sebastian Edathy, Vorsitzender des Innenausschusses und einer der entschieden auftretenden Sprecher gegen den Rechtsextremismus, sprach seine Genossen an, stellte Fragen und wunderte sich über deren Einfalt: „Mir haben einige der Interview-Partner der Jungen Freiheit aus dem Bereich meiner eigenen Parteifreunde gesagt, sie hätten gar nicht gewusst, um was für eine Zeitschrift es sich dabei handelt. Und da kann ich nur jedem Politiker und jeder Politikerin raten, sich doch intensiv vorher zu informieren, bevor man ein Interview gibt."[17]

Das hatte auch Heinz Buschkowsky nicht getan. Er ist nun wahrhaftig kein Prominenter und auch kein Intellektueller vom Schlage Bahr oder Glotz. Heinz Buschkowsky (Jahrgang 1948), ebenfalls Sozialdemokrat, ist der Bezirksbürgermeister von Neukölln. Doch Neukölln ist nicht irgendein Stadtteil von Berlin, sondern einer mit allerlei sozialen Problemen, die leichtfertig auf den hohen Anteil ausländischer Bewohner zurückgeführt werden, was aber nur teilweise zutrifft. Neukölln, mit mehr als 300 000 Einwohnern (und einem Ausländeranteil von über 20 Prozent) größer als viele deutsche Großstädte, leidet unter sozialen Strukturen, die auch andere als multikulturelle Ursachen haben. Trotzdem hat Buschkowsky, ein Mann mit unverblümter Ausdrucksweise, nie verhehlt, dass er

---

15 Zit. nach Blick nach rechts, 5.10.2000.
16 JF, 29.9.2000.
17 ZAPP, NDR-Fernsehen, 15.3.2006.

es für falsch hält, die durch die Zusammensetzung der Bevölkerung entstandenen Probleme zu leugnen, herunterzuspielen oder schönzureden. Damit eckte er schon öfter an, besonders bei Linken, auch in seiner eigenen Partei. Doch er hat auch viel Rückhalt und Zuspruch.

So einer kommt gerade recht für die JF. Sie bat Buschkowsky um ein Interview. Der Mann aus Neukölln fühlte sich wohl gebauchpinselt, hielt der Namen der Zeitung nicht für anstößig und verzichtete arglos darauf, sich nach dem Standort des Blattes zu erkundigen. Und er legte munter los. Faselte von „Parallelgesellschaften", zog über „Gutmenschen und sozialromantische Multikulti-Träumer" her, die sich der Realität verweigerten. Und kam, auf den Punkt gebracht, zu dem Fazit, der Versuch einer Integrationspolitik sei gescheitert.[18]

Ein Sturm der Entrüstung brach los in und rund um Neukölln. Eigene Parteifreunde, die Grünen, die PDS, die Gewerkschaften, alle empörten sich, ja sogar die lokale CDU fiel über ihn her. Die Nachwuchsorganisation der SPD forderte ein Parteiausschlussverfahren.

> „Der erweiterte Juso-Landesvorstand Berlin hat auf seiner gestrigen Sitzung den Bezirksbürgermeister von Neukölln, Heinz Buschkowsky, einstimmig zum Rücktritt aufgefordert. Grund sind dessen Äußerungen in der rechtextremen Wochenzeitung Junge Freiheit. [...] Die Jusos Berlin fordern die SPD auf, angesichts des weit über das erträgliche Maß hinausgehenden parteischädigenden Verhaltens Buschkowskys [...] ein Parteiordnungsverfahren einzuleiten."[19]

Dabei hatte, Buschkowsky, wie alle wussten, die ihn kennen, nichts anderes gesagt als er immer sagt. Zuvor hatte er mehrere Interviews mit ähnlichen und teilweise gleichen Zitaten geliefert, war deshalb begehrter Gast in Talkshows und erlangte bundesweite Popularität. Aber, und das wiegt doch schwer in der SPD, er hatte es diesmal einer Rechtsaußen-Zeitung gesagt. Während sich die unantastbaren Bahr und Glotz noch mit allerlei intellektuell raffinierten Sprüchen der Kritik erwehren konnten, geriet der brave Sozialdemokrat Buschkowsky immer stärker unter Druck, beugte sich den Argumenten und dem Rat von Parteifreunden, knickte am Ende ein und gab kleinlaut zu, dass er einen Fehler gemacht hatte.

Buschkowsky bekannte: „Ich kann mich nur bei allen, die mich bislang positiv begleitet haben, entschuldigen"[20]. Und er beteuerte, ihm sei nicht klar gewesen, wer die Zeitungsmacher sind. „Mit den Informationen von heute würde ich

---

18   JF, 11.3.2005.
19   Presseerklärung der Berliner Jusos vom 18.3.2005.
20   Der Tagesspiegel, 12.3.2005.

das Interview dieser Zeitung nicht noch einmal geben. Es ärgert niemanden mehr als mich."[21] Wenig später musste sich der Bezirksbürgermeister trotz seiner Entschuldigung und seiner Rechtfertigung noch einmal den Bezirksverordneten stellen. Und Buschkowsky sprach auch hier klare Worte: Er sei „Auslöser einer leidenschaftlichen Kritik" geworden, weil er mit einer Zeitung gesprochen habe, „von der ich heute weiß, dass sie sehr umstritten ist". Schließlich sagte er vor der Neuköllner Bezirksverordnetenversammlung: „Ich habe meine Sorgfaltspflicht verletzt." Und noch einmal: „Bei denen, die das als Verunglimpfung empfinden, entschuldige ich mich."

Die JF, die über die Reaktionen auf das Buschkowsky-Interview und über seinen einsichtigen Auftritt in der Bezirksverordnetenversammlung mehrmals ausführlich berichtete, stellte hämisch die Frage: „Kann sich ein Bürgermeister noch stärker demütigen?"[22] Buschkowsky hat der ganze Wirbel letztlich nicht geschadet, zumal seine Aufrichtigkeit weithin anerkannt wurde. „Der Fall ist bereinigt", hieß es im Berliner SPD-Landesvorstand. Aber der JF hat der Rummel um das Interview genützt. Nie war sie so häufig und so andauernd im Gespräch, niemals wurde sie so ausgiebig zitiert. Genau dies war die Absicht der Redaktion, die über das Ergebnis ihres Coups gefeixt haben dürfte. Denn mit keiner anderen Methode als mit einem Aufsehen erregenden und Streit auslösenden Interview kann ein in der Zeitungslandschaft sonst unbedeutendes Rechtsblatt wie dieses seine Meinung in die Welt bringen, und sei es über die wiederholt zitierten Äußerungen eines sozialdemokratischen Bezirksbürgermeisters. Die Auflage der JF wird wohl kaum hochgeschnellt sein – auch wenn der Titel eine Zeitlang öfter als jemals erwähnt wurde.

Ende November 2005 hatte das Buschkowsky-Interview eine Spätfolge. Der Landesparteitag der Berliner SPD ermahnte alle Parteimitglieder, sich von der JF fernzuhalten. Der Kernsatz des von den JungsozialistInnen schon im Juni eingebrachten Beschlussantrags: „Die SPD fordert alle ihre Mitglieder, insbesondere aber ihre Mandats- und FunktionsträgerInnen auf, nicht oder nicht mehr mit der Jungen Freiheit zusammenzuarbeiten und ihr insbesondere keine Interviews zu geben."[23] Zur Begründung formulierten die Jusos: „Zielsetzung [der JF] ist es, den latent in allen gesellschaftlichen Gruppen vorhandenen Rassismus und Antisemitismus anzusprechen sowie antidemokratische Grundhaltungen insbesondere im bürgerlich-konservativen Lager zu aktivieren."

Die JF spielte den Märtyrer und schäumte: „Berliner SPD verhängt Kontaktverbot."[24] Als Hintermänner des „Abgrenzungswahns der SPD gegen alles,

---

21   rbb-Fernsehen, 12.3.2005.
22   JF, 25.3.2005.
23   Protokoll des Landesparteitags der Berliner SPD, 26.11.2005.
24   JF, 2.12.2005.

was einigen Nachwuchsfunktionären als rechts erscheint" machte sie „die SPD-Jungpolitiker" Niels Annen und Sebastian Edathy aus. „Seit einiger Zeit bemühen sich die beiden Bundestagsabgeordneten darum, den ‚Kampf gegen Rechts' in die Partei zu tragen." In einer Broschüre „Die Wölfe im Schafspelz enttarnen", an der Annen, Mitglied des SPD-Parteivorstands, und Edathy, Vorsitzender des Bundestags Innenausschusses, maßgeblich mitgewirkt haben, wird ausdrücklich empfohlen, rechten Publikationen keine Interviews mehr zu geben. Annen und Edathy sind spätestens seitdem Zielscheiben der Polemik der JF. Wenigstens dürfen sie sich sicher fühlen, nicht um Interviews angegangen zu werden. Trotzdem versuchte die JF auch nach dem SPD-Landesparteitagsbeschluss im Büro des Landesverbands zu recherchieren. Aber eine Mitarbeiterin fiel nicht darauf herein, wimmelte die Anfragen ab „und legte den Hörer auf"[25].

Kurz vorher hatte noch ein anderer ehemals bundesweit bekannter Sozialdemokrat, der Ex-NRW-Landesminister Friedhelm Farthmann (Jahrgang 1930), Stichwörter für Hetze gegen die SPD geliefert. Als die Parteispitze darüber nachdachte, die Mitgliedschaften in studentischen Burschenschaften und der sozialdemokratischen Partei für unvereinbar zu erklären, polterte Farthmann, das wäre „Blockwartdenken und Gesinnungsschnüffelei"[26] und lieferte dem Blatt damit prompt eine in dessen Konzept passende Überschrift.

„Ich glaube, dass Menschen, die dieser Zeitung ein Interview geben, missbraucht werden. Sie erreichen nicht die Wirkung, die sie sich wünschen", sagte Michel Friedman[27], damals noch Vizepräsident des Zentralrats der Juden, nachdem seine Amtskollegin Charlotte Knobloch, mittlerweile Präsidentin, der JF Rede und Antwort gestanden hatte. Knobloch war das nachträglich äußerst peinlich. Friedman selbst war auch schon Opfer der rechten Zeitung geworden, als er von einem freien Journalisten angesprochen wurde, der sich nicht offen als Mitarbeiter der JF zu erkennen gab.

Während es in den Gesprächen mit SPD-Politikern der JF eher um öffentliche Resonanz ging, suchte das Blatt in Interviews mit Unionspolitikern außerdem politische Zustimmung und ideologischen Rückhalt. Besonders freudig ließ sich der damalige brandenburgische Innenminister und CDU-Landesvorsitzende Jörg Schönbohm (Jahrgang 1937) auf die Avancen des Chefredakteurs Stein ein. Im wie abgesprochen wirkenden Frage-und-Antwort-Spiel (Überschrift: „Die Union muss auf konservative Werte setzen") der beiden einträchtig einander gegenüber sitzenden Gesprächspartner waren sie sich rasch einig, dass der „Kampf gegen Rechts" ein strategisches Manöver zur Schwächung der Unions-

---

25   JF, 2.12.2005.
26   JF, 25.11.2005.
27   die tageszeitung, 14.10.2000.

parteien sei.[28] Und „kaum unterscheidbar von der geschichtspolitischen Linie der JF"[29] meinte Schönbohm, es war übrigens nicht sein erstes Interview mit der JF, „wir sollten [...] endlich lernen, wieder unbefangen stolz auf unser Land sein zu können"[30]. Schönbohms Auftritt ist ein signifikantes Beispiel dafür, was der baden-württembergische Verfassungsschutz bemerkt hatte: „Die Redaktion der JF ist [...] bemüht, extremistisches Gedankengut als national-konservatives zu verschleiern und bedient sich hierzu immer wieder der Bereitschaft von Politikern und sonstigen Personen zu Interviews."[31] Dass der CDU-Innenminister des Landes Brandenburg dazu bereit war, hätte – streng genommen – eigentlich dazu führen müssen, dass Schönbohm im Verfassungsschutzbericht des CDU-regierten Landes Baden-Württemberg namentlich erwähnt wird.

Ebenso äußerte sich einige Monate später der CSU-Bundestagsabgeordnete Wolfgang Götzer. Er griff Schönbohms These auf, beim „sogenannten Aufstand der Anständigen" gehe es in erster Linie darum, „das bürgerliche Lager, speziell die Union, unter Druck zu setzen und in die ‚rechte Ecke' zustellen. Dann setzte Götzer noch einen drauf und verstieg sich zu der Behauptung:

> „Antifaschismus ist ein Kampfbegriff des Linksextremismus, der dazu dient von der eigenen totalitären Ideologie abzulenken und eine breite Front zu schmieden, um das bürgerliche Lager zu vereinnahmen und letztlich matt zu setzen."[32]

Auffällig an den Interviews mit Schönbohm und Götzer ist, dass sich beide willig in ein von der JF vorgegebenes Raster einfügen ließen. Interviewer Stein hatte Schönbohm die Antwort gleich in den Mund gelegt, indem er fragte, ob die Union „kapiert" habe, „dass es beim ‚Kampf gegen rechts' nicht wirklich um das Problem des Rechtsextremismus geht, sondern darum, die Union unter Druck zu setzen".

Diese Methode der Fragestellung wird von den Interviewern der JF häufig angewendet. Dem damaligen Landesvorsitzenden der ‚Jungen Nationaldemokraten' Rheinland-Pfalz, Sascha Wagner wurde sogar ein Podium zur Selbstdarstellung geboten. Er durfte die Mitglieder der NPD-Nachwuchsorganisation als „die besten Sozialarbeiter" anpreisen[33]. Außerdem erhielt er Gelegenheit, eine der Lieblingsverdächtigungen der JF aufzutischen, „Spitzel des Verfassungsschutzes und der Medien" betätigten sich als „Heißmacher". Solche Äußerungen werden von der JF distanzlos und mit zwischen den Zeilen spürbarer Genugtuung aufgenommen und wiedergegeben. Ausgerechnet ein Sozialdemokrat, der ehemalige

---

28 JF, 15.11.2002.
29 Freitag, 22.4.2005.
30 JF, 15.11.2002.
31 Landesamt für Verfassungsschutz Baden-Württemberg, Jahresbericht 2000.
32 JF, 7.3.2003.
33 JF, 31.7.2000.

Bundesminister Andreas von Bülow, gab sich dazu her, den Geheimdienst-Verfolgungs-Wahn der JF zu stützen, indem er, allerdings reichlich ungenau, sagte: „Da aber alle Verfassungsschutzämter sich mit Sicherheit in der NPD eigene bezahlte Quellen geschaffen haben und V-Leute führen, würden mich weitere Enthüllungen nicht wundern." Und er spekulierte: „Getrost darf man davon ausgehen, dass obendrein noch ausländische Geheimdienste in die Verhältnisse hier verwickelt sind – wohl auch im Falle der NPD –, weil auch fremde Mächte ‚Vergnügen' an der radikalen Szene der Bundesrepublik Deutschland haben."[34] Auch hiermit hat ein SPD-Mitglied freiwillig Argumente der Rechtsextremen reproduziert und ihnen damit Stoff zur Selbstbestätigung geliefert.

Während die CDU/CSU ihr Verhältnis zu dem Organ der intellektuellen Vordenker der extremen Rechten nicht geklärt hat und Unionspolitiker sich weiter munter dort äußern, zog die SPD ihre Konsequenz daraus, dass prominente Sozialdemokraten wiederholt in die Interview-Falle getappt waren. Im März 2005 veröffentlichte der Parteivorstand 24 „Prinzipien und Orientierungspunkte für den Umgang mit dem Rechtsextremismus". Im Punkt 11 („Strikte Trennlinie ziehen") heißt es: „Es darf auch keinerlei Beiträge oder Interviews für extrem rechte Zeitungen geben. Dies gilt insbesondere für Blätter wie die Junge Freiheit und Criticón, die sich damit als demokratisch legitimieren wollen."[35] Doch die CDU sieht das anders: „Die Forderung", keine Interviews zu geben, werde „nicht überzeugend präzisiert, wenn die Autoren damit auf eine ‚neo-liberale' Zeitschrift wie Criticón abheben", widersprach der Politikwissenschaftler Eckhard Jesse den SPD-Thesen.[36]

Im Internet protzt die JF mit einer langen Liste ihrer Gesprächspartner – von dem Öko-Publizisten Franz Alt bis zum Berliner CDU-Abgeordneten Wolf-Dieter Zupke – insgesamt mehr als 600 im Laufe der Jahre. Darunter sind auffallend zahlreiche Bundes- und Landespolitiker der CDU und CSU. Viele stehen nicht überraschend in diesem Register, das stellenweise ein Who is Who der Ultrarechten ist und in dem eigentlich nur Horst Mahler fehlt. Andere, vor allem Künstler, wären hier eher nicht zu erwarten gewesen und gehören auch nicht in dieses Spektrum, haben sich also wohl eher hierher verirrt.

Einige Beispiele aus der bunten Reihe, beliebig herausgegriffen und in ungeordneter Folge:

---

34   JF, 1.2.2002.
35   „Für eine starke Demokratie, wirksam handeln gegen rechts", Leitfaden des SPD-Parteivorstands, 2005.
36   „Der Umgang mit parteipolitischem Extremismus", Veröffentlichung der Konrad-Adenauer Stiftung, 2005.

Gerhard Mayer-Vorfelder, Wolfgang Böhmer, Ronald Schill, Elisabeth Noelle-Neumann, Ephraim Kishon, Will Tremper, Reinhard Klimmt, Wolfgang Mattheuer, Gerhard Löwenthal, Carl-Dieter Spranger, Gertrud Höhler, Hakki Keskin, Jack Lang, Veronika Ferres, Christoph Böhr, Günther Rexrodt, Rolf Hochhuth, Reinhold Messner, Alfred Grosser, Wolfgang Siegerist, Friedhelm Farthmann, Karl-Heinz Däke, Vera Lengsfeld, Laurenz Meyer, Hans-Olaf Henkel, Walter Sickert, Ludwig Güttler, Peter-Michael Diestel, Wolf Jobst Siedler, Rainer Langhans, Hermann Otto Solms, Hartmut Koschyk, Peter Scholl-Latour, „Papst-Bruder" Georg Ratzinger, Ernst Gottfried Mahrenholz, Hugo Müller-Vogg, Meinhard Miegel, Hans Herbert von Arnim, Peter Ustinov, Ernst Benda, Georg Kofler, Arno Surminski, Brigitte Bardot, Pater Basilius Streithofen, Placido Domingo, Dietrich Stobbe, Erwin Marschewski, Erika Steinbach, Alexander von Stahl, Erwin Scheuch, Bernd Rabehl, Ernst Nolte.

Auch die schon erwähnten Bahr, von Bülow, Buschkowsky, Glotz und Zöpel sowie Götzer und Schönbohm fehlen nicht. Mit stillem Vergnügen sind Friedman und Knobloch erwähnt. Aber auch der NPD-Vorsitzende Udo Voigt und NPD-Bundesgeschäftsführer Frank Schwerdt, „Republikaner"-Chef Rolf Schlierer und sein Vorgänger Franz Schönhuber sind dabei. Ein Sammelsurium also von Sozialdemokraten und ehemaligen Linken über Liberale und Unpolitische bis zum rechten Rand und darüber hinaus.

Die meisten dieser Interviews sind von niemandem beachtet worden. Furore gemacht haben hauptsächlich die von Bahr, Glotz, Zöpel und Buschkowsky. Letztlich hat der Versuch, sich mit Interviews selbst zu inszenieren, der JF wenig genützt. Jedenfalls hat die Zeitung mit ihren publizistischen Profilierungsversuchen keines der von ihr angestrebten Ziele erreicht. Weder hat sie nennenswerten Einfluss auf die öffentlichen Debatten in der Bundesrepublik genommen noch konnte sie ihre Auflage wesentlich steigern. Auch den von ihr selbst reklamierten Nimbus als Sprachrohr der Deutschen, die stolz sind auf unser Land, hat sie trotz allen krampfhaften Bemühens um mehr oder weniger hochrangige Interviewpartner mit teilweise bekannten Namen verfehlt. Schließlich ist ihr die ersehnte gesellschaftliche Aufwertung nicht gelungen.

Warum Herr Wonka Recht hat

Warum die Bundespressekonferenz keinen Vertreter der „Jungen Freiheit" aufnehmen muss

Volker Norbisrath und Ute Vogt

Der Fall

Marcus Schmidt, fest angestellter Redakteur der „Jungen Freiheit" (JF) beantragt im Februar 2007 die Mitgliedschaft in der Bundespressekonferenz. Der Einspruch von Dieter Wonka, ‚Leipziger Volkszeitung', Gunther Hartwig, ‚Südwest Presse', und Reinhard Urschel, ‚Hannoversche Allgemeine Zeitung', bleibt leider ohne Erfolg. Marcus Schmidt ist seit 1. April 2007 Mitglied der Bundespressekonferenz.

Der Aushang im Bonner Bundeshaus anlässlich der ersten Bundeskanzlerwahl am 15. September 1949 war knapp und sachlich: Aufruf an „alle beim Bundestag akkreditierten Journalisten zur Gründung einer Bundespressekonferenz". Das war der Startschuss für eine Institution, die so markant für die Bundesrepublik geworden ist, wie der wuchtige Bundesadler von Ludwig Gies im Plenarsaal des Bundestages.

Viele der Gründungsmitglieder der Bundespressekonferenz hatten nur wenige Jahre zuvor noch unter der Nazi-Herrschaft gelitten. Viele hatten Jahre der Verfolgung hinter sich, viele mussten flüchten. Diejenigen, die die Zeit in Deutschland überlebten, wurden all zu oft mit Berufsverbot schikaniert.

Mit Unterstützung vor allem der amerikanischen und britischen Besatzungsmächte wurde in den ersten Atemzügen der Bundesrepublik ein Verein gegründet, dessen Zweck es ist, Pressekonferenzen zu veranstalten und den Mitgliedern „Möglichkeiten einer umfassenden Unterrichtung der Öffentlichkeit zu verschaffen", wie es bis heute in § 3 der Satzung heißt.

Damit wurde eine Informations-Tradition begründet, die einzigartig ist auf der Welt: In Deutschland laden nicht die Mächtigen (handverlesene) Journalisten zur Pressekonferenz, sondern anders herum, die im Verein „Bundespressekonferenz" organisierten Hauptstadt-Korrespondenten laden ihrerseits die Mächtigen des Landes zum Gespräch. Jeden Montag, Mittwoch und Freitag sind die Journalisten die „Hausherren" und nicht die Regierung, Ministerien, Parteien, Verbände, Kirchen oder einzelne Politiker. Ihre Sprecherinnen und Sprecher sind hier nur zu Gast, um auf alle Fragen zum politischen Geschehen zu antworten. Derzeit gehören der Bundespressekonferenz über 900 Parlamentskorrespondenten an. Wer in den Verein aufgenommen werden will, muss grundsätzlich die in der Satzung festgelegten Voraussetzungen (§ 2) erfüllen:

> Aufgenommen werden deutsche Parlamentskorrespondenten, die aus Berlin und / oder Bonn ständig und weit überwiegend über die Bundespolitik berichten. Sie müssen hauptberuflich als angestellte Redakteure oder als freie Journalisten für Tages- und Wochenzeitungen, Nachrichtenagenturen oder für Hörfunk- und Fernsehanstalten arbeiten. Wer diese Formalkriterien erfüllt, kann Mitglied in der Bundespressekonferenz werden.

Und hier beginnt unser Problem. Wer nur die Satzung liest und sich auf formale Merkmale beschränkt, könnte den Fall gleich abhaken. Die Formalien erfüllt, Mitgliedschaft genehmigt. Denn der Wortlaut der Satzung sagt nichts darüber aus ob es ein Ausschlusskriterium sein kann, wenn ein Journalist bzw. die Zeitung, die er repräsentiert, von radikaler oder extremistischer Gesinnung getragen wird. Muss also deshalb die Bundespressekonferenz einen Redakteur der JF als ordentliches Mitglied in ihren Verein aufnehmen?

Der fünfköpfige Mitgliederausschuss der Bundespressekonferenz sah sich Anfang März 2007 aus formalen Gründen genötigt, den 900 Mitgliedern die Aufnahme des JF-Redakteurs zu empfehlen. Dem Einspruch einiger engagierter Mitglieder der Bundespressekonferenz wurde nicht abgeholfen. Die Kollegen wollten kein Mitglied in ihren Reihen, welches eine Zeitung repräsentiert die „ideologisch hart am deutschnationalen Rand segelt".[1] Und sie haben Recht damit.

Einem Verein muss es grundsätzlich möglich sein, sich gegen die Aufnahme unerwünschter Personen zur Wehr zu setzen.

Artikel 9 Absatz 1 des Grundgesetzes gewährt allen Deutschen das Recht Vereine zu bilden. Diese Vereinigungsfreiheit schützt negativ auch das Recht sich mit bestimmten Personen nicht zu einer Vereinigung zusammenzuschließen. Deshalb zählt die Aufnahmefreiheit eines Vereins, also die Freiheit autonom darüber zu bestimmen, wem Mitgliedschaftsrechte zustehen und wem nicht, zum Kernbereich der geschützten Vereinigungstätigkeit.[2]

Das bedauernde Schulterzucken, die „Bauchschmerzen" bei der Aufnahme der JF trösten nicht. Ein deutliches „Nein" hätten wir hören müssen.

---

1   Dieter Wonka im Tagesspiegel vom 22.03.2007.
2   BVerfG in Neue Juristische Wochenschrift 2002: 2227.

Bei der Bundespressekonferenz handelt es sich nicht um einen x-beliebigen, unpolitischen Fußball- oder Kaninchenzüchterverein, von denen es eine Vielzahl gibt. Es handelt sich um den exklusiven Club der Berliner Parlamentskorrespondenten.

Aus diesem Grund könnte sich der Redakteur der JF auf die Pressefreiheit als ein besonderes, grundrechtlich geschütztes Interesse an der Mitgliedschaft in der Bundespressekonferenz berufen.

Die Pressefreiheit[3] könnte beeinträchtigt sein, wenn die Gefahr bestünde, als Nichtmitglied nur noch mittelbar über bundespolitische Nachrichten informiert zu werden. Oder wenn es keine Möglichkeit für den Redakteur der JF gäbe, Informationen aus erster Hand zu bekommen.

Dieser Fall ist hier durchaus gegeben. Denn die Bundespressekonferenz ist die Organisationseinheit, die als Ansprechpartner wahrgenommen wird und dadurch quasi Exklusivrechte verkörpert. Die Pressefreiheit schützt das Interesse des Redakteurs davor, dass ihn bundespolitische Nachrichten nur noch mittelbar erreichen. Somit stehen sich zwei Grundrechte gegenüber: Der Aufnahmefreiheit des Vereins auf der einen Seite, steht das durch die Pressefreiheit geschützte Interesse des Redakteurs gegenüber.

Aber allein daraus einen Aufnahmeanspruch des Redakteurs in den Verein ‚Bundespressekonferenz' herzuleiten ist juristisch die falsche Gewichtung. Und politisch ein falsches Signal. Denn der Eingriff in die Aufnahmefreiheit des Vereins muss verhältnismäßig sein. Der Aufnahmezwang greift nicht, wenn mildere Mittel zur Verfügung stehen.[4]

Das Urteil des Oberlandesgerichts Stuttgart aus dem Jahr 1972 hat vorgeführt, wie in einem vergleichbaren Fall das Interesse eines Redakteurs gewahrt werden kann. Und zwar unterhalb der Zwangsaufnahme. Diesem Fall vergleichbar, denn es ging um die Aufnahme in die baden-württembergische Landespressekonferenz. Sie ist genauso wie ihr Pendant in Berlin als Verein organisiert.

Damals wurde zum einen angeordnet, dass der betreffende Redakteur in die Liste der (landespolitisch) tätigen Journalisten, die der Verein führt, mit dem Zusatz aufgenommen wird: „Nichtmitglied und Vertreter der X-Zeitung". Damit wird es etwaigen Interessenten möglich gemacht, den betreffenden Redakteur mit einzuladen, wenn es ihnen darauf ankommt, denn die Kontaktdaten sind vorhanden und publiziert. Es ist somit gewährleistet, dass er in gleicher Weise wie andere Mitglieder als Empfänger von Informationen erkannt wird.

Darüber hinaus hat das Gericht damals dem Redakteur zugestanden, dass der Verein jedem Interessenten, der den Verein als solchen zu einer Pressekonfe-

---

3   Artikel 5 Absatz 1 Satz 2 Grundgesetz.
4   Bernhard Reichert, Handbuch des Vereins- und Verbandsrechts: 188.

renz oder sonstigen Presseveranstaltung anfragt, Namen, Adresse und Telefonnummer des betreffenden Journalisten mitteilt.

Damit ist ein milderes Mittel als die Nötigung zur Aufnahme durchaus vorhanden, ja sogar bereits praktiziert und für Recht erkannt. Dieser Weg hätte somit auf alle Fälle beschritten werden können. Und selbst wenn es das Risiko einer anderen Entscheidung durch ein anderes Gericht im Jahr 2007 gibt: Von einer Bundespressekonferenz erwarte ich, dass Sie in einem solchen Fall alle rechtlichen Möglichkeiten ausschöpft, um ihren Ruf als ein Zusammenschluss demokratischer Kräfte zu untermauern.

Bleibt die politische Würdigung. Die Bundespressekonferenz hat eine Entstehungsgeschichte. Die Gründungsmitglieder wollten Lehren ziehen aus der Zeit der Nazi-Diktatur, der Unfreiheit und der Unterdrückung. Sie wollten ein anderes Modell schaffen, um Freiheit zu gewährleisten.

Gerade aus diesem Grund haben Mitglieder der Bundespressekonferenz auch die Freiheit, nicht mit denen gemeinsam im Verein sein zu müssen, die den alten Zeiten nachtrauern. Denen, die sich formal zwar meist verfassungsgemäß ausdrücken und immer vorsichtig formulieren; die aber ideologisch ganz eindeutig Ihre Richtung erkennen lassen. Und die gezielt eine intellektuelle Rechtfertigung von rechtsradikalen bis rechtsextremen Ansichten im Auge haben.

Es geht nicht nur ums juristische Recht haben, sondern darum, dass die Bundespressekonferenz gut daran getan hätte, ein Signal für eine streitbare demokratische Kultur zu setzen. Ein Zeichen dafür, dass in ihren Reihen kein Vertreter einer Zeitung Platz haben soll, die an anderer Stelle Beiträge liefert, um Freiheit einzuschränken, Verantwortung vor der Geschichte abzustreiten und damit den Boden für eine andere Gesellschaft, jenseits unserer Demokratie, bereiten will.

Die „Junge Freiheit" – eine Herausforderung für die politische Bildung

Albert Scherr

In den folgenden Überlegungen soll nicht erneut versucht werden, die spezifische Bedeutung der Wochenzeitung „Junge Freiheit" (JF) im Kontext des neueren Rechtsextremismus, der „intellektuellen neuen Rechten"[1] und des gegenwärtigen Rechtspopulismus differenziert in den Blick zu nehmen. Auf der Grundlage der vorliegenden einschlägigen Analysen zur inhaltlichen Ausrichtung sowie zur historischen und politischen Einordnung der JF werden hier vielmehr Überlegungen dazu skizziert, auf welche Erfordernisse der schulischen und außerschulischen politischen Bildung die Debatte um die Notwendigkeit einer Beobachtung der JF durch den Verfassungsschutz und ihrer Erwähnung in den Verfassungsschutzberichten verweist. Die zentralen Argumente können vorab wie folgt zusammengefasst werden:

- Die politische und moralische Problematik rechtsextremer und rechtspopulistischer Positionen ist keineswegs durchgängig und für jedermann offenkundig; politische Bildung ist deshalb ein notwendiges Mittel, um Jugendliche und Erwachsene zu einer kritischen Auseinandersetzung mit antidemokratischen, nationalistischen und rassistischen Ideologien und Ideologemen zu befähigen.
- Dass es erforderlich ist, über Vorgehensweisen zu diskutieren, die darauf zielen, gegen eine Zeitung wie die JF mit repressiven Mitteln vorzugehen, ist auch Ausdruck infrastruktureller und inhaltlicher Defizite der politischen Bildung an Schulen und Hochschulen sowie im Bereich der außerschulischen Jugend- und Erwachsenenbildung.
- Eine Beobachtung und eventuelle Berichterstattung durch den Verfassungsschutz kann Angebote der politischen Bildung nicht ersetzen, die potentielle Leserinnen und Leser der JF befähigt, Formen und Inhalte rechtspopulistischer und rechtsextremer Diskurse zu durchschauen.

---

1   Vgl. Gessenharter 1999.

Vor diesem Hintergrund wird im Folgenden vorgeschlagen, den Fokus der Debatte von der Frage nach den Erfordernissen und Möglichkeiten repressiver Strategien hin zu der Frage zu verlagern, wie eine politische Bildung gestärkt und institutionell verankert werden kann, die als ein Gegengewicht zum rechtspopulistischen und rechtsextremen Diskurs wirksam wird.

Dazu ist es unverzichtbar, die Auseinandersetzung mit Fremdenfeindlichkeit, Rassismus und Rechtsextremismus als Aufgabe von Schulen und Hochschulen sowie der außerschulischen Jugend-Erwachsenenbildung anzuerkennen. Als ein weiteres Element einer Strategie, die auf eine offensive politische Auseinandersetzung mit rechtsextremen Tendenzen zielt, wird im Weiteren die Einrichtung einer eigenständigen, von politischen Weisungen unabhängigen Forschungs- und Dokumentationsstelle vorgeschlagen.

Politische Bildung im Kontext von Strategien gegen Rechtsextremismus

In den anhaltenden Auseinandersetzungen um die Frage, wie angemessen gegen „den Rechtsextremismus" vorzugehen sei, lassen sich vier strategische Kernelemente unterscheiden:

- erstens repressive, auf straf- und verfassungsrechtliche Mittel setzende Vorgehensweisen;
- zweitens Versuche der Aktivierung und Unterstützung zivilgesellschaftlicher Gegenkräfte;
- drittens sozialpädagogische Konzepte der Arbeit mit jugendlichen Problemgruppen sowie
- viertens Versuche, durch gesellschaftspolitische (demokratische, antirassistische, menschenrechtliche, interkulturelle) Bildung präventiv gegen rechtsextreme Orientierungen wirksam zu werden bzw. sich reaktiv mit diesen auseinander zu setzen.

Im Rückblick auf die Entwicklung seit Anfang der 1990er Jahre lässt sich vor diesem Hintergrund zunächst feststellen, dass die relative Bedeutung, die der politischen Bildung im Kontext von Strategien gegen Rechtextremismus zugewiesen wurde, eher gering ist. Zwar wurden und werden im Rahmen der einschlägigen Programme durchaus auch einschlägige Bildungsmaßnahmen gefördert. Dies geschah aber vor allem in der Form der Finanzierung zeitlich befristeter Projekte im Bereich der außerschulischen Jugend- und Erwachsenenbildung, während zugleich die Regelfinanzierung der außerschulischen Bildungsinstitutionen reduziert wurde. Nimmt man die einflussreichsten Institutionen politischer

Bildung, d.h. die Schulen sowie die Hochschulen in den Blick, dann ist zudem festzustellen, dass die Herausbildung des neuen Rechtsextremismus zwar zu vielfältigen Fachdebatten über Erfordernisse demokratischer, antirassistischer, menschenrechtlicher und interkultureller Bildung in der Einwanderungsgesellschaft geführt hat.[2] Eine Implementierung solcher Bildungskonzepte in den Kerncurricula der Schulen und in der Lehrerbildung ist aber ebenso wenig erfolgt wie eine Umgestaltung von Schulen und Hochschulen zu sozialen Orten, an denen über Demokratie und Menschenrechte nicht nur – wenn überhaupt – geredet wird, sondern an denen demokratische Partizipation sowie ein nicht-diskriminierender Umgang mit sozialer Heterogenität exemplarisch erfahren werden kann.

Dieser Verzicht auf eine umfassende Inanspruchnahme der politischen Bildung als Instrument gegen Rechtsextremismus steht in einem Zusammenhang mit einer selektiven medialen und politischen Thematisierung des Rechtsextremismus[3] sowie einer damit verbundenen reaktiven Ausrichtung von Gegenmaßnahmen:

Im Zentrum der Thematisierung standen und stehen vor allem Formen des subkulturellen Rechtsextremismus (gewaltbereite Jugendszenen, Kameradschaften), fremdenfeindlich bzw. rassistisch motivierte Gewalttaten sowie die Entwicklung und die Wahlerfolge rechtsextremer Parteien – und weniger die durch zahlreiche Studien dokumentierte Verbreitung von Elementen rechtsextremer Einstellungen unter „ganz normalen", d.h. weder als Gewalttäter, noch als Wähler rechtsextremer Parteien in Erscheinung tretenden Jugendlichen und Erwachsenen.[4]

Maßnahmen gegen Rechtsextremismus waren und sind entsprechend zentral darauf ausgerichtet, gegen solche manifesten Erscheinungsformen vorzugehen; dabei wurde eine präventive – an den Kontextbedingungen und der Entstehung und Verfestigung rechtsextremer Orientierungen vorausgehenden politischen Sozialisationsprozessen ansetzende – Ausrichtung zwar wiederkehrend eingefordert bzw. postuliert, aber de facto kaum realisiert.

Rechtsextremismus wurde und wird medial und politisch weniger als Ausdruck einer inhaltlich ernst zu nehmenden Ideologie thematisiert, sondern als substanzlose, irrationale und überwiegend für sog. bildungsferne Schichten attraktive Ausdruckform sozialer Problemlagen.

Diese Vorgaben sind für die politische Bildung folgereich. Denn politische Bildung ist weniger dazu geeignet, auf Einzelne und Gruppen verändernd einzuwirken, bei denen rechtsextreme Orientierungen ein bereits verfestigter Bestand-

---

2   Siehe etwa Breit/Schiele 2004; Hormel/Scherr 2004; Leiprecht/Kerber 2006.
3   Siehe dazu etwa Lynen van Berg 2000.
4   Siehe zuletzt etwa Stöss 2006; Decker/Brähler 2006.

teil des eigenen Selbstverständnisses sind. Die genuine Chance politischer Bildung liegt eher darin, auf prinzipiell noch ergebnisoffene Bildungsprozesse von Jugendlichen und Erwachsenen einzuwirken, für die sich rechtsextreme Ideologien und Ideologeme als ein mehr oder weniger plausibles Interpretationsangebot darstellen können.

Politische Bildung gewinnt folglich der Möglichkeit nach in dem Maß einen bedeutsamen Stellenwert im Kontext von Strategien gegen Rechtsextremismus, wie die Notwendigkeit einer langfristig angelegten, nicht allein reaktiven sowie von fließenden Übergängen zwischen Rechtspopulismus und Rechtsextremismus ausgehenden Gegenstrategie anerkannt wird.

Pädagogische Antworten auf Rechtsextremismus

In der sozialwissenschaftlichen Forschung sind seit Anfang der 1990er Jahre differenzierte Analysen der Ursachen von Fremdenfeindlichkeit, Rassismus und Rechtsextremismus vorgelegt worden. Auf dieser Grundlage wurden unterschiedliche pädagogische Konzepte entwickelt, die – so etwa als gruppenpädagogische ‚akzeptierende' Jugendarbeit, interkulturelle Pädagogik, antirassistische Bildung, Menschenrechtsbildung, Demokratieerziehung oder Diversity-Pädagogik[5] – an unterschiedlichen Aspekten des Problemzusammenhangs ansetzen und ihre konzeptionelle Grundorientierung zum Teil auch für schulische und außerschulische Kontexte sowie unterschiedliche Adressatengruppen spezifizieren. Festzustellen ist also zunächst: Es fehlt gegenwärtig nicht mehr an pädagogischen Antworten auf die Frage, wie begründet und mit Aussicht auf Erfolg gegen Fremdenfeindlichkeit, Rassismus und Rechtsextremismus vorgegangen werden kann.

Dagegen mangelt es erstens an der politischen Bereitschaft, geeignete pädagogische Konzepte in den schulischen Curricula zu verankern sowie eine ausreichende und stabile Infrastruktur für entsprechende Maßnahmen der außerschulischen Jugendarbeit und Jugendbildungsarbeit zu schaffen.

Zweitens ist die Ausbildung pädagogischer Fachkräfte defizitär: In den Ausbildungs- bzw. Studiengängen künftiger Erzieherinnen und Erzieher, Lehre-

---

5   Auf die einschlägigen Kontroversen kann hier nicht eingegangen werden. Hinzuweisen ist nur darauf, dass es trotz der notwendigen Kritik unzureichend reflektierter und nicht angemessen auf lokale Kontexte bezogener Adaptionen des Konzepts der akzeptierenden Jugendarbeit problematisch ist, dass eine Jugendarbeit mit rechten Szenen generell in Frage gestellt wurde. Denn in der Folge, so eine pointierte Einschätzung, bleibt „dieses Feld den fachlich und von den Ressourcen her überforderten Jugendarbeitern in den Regelstrukturen überlassen". Zudem sei zu beobachten, „dass zunehmend rechtsextreme Jugendorganisationen dieses Vakuum mit ihren erlebnisorientierten Angeboten ausfüllen" (Lynen von Berg 2005: 471; vgl. Scherr 2000).

rinnen und Lehrer, Sozialpädagoginnen und Sozialpädagogen und Sozialarbeiterinnen und Sozialarbeiter sind die relevanten Theorien und Konzepte der Menschenrechtsbildung, der interkulturellen und antirassistischen Pädagogik und der Diversity-Pädagogik nicht systematisch verankert, sondern in der Regel nur als Zusatzangebote vorgesehen.

Eine kurze Zusammenfassung der Diskussion über Möglichkeiten und Grenzen pädagogischer Vorgehensweisen liegt in der Broschüre ‚Pädagogische Interventionen gegen Fremdenfeindlichkeit und Rechtsextremismus'[6] vor, die auf der CD ‚Rechtsextremismus im Internet' der Bundeszentrale für politische Bildung enthalten ist.

In der gemeinsam mit Ulrike Hormel verfassten Studie ‚Bildung für die Einwanderungsgesellschaft'[7] stellen wir dar, wie Theorien und Konzepte der Menschenrechtspädagogik, der antirassistischen Pädagogik, der interkulturellen Pädagogik und der Diversity-Pädagogik miteinander verknüpft werden können. Dort findet sich auch eine kritische Kommentierung einer Auswahl der zahlreichen Materialien für die Praxis schulischer und außerschulischer Bildung.

Nützliche Multiplikatorenmaterialien für Projekte und Seminare enthält u. a. der ‚Baustein zur nicht-rassistischen Bildungsarbeit' des DGB Thüringen.[8]

Eine Datenbank mit kommentierten Hinweisen auf im Rahmen der Programme Xenos, Civitas und Entimon entstandenen Materialien findet sich Online unter www.idaev.de/projektarchiv.htm. Über diese Homepage des Informations- und Dokumentationszentrums für Antirassismusarbeit e.V. sind auch Hintergrundsmaterialien und Hinweise auf Anbieter und Konzepte interkultureller und antirassistischer Trainings zugänglich.

Beiträge zu einer kritischen Bilanzierung zivilgesellschaftlicher und pädagogischer Konzepte sind in dem von Heinz Lynen von Berg und Roland Roth herausgegebenen Band ‚Maßnahmen und Programme gegen Rechtsextremismus wissenschaftlich begleitet'[9] zusammengestellt.

Verfassungsschutz, politische Bildung und die intellektuelle ‚Neue Rechte'

Die JF ist Element und Symptom einer zweifellos unerfreulichen und problematischen Entwicklung: der Konturierung einer intellektuellen ‚Neuen Rechten'[10] Erklärtes Ziel ist die Wiederbelebung eines völkisch akzentuierten deutschen

---

6   Scherr 2004.
7   Hormel/Scherr 2004.
8   Erfurt 2004.
9   Opladen 2003.
10   Vgl. Gessenharter 1999.

Nationalismus. Entsprechend wird die eigene Zielsetzung in der Selbstdarstellung der JF wie folgt gefasst: „Die JUNGE FREIHEIT hält die große kulturelle und geistige Tradition der deutschen Nation in Ehren. Ihr Ziel ist die politische Emanzipation Deutschlands und Europas und die Bewahrung der Identität und der Freiheit der Völker der Welt."[11] Bereits darin, dass und wie hier keineswegs zufällig von der „Identität" und der „Freiheit der Völker" – und nicht von individueller Freiheit sowie sozialer und kultureller Vielfalt – gesprochen wird, deutet sich eine erkennbare Zuordnung in die Programmatik der ‚Neuen Rechten' an, für die die semantische Verknüpfung von ‚Volk' und ‚Identität' in der Tradition Carl Schmitts von zentraler Bedeutung ist.[12]

Die Strategie des intellektuellen Rechtspopulismus und Rechtsextremismus zielt darauf, eine Verschiebung des politischen Meinungsspektrums zu erreichen. Diese Tendenz stellt für die politische Bildung eine ernstzunehmende Herausforderung dar: Zwar ist der öffentlich wahrnehmbare Einfluss der ‚Neuen Rechten' in der Bundesrepublik noch gering. Es wäre aber sicherlich fatal, deren Entwicklungspotentiale in ähnlicher Weise zu unterschätzen, wie dies in Hinblick auf den anti-intellektuellen und gewaltaffinen Rechtsextremismus Anfang der 1990er Jahre der Fall war.[13] Und zweifellos ist einer Zeitung wie der JF aus der Perspektive einer politischen Bildung, die sich der Auseinandersetzung mit Nationalsozialismus und Holocaust und im Zusammenhang damit der Einsicht verpflichtet sieht, dass der Nationalismus zu den gefährlichsten und folgenreichsten Ideologien des 20. Jahrhunderts zu rechnen ist[14], nichts Positives abzugewinnen.

Die Fragestellung, ob eine Beobachtung und Berichterstattung über die JF durch den Verfassungsschutz anstrebenswert sei, ist aus der Perspektive der politischen Bildung meines Erachtens gleichwohl nicht mit einem einfachen „ja" oder „nein" zu beantworten. Sie erfordert vielmehr eine Abwägung, die zumindest folgende Aspekte berücksichtigen muss:

Mit der JF ist ein mediales Format etabliert, das sich im Grenzbereich zwischen politisch und verfassungsrechtlich unbedenklichen sowie diesbezüglich hoch problematischen Positionen bewegt. Dies geschieht in einer sehr geschickten Weise, die sich juristisch klug an den Grenzen des Erlaubten bewegt. Eine taktisch kluge Balance wird auch zwischen Elementen eines anspruchsvollen und seriösen Journalismus einerseits, einer deutlich geschichtsrevisionistischen, völkisch-nationalistischen, fremdenfeindlichen und kulturrassistisch akzentuierten

---

11   www.junge-freiheit.de
12   Siehe Niethammer 2000: 77ff. und 492ff.
13   In diesem Zusammenhang ist auch darauf hinzuweisen, dass eine Zeitung wie die ‚Junge Freiheit' inzwischen damit rechnen kann, bei einer erheblichen Zahl prominenter Autoren nicht mehr mit prinzipieller Ablehnung rechnen zu müssen; siehe dazu die Autorenliste unter www.junge-freiheit.de.
14   Siehe Hobsbawm 1995.

Positionierung andererseits gesucht. Diese Positionierung umfasst auch solche Formen wie das Outing angeblich ‚linksextremer Wissenschaftler', die so ins Visier des organisierten Rechtsextremismus gerückt werden und sich zudem hart an der Grenze des strafrechtlich Relevanten bewegen.[15]

Vor diesem Hintergrund betrachtet liegt die Problematik einer Zeitung wie der JF in Hinblick auf die politische Bildung zentral darin, dass hier in einem, jedenfalls auf den ersten Blick, seriösen Rahmen Positionen akzeptabel gemacht werden, die zweifellos dem Spektrum der ‚Neuen Rechten' bzw. der ‚Konservativen Revolution' zuzurechnen sind, was Affinitäten zu einem den Holocaust und den Nationalsozialismus verharmlosenden Geschichtsrevisionismus einschließt. Die seriöse Rahmung verschafft dann rechtsextremen Organisationen und Publikationen die Möglichkeit eigene Positionen durch eine scheinbar seriöse Referenz zu belegen.

Spezifische Relevanz für die politische Bildung kommt der JF zudem auch deshalb zu, weil sie darauf zielt, Forum und Resonanzboden für eine akademische neue Rechte zu sein und damit einen Personenkreis adressiert, der Positionen anstrebt oder innehat, in denen Einfluss auf die öffentliche Meinungsbildung ausgeübt werden kann. Adressat der JF sind potentielle Multiplikatoren. Die Gefahr der möglichen Ausbreitung eines intellektuellen Rechtsextremismus für die politische Kultur sollte auch deshalb nicht unterschätzt werden, weil sie dazu beitragen könnte, mittelfristig eine spezifische Schwäche des neueren deutschen Rechtsextremismus zu überwinden: den Mangel an diskursfähigen Führungskräften, die in der Lage sind, rechtsextreme Positionen in einer Weise zu vertreten, die auch für einen Personenkreis attraktiv, der sich von dem offenkundigen und antibürgerlichen Rechtsextremismus, wie ihn die NPD gegenwärtig repräsentiert, distanziert.

Relevant ist eine Beobachtung und Berichterstattung über die JF für die politische Bildung gleichwohl insofern, als die Nennung der JF in Verfassungsschutzberichten eine deutliche formale Markierung darstellt, die, wie das Bundesverfassungsgericht annimmt, durchaus dazu geeignet sein kann, potentielle Leserinnen und Leser vom Kauf und der Lektüre abzuhalten. Dies ist meines Erachtens – auch deshalb, weil sich die JF an ein akademisch gebildetes Publikum richtet – insbesondere im Hinblick auf solche Leserinnen und Leser bedeutsam, die als politische Multiplikatoren einflussreich sind, also nicht zuletzt etwa Studierende einschlägiger Studienfächer und Lehrerinnen und Lehrer. Wäre zu unterstellen, dass solche Leserinnen und Leser durchgängig über ein hinreichen-

---

15 So wurde ich selbst gemeinsam mit einer Kollegin in einem Artikel der JF vom 15.9.2006 als „einschlägig bekannt" etikettiert; dieser Artikel wurde dann auf einer Homepage der NPD Göttingen und der Internetplattform der ‚Staats- und wirtschaftspolitischen Gesellschaft Hamburg' (swg-hamburg.de) aufgegriffen, die wiederkehrend Artikel der JF bereitstellt.

des politisches Urteilsvermögen verfügen, um unterscheiden und erkennen zu
können, was die oft keineswegs offenkundig geschichtsrevisionistischen, kulturrassistischen und völkisch-nationalistischen Gehalte der Beiträge sind, wäre eine
amtliche Beobachtung und Erwähnung in den Verfassungsschutzberichten über-
flüssig. Dies kann aber, und darauf weisen Studien der politischen Einstellungs-
forschung und der Rechtsextremismusforschung deutlich hin, nicht vorausgesetzt
werden: Denn erhebliche Übereinstimmungen mit rechtsextremen Überzeugungen sind bei mindestens 10 bis 15 Prozent der Gesamtbevölkerung nachzuwei-
sen[16] und keineswegs „nur" bei Wählern und Anhängern rechtsextremer Parteien
und auch keineswegs „nur" bei Gruppen mit einem geringen formalen Bildungs-
niveau.[17] Insofern ist eine formelle Markierung des problematischen Charakters
der JF im Sinne einer Signalsetzung durchaus sinnvoll.

Die Frage, ob dies notwendig, angemessen und ausreichend in der Form einer Beobachtung und Berichterstattung durch den Verfassungsschutz erfolgen
sollte, ist aber in der Perspektive politischer Bildung durchaus keineswegs eindeutig zu bejahen. Die Aufnahme der JF in den Verfassungsschutzbericht stellt,
wie das Bundesverfassungsgericht in seinem Urteil feststellt, einen Eingriff in
die Pressefreiheit dar. Und dem Prinzip, dass die Meinungs- und Pressefreiheit
extensiv auszulegen und zu schützen ist, kommt nun nicht „nur" verfassungsrechtlich, sondern auch für die politische Bildung ein zentraler Stellenwert zu.
Denn für eine sich als Bildung für die Demokratie und als Bildung in der Demokratie verstehende politische Bildung ist es unabdingbar, dass heterogene politische Positionen öffentlich artikuliert werden und Gegenstand rationaler Diskurse
sein können, in denen mündige Bürgerinnen und Bürger sich über die argumen-
tative Tragfähigkeit sowie die politische und moralische Bewertung von Positionen auseinander setzen.[18] Politische Bildung zielt nicht zuletzt auf die Hervor-
bringung und Stärkung von Mündigkeit im Sinne eigenverantwortlicher Urteils-
fähigkeit. Sie kann entsprechend nicht primär auf Versuche setzen, die Artikula-
tion menschenrechtlich und grundrechtlich fragwürdiger Positionen durch Be-
grenzungen der Pressefreiheit zu verhindern. Solche Strategien sind mit den
durch die neuen Kommunikationsmedien, insbesondere dem Internet gegebenen
Bedingungen, ohnehin wenig aussichtsreich.[19] Entscheidender aber ist, dass
demokratische politische Bildung darauf ausgerichtet sein muss, Demokratie mit
demokratischen Mitteln zu fördern und zu verteidigen. Einschränkungen der
Pressefreiheit sind nun aber ersichtlich kein genuin demokratisches Mittel, son-

---

16   Vgl. Stöss 2005.
17   Anders wäre auch nicht zu erklären, dass die ‚Junge Freiheit', die sich gezielt an ein akademi-
     sches Publikum richtet, eine Auflage von 35.000 Exemplaren (nach eigenen Angaben) erzielt.
18   Vgl. Breit/Schiele 2004.
19   Siehe hierzu nur die Internetseite des ‚Deutschen Kolleg' www.deutsches-kolleg.org

dern ein Notbehelf, für dessen Verwendung aus guten Gründen erhebliche verfassungsrechtliche Einschränkungen vorgesehen sind. Auch hierauf hat das Urteil des Bundesverfassungsgerichts zur Verfassungsbeschwerde der JF erneut hingewiesen. Entsprechend enthält eine Aufnahme der JF in die Verfassungsschutzberichte eine aus Sicht der politischen Bildung problematische Botschaft: Die Botschaft nämlich, dass genuin demokratische Mittel, der öffentliche Diskurs und die politische Willensbildung, als unzureichend erscheinen, um den Diskursen entgegenzutreten, die der gegenwärtige Rechtspopulismus und Rechtsextremismus mit offenkundigen Erfolgen vorantreibt. Fehlendes Vertrauen in die Wirksamkeit genuin demokratischer Mittel sollte aber in der politischen Bildung nicht gelernt werden.

Eine Abwägung hat weiter zu berücksichtigen, in welcher Relation eine Aufnahme oder Nicht-Aufnahme der JF in die Verfassungsschutzberichte zu anderen Institutionen steht, vor denen der Verfassungsschutz warnt und ob hier der Grundsatz der Verhältnismäßigkeit gewahrt ist. Dies kann hier nicht ausgeführt, sondern nur darauf hingewiesen werden, dass bei der Berichterstattung über Gruppierungen und Aktivitäten im Spektrum des Linksextremismus keineswegs das Prinzip der maximalen Zurückhaltung leitend zu sein scheint. Wenn künftig auf eine Aufnahme der JF in die Verfassungsschutzberichte verzichtet werden sollte, wäre in der Folge dann auch danach zu fragen, welche Organisationen, Initiativen und Personen ansonsten vor dem Hintergrund eines offensiven Verständnisses bürgerlicher Freiheitsrechte von einer solchen Berichterstattung durch den Verfassungsschutz zu entlasten wären.

In Abwägung der genannten Gesichtspunkte liegt meines Erachtens die Folgerung nahe, dass einerseits eine kritische Beobachtung der JF und eine an die interessierte Öffentlichkeit und politische Multiplikatoren gerichtete Analyse und Dokumentation des sich dort entwickelnden Diskurses unverzichtbar ist.

Andererseits stellt sich die Frage, ob der Verfassungsschutz die dafür zuständige Behörde sein sollte, oder ob es nicht angemessener wäre, geeignete Institutionen der Politischen Bildung, wie etwa die ‚Landeszentrale für politische Bildung' oder eine neu einzurichtende, an einer der Hochschulen des Landes anzusiedelnde ‚Beobachtungsstelle Rechtsextremismus' damit zu beauftragen und mit den erforderlichen Ressourcen auszustatten. Anzustreben wäre ein Projekt, das die JF sowie generell relevante Entwicklungstendenzen im Umfeld des Rechtsextremismus zunächst über einen Zeitraum von zwei Jahren recherchiert und analysiert sowie auf dieser Grundlage Informationsmaterialien, insbesondere für Multiplikatoren, erstellt.

Darüber hinaus könnte eine solche Beobachtungsstelle die Aufgabe erhalten, zivilgesellschaftliche Initiativen gegen Fremdenfeindlichkeit, Rassismus und Rechtsextremismus sowie Einrichtungen der politischen Bildung zu beraten und zu unterstützen. Eine solche Option hätte nicht nur den Vorteil, dass sie verfassungsrechtlich unbedenklich ist. Sie stellt zudem keine zwingende Alternative, sondern eine mögliche Ergänzung zu Aktivitäten des Verfassungsschutzes dar. Darüber hinaus wäre so – bei entsprechender Ausstattung – besser zu gewährleisten, dass eine umfassende Öffentlichkeitsarbeit in einer angemessenen und für politische Multiplikatoren geeigneten Weise erfolgt.

Abschließend möchte ich mir den Hinweis darauf erlauben, dass die in Rede stehende Thematik auf generelle Defizite der Verankerung und Institutionalisierung demokratischer politischer Bildung verweist. So sind etwa die Auseinandersetzung mit Rechtsextremismus, Rassismus und Fremdenfeindlichkeit und auch die Menschenrechtsbildung nicht als ein verbindliches Element der akademischen Ausbildungsgänge, etwa von Juristen, Journalisten, Lehrern, Diplompädagogen und Jugendarbeitern vorgesehen. Folglich wird auf eine institutionelle Verankerung von Bildungsprozessen verzichtet, die dazu beitragen könnten, für die Grenzverwischungen und Grenzüberschreitungen zu sensibilisieren, auf die die Publikationsstrategie der JF zielt. Dieses gravierende Defizit kann durch eine Warnung durch den Verfassungsschutz in Form einer Aufnahme in den Verfassungsschutzbericht nicht kompensiert werden.

Literatur

Breit, G./Schiele, S. (Hg.) (2004): Demokratie braucht politische Bildung. Bad Schwalbach.

Dietzsch, M./Jäger, S./Kellershohn, H./Schobert, A. (2003): Nation statt Demokratie – Sein und Design der ,Jungen Freiheit'. Duisburg: Edition DISS.

Gessenharter, W. (1999): Neue Radikale Rechte und Intellektuelle Neue Rechte. In: Dünkel, F./Geng, B. (Hrsg.): Rechtsextremismus und Fremdenfeindlichkeit. Bad Godesberg: 17-52.

Hobsbawm, E. (1995): Das Zeitalter der Extreme. München.

Hormel, U./Scherr, A. (2004): Bildung für die Einwanderungsgesellschaft. Wiesbaden.

Leiprecht, R./Kerber, A. (Hrsg.) (2006): Schule in der Einwanderungsgesellschaft. Bad Schwalbach (2. Auflage).

Lynen von Berg, H. (2000): Politische Mitte und Rechtsextremismus. Opladen.

Lynen von Berg, H. (2005): Die Auseinandersetzung mit dem Rechtsextremismus – eine Frage politischer Konjunkturen? In: deutsche jugend, H. 11: 467-476.

Niethammer, L. (2000): Kollektive Identität. Quellen einer unheimlichen Konjunktur. Reinbek.

Scherr, A. (2000): Akzeptierende Jugendarbeit. Arbeitsprinzipien, Erfahrungen und Erfolgsbedingungen. In: Deutsches Jugendinstitut (Hg.): Rechtsextremismus und Fremdenfeindlichkeit – Aufgaben und Grenzen der Kinder- und Jugendhilfe. Leipzig: DJI 2000: 9-20.

Scherr, A. (2001): Interkulturelle Bildung als Befähigung zu einem reflexivem Umgang mit kulturellen Einbettungen. In: Neue Praxis, H. 4/2001: 347-357.

Scherr, A. (2004): Pädagogische Interventionen gegen Fremdenfeindlichkeit und Rechtsextremismus. In: Bundeszentrale für politische Bildung (Hg.): Rechtsextremismus im Internet. CD-Rom. Berlin.

Stender, W./Rohde, G./Weber, T. (Hg.) (2003): Interkulturelle und antirassistische Bildungsarbeit. Projekterfahrungen und theoretische Beiträge. Frankfurt 2003.

Die „Junge Freiheit" – eine Herausforderung für die schulische und außerschulische Jugendarbeit

Thomas Schlag

Vorbemerkungen

Zum Zeitpunkt der Fertigstellung dieses Beitrages im April 2007 nimmt Günther Oettinger Abstand von den entscheidenden Passagen seiner Trauerrede auf Hans Filbinger. Ist dies zusammen mit der vorausgegangenen breiten Kritik an dieser Rede ein hoffnungsvoller Beleg dafür, dass man im Notfall auf historisch wohl informierte, demokratische Warnsensoren vertrauen kann? Dass auch Führungsspitzen der Politik zur besseren, gebildeten Einsicht gelangen können? Dass geschichtsverklärende Populismen eben doch nicht mehr unwidersprochen Zustimmung finden? Oder ist alles ganz anders: Wurde das Gesagte wirklich aufgrund besserer Einsicht oder doch vornehmlich aufgrund öffentlichen und vor allem massiven innerparteilichen Drucks zurückgenommen? Also eher aus Einsicht in die politische Aussichtslosigkeit denn als Konsequenz eines neuerlichen Nachdenkens über Worte und Sache selbst? Eines jedenfalls ist deutlich geworden: eine bestimmte Form rechtskonservativer populistischer Semantik ist nach wie vor und wieder salonfähig. Und Volkes Stimme bleibt seltsam still. Es gibt viele gute und erschreckende Gründe für politische Bildung.

Nachdem Albert Scherr im vorliegenden Band bereits grundsätzliche pädagogische und institutionelle Aspekte für die politische Bildung und damit auch für die prinzipielle Auseinandersetzung mit dem Medium „Junge Freiheit" (JF) benannt hat, sollen an dieser Stelle weitere mögliche Konkretionen pädagogischen Handelns im Blick auf die JF dargestellt werden. Dies erfolgt anhand von grundsätzlichen Erwägungen zur Aufgabe und Bedeutung politischer Bildung im schulischen und außerschulischen Kontext (1.) und zu den Leitlinien einer politischen Bildung im Blick auf Rechtsextremismus und Rechtspopulismus inmitten der Gesellschaft (2.). Daran schließen sich grundsätzliche politikdidaktische und medienpädagogische Erwägungen an (3.), die auf der Grundlage einer exemplarischen Lektüre anhand der analytischen und interpretativen Auseinandersetzung mit der JF (4.) weiter entfaltet werden, bevor ein Fazit den Beitrag beschließt (5.).

Grundsätzliche Erwägungen zur Aufgabe und Bedeutung politischer Bildung im schulischen und außerschulischen Kontext

Aufgrund zahlreicher Analysen zur Politikdistanz und Politikverdrossenheit Jugendlicher[1] ist es offensichtlich, dass schulische und außerschulische politische Bildung von erheblicher Bedeutung dafür sind, der nächsten Generation die Attraktivität politischer Mitgestaltung nahe zu bringen und so den faktischen Vereinzelungstendenzen, Rückzugsbewegungen in die Privatheit eines extensiven Konsumverhaltens und der Exklusivprägung durch problematische peer-groups entgegen zu wirken[2].

Die doppelte Angebotsstruktur politischer Bildung in den Bereichen von Schule und außerschulischer Bildungsarbeit trägt hierbei einen sowohl problematischen wie chancenreichen Charakter. Problematisch erscheint sie dort, wo von einer Zuständigkeitsverteilung ausgegangen wird, der zufolge schulische Bildung maßgeblich für den Erwerb politischer und demokratischen Wissens verantwortlich zeichne und vice versa die außerschulische Bildungsarbeit vornehmlich für die handlungsorientierte Erprobung und praktische Umsetzung dieses Wissens zuständig sei.

Für eine solche problematische Aufgabenverteilung lassen sich eine Vielzahl von Indikatoren aufzeigen: Im Bereich der Schule ist trotz aller politikdidaktischen und demokratiepädagogischen Aufbruchs-, Reform- und Projektversuche immer noch eine Praxis fest zu stellen, die vornehmlich in Formen der kognitiv ausgerichteten Wissensvermittlung besteht[3]. Wird Politik allerdings auf einen Lerngegenstand reduziert und verstehen sich die Lehrkräfte im Wesentlichen als Informationsübermittler, wird die Möglichkeit verspielt, politische Bildung als ein elementar kommunikatives Geschehen zu verstehen und entsprechend zu konzipieren. In diesem Zusammenhang besteht ein grundlegendes Missverständnis in der Meinung, die Schule sei aufgrund der faktischen Notwendigkeiten als prinzipiell hierarchische Lernorganisation zu verstehen.

Die außerschulische Bildungsarbeit sollte sich nun aber ihrerseits nicht einfach als „die andere Seite" schulischer Bildung verstehen. Dies ist der Fall, wenn sich die entsprechenden Träger im prinzipiellen Gegenüber zur Schule und deren wissensbasiertem Leistungsprinzip verstehen. Kommt es aber nicht bis zur inhaltlichen Durchdringung der tatsächlichen politischen Fragestellungen, sondern verbleiben die Angebote im Modus spektakulärer Events (vom Teamerlebnis über den Hochseilgarten bis zum Strategiespiel), wird die Chance auf politisch relevante Kommunikationserlebnisse ebenfalls fundamental verspielt. Ein Prob-

---

1   Instruktiv zuletzt Pfaff 2006.
2   Vgl. Ferchhoff 2005.
3   Vgl. Sander 2002.

lem besteht zudem darin, dass außerschulische Träger oftmals die Bedeutsamkeit ihrer Angebote für den individuellen politischen Kompetenzerwerb überhaupt unterschätzen oder gar nicht wahrnehmen. Sind aber eine kirchliche Jugendfreizeit, eine Segelwoche des Sportvereins oder eine Fortbildung des Jugendgemeinderates in Sachen Sponsoring per se unpolitische Veranstaltungen? Doch wohl gerade nicht.

Zudem erscheint es als unzureichend, politische Fragen nur im Blick auf vermeintlich besonders brisante aktuelle Ereignisse zu thematisieren. Denn dadurch würde signalisiert, dass politische Bildung nur in „besonderen", außergewöhnlich prekären Situationen gefragt ist. Damit aber würde der Charakter der politischen Bildung als einer kontinuierlichen und selbstverständlichen Reflexionsaufgabe unterlaufen. So laufen auch Präventionsprogramme gerade dann falsch, wenn durch sie politisch intendiert wird, auf aktuelle Ereignisse gleichsam als staatsfinanzierte „Feuerwehr" zu fungieren.

Chancenreich hingegen ist die oben genannte doppelte Angebotsstruktur dann, wenn sie nach möglichen Synergien im Blick auf den Kompetenzerwerb hinsichtlich der politischen Dimension des gemeinschaftlichen Zusammenlebens fragt und versucht, Wissensvermittlung mit Formen experimentellen Handelns stringent miteinander zu verbinden. Kurz gesagt: Schule und außerschulische politische Jugendbildung können und sollten stärker als bisher voneinander lernen. Dementsprechend besteht die Chance der doppelten Angebotsstruktur darin, dass in ihr auf je spezifische Weise Möglichkeiten des Wahrnehmens bzw. Wissens, der Urteilsbildung[4] sowie der Handlungsorientierung initiiert und reflektiert werden können und sogar beide Bereiche vernetzt werden oder mindestens von den jeweiligen Erfahrungen des anderen profitieren können. Denn immerhin hat man es doch am Ende mit denselben Jugendlichen zu tun!

Leitlinien einer politischen Bildung im Blick auf Rechtsextremismus und Rechtspopulismus inmitten der Gesellschaft

Innerhalb der gegenwärtigen Forschung besteht weitgehender Konsens darüber, dass ausgrenzende und radikale Denk- und Urteilsstrukturen und damit auch Einstellungen, die als rechtsextrem anzusehen sind, längst inmitten der Gesellschaft angekommen sind – und dies quer durch alle Alters- und Bildungsschichten, Parteizugehörigkeiten bzw. -verbundenheiten, soziale Milieus und regionalstrukturelle Hintergründe[5]. Diese Einstellungen firmieren allerdings eher selten in einer expliziten positiven Einschätzung des historischen Nationalsozialismus

---

4   Kayser/Hagemann 2005.
5   Vgl. Decker/Brähler 2006.

und Hitler-Regimes, in einer Leugnung des Holocaust oder gar in der aktiven Unterstützung rechter Parteien, sei es durch Wahl oder Zugehörigkeit.

Die Dinge liegen vielmehr weitaus komplizierter. Als eine weit verbreitete Stimmung und Einstellungshaltung ist eine fundamentale – explizite wie implizite – Grundskepsis gegenüber den aktuellen Manifestationen des politischen Systems sowie eine Wahrnehmung seiner Repräsentantinnen und Repräsentanten unter einer prinzipiellen Hermeneutik des Verdachts festzustellen. Zwar werden die Bedeutung der demokratischen Grundprinzipien sowie die Grundidee des sozialen Rechtsstaates als solche nicht bestritten, gleichwohl ist ein erhebliches, intensives sowie wachsendes Kritik- und Entfremdungspotential gegenüber den konkreten politischen Prozessen, Entscheidungen und Entscheidungsträgerinnen und -trägern vorhanden. Diese Einstellungen werden zudem zusätzlich durch subjektive Wahrnehmungen und Erfahrungen einer prekären sozialen und ökonomischen Lage[6] und die Vermutung einer prinzipiellen Elitenignoranz genährt. Diese Phänomene sind, wie angedeutet, keineswegs in gesellschaftlichen Schichten vorhanden, die objektiv unter die Räder der globalen Dynamik gekommen sind, sondern auch dort, wo man sich (immer noch) als sozial und ökonomisch gut etabliert ansehen kann, gleichwohl unter erheblichem beruflichen und sozialen Druck steht. Diese spezifische Form von Politik- und Pluralismusskepsis verbindet sich nun ihrerseits nicht selten mit Abgrenzungsstrategien gegenüber dem, was als „fremd" erscheint, einem latenten Antisemitismus, Ressentiments gegenüber Minderheiten unterschiedlicher Couleur sowie mit Formen eines unterscheidungsstarken Nationalstolzes[7] mitsamt entsprechender Geschichtsverklärung oder Geschichtsvergessenheit.

Diese Melange der skeptisch-distanzierten Wahrnehmung realer Politik und ihrer Repräsentantinnen und Repräsentanten, objektiven ökonomischen Unsicherheiten sowie subjektiver Identitäts- und Zukunftsungewissheit verbietet eine einlinige wissenschaftliche Beschreibung dieser Einstellungen als eindeutig „rechtsradikal" oder „rechtsextrem" und ebenso die „zweifelsfreie" Beschreibung derer, die solche Einstellungen zeigen als „rechtsextrem Gesinnte". Insofern ist der Begriff Rechtsextremismus selbst durchaus irreführend, da er „das Problem als ein Randphänomen beschreibt", faktisch aber „ein politisches Problem der Mitte der Gesellschaft ist"[8]. So kann es in einem solchen Fall der Typologisierung passieren, dass sich die so Bezeichneten erst recht nicht ernst genommen oder „missverstanden" fühlen. Gerade dann kann es im Sinn einer „fulfilling-prophecy" erst recht zu einer inneren Emigration aus dem demokratischen

---

6   Vgl. die Ergebnisse der jüngsten Shell-Studie 2006 und dazu R. Münchmeier 2005.
7   Vgl. Becker/Wagner/Christ 2007.
8   Decker/Brähler 2006: 157f.

Diskursgeschehen, zu erheblichen politischen Gegenreaktionen und signifikanten rechten Gegenbewegungen kommen.

Diese Vorbemerkungen und Einschätzungen sind nun auch für die Bildungsarbeit mit Jugendlichen bedeutsam[9]. Die Thematisierung von Nationalsozialismus und Rechtsextremismus ist demzufolge auch innerhalb der politischen Bildungsarbeit nicht ohne Schwierigkeiten. Immer wieder ist von Jugendlichen zu hören, dass sie des Themas überdrüssig seien und „es nicht mehr hören können"[10]. Dies mag zum einen tatsächlich daran liegen, dass die schulische Behandlung von Nationalsozialismus und Holocaust mindestens auf der Oberstufe vergleichsweise breit vorgesehen ist. Im Politik-, Deutsch- und Religionsunterricht stellt die Auseinandersetzung mit der jüngeren deutschen Geschichte einen wesentlichen Bestandteil der Lehrpläne dar. Gleichwohl ist zu vermuten, dass es nicht die Fülle des einschlägigen Stoffes selbst ist, die für Reaktionen der Abwehr und des Überdrusses sorgt, sondern sehr viel mehr das Gefühl der Jugendlichen, bei diesem Themenkomplex sogleich auf eine bestimmte individuelle Meinung und Überzeugung hin festgelegt, gar auf eine eindeutige Sichtweise eingeschworen werden zu sollen. Zu bedenken ist auch, dass die Bildungsverantwortlichen, seien es Lehrkräfte oder politische Bildner selbst durchaus als Teil der politischen Eliten wahrgenommen werden. Hier entsteht, was auch aus entwicklungspsychologischer Sicht durchaus erklärbar ist, eine tendenzielle Abwehrhaltung gegenüber einer Pädagogik, die mindestens subjektiv von den Jugendlichen als Haltung des moralischen Zeigefingers, gar als Form der Funktionalisierung und Indoktrination wahrgenommen wird. Und auch hier könnten Einordnungen bestimmter Einstellungen als „rechts" oder „rechtsextrem" vorhandene skeptische Abwehrhaltungen nicht entkräften, sondern sogar in fatalem Sinn verstärken[11].

Grundsätzliche politikdidaktische und medienpädagogische Erwägungen

Seit den neunziger Jahren hat sich in der Folge der bereits angesprochenen Debatte um das Phänomen der „Politikverdrossenheit" Jugendlicher eine deutliche Profilierung der politischen Bildung junger Menschen ergeben. Dies zeigt sich beispielhaft in dem 2001 durch die Bund-Länder-Kommission für Bildungsplanung und Forschungsförderung initiierten Schulentwicklungsprogramm „Demokratie lernen und leben": Durch die Demokratisierung von Unterricht und Schulleben soll die Bereitschaft junger Menschen zur aktiven Mitwirkung an der Zi-

---

9   Vgl. jüngst Fischer 2006.
10 Vgl. Schlag/Scherrmann 2005.
11 Vgl. Möller/Schiele 1996.

vilgesellschaft gefördert werden[12]. Auf der Grundlage eines politisch und päda-
gogisch gefassten gestaltungsnormativen Begriffs von Demokratie als Lebens-,
Gesellschafts- und Regierungsform (18) wird Schule als Erfahrungsraum und
Lernort für ein „Erfahrungslernen der Demokratie als Lebensform" (19) profi-
liert und politische Bildung damit deutlich über den Erwerb eines deklarativen
Fakten- und Systemwissens hinausgeführt: „Demokratielernen als politische
Bildung verlangt ... reflektierte Erfahrungen der wesentlichen Dimensionen des
Politischen": Gemeinsame vs. Partikulare Interessen; Konsens vs. Dissens;
Mehrheit und Minderheit; Macht und Ohnmacht; Privatsphäre vs. Öffentlichkeit"
(59). Demokratieerziehung entfaltet und konkretisiert Demokratie „als Thema
des Lernens, als Lebensform und als Verfassung für die Schule" (71).

Im Modus einer Demokratiepädagogik sollen „reale und normative Grundlagen für ein demokratisch geführtes Leben vermittelt" (20) und damit kritische
Loyalität zur Demokratie, demokratische Handlungskompetenz sowie Gewalt
negierende Kompetenzen ausgebildet werden. Das Lernziel „kritische Loyalität"
wird als „kognitiver und volitionaler Aspekt demokratischer Handlungskompetenz" (22) im Sinn eines erweiterten Lernbegriffs bzw. als ein verständnisinten-
sives Lernen und als Möglichkeit politischer Mündigkeit und Zivilcourage, Per-
sönlichkeitsentwicklung und Sinnerfahrung (vgl.29) konzipiert. Damit schließt
sich die lernpsychologische Programmatik des Modellversuchs explizit an die
pragmatische Pädagogik des amerikanischen Philosophen und Pädagogen John
Dewey an, wendet sich gegen ausschließlich kognitive Instruktionsmodelle und
plädiert für „projekt- und handlungsorientierte Formen des Lernens" als Grund-
bedingung für den Erwerb „intelligenten Wissens" (22). Zudem erfolgt die de-
mokratiedidaktische Entfaltung des Konzepts genetischen Lernens, indem ausdrücklich auf den Aspekt der Nachhaltigkeit von Kompetenzerwerb abgestellt
wird. Das Programm nennt entsprechend als vier Entwicklungsbereiche bzw.
Module „Unterricht", „Projekte als zentraler didaktischer Handlungsform",
„Schule als Demokratie" und „Schule in der Demokratie", wovon die ersten
beiden vor allem auf den kognitiv strukturierten Erwerb von Wissen, Urteilsfä-
higkeit und politikpropädeutischer Handlungskompetenz (Demokratie lernen),
die beiden letzten auf lebensweltlich-institutionelle, diskursorientierte und parti-
zipatorische Aspekte (Demokratie leben) ausgerichtet sind. Alle vier Module
sollen sich thematisch und durch bestimmte Schwerpunktsetzungen konkretisie-
ren und ihrerseits untereinander am Ort der „demokratieförderlichen Schule"
sowie darüber hinaus als Civic Education im lokalen und regionalen zivilgesell-

---

12   Vgl. Edelstein/Fauser 2001, die folgenden Angaben in Klammern beziehen sich auf die dorti-
     gen Seitenzahlen; zum Hintergrund Breit/Schiele 2002; zur systematischen Begründung jetzt
     Beutel/ Fauser 2005.

schaftlichen Kontext und damit auch im Zusammenhang mit außerschulischer Jugendbildung verbunden werden.

In kritischer Weiterführung dieses Ansatzes entwickelt sich jüngst eine hermeneutisch orientierte Politikdidaktik[13]. Im Vergleich zum Grundansatz der Demokratiepädagogik wird hier von einem weiten Begriff des Politischen als politischer Kultur ausgegangen. Als Gegenstandsfeld der Politikdidaktik gelten nicht nur politische Haltungen und Einstellungen, sondern die diesen Einstellungen zugrunde liegenden individuellen Verstehens- und Deutungsmuster derjenigen, die im Raum des Politischen agieren und partizipieren. Politisches Verstehen und Verständnis wird damit zur essentiellen Leitlinie der Politikdidaktik. Im Blickpunkt sind somit die Funktion von Sprache und Symbolen – auch der symbolischen Politik von Personen und Institutionen – für die Bewusstseinsbildung und das Sinnverstehen Jugendlicher. In konstruktivem Sinn sollen politikdidaktische und methodische Strategien erarbeitet werden, mit deren Hilfe Jugendliche „die politische Realität in ihren verschiedenen Dimensionen verstehen und Handlungsstrategien entwickeln lernen"[14] und von dort aus individuellen Deutungswissen und Sinnverstehen erwerben. Dazu wird ein verbindlicher Kernwissensbestand politischer Inhalte und die Kenntnis klassischer Texte und Programme für notwendig erachtet. Denn erst von dort her wird „das kognitive Anknüpfen" der Schüler an politische Sachverhalte für möglich erachtet. Politikdidaktik wird im übergreifenden Sinn als normativ orientierter Beitrag zur politischen Kulturforschung profiliert[15].

Für den vorliegenden Zusammenhang der Auseinandersetzung mit dem Medium JF bzw. mit den dahinter stehenden Gesinnungstendenzen sei nun eine Kombination aus demokratiepädagogischen und hermeneutischen Zugangsweisen zur JF als Ausdruck einer bestimmten politischen Sprach- und Symbolkultur vorgeschlagen. Anders gesagt: eine schulische und außerschulische politische Bildung, die versucht, Jugendliche für die hintersinnigen Botschaften eines problematischen Mediums zu sensibilisieren, muss auf eine pädagogische und individuell angemessene Weise sowohl den Erwerb politischen Wissens, hermeneutische Medienkompetenz als auch Aspekte aktiver Mitgestaltungsmöglichkeiten integrieren und im Blick haben.

Um es nochmals in pädagogischem Sinn zusammenzufassen: Bildungsprozesse, innerhalb der Jugendliche den Eindruck gewinnen, sie sollten lediglich „eine bestimmte Haltung" einnehmen, sind kontraproduktiv. Vielmehr sind die

---

13   Dies manifestiert sich in einer bei der Gesellschaft für Politikdidaktik und politische Jugend- und Erwachsenenbildung (GPJE) im Jahr 2005 konstituierten Arbeitsgruppe Hermeneutische Politikdidaktik, bestehend aus K.-H. Breier, C. Deichmann, I. Juchler und V. Meierheinrich.
14   Arbeitskreis Hermeneutische Politikdidaktik 2005.
15   In dieser Hinsicht vgl. grundsätzlich Juchler 2005 und 2006 sowie Deichmann 2004 und 2006.

vorhandenen Einstellungen, Haltungen der Jugendlichen sowie deren Interpretationskompetenz selbst von Beginn an ernst zu nehmen, zu berücksichtigen und
konstruktiv aufzunehmen. Nur eine in sich selbst offene und demokratische
Form von Bildungsprozessen, die eben auch problematische Positionen mit berücksichtigt, wird Jugendliche davon überzeugen, dass sich der demokratische
Weg einer offenen und kontroversen Auseinandersetzung lohnt.

Ziel muss es sein, die Bedeutsamkeit einer kritischen Konfliktkultur einzuüben, damit zu experimentieren, aber auch deutlich zu machen, dass die Auseinandersetzung selbst immer nur auf demokratischem Weg erfolgen kann. Demokratische Handlungsspielräume und Handlungsnotwendigkeiten werden nur
plausibel, wenn die Art und Weise der Kommunikation über politisch problematische Positionen selbst grundlegend partizipatorisch und demokratisch gestaltet
ist[16]. Politische Aufklärung hat damit zu beginnen, Möglichkeiten für individuelle Selbstreflexion und Selbst-Aufklärung sowie den gemeinsamen Diskurs darüber zu eröffnen – sei es im Klassenraum oder im außerschulischen Seminar-
raum. Dabei gilt grundsätzlich, dass die Bildungsverantwortlichen sehr viel stärker als bisher tatsächlich auch die Profile und Hintergründe der unterschiedlichen
jugendkulturellen Einflüsse und -bewegungen wahrzunehmen versuchen. Dies
scheint auf den ersten Blick eine Selbstverständlichkeit zu sein. Faktisch jedoch
ist die Diskrepanz zwischen den politischen Ansprüchen der Erwachsenen an die
Jugendlichen und deren eigenen Wahrnehmungs- und Handlungsmustern erheblich. Jede Art der political correctness, ebenso wie Formen der Brandmarkung
oder der Tabuisierung nützen hier jedenfalls überhaupt nicht, sondern laufen
gerade Gefahr, das Gegenteil auszulösen!

Für den vorliegenden Zusammenhang kann an die vorhandene Medienkompetenz Jugendlicher – quer durch alle Bildungsschichten – ausgesprochen gut
angeknüpft werden[17]. Dieser Satz mag erstaunen, da man doch Jugendlichen –
keineswegs nur denen aus dem Hauptschul- oder Berufsschulbereich – in der
Regel eher eine mangelnde Fähigkeit des interpretativen Umgangs mit Texten
und Medien zutraut. Dies mag nun, etwa wenn man die regelmäßige Lektüre von
Zeitungen und Zeitschriften betrachtet, in der Tat richtig sein. Gleichwohl unterschätzt man die Fähigkeit und auch das Interesse vieler Jugendlicher, sich mit
Informationen, Texten, Bildern und Argumentationsgängen auseinandersetzen zu
können und zu wollen – wenngleich auch in der Regel in einer anderen Taktfre-
quenz, mit geringerer Tiefenschärfe und sicherlich auch mit einer geringeren
Erfassungs- und Aufmerksamkeitskompetenz insbesondere bei längeren bildlo-
sen, also unanschaulichen Texten. In diesem Zusammenhang ist die Kompetenz
in der Wahrnehmung und Benutzung von digitalen Medien von der CD-ROM bis

---

16   Vgl. Biedermann 2006; Quesel/Oser 2006.
17   Vgl. Sarcinelli 2000; Baacke u.a. 2004; Jungfer 2006.

zum Internet, sei es für private Kommunikation, aber auch für schulische Recherchezwecke nicht zu unterschätzen.

Sicherlich ist es unübersehbar, dass der Gebrauch dieses Mediums nicht selten durchaus unkritisch und in rezeptivem Sinn erfolgt. Insofern stellt diese Form der Textarbeit eine nicht geringere und deshalb umso notwendigere Aufgabe auch der politischen Bildung dar. Die pädagogische Kunst besteht einerseits darin, dafür digitale Medien und Texte von möglichst anschaulichem und doch nicht banalisierendem Niveau auszuwählen, andererseits tatsächlich intensiv und exemplarisch an den jeweiligen Passagen zu arbeiten. Dies stellt im Übrigen einen wichtigen allgemeinbildenden Baustein der durch PISA angemahnten Erhöhung der „Literacy"-Fähigkeit dar[18].

Analytische und interpretative Auseinandersetzung mit der JF

Perspektiven auf die JF

Die verschiedenen analytischen Darstellungen der JF und nicht zuletzt die jüngste verfassungsgerichtliche Auseinandersetzung machen deutlich, dass eine eindeutige Einstufung des Mediums und seiner Autoren nicht ohne Schwierigkeiten ist. Dementsprechend fallen die analytischen Zuschreibungen pluriform aus und gehen von einer Zuschreibung von „konservativ" bzw. „konservativ-revolutionär"[19], über die Zuordnung zur „Neuen Rechten"[20] bis hin zur Beschreibung „rechtspopulistisch", „völkisch-nationalistisch"[21] oder „rechtsextrem"[22]. Diese Schwierigkeit der eindeutigen Signierung liegt nicht unerheblich darin begründet, dass die verantwortlichen Akteure der JF ganz bewusst, strategisch geschickt und durchaus professionell eine sich seriös gebende Berichterstattung mit der bewussten Bedienung populistischer und demokratieskeptischer Ressentiments sowie nationalistischer Identitätssemantik verbinden. Man gewinnt folglich den Eindruck, dass die Verantwortlichen der JF ganz bewusst an die oben erwähnten schillernden Einstellungen und Zukunftsängste ihrer potentiellen Leserschaft selbst anknüpfen, sich dafür als öffentlichkeitswirksames und gleichsam objektives Sprachrohr darstellen und damit gleichwohl in hohem Maß suggestiv, einseitig und indoktrinär vorgehen.

---

18 Vgl. Richter 2006.
19 So in verschiedenen Selbstbeschreibung der JF, vgl. auch Kubitschek 2006, v.a.: 153ff., aber auch in analytischem Sinn Kubon 2005.
20 In tendenziösem Sinn vgl. Institut für Staatspolitik 2003.
21 Vgl. Kellershohn 1994; Dietzsch u.a. 2004, v.a.: 13ff.
22 So die Beurteilungen in den entsprechenden Verfassungsschutzberichten der Länder Nordrhein-Westfalen und Baden-Württemberg.

Dies macht eine exemplarische Durchsicht des Themenprogramms der JF in den Nummern vom März und April 2007 ausgesprochen deutlich. In altbekannter Weise werden bruchlos die zunehmende „ausländischstämmige" Jugendkriminalität mit ihrem „Frontalangriff" auf die abendländisch-christliche Kultur, einwandernde „Schläfer" der „fünften Kolonne" und islamische Terrorismusgefahr miteinander verbunden: die „schleichende Zerstörung des Rechtsstaates" und die „Barbarei" stehen unmittelbar bevor. Gewarnt wird vor „zu viel Toleranz" des linksintellektualisch geprägten Gesinnungsstaates und seiner politischen Eliten – der „Mafia der Gutmenschen". Im Blick auf das deutschpolnische Spitzentreffen wirbelt in einer Karikatur Erika Steinbach den Begriff „Vertreibung" durch den Raum, wie überhaupt mehrfach ein würdiges Gedenken der deutschen Opfer des Weltkrieges angemahnt wird. Allerorten ist von den konservativen Helden des Widerstands gegen das Hitlerregime die Rede. Und man erfreut sich an den Gedenkstätteninitiativen in „Mitteldeutschland" für die vergessenen deutschen Opfer.

Angesichts der aktuellen Diskussion um Krippenplätze und Betreuungsangebote wabert das Frauenbild Eva Hermanns ebenso durch die Ausgaben wie die Fundamentalkritik am „totalitären Virus der 68-Kulturrevolution" und dem gegenwärtigen „warmherzigen Wertgeplauder der Erziehungsideologen sozialistischer Provenienz" in Gestalt des „ewig-blinzelnden Alt 68er Ulrich Wickert". Der Geburtstag des aufrechten Martin Walser wird ausgiebig gefeiert und durch Filbinger ist (das kennt man nun schon) „keiner der damals Angeklagten zu Tode gekommen". Man befinde sich, wie es auch diesem schon ergangen sei, in den „Fängen der Moralgesellschaft". So kann die folgende Klage nicht mehr überraschen: „Der Sinn der gezielten Vermengung der Begriffe ‚rechts' und ‚rechtsextrem' besteht darin, das politische Spektrum der Bundesrepublik durch die Ausgrenzung aller ‚Rechten' auf das Segment links von der Menge einzuengen". Der „Kampf gegen Rechts" ist nichts anderes als eine „politische Verzerrung".

Im Anschluss an diese Beobachtungen sowie die grundsätzlichen politikdidaktischen und medienpädagogischen Überlegungen ist zu fragen, wie sich eine Annäherung an die JF als eine für Jugendliche attraktive Zugangsweise zur individuellen und gemeinsamen politischen Urteilsbildung im Horizont politischer Bildung gestalten lässt.

Für die folgenden Konkretionen sind für den Bereich der Schule insbesondere Jugendliche im Bereich der gymnasialen Oberstufe sowie des beruflichen Schulwesen inklusive der beruflichen Gymnasien im Blick; für den Bereich der außerschulischen Bildungsarbeit steht eine gesellschaftspolitisch ausgerichtete Jugendarbeit vor Augen, wie man sie etwa in Jugendbildungsstätten oder bei Seminarangeboten freier Träger gesellschaftspolitischer Jugendbildung vorfindet. Im Blickfeld sind damit Jugendliche im Alter von etwa 16 bis 20 Jahren.

Diese Vorentscheidung wird deshalb getroffen, weil die konkrete Arbeit an der JF meines Erachtens nach aufgrund deren Textgestaltung, sprachlichem Niveau und den entsprechenden anvisierten Zielgruppen eine bestimmte Wahrnehmungs- und Interpretationskompetenz voraussetzt. Zudem besteht in allen bundesdeutschen Lehrplänen mindestens der Idee nach die Möglichkeit, über die historische Beschäftigung mit dem Nationalsozialismus hinaus in Geschichte und Gemeinschaftskunde/Politik auch aktuelle Phänomene radikaler antidemokratischer Bewegungen zu thematisieren[23].

Mir scheint eine solche Fokussierung auch deshalb gerechtfertigt, da rechtspopulistische und rechtsextreme Tendenzen als Phänomen aus der Mitte der Gesellschaft es notwendig machen, schon jetzt die späteren Multiplikatorinnen und Multiplikatoren sowie Verantwortungsträgerinnen und Verantwortungsträger in beruflicher, gesellschaftlicher und kirchlicher Öffentlichkeit mit diesem Problemkomplex angemessen in Berührung zu bringen. Der Bereich der beruflichen Schulen erscheint insofern als geeignet, als sich hier viele Jugendliche bereits oder sehr bald inmitten (ausbildungs-)beruflicher Verantwortung befinden werden, in denen sich eher früher als später die Frage nach der Selbstpositionierung auch in politischen Fragen stellt. Viele von ihnen bewegen sich im Unterschied zu Gymnasiastinnen und Gymnasiasten an allgemein bildenden Gymnasien nicht mehr in einer gänzlich freien Lern- und Experimentierphase, sondern sind durch die beruflichen Anforderungen konkret zur eigenen politischen Reflexion herausgefordert. Zudem ist im Bereich der beruflichen Schulen eine immer noch vergleichsweise stärkere multikulturelle Durchmischung gegeben, so dass sich die Frage nach der Auseinandersetzung mit dem „Fremden" nochmals intensiver stellt als im Bereich der relativ homogenen Bildungsklientel an allgemein bildenden Gymnasien[24]. Tendenzen, die politische Bildungsaufgabe de facto auf eine bürgerlich bzw. akademisch geprägte Klientel zu fokussieren, verstärken hingegen die ohnehin bestehenden gesellschaftlichen Exklusionstendenzen mittel- und langfristig in brisanter Weise.

Für die Durchführung von Analyse, Diskussion und Interpretation sollten für den schulischen Kontext vier bis sechs Unterrichtsstunden vorgesehen werden, für ein Angebot im Rahmen außerschulischer Bildung je nach Möglichkeiten mindestens ein halber, im besten Fall ein ganzer Seminartag. In beiden Fällen sind die Möglichkeit des schnellen Zugriffs auf digitale Informationen sowie ausreichende Präsentationsmaterialien unbedingt notwendig.

Entsprechend der Eingangsbemerkungen werden im Folgenden die methodischen Aspekte in der Erarbeitung der JF einheitlich für beide Gruppen be-

---

23 Vgl. dazu die laufend aktualisierten Auflistungen zu den Themenhorizonten der schulischen politischen Bildung in: www.lehrplaene.org
24 Vgl. grundsätzlich dazu Hormel/Scherr 2004.

schrieben. Sind Unterschiede je nach Bildungsort zusätzlich zu berücksichtigen, wird dies eigens erwähnt.

In politikdidaktischem Sinn sollte die Zielsetzung in der Auseinandersetzung mit der JF gerade nicht darin bestehen, die Jugendlichen gleichsam „von außen" auf die Problematik des Mediums und der dementsprechenden Gesinnungen hinzuweisen. Sondern sie sollen die Problematik von solchen fundamentalistischen und damit eben nicht mehr auf demokratischen Konsens und Kompromiss hin angelegten Sichtweisen entdecken können und von dort aus alternative Möglichkeiten der Auseinandersetzung mit politischen Kontroversen entwickeln.

Pädagogische Konkretionen

Für den Bereich des schulischen Unterrichts stellt die Arbeit mit Texten und Bildern, deren Analyse und Interpretation eine bewährte und für die Schülerinnen und Schülern in der Regel bereits eingeübte Zugangsweise dar. Im Bereich der außerschulischen Bildungsarbeit ist dies nicht gleichermaßen der Fall. Gleichwohl kann hier im Sinn der synergetischen Verknüpfung durchaus an die genannte Grundkompetenz von Text- und Bildinterpretation angeknüpft werden. Für die Planung und Durchführung einer entsprechenden Unterrichts- bzw. Seminareinheit empfiehlt sich in Aufnahme von Überlegungen Klafkis eine didaktische Analyse im folgenden Horizont:

▪ Von welcher Wirklichkeit der Jugendlichen muss ich ausgehen?
▪ Woran kann ich anknüpfen?
▪ Was sind meine Ziele als Lehrer bzw. politischer Bildner? Wie sehe ich selbst die Dinge? Wozu stimme ich mehr oder weniger intuitiv zu?
▪ Wie kann ich die vorhandenen Einstellungen in eine demokratische Urteilsbildung und Handlungsbereitschaft umsetzen?

Dass insbesondere die Selbst-Positionierung des Lehrers bzw. politischen Bildners von erheblicher Bedeutsamkeit ist, leuchtet unmittelbar ein. Sie wird gleichwohl auf der Ebene der didaktischen Reflexion sowie in vielerlei Unterrichtsmaterialien immer wieder vernachlässigt. Vertreten sei insofern die These, dass erst die Klarheit über die eigene Haltung und Einstellung gegenüber der Botschaft solcher Texte eine Form der ehrlichen Auseinandersetzung und der echten pädagogischen Kommunikation ermöglicht. Nicht nur kontraproduktiv, sondern auch verschleiernd und letztlich entmündigend wäre es, wenn die entsprechende Lehrkraft solche Texte mit der Zielsetzung einsetzte, zwar bei den

Schülerinnen und Schülern kritische und ablehnende Reaktionen auszulösen, sich selbst aber deshalb zurückzuhalten, da er oder sie insgeheim dem Tenor solcher Botschaft „irgendwie schon auch" zustimmt. Nebenbei bemerkt scheitert mancher Prozess des Demokratie-Lernens nicht zuletzt deshalb, weil die Lehrenden selbst ihrem Selbst- und Rollenverständnis nach einer tatsächlich demokratischen Kommunikations-, Klassen- und Schulkultur im Innersten zutiefst skeptisch gegenüberstehen.

Die letztgenannte Leitfrage verweist mit ihrer Differenzierung von Urteils- und Handlungsbildung darauf, dass aus dem einen nicht automatisch das andere erfolgen muss. Es ist ohnehin grundsätzlich die Frage, ob es ein realistisches und sinnvolles Ziel schulischer wie außerschulischer Bildungsarbeit sein kann, ein bestimmtes Verhalten oder Handeln zu erzeugen. Was also jeweils aus der konkreten Urteilsbildung an Handlungsmustern erfolgt, ist sowohl aus pädagogischen Gründen wie aus demokratischer Grundüberzeugung letztlich von den Jugendlichen selbst zu verantworten. Hingegen ist eine „bruchlose lineare Ableitungskette vom gesellschaftlichen Ist-Zustand, zukünftigen Soll-Zustand und pädagogischem Handlungsplan ein Mythos"[25]. Insofern wird im Folgenden das Schwergewicht auf den Aspekt individueller Urteilsbildung der Jugendlichen gesetzt.

Medienpädagogische Konkretionen

Um einen möglichst offenen und partizipatorischen Lernprozess zu ermöglichen, sollte von Seiten des Lehrers/Seminarleiters zu Beginn der Analyse die JF nicht sogleich in ihrer Ausrichtung charakterisiert werden oder bereits hier auf den verfassungsrechtlichen Hintergrund hingewiesen werden. Insofern ist es sinnvoll, eine solche Analyse- und Interpretationsarbeit nicht unter die Ausgangsfrage „Was ist daran rechtsextrem?" zu stellen. Vielmehr gilt es, die Jugendlichen im Sinn der Sensibilisierung zur Entdeckung und Dechiffrierung der vorliegenden Texte und Materialien in ihrem demokratiekritischen und -feindlichen Aussagegehalt zu motivieren und anzuleiten.

Ein Labelling in diesem Sinn könnte von vornehrein die Wahrnehmung zu sehr einschränken und die Diskussion von vorneherein so stark emotionalisieren, dass keine sachliche Auseinandersetzung mehr möglich wäre. Damit könnte das Problem entstehen, dass die Jugendlichen das Medium sogleich nur noch durch eine bestimmte Brille und damit gerade die raffinierte Mischung aus vermeintlich objektiver Information und gesinnungsmäßiger Suggestion gerade nicht

---

25   Ziehe 2005: 197.

mehr wahrnehmen. Eindeutige Vorinformationen könnten aber auch dazu führen, dass die JF von vorneherein als exotisches rechtes Minderheitenblatt eingeschätzt wird und damit für eine letztlich unbedeutende publizistische Randerscheinung gehalten wird. Insofern empfiehlt es sich hier, eine möglichst unvoreingenommene Exploration zu initiieren. Und selbst für den Fall, dass einem der Jugendlichen die JF bereits bekannt ist, sollte dessen Wissen nicht in die Einstiegsphase integriert, sondern eher für den weiteren Gesprächsverlauf genutzt werden.

Einstiegs- und Analysephase

Für eine *außerschulische Seminareinheit* empfiehlt sich *als Einstiegsphase*, Jugendliche in Kleingruppen eine Ausgabe der JF auf folgende Leitfragen hin durchsehen und analysieren zu lassen:

I. Äußere Gestalt:
- Titel, Untertitel, Logo, Impressum, Erscheinungsfrequenz, Auflage, Kosten
- Inhaltsverzeichnis bzw. Rubriken

II. Inhaltliches Profil:
- Gibt es bestimmte inhaltliche Schwerpunkte bzw. Themen, die besonders häufig verhandelt werden? Wenn ja, welche?

III. Journalistische Form:
- Wird erkennbar, was als Nachricht, Kommentar, Hintergrundbericht
- gemeint ist?
- Wie erscheinen Ihnen die Überschriften und Aufmacher?
- Wie werden Quellen zitiert und welche?
- Wie häufig und in welchem Sinn werden Bilder eingesetzt?

IV. Zur Verbindung von Inhalt und Form:
- Lassen Aufmachung, Sprache und Themen auf eine bestimmte Leserschaft schließen?
- Werden Informationen über die Autoren gegeben? Wenn ja, welche?
- Wofür bzw. für welche Artikel wird in den Anzeigen geworben?

V. Erste Gesamteinschätzung:
- Erscheint Ihnen die JF als eine „normale" Wochenzeitung? Was spricht dafür, was spricht dagegen?
- Lässt sich anhand Ihrer Beobachtungen so etwas wie ein politisches Profil der JF benennen?
- Warum könnte Ihrer Ansicht nach dieses Medium den Titel „Junge Freiheit" tragen?
- Würden Sie nach einer ersten Durchsicht durch die JF weiterlesen? Wenn ja, welchen Artikel und warum? Oder: warum würden Sie nicht weiterlesen wollen?

Im Anschluss an diese Rahmenanalyse sollte in einem weiteren Schritt ein konkreter Text in Kleingruppen erarbeitet und auf der Grundlage der Erstbeobachtung der JF interpretiert werden.

Im Rahmen einer *schulischen Einheit bzw. Unterrichtsstunde* empfiehlt sich eher sogleich der Einstieg über einen solchen konkreten Text. Hier empfiehlt sich ein Text der Meinungsseite von eher kurzer Länge (ca. 200 Worte) oder ein Text mittlerer Länge (500-600 Worte) der Titelseite oder der Rubrik Politik. Denkbar wäre auch, wenn die entsprechende Zeit besteht, die Analyse eines ausführlicheren Berichtes der Rubriken „Hintergrund" oder „Forum". Thematisch besonders signifikant und für Jugendliche sicherlich von größerem Interesse sind Berichte zur Jugendkriminalität von Ausländern bzw. zu Integrationsaspekten oder zur multikulturellen Gesellschaft, zur Lage der deutschen Politik, zur Frage der „Vergangenheitsbewältigung" oder zur sozialen und wirtschaftlichen Lage der Bundesrepublik.

Für beide Bildungsorte sind für die detaillierte Textanalyse folgende Aspekte zu berücksichtigen[26]:

I. Äußere Gestalt:
- Titel, Untertitel, Aufmacher, evtl. Bild
- Gliederung des Beitrags in seinem Argumentationsgang bzw. seine Sinneinheiten
- Handelt es sich um eine Nachricht, einen Kommentar, einen Hintergrundbericht?
- Was erfährt man über den Autor/die Autorin, dessen weiteren publizistischen, beruflichen, wissenschaftlichen und politischen Hintergrund?

---

26   Vgl. die exemplarische Feinanalyse eines Beitrags bei Dietzsch u.a. 2004: 157ff.

II. Thema und Argumentation:

- Um welches Thema, um welche Themen geht es im Beitrag? Steht ein konkreter Anlass im Hintergrund, wenn ja, welcher?
- Wie wird argumentiert?
- Was ist die Zielsetzung des Beitrags?
- Welche Fakten werden genannt? Welche Quellen werden herangezogen? Werden die Quellen genannt? Wer wird wie zitiert?
- Wie stellt sich die Wortwahl dar, was sind zentrale mehrfach verwandte Begriffe?
- Wird ein Bild zur Veranschaulichung des Beitrags eingesetzt? Wenn ja, in welcher Weise?
- In welchem Sinn erfolgen wertende Beschreibungen der behandelten Phänomene oder bestimmte abwertende Beschreibungen der im Beitrag behandelten Personen und Gruppen?
- In wie fern wird mit Klischees, Unterstellungen oder Kollektivzuschreibungen gearbeitet?

III. Interpretation:

- Leuchtet Ihnen die Argumentation des Autors/der Autorin ein?
- Halten Sie das Thema durch diesen Beitrag für umfassend behandelt?
- Erscheint Ihnen die Quellenverwendung und Darstellung von Gegenpositionen angemessen?
- Versucht der Artikel, die Leser auch auf emotionale, gar auf manipulative Weise anzusprechen?
- Welche politische Zielsetzung könnte in diesem Beitrag zum Ausdruck kommen?
- Welche Leser/Leserschaften könnten für solche Botschaften empfänglich sein und warum?
- Würden Sie die JF für Ihre weitere eigene Urteilsbildung heranziehen?

Gemeinsame Diskussion über die Interpretation des Mediums und das Thema des konkreten Artikels

Angesichts der genannten Leitfragen und der Präsentation der Einzelanalysen vor der Gesamtklasse bzw. -gruppe ergibt sich eine doppelte Perspektive für das weiterführende Gespräch:

1. Anhand des analysierten Profils der Zeitschrift und seiner journalistischen Form lässt sich der Themenkomplex: „Aufgabe des Journalismus: Was heißt Presse- und Meinungsfreiheit? Was wäre seriöser Journalismus?" behandeln.

Dazu sollte an dieser Stelle Material zur weiteren Profileinschätzung der JF – etwa weitere Informationen zum Selbstverständnis der JF[27], den Autorinnen und Autoren[28] oder zur jüngsten verfassungsrechtlichen Auseinandersetzung – gegeben werden. Denkbar ist aber auch, wenn die Möglichkeiten gegeben sind, dass die Jugendlichen eine Internetrecherche zu Geschichte, Profil und Literatur zur JF sowie zur kritischen Auseinandersetzung mit der JF unternehmen. Dies eröffnet ihnen gleichzeitig die Möglichkeit, nicht nur im Blick auf Internetrecherchen kompetenter zu werden, sondern sich aufgrund des vorhandenen kontroversen Quellenmaterials auch die Chancen, Grenzen und Suggestionen von Internetinformationen deutlicher vor Augen zu führen. Dies gilt vor allem im Blick auf den eindrucksvollen und gleichwohl sehr kritisch (wie immer bei wikipedia!) zu rezipierenden Artikel zur JF in wikipedia (Stand vom 10.4.2007).

2. Die zweite Perspektive geht in die Richtung der Auseinandersetzung mit dem im Beitrag angesprochenen Thema. Hier sollten die Jugendlichen nun tatsächlich die Freiheit für sich in Anspruch nehmen können, ganz persönlich zur Zielsetzung des Beitrags Stellung zu nehmen. Gerade aufgrund der journalistischen Strategie der JF, bestimmte politische Problemlagen und Zukunftsängste aufzunehmen, ist es notwendig, hier der individuellen Wirklichkeitswahrnehmung der Jugendlichen selbst den notwendigen Raum zu geben, dies natürlich immer unter der pädagogischen Prämisse, dass Jugendliche „gegenüber den pädagogischen Ganzheitshoffnungen auch legitime Enthaltungsrechte"[29] haben.

So kann sich zeigen, dass Jugendliche bestimmte Phänomene wie steigende Jugendkriminalität, drohende Arbeitslosigkeit, die zunehmende Schere zwischen Arm und Reich oder reale Defizite des politischen Systems und seiner Repräsentanten durchaus auch für sich in ähnlicher Weise wahrnehmen und mancher der Analysen möglicherweise selbst durchaus in gewissem Sinn zustimmen. Die pädagogische Kunst besteht nun aber gerade darin, die Jugendlichen dafür sensibel zu machen, dass die in der JF genannten Zielsetzungen und Strategien zum Umgang mit diesen Problemlagen selbst hochgradig problematisch sind. Hier besteht die Aufgabe der Bildungsverantwortlichen darin, die Jugendlichen dazu zu befähigen, wie sie die tendenziöse Auswahl der Quellen, die suggestive Wortwahl und Verwendung von Zitaten und Fakten entschlüsseln und dementsprechend die angebotenen Lösungen selbst als demokratiefeindlich entlarven können. Kurz gesagt kann es nicht darum gehen, die subjektiven Einschätzungen

---

27 Vgl. www.jungefreiheit.de/p_jf/selbstverstaendnis.htm
28 Dafür empfiehlt sich beispielsweise der Rückgriff auf das Autorenverzeichnis in Dietzsch u.a. 2004: 205ff.
29 Ziehe 2005: 197.

und Betroffenheiten der Jugendlichen zu überspielen bzw. zu übergehen, sondern ihnen Möglichkeiten eines demokratiekompatiblen Umgangs mit diesen Problemlagen zu eröffnen. Es geht folglich nicht darum, für die in der JF geäußerten Positionen Verständnis zu erzeugen, sondern eine Verstehenskompetenz über diese Positionen zu erzeugen.

An dieser Stelle ist unbedingt den individuellen und auch emotionalen Zugängen der Jugendlichen zum Raum des Politischen zu geben. Dies ist etwa in dem Sinn vorstellbar, dass nach der Zustimmung und /oder Ablehnung folgender Sätze gefragt wird: „Ich habe selbst immer wieder das Gefühl, dass in unserer Gesellschaft manches nicht so ist, wie es sein sollte"; „Bestimmte ökonomische, gesellschaftliche und soziale Entwicklungen machen mir selbst Angst"; „Immer wieder schweben mir selbst bestimmte klare und eindeutige politische Lösungen für konkrete Probleme vor". Wenn eine Diskursatmosphäre entsteht, in der solche zugegebenermaßen mutigen Aussagen artikuliert werden, stellt dies einen nicht zu überschätzenden persönlichkeitsbildenden Beitrag der politischen Bildung dar[30].

In diesem Zusammenhang kann sich politische Bildung als eine wichtige Form erweisen, die Kunst des aufmerksamen Zuhörens einzuüben, um so letztlich auch andere Positionen in ihrem subjektiven Eigenrecht mindestens einmal wahrzunehmen, möglicherweise sogar ein gewisses kritisches Verständnis dafür zu entwickeln. Die besondere Aufgabe des Lehrers und Bildners besteht dann angesichts der durchaus verbreiteten motivationalen Zurückhaltung vieler Jugendlicher darin, als eine Art „Fremdenführer" diese wenigstens exemplarisch und zeitweise in bestimmte neue Sinnwelten mitzunehmen, der jeweiligen Lernkultur eine soziale Form zu geben und diese durch seinen eigenen Stil durchaus mitzureißen und anzustoßen[31]. Die Rede von Anerkennung[32] wird also durch die expressive Anerkennung der Jugendlichen durch die Erwachsenen in besonders anschaulicher Weise plausibel. So können diese entdecken, dass sich das demokratische Ideal der Anerkennung auf sie selbst auswirkt. Und dass eine solche Anerkennung gerade nicht kritiklose Akzeptanz meint, sondern die Bereitschaft, den jeweils anderen auch mit den Überzeugungen ernst zu nehmen, die einem selbst ausgesprochen fremd erscheinen. Durch eine solche diskursive Öffnung „von allen Seiten" kann politische Bildung präventive und eine breitere interventionistische Bedeutung erlangen und würde nicht vornehmlich als kurzfristig bedeutsames Kriseninterventionsinstrument missverstanden[33].

---

30   Vgl. Busch 2007.
31   Vgl. Ziehe 2005: 211ff.
32   Vgl. Burdewick 2003.
33   Vgl. Mambour 2007: 214. Zur Unterscheidung von primärer und sekundärer Intervention, aber auch zur Frage der Effizienz der aufgelegten Präventivprogramme vgl. zuletzt Frindte/Preiser

Möglichkeiten konstruktiver Auseinandersetzung

Von diesen Analysen und Gruppengesprächen aus ergeben sich verschiedene Möglichkeiten, die konstruktive thematische Auseinandersetzung der Jugendlichen zu vertiefen, aber auch die möglicherweise bestehenden Ressentiments selbst in den Bildungsprozess zu integrieren.

1. Eine erste Möglichkeit der Sensibilisierung ergibt sich dadurch, dass die Jugendlichen ein Zukunftsszenario unter der doppelten Frage entwickeln „Was würde passieren, wenn die Politik den konkreten Lösungsvorschlag der JF umzusetzen versucht?" – „Stellen Sie sich vor, die Vorschläge würden umgesetzt: wie sähe das gesellschaftliche Zusammenleben aus?". Hier würde sich – etwa im Blick auf das Thema „ausländischstämmiger Jugendkriminalität" sehr schnell zeigen, dass eine Umsetzung letztlich totalitärer", verfassungs- und menschenrechtlich hoch problematischer Entscheidungen bedürfte und eher zum unfriedlichen als zum friedlichen Zusammenleben beitragen würde – wichtig ist aber auch hier, dass die Jugendlichen selbst zu diesen Einschätzungen und Ergebnissen gelangen. Letztlich ist hier aber auch eine ausgesprochen kundige Diskussionsführung und -begleitung der entsprechenden Bildungsverantwortlichen notwendig.

2. Eine weitere Möglichkeit, die genannte journalistische und thematische Perspektive zu verbinden, besteht darin, die Jugendlichen einen eigenständigen alternativen Text- und Bildbeitrag zum konkreten Thema anfertigen zu lassen, der versucht, die angesprochene Problemlage durch eine breitere und „objektivere" Fakten- und Datenbasis zu bearbeiten und dementsprechend zu einem differenzierteren Lösungsvorschlag für das konkrete politische Handeln zu kommen. Für eine solche journalistische Arbeit ist wiederum eine gute Material- und Wissensbasis notwendig. Hier haben die Bildungsverantwortlichen die Aufgabe, einschlägige Materialien bereitzustellen und genügend Zeit zur Auseinandersetzung, für Rückfragen und die weiteren Recherchen bereit zu stellen.

3. Eine zusätzliche Möglichkeit besteht darin, einen fiktiven oder realen Leserbrief oder einen Brief an die Redaktion zu schreiben, in dem man die eigenen Anfragen, Kritik u.ä. im Blick auf den konkreten Artikel formuliert. Ein solcher Brief sollte den Autor/die Autorin zudem konkret nach den Intentionen dieser Berichterstattung befragen, um so auch einschätzen zu können, in wiefern die Interpretation der Jugendlichen mit der tatsächlichen Intention des Autors korrespondiert. Hier könnte dann, vorausgesetzt eine

(2007).

Antwort erfolgt überhaupt, die Reaktion der JF ein anschaulicher Gegenstand für die weitere Diskussion sein. Interessant wäre auch zu sehen, ob ein gegebenenfalls kritischer Leserbrief abgedruckt wird oder mit welcher Begründung ein Abdruck eben nicht erfolgt.

4. Eine weitere stärker handlungsorientierte Möglichkeit der Vertiefung besteht darin, gemeinsam Argumentationsstrukturen gegen den herrschenden „Stammtischpopulismus" zu entwickeln. Hier könnte etwa im Sinn eines Rollenspiels erprobt werden, wie sich angesichts solcher problematischen Meinungen und Gesinnungen konkret intervenieren lässt. Oder sieht man es gar nicht für notwendig an, zu intervenieren? In einem solchen Fall der Schülerrückmeldung ergäbe sich sogleich ein weiterer spannender Diskussionsstoff. Um die Brisanz solcher Aussagen von „Volkes Stimme" ins Blickfeld zu bekommen, könnte sich in diesem Zusammenhang eine „Straßenumfrage" anbieten, in der die Jugendlichen die Befragten bitten, zu konkreten Aussagen der JF zustimmend oder ablehnend Position zu beziehen und sie danach zu fragen, wie sie sich eine Lösung des Problems vorstellen würden.

5. Die konkrete Problemlage lässt sich auch im Sinn eines konkreten Streitgesprächs in der Gruppe oder Klasse weiter veranschaulichen und debattieren. Zwei Gruppen von Jugendlichen werden aufgefordert, sich anhand konkreten Materials und eigener Recherche auf ein solches Streitgespräch und die Verteidigung ihrer Position vorzubereiten, eine kleine Gruppe bereitet sich ebenfalls mit Material auf die Moderation vor, eine weitere Gruppe übernimmt die Rolle von Journalistinnen und Journalisten, die über das Streitgespräch berichten. Im Anschluss daran wertet man gemeinsam den Verlauf und die möglichen Ergebnisse der Diskussion aus. Geeignet ist hier auch ein Videomitschnitt, um die entscheidenden Sequenzen nochmals miteinander besprechen zu können.

6. Schließlich bietet sich eine Art demokratischer Zukunftsworkshop an, bei dem wiederum auf der Grundlage einer breiten Materialbasis gefragt wird, wie und durch wen sich dasjenige Problem auf demokratische Weise bearbeiten lassen, das im konkreten Artikel benannt wurde, etwa unter der Leitfrage: „Wie könnte eine demokratische Konflikt- und Konfliktlösungskultur aussehen, die die realen Befürchtungen und Ängste derer berücksichtigt, die vom gegenwärtigen politischen System enttäuscht sind oder sich gar abzuwenden drohen?"; „Was ist notwendig, um die bestehende Jugendgewalt besser in den Griff zu bekommen?" Hier lohnt es sich, die Fragestellung auf die Altersgruppe der Jugendlichen selbst zu fokussieren, da hier die Erfahrungen und auch die persönliche Nähe und Betroffenheit der am Bildungsprozess beteiligten Jugendlichen am größten ist. Für einen solchen Zu-

kunftsworkshop sind sowohl projektorientierte als auch am Ort der Schule fächerverbindende Formen gut geeignet. Zudem sind Aspekte des Politischen nicht auf das klassische Unterrichtsfach Politik bzw. Gemeinschaftskunde zu reduzieren. Vielmehr sollte unter den Lehrkräften und Lehrplanentwicklern die Einsicht herrschen, dass sich politische Kompetenz in einer ganzen Reihe anderer Fächer ebenfalls erwerben lässt, etwa im Geschichts-, Deutsch-, Religions- und Ethikunterricht ebenso wie im Sprach- und naturwissenschaftlichen Unterricht. Schließlich lassen sich auch Möglichkeiten der anfangs erwähnten Vernetzung zwischen schulischer und außerschulischer Bildungsarbeit sondieren – bis hin zur Verkoppelung der pädagogischen Erfahrungen (etwa der örtlichen Stadtteil-, Jugend- und Jugendsozialarbeit) und personellen Ressourcen der Bildungsverantwortlichen in Schule und außerschulischer Jugendbildung.

Fazit

Prinzipiell gilt gerade im Blick auf ein raffiniert-suggestives Medium wie die JF: Demokratische Werte füllen sich nur mit Leben, wenn die Jugendlichen selbst dazu ermutigt werden, ihre persönlichen Einstellungen, Haltungen, Fragen und Widerstände in den jeweiligen Entdeckungs- und Erkenntnisprozess selbst einzubringen[34]. Zugleich besteht der schulische als auch der außerschulische Bildungsauftrag darin, Fragen des Politischen immer auch als Integrationsangebote für Jugendliche aus sehr unterschiedlichen Bildungs-Milieus und Kulturen zu eröffnen und damit „im Kleinen" die gesellschaftspolitische Zielsetzung eines von Toleranz geprägten Zusammenlebens durch die konkrete Lern-Kultur anschaulich und plausibel zu machen. Erst wenn Jugendarbeit und Schule selbst als Orte einer demokratischen Kommunikationskultur für die Jugendlichen erkennbar werden, können diese Formen von Urteils- und Handlungskompetenz entwickeln, die sie für ein Medium wie die JF und eine solchermaßen populistische und demokratiefeindlichen Grundhaltung sowie das entsprechende Gesinnungsmaterial widerstandfähiger, wehrhafter und im besten Fall unempfänglich macht. Die Kunst einer professionellen[35] politischen Bildung besteht insofern darin, unter der zukünftig verantwortlichen Generation die kompetente Einsichtsfähigkeit zu befördern, dass vereinfachende, ausgrenzende und ideologische Lösungen eben niemals sachgemäße demokratische Antworten auf komplizierte politische Verhältnisse sein können.

---

34 Vgl. Standop 2005.
35 Vgl. Mambour 2007: 214ff.

Literatur

Arbeitskreis Hermeneutische Politikdidaktik (2005), Programm, in: www.gpje.de/herme-neutischePD.htm.

Baacke, D./Kornblum, S./Lauffer, J./Mikos, L./Thiele G.A. (Hrsg.) ((2004): Medienpäda-gogik „Medienkompetenz". Bonn.

Beutel, W./Fauser, P. (2005): Demokratiepädagogik. Lernen für die Zivilgesellschaft. Schwalbach/Ts.

Biedermann, H. (2006): Junge Menschen an der Schwelle politischer Mündigkeit. Partizi-pation: Patentrezept politischer Identitätsfindung? Münster.

Breit, G./Schiele, S. (Hrsg.) (2002): Demokratie-Lernen als Aufgabe der politischen Bildung. Schwalbach/Ts.

Burdewick, I. (2003): Jugend – Politik – Anerkennung. Eine qualitative empirische Studie zur politischen Partizipation 11- bis 18jähriger. Bonn.

Busch, H.-J. (2007): Demokratische Persönlichkeit. In: Aus Politik und Zeitgeschichte 11/2007: 6-12.

Decker. O./Brähler, E. (2006): Vom Rand zur Mitte. Rechtsextreme Einstellungen und ihre Einflussfaktoren in Deutschland, hg. v. der Friedrich-Ebert-Stiftung, Forum Berlin. Berlin.

Deichmann, C. (2004): Lehrbuch Politikdidaktik. Wien/München.

Deichmann, C. (2006): Hermeneutische Politikdidaktik und qualitative Unterrichtsfor-schung. Jena.

Dietzsch, M./Jäger, S./Kellersohn, H./Schobert, A. (^{2}2004): „Der Kampf um die Begriffe hat begonnen". Exemplarische Analyse Feinanalyse eines Artikels, In: diess., Nation und Demokratie. Sein und Design der „Jungen Freiheit": 157-203.

Edelstein, W./Fauser, P. (2001): „Demokratie lernen und leben". Gutachten für ein Mo-dellversuchsprogramm der BLK. Bonn.

Ferchhoff, W. (2005): Gesellungsformen, Kulturen und Praxen von Jugendlichen. In: Hafeneger, B .(Hrsg.): Subjektdiagnosen. Subjekt, Modernisierung und Bildung. Schwalbach/Ts.: 111-134.

Fischer, S. (2006): Rechtsextremismus bei Jugendlichen. Eine kritische Diskussion von Erklärungsansätzen und Interventionsmustern in pädagogischen Handlungsfeldern. Oldenburg.

Frindte, W./Preiser, S. (2007): Präventionsansätze gegen Rechtsextremismus. In: Aus Politik und Zeitgeschichte 11/2007: 32-38.

Hormel, U./Scherr, A. (2004): Bildung für die Einwanderungsgesellschaft. Perspektiven der Auseinandersetzung mit struktureller, institutioneller und interaktionelle Diskri-minierung. Wiesbaden.

Hurrelmann, K./Albert, M. (2006): Jugend 2006. 15. Shell Jugendstudie. Eine pragmati-sche Generation unter Druck. Frankfurt/M.

Institut für Staatspolitik (2003): Die „Neue Rechte". Sinn und Grenze eines Begriffs. Wissenschaftliche Reihe – Heft 5. Schnellroda.

Juchler, I. (2005): Demokratie und politische Urteilskraft. Überlegungen zu einer norma-tiven Grundlegung der Politikdidaktik. Schwalbach/Ts.

Juchler, I. (2006): Was heisst politikdidaktische Forschung? Normative Orientierung politikdidaktischer Theoriebildung. In: GPJE (Hg.), Standards der Theoriebildung und empirischen Forschung in der politischen Bildung. Schwalbach/Ts.: 25-39.

Jungfer, H. (Hrsg.) (2006): Politische Bildung in der Mediendemokratie. Beiträge zu einer Theorie der Praxis. Schwalbach/Ts.

Kayser,J./Hagemann, U. (2005): Urteilsbildung im Geschichts- und Politikunterricht. Schwalbach/Ts.

Kellershohn, H. (Hrsg.) (1994): Das Plagiat. Der Völkische Nationalismus der Jungen Freiheit. Dusiburg.

Kubitschek, G. (2006): 20 Jahre Junge Freiheit. Idee und Geschichte einer Zeitung. Schnellroda.

Kubon, S. (2006): Die bundesdeutsche Zeitung „Junge Freiheit" und das Erbe der „Konservativen Revolution" der Weimarer Republik. Eine Untersuchung zur Erfassung der Kontinuität „konservativ-revolutionärer" politischer Ideen. Würzburg.

Mambour, G. (2007): Zwischen Politik und Pädagogik. Eine politische Geschichte der politischen Bildung in der Bundesrepublik Deutschland. Schwalbach/Ts.

Münchmeier, R. (2005): Jugend – Werte, Mentalitäten und Orientierungen im Lichte der neueren Jugendforschung. In: Hafeneger, B .(Hrsg.): Subjektdiagnosen. Subjekt, Modernisierung und Bildung. Schwalbach/Ts.: 95-110.

Pfaff, N. (2006): Jugendkultur und Politisierung. Eine multimethodische Studie zur Entwicklung politischer Orientierungen im Jugendalter. Wiesbaden.

Quesel, C./Oser, F. (Hrsg.) (2006): Die Mühen der Freiheit. Probleme und Chancen der Partizipation von Kindern und Jugendlichen. Zürich.

Richter, D. (2006): Civic literacy, reading literacy – gibt es auch eine „politische Lesekompetenz"? In: GPJE (Hg.), Standards der Theoriebildung und empirischen Forschung in der politischen Bildung. Schwalbach/Ts.: 55-65.

Sander, W. (2002): Politische Bildung nach der Jahrtausendwende. Perspektiven und Modernisierungsaufgaben. In: Aus Politik und Zeitgeschichte 45/2002: 36-44.

Sarcinelli, U. (2000): Medienkompetenz in der politischen Bildung. In: Aus Politik und Zeitgeschichte 25/2000.

Schiele, S. (1996): Die kurzen Arme politischer Bildung, in: Möller, K./ Schiele, S (Hrsg.): Gewalt und Rechtsextremismus. Ideen und Projekte für soziale Arbeit und politische Bildung. Schwalbach/Ts.

Schlag, Th./Scherrmann, M. (Hrsg.) (2005): Bevor Vergangenheit vergeht. Für einen zeitgemäßen Politik- und Geschichtsunterricht über Nationalsozialismus und Rechtsextremismus. Schwalbach/Ts.

Standop, J. (2005): Werte-Erziehung. Einführung in die wichtigsten Konzepte der Werteerziehung. Weinheim/Basel.

Stöss, R. (^{3}2000): Rechtsextremismus im vereinten Deutschland, hg. von der Friedrich-Ebert-Stiftung, Abteilung Dialog Ostdeutschland. Berlin.

IV. Anhang

Die Entscheidung des Bundesverfassungsgerichts vom 24. Mai 2005

Leitsätze:
zu dem Beschluss des Ersten Senats vom 24. Mai 2005
- 1 BvR 1072/01 -

1. Der Hinweis im Verfassungsschutzbericht eines Landes auf den Verdacht verfassungsfeindlicher Bestrebungen eines Presseverlags kommt einem Eingriff in die Pressefreiheit gleich und bedarf deshalb der Rechtfertigung durch ein allgemeines Gesetz im Sinne des Art. 5 Abs. 2 GG. § 15 Abs. 2 des Gesetzes über den Verfassungsschutz in Nordrhein-Westfalen ist ein solches Gesetz.
2. Zu den verfassungsrechtlichen Anforderungen an die Begründung eines Verdachts verfassungsfeindlicher Bestrebungen eines Presseverlags.

BUNDESVERFASSUNGSGERICHT
- 1 BvR 1072/01 –

Im Namen des Volkes

In dem Verfahren über die Verfassungsbeschwerde

der Jungen Freiheit Verlag GmbH & Co., vertreten durch den Geschäftsführer
- Bevollmächtigter: Rechtsanwalt Alexander von Stahl, Schönblick 14, 76275 Ettlingen -

gegen   den Beschluss des Oberverwaltungsgerichts für das Land Nordrhein-
a)   Westfalen vom 22. Mai 2001 - 5 A 2055/97,

b)   das Urteil des Verwaltungsgerichts Düsseldorf vom 14. Februar 1997 -
        1 K 9318/96,

c)   die Verfassungsschutzberichte des Landes Nordrhein-Westfalen über
        die Jahre 1994 und 1995

hat das Bundesverfassungsgericht – Erster Senat – unter Mitwirkung des Präsidenten Papier, der Richterin Haas, der Richter Hömig und Steiner, der Richterin
Hohmann-Dennhardt und der Richter Hoffmann-Riem, Bryde und Gaier
am 24. Mai 2005 beschlossen:

1. Der Beschluss des Oberverwaltungsgerichts für das Land Nordrhein-
    Westfalen vom 22. Mai 2001 - 5 A 2055/97 - und das Urteil des Verwal-
    tungsgerichts Düsseldorf vom 14. Februar 1997 - 1 K 9318/96 - verletzen
    die Beschwerdeführerin in ihrem Grundrecht aus Artikel 5 Absatz 1 Satz 2
    des Grundgesetzes. Die Entscheidungen werden aufgehoben. Die Sache
    wird an das Verwaltungsgericht Düsseldorf zurückverwiesen.

2. Das Land Nordrhein-Westfalen hat der Beschwerdeführerin ihre notwendi-
    gen Auslagen zu erstatten.

Gründe:

A.

I.

1

1. Die in Berlin ansässige Beschwerdeführerin verlegt die Wochenzeitung „Junge Freiheit". Das Innenministerium des Landes Nordrhein-Westfalen gibt jähr-
lich Verfassungsschutzberichte zur Information der Öffentlichkeit heraus.
Rechtsgrundlage dafür ist § 15 Abs. 2 des Gesetzes über den Verfassungsschutz
in Nordrhein-Westfalen (Verfassungsschutzgesetz Nordrhein-Westfalen - VSG
NRW -) in der Fassung des Gesetzes vom 18. Dezember 2002 (GV NRW 2003
S. 2), der wie folgt lautet:

2

Die Verfassungsschutzbehörde darf Informationen, insbesondere Verfassungsschutzberichte, zum Zweck der Aufklärung der Öffentlichkeit über Bestrebungen
und Tätigkeiten nach § 3 Abs. 1 veröffentlichen, personenbezogene Daten jedoch

nur, wenn die Bekanntgabe für das Verständnis des Zusammenhangs oder der Darstellung von Organisationen erforderlich ist und die Interessen der Allgemeinheit das schutzwürdige Interesse der betroffenen Person überwiegen.

3

Der in Bezug genommene § 3 Abs. 1 VSG NRW lautet:

4

Aufgabe der Verfassungsschutzbehörde ist die Sammlung und Auswertung von Informationen, insbesondere von sach- und personenbezogenen Auskünften, Nachrichten und Unterlagen über

5

1. Bestrebungen, die gegen die freiheitliche demokratische Grundordnung, den Bestand oder die Sicherheit des Bundes oder eines Landes gerichtet sind oder eine ungesetzliche Beeinträchtigung der Amtsführung der Verfassungsorgane des Bundes oder eines Landes oder ihrer Mitglieder zum Ziel haben,

6

2. bis 4 ...,

7

im Geltungsbereich des Grundgesetzes, soweit tatsächliche Anhaltspunkte für den Verdacht solcher Bestrebungen und Tätigkeiten vorliegen.

8

Absatz 3 des § 3 VSG NRW definiert:

9

Im Sinne dieses Gesetzes sind

10

a) und b) ...,

11

c) Bestrebungen gegen die freiheitliche demokratische Grundordnung solche politisch bestimmten, ziel- und zweckgerichteten Verhaltensweisen in einem oder für einen Personenzusammenschluss, der darauf gerichtet ist, einen der in Absatz 4 genannten Verfassungsgrundsätze zu beseitigen oder außer Geltung zu setzen.

12

Für einen Personenzusammenschluss handelt, wer ihn in seinen Bestrebungen nachdrücklich unterstützt. Verhaltensweisen von Einzelpersonen, die nicht in einem oder für einen Personenzusammenschluss handeln, sind Bestrebungen im Sinne dieses Gesetzes, wenn sie auf Anwendung von Gewalt gerichtet sind oder auf Grund ihrer Wirkungsweise geeignet sind, ein Schutzgut dieses Gesetzes erheblich zu beschädigen.

13

2. In den Berichten über die Jahre 1994 und 1995 wurde die „Junge Freiheit" - ähnlich wie auch in den Folgejahren - im Rahmen der Berichterstattung über rechtsextremistische Bestrebungen ausführlich behandelt. Die in ihr veröffentlichten Beiträge enthielten nach Einschätzung des Landes Anhaltspunkte für den Verdacht verfassungsfeindlicher Bestrebungen. Die Veröffentlichung erfolgte 1994 unter der Rubrik „Rechtsextremismus" mit der Untergliederung „rechtsextremistische Publikationen, Verlage, Vertriebe, Medien" und 1995 unter der Rubrik „rechtsextremistische Organisationen, Gruppierungen und Strömungen".

14

a) Im Verfassungsschutzbericht für das Jahr 1994 sind Artikel aus der „Jungen Freiheit" mit folgenden Themenbereichen auszugsweise zitiert und analysiert:

15

- Nationalistisch und rassistisch motivierte Fremdenfeindlichkeit / Bestrebungen gegen Gleichheitsgrundrechte – Missachtung der Menschenwürde;

16

- Antiparlamentarismus / Bestrebungen gegen die parlamentarische Demokratie;

17

- Mangelnde Distanz zur NS-Herrschaft / Verharmlosung und Relativierung von NS-Verbrechen – Rechtfertigung des Nationalsozialismus;

18

- Strategische Aussagen / strategische Forderungen.

19

Weiter enthält der Bericht eine Würdigung der Bewegung „Neue Rechte", deren Gedankengut in der „Jungen Freiheit" propagiert werde. Unter anderem heißt es:

20

Die durch den Verfassungsschutz NRW vorgenommene Auswertung der bisher erschienenen Ausgaben der JF, insbesondere des Jahres 1994, hat zahlreiche tatsächliche Anhaltspunkte für den Verdacht rechtsextremistischer Bestrebungen ergeben. Konstant und auffällig ist die JF von Beiträgen durchsetzt, in denen die Verfasser für politische Standpunkte werben oder Forderungen erheben, die mit grundlegenden Prinzipien der freiheitlichen demokratischen Grundordnung, insbesondere der Achtung vor den im Grundgesetz konkretisierten Menschenrechten und dem Grundsatz der Verantwortlichkeit der Regierung gegenüber der Volksvertretung, nicht in Einklang stehen.

21

b) Im Verfassungsschutzbericht für das Jahr 1995 wird betont, dass der Verfassungsschutz NRW derzeit keine nachrichtendienstlichen Mittel bei der Beobachtung der „Jungen Freiheit" einsetze. Beobachtung bedeute im Fall der „Jungen Freiheit", dass die Zeitschrift gelesen und bewertet werde und die Ergebnisse dieser Auswertung veröffentlicht würden. Zum Beleg fortbestehender tatsächlicher Anhaltspunkte für den Verdacht rechtsextremistischer Bestrebungen sind Beiträge aus der „Jungen Freiheit" unter folgenden Themenschwerpunkten zusammengestellt: Agitation zum 8. Mai; Revisionismus; Umerziehung und Vergangenheitsbewältigung; Political Correctness (PC); Umwertung von Begriffen „konservativ", „Nation", „Demokratie"; Konservative Revolution; Antiparlamentarismus; Agitation gegen Institutionen und Funktionsträger der freiheitlichen Demokratie; Bestrebungen gegen Grundrechte.

22

Außerdem wird über die Leserkreise der „Jungen Freiheit", über die Beziehung zur so genannten „JF-Sommeruniversität" und erneut über die „Neue Rechte" berichtet.

II.

23

Die Beschwerdeführerin klagte vor dem Verwaltungsgericht gegen das Land Nordrhein-Westfalen unter anderem auf Unterlassung der Verbreitung der Verfassungsschutzberichte, wenn nicht die Passagen über die „Junge Freiheit" entfernt würden, auf Feststellung, dass das Land nicht befugt sei, die „Junge Freiheit" in die Rubrik „Rechtsextremismus" einzuordnen, solange es nur einen Verdacht habe, ferner auf Richtigstellung, dass die Einordnung nicht gerechtfertigt gewesen sei, sowie auf Widerruf von Behauptungen.

24

1. Das Verwaltungsgericht wies die Klage im Jahre 1997 ab.

25

a) Die Schutzbereiche von Art. 5 Abs. 1 Satz 2 und Art. 12 Abs. 1 GG seien bereits nicht berührt. Art. 5 Abs. 1 Satz 2 GG schütze die Verbreitung von Meinungen und Tatsachen in Druckerzeugnissen. Der Beschwerdeführerin sei es trotz Veröffentlichung der Verfassungsschutzberichte möglich, die „Junge Freiheit" herzustellen und zu verbreiten und über den Inhalt der von ihr gedruckten Beiträge zu bestimmen. Die geltend gemachten Nachteile wirtschaftlicher Art infolge der in den Verfassungsschutzberichten zum Ausdruck kommenden Kritik seien vom Schutzbereich des Art. 5 Abs. 1 Satz 2 GG nicht umfasst.

26

Ebenso wenig sei das Grundrecht aus Art. 12 Abs. 1 GG durch die Verfassungsschutzberichte und die damit einhergehende Information der Öffentlichkeit tangiert, weil die Redakteure und Mitarbeiter der Beschwerdeführerin ihrer Tätigkeit weiter nachgehen könnten.

27

b) Die Beschwerdeführerin sei durch die Berichte auch nicht in ihrem aus Art. 2 Abs. 1 in Verbindung mit Art. 1 Abs. 1 GG folgenden allgemeinen Persönlichkeitsrecht verletzt, weil der in den Berichten liegende Eingriff gerechtfertigt sei. Er finde seine Grundlage in der Ermächtigungsnorm des § 15 Abs. 2 VSG NRW, dessen formelle und materielle Voraussetzungen erfüllt seien. In formeller Hinsicht stehe dem Land die Verbandskompetenz zu, insbesondere sei die Zuständigkeit des beklagten Landes für die Erwähnung der von der Beschwerdeführerin verlegten Zeitung in den Verfassungsschutzberichten gegeben. Ein Personenzusammenschluss mit Sitz in Nordrhein-Westfalen werde nicht vorausgesetzt, vielmehr sei ausreichend, dass die „Junge Freiheit" in Nordrhein-Westfalen verbreitet werde.

28

Die Veröffentlichung der Verfassungsschutzberichte sei auch materiell rechtmäßig. Die Beschwerdeführerin wolle nicht nur Meinungen äußern, sondern durch ihre Publikationen einen Prozess der Veränderung des öffentlichen Meinungsklimas im Sinne ihrer redaktionellen Grundsätze in Gang bringen. Es bestünden tatsächliche Anhaltspunkte für den Verdacht, dass diese Verhaltensweise darauf gerichtet sei, zur freiheitlichen demokratischen Grundordnung zählende Verfassungsgrundsätze zu beseitigen oder außer Geltung zu setzen. Dass dies für die Veröffentlichung in einem Verfassungsschutzbericht ausreiche, sei bereits dem Wortlaut des § 15 Abs. 2 VSG NRW zu entnehmen, der auf § 3 Abs. 1 VSG NRW und dessen letzten Halbsatz Bezug nehme. Sinn und Zweck der Vorschrift geböten keine Abweichung. Verfassungsschutzberichte dienten der Aufklärung, wie sich unmittelbar aus § 15 Abs. 2 VSG NRW ergebe, der eine Aufklärung der Öffentlichkeit über Bestrebungen gegen die verfassungsmäßige Ordnung vorsehe. Die Vorschrift sei Ausdruck des Prinzips der „wehrhaften Demokratie", das dem Staat von Verfassungs wegen die Pflicht auferlege, die freiheitliche demokratische Grundordnung zu schützen. Mit der Wahrnehmung dieser Verpflichtung sei die Aufgabe verbunden, die Öffentlichkeit bereits beim Bestehen von Anhaltspunkten für den Verdacht verfassungsfeindlicher Bestrebungen effektiv vor Gefahren für die Verfassungsschutzgüter zu warnen. Wäre die Information erst zulässig, wenn Gewissheit bestünde, könnte die Gefahrenabwehr zu spät kommen.

29

Tatsächliche Anhaltspunkte für einen Verdacht gegen die Beschwerdeführerin hätten vorgelegen. Die Zeitung eröffne keinen „Markt der Meinungen", da in ihr nicht alles vertreten werden könne und vertreten werde. Die in der Zeitung gedruckten Meinungsäußerungen und Tatsachenmeldungen würden nach den Regeln des Presserechts in der Verantwortung der Redaktion veröffentlicht und seien ihr ohne hinreichend deutliche, in unmittelbarem zeitlichen und örtlichen Zusammenhang erfolgte Missbilligung oder Distanzierung zuzurechnen. Aus einer Gesamtschau aller Artikel ergebe sich die Tendenz der Zeitung, die gegen die freiheitliche demokratische Grundordnung gerichtete Absichten erkennen lasse. Abzustellen sei auf alle Artikel einschließlich der von freien Mitarbeitern verfassten und der Leserbriefe. Maßgeblich sei der objektive Erklärungsinhalt einer Verlautbarung so, wie dieser auf einen Dritten, namentlich den Adressatenkreis, wirke.

30

Auf dieser Grundlage ließen die Berichte darauf schließen, dass die Beschwerdeführerin die Menschenrechte des Grundgesetzes missachte. Ausländer würden als aus wirtschaftlichen und ökologischen Gründen minderwertig und unerwünscht dargestellt. Ein rassistischer Leserbrief unter dem Titel „ASYLyrik" sei ohne zeitnahe Distanzierung veröffentlicht worden. Eine antisemitische Ausrichtung zeige sich in der zynischen Herabwürdigung von Holocaust-Opfern mit satirischen Mitteln. Auch Aids-Opfer würden in einem Jahresrückblick diffamiert, indem sie in einem Atemzug mit Opfern von Tierschlachtungen genannt würden. Weiter seien der Zeitung Anhaltspunkte für den Verdacht von Bestrebungen gegen das Demokratieprinzip zu entnehmen. Das Mehrparteiensystem werde in Zweifel gezogen. Es werde eine Staatsform propagiert, in der die Regierung nicht mehr der Volksvertretung gegenüber verantwortlich wäre. Eine demokratiefeindliche Einstellung zeige sich auch darin, dass die Beschwerdeführerin die im Kaiserreich und in der Weimarer Republik vertretene Idee der „Konservativen Revolution" verfechte.

31

Die Veröffentlichung in den Verfassungsschutzberichten sei verhältnismäßig. Sie sei geeignet und erforderlich, um der Öffentlichkeit Anhaltspunkte für den Verdacht verfassungsschutzrechtlich erheblicher Bestrebungen aufzuzeigen. Sie stehe auch nicht außer Verhältnis zu den geltend gemachten Nachteilen. Zum einen habe die Beschwerdeführerin durch die Verfassungsschutzberichte verursachte wirtschaftliche Nachteile nicht substantiiert dargelegt. Zum anderen seien diese gegenüber dem mit den Berichten verfolgten Anliegen nachrangig und schließlich handele es sich insoweit um eine bloße Folgewirkung der Berichte.

32

2. Den Antrag auf Zulassung der Berufung wies das Oberverwaltungsgericht im Jahre 2001 zurück.

33

Ernstliche Zweifel an der Richtigkeit der verwaltungsgerichtlichen Entscheidung im Sinne von § 124 Abs. 2 Nr. 1 VwGO bestünden nicht. Das allgemeine Persönlichkeitsrecht der Beschwerdeführerin sei nicht verletzt, da die Berichte rechtmäßig gewesen seien. Das Land habe für die angegriffenen Maßnahmen die Verbandskompetenz gehabt. Das Verwaltungsgericht, dessen Ausführungen das Oberverwaltungsgericht sich zu Eigen mache, sei auf der Grundlage einer umfassenden Auswertung zahlreicher Veröffentlichungen der „Jungen Freiheit" zu Recht davon ausgegangen, dass bezogen auf die Beschwerdeführerin tatsächliche Anhaltspunkte für den Verdacht von Bestrebungen gegen die freiheitliche demokratische Grundordnung vorlägen, die eine Veröffentlichung in den Verfassungsschutzberichten rechtfertigten. In einer Gesamtschau ergebe sich der Eindruck, die Beschwerdeführerin trete aktiv für die genannten verfassungsfeindlichen Auffassungen ein. Die dagegen erhobenen Einwände der Beschwerdeführerin seien nicht geeignet, den Verdacht auszuräumen. Irrelevant sei, ob die Beiträge auch anders interpretiert werden könnten. Maßgebend sei allein, dass die betreffenden Artikel bei vernünftiger Betrachtung auch und gerade in dem vom Verwaltungsgericht dargelegten Sinne verstanden werden könnten und die Gesamtheit der vom Verwaltungsgericht bewerteten Artikel jedenfalls hinreichenden Anlass für den Verdacht verfassungsfeindlicher Ziele gebe. Die Redaktion habe über einen längeren Zeitraum eine größere Anzahl derartiger Beiträge kommentarlos und ohne Distanzierung veröffentlicht. Darüber hinaus geht das Oberverwaltungsgericht in Übereinstimmung mit der verwaltungsgerichtlichen Entscheidung davon aus, dass sich ein Verstoß gegen den Grundsatz der Verhältnismäßigkeit nicht feststellen lässt und die Schutzbereiche von Art. 5 Abs. 1 Satz 2 und Art. 12 Abs. 1 GG nicht berührt seien. Eine Zulassung der Berufung aus den Gründen des § 124 Abs. 2 Nr. 2 VwGO (besondere tatsächliche oder rechtliche Schwierigkeiten der Rechtssache) und des § 124 Abs. 2 Nr. 3 VwGO (grundsätzliche Bedeutung) lehnte das Oberverwaltungsgericht ohne nähere Begründung ebenfalls ab.

III.

34

Mit ihrer Verfassungsbeschwerde rügt die Beschwerdeführerin eine Verletzung ihrer Grundrechte aus Art. 2 Abs. 1 in Verbindung mit Art. 1 Abs. 1 und aus Art. 5 Abs. 1 Satz 1 und 2 sowie Art. 12 Abs. 1 GG durch die beiden Verfassungsschutzberichte und die verwaltungsgerichtlichen Entscheidungen. Der Beschluss des Oberverwaltungsgerichts verletze sie zudem in ihren Grundrechten aus Art. 2 Abs. 1 in Verbindung mit Art. 20 Abs. 3 und aus Art. 3 Abs. 1 sowie Art. 19 Abs. 4 GG.

35

1. Ein Eingriff auch in die Presse- und Berufsfreiheit ergebe sich aus der Intensität der Beeinträchtigungen, welche die Beschwerdeführerin in der Folge der Berichte erlitten habe. Dabei sei eine Substantiierung im Einzelnen nicht erfor-

derlich, weil die Aufnahme der Beschwerdeführerin in die Verfassungsschutzberichte ihre Stigmatisierung in der Öffentlichkeit bewirke. Es werde ihr dadurch wesentlich erschwert, Anzeigenkunden zu werben, ihren Vertrieb zu sichern und Leser zu gewinnen. Die Öffentlichkeit differenziere nicht zwischen der Behauptung, die „Junge Freiheit" sei rechtsextremistisch, und der Behauptung, es bestünden tatsächliche Anhaltspunkte für einen derartigen Verdacht. Die Beschwerdeführerin könne sich wegen der Berichte in privatrechtlichen Auseinandersetzungen nicht erfolgreich gegen die Bezeichnung als rechtsextremistisch wehren. Zu berücksichtigen sei überdies, dass die Verfassungsschutzberichte ihre politische Wirkung in erster Linie über die Massenmedien entfalteten. Die breite Öffentlichkeit lese die Verfassungsschutzberichte nicht; hingegen orientierten sich die Medien in ihrer Berichterstattung und ihren Bewertungen an den Verfassungsschutzberichten, wenn es um die Einstufung politischer Gruppen oder Publikationen als „extremistisch" gehe. Der Umstand, dass im Verfassungsschutzbericht darauf hingewiesen werde, es lägen „tatsächliche Anhaltspunkte für den Verdacht einer rechtsextremistischen Bestrebung" vor, mildere in der Praxis die stigmatisierende Wirkung des Berichts kaum ab. In den Entscheidungen „Osho" und „Glykol" (Hinweis auf BVerfGE 105, 279 und BVerfGE 105, 252) habe das Bundesverfassungsgericht festgestellt, dass auch Beeinträchtigungen, die nicht die Qualität eines Eingriffs hätten, am Maßstab des betroffenen Spezialfreiheitsrechts zu überprüfen seien. Damit habe sich das Bundesverfassungsgericht von einer früheren Entscheidung (BVerfGE 40, 287) abgekehrt, nach der die indirekten Auswirkungen der Einstufung als extremistisch in einem Verfassungsschutzbericht nur am Willkürverbot zu messen seien.

36

2. Der Eingriff in ihre Grundrechte sei nicht durch § 15 Abs. 2 VSG NRW gerechtfertigt.

37

a) In der Auslegung der Norm durch die Gerichte fehle dem Land die Verbandskompetenz für § 15 Abs. 2 VSG NRW. Die Zuständigkeiten der Länder seien auch im Bereich des Verfassungsschutzes territorial begrenzt. Das gelte für die Öffentlichkeitsarbeit des Verfassungsschutzes in stärkerem Ausmaß als für die Informationserhebung und -verarbeitung. Hier gehe es um eine Stellungnahme zu einer Zeitung aus Berlin. Nur dort könnten überhaupt verfassungsfeindliche „Bestrebungen" entfaltet worden sein. Die bloße Verbreitung der „Jungen Freiheit" auch in Nordrhein-Westfalen könne dagegen nicht als derartige „Bestrebung" angesehen werden, da es um Handlungen von Menschen gehe; das seien hier die in Berlin ansässigen Redaktionsmitglieder, nicht die Leser und Verkäufer in Nordrhein-Westfalen. Durch die Berichte habe das Land in die Bewertungskompetenz des Landes Berlin und des Bundes eingegriffen.

38

b) § 15 Abs. 2 VSG NRW sei bei Zugrundelegung der von den Gerichten vorgenommenen Auslegung auch materiell verfassungswidrig. Weder handele sich es um ein allgemeines Gesetz noch konkretisiere die Norm eine verfassungsimmanente Schranke der Pressefreiheit. Eine Aufnahme in die Berichte schon beim bloßen Verdacht verfassungsfeindlicher Bestrebungen sei mit den Grundrechten der Beschwerdeführerin sowie mit dem Rechtsstaats- und dem Demokratieprinzip nicht zu vereinbaren. Zweck der Berichte sei nicht die Information der Öffentlichkeit, sondern der Schutz der freiheitlichen demokratischen Grundordnung. Deshalb reiche der bloße Verdacht nicht aus. Vielmehr würde die Formulierung von Kampfansagen an Organisationen voraussetzen, dass eine Zielsetzung außerhalb des demokratischen Konsenses tatsächlich feststehe. Auch der Gedanke der Gefahrenabwehr könne nichts anderes ergeben. Werde eine Gruppierung zu Unrecht in einen Verfassungsschutzbericht aufgenommen, so werde die freiheitliche demokratische Grundordnung als Schutzgut der Veröffentlichung beeinträchtigt. Wegen der schwerwiegenden Folgen einer Aufnahme sei auch eine Analogie zur strafrechtlichen Unschuldsvermutung angezeigt. Der Verdacht verfassungsfeindlicher Bestrebungen könne nur Maßnahmen zur Aufklärung, nicht aber bereits eine Bekämpfung der betroffenen Organisation rechtfertigen. Auch unter dem Gesichtspunkt der Verhältnismäßigkeit gehe eine Gefahrerforschung möglichen Maßnahmen der Gefahrenabwehr vor. Zumindest sei es nicht erforderlich, die Verdachtsfälle im selben Kapitel sowie mit derselben optischen Aufmachung und Darstellungsweise aufzuführen wie nachweislich verfassungsfeindliche Gruppierungen. Die Bezeichnung als „extremistisch" sei ebenfalls unverhältnismäßig.

39

c) Die Anwendung des § 15 Abs. 2 VSG NRW auf den vorliegenden Fall sei ebenfalls nicht mit der Verfassung vereinbar. Es bestünden keine tatsächlichen Anhaltspunkte für den Verdacht einer verfassungsfeindlichen Zielsetzung der „Jungen Freiheit". Die Gerichte hätten die Zitate, die in den angeführten Berichten enthalten seien, in ihrer Aussage überwiegend verkannt. Andere Interpretationsmöglichkeiten seien nicht ausgeschlossen worden. Eine Ausnahme sei der rassistische Leserbrief, welcher der Beschwerdeführerin aber nicht zurechenbar sei und von dem sie sich distanziere.

40

Auch eine Gesamtbetrachtung der „Jungen Freiheit" rechtfertige die Verfassungsschutzberichte nicht. Der Leserbrief allein sei jedenfalls nicht ausreichend. Das Verwaltungsgericht habe lediglich 16 Zitate herangezogen, von denen sechs nicht aus den Berichtszeiträumen stammten. Angesichts eines Artikelvolumens von mehreren Tausend im Jahr in der „Jungen Freiheit" sei das ein zu geringer Anteil.

41

Schließlich sei die Veröffentlichung in den Verfassungsschutzberichten unverhältnismäßig. Die freiheitliche demokratische Grundordnung werde zu Unrecht den Beeinträchtigungen der Beschwerdeführerin als abstrakte Größe gegenübergestellt. Vielmehr hätte die Bedeutung der Handlungen der Beschwerdeführerin für diese Grundordnung ermittelt werden müssen, wofür es etwa auf die Leserzahl und den gesamtgesellschaftlichen Einfluss der Zeitschrift sowie auf die Stabilität der Demokratie in Deutschland ankomme. Die Gerichte hätten auch die immaterielle Beeinträchtigung der Beschwerdeführerin durch die Berichte verkannt und überzogene Anforderungen an die Darlegung wirtschaftlicher Nachteile gestellt.

42

3. Der Beschluss des Oberverwaltungsgerichts handhabe die Voraussetzungen für die Zulassung der Berufung in einer gegen Verfahrensgrundrechte verstoßenden Weise. Das Oberverwaltungsgericht habe in der Sache ein Berufungsurteil gefällt, ohne ein Berufungsverfahren durchzuführen. Dadurch sei die Möglichkeit der Beschwerdeführerin zu weiterem Sachvortrag rechtsstaatswidrig verkürzt worden. Zudem rügt die Beschwerdeführerin eine Verfahrensdauer von über vier Jahren in der Berufungsinstanz als überlang, weist allerdings im Schriftsatz vom 6. Dezember 2004 darauf hin, dass ihr in erster Linie an einer Entscheidung in der Sache liege, da der beabsichtigte Rechtsfrieden nur bei Klärung der verfassungsrechtlichen Grundsatzfragen einkehren könne.

IV.

43

Das Land Nordrhein-Westfalen verneint in seiner Stellungnahme die Verletzung materieller Grundrechte der Beschwerdeführerin und führt insbesondere aus, der Verdacht gegen die Beschwerdeführerin sei hinreichend gewesen, um sie in die Verfassungsschutzberichte aufzunehmen. Die „Junge Freiheit" biete zahlreiche tatsächliche Anhaltspunkte für den Verdacht, dass die Beschwerdeführerin über diese Zeitung Bestrebungen entfalte, die vor allem gegen die demokratische und parlamentarische Ordnung des Grundgesetzes gerichtet seien. Die Beschwerdeführerin stütze sich teils ausdrücklich, teils stillschweigend auf das antidemokratische und antiparlamentarische Gedankengut der „Konservativen Revolution", neige zu einer Verharmlosung des Nationalsozialismus und des Holocaust, vertrete einen geographischen Revisionismus und verunglimpfe die verfassungsmäßige Ordnung des Grundgesetzes sowie ihre politischen Gegner. Außerdem enthielten zahlreiche Artikel in der „Jungen Freiheit" ausländerfeindliche und ten-

denziell antisemitische Ausführungen. Der nordrhein-westfälische Verfassungs-
schutz sei berechtigt, einem derartigen Verdacht nachzugehen, da die „Junge
Freiheit" auch in Nordrhein-Westfalen verbreitet werde. Er sei entgegen der
Auffassung der Beschwerdeführerin nicht verpflichtet, die Information über die
„Junge Freiheit" gesondert von Berichten über Organisationen abzudrucken, bei
denen mehr als ein Verdacht bestehe.

B.
44
Die zulässige Verfassungsbeschwerde ist begründet.

I.
45
Die angegriffenen Entscheidungen verletzen die Beschwerdeführerin in ihrem
Grundrecht auf Pressefreiheit aus Art. 5 Abs. 1 Satz 2 GG.
46
1. Das Verwaltungsgericht hat die Klage der Beschwerdeführerin unter anderem
mit der Begründung abgewiesen, dass die Aufnahme von Passagen über die
„Junge Freiheit" in die nordrhein-westfälischen Verfassungsschutzberichte 1994
und 1995 den Schutzbereich der Pressefreiheit nicht berühre. Die gleiche rechtliche Beurteilung ist ein tragendes Argument für die Zurückweisung des Antrags
auf Zulassung der Berufung durch das Oberverwaltungsgericht. Diese Auffassung verkennt die Reichweite des grundrechtlichen Schutzbereichs der Pressefreiheit.
47
a) Die Beschwerdeführerin als Verlegerin und Herausgeberin einer Wochenzeitung ist durch die Grundrechte aus Art. 5 Abs. 1 Satz 1 und 2 GG geschützt.
Auch als juristische Person des Privatrechts kann sie sich gemäß Art. 19 Abs. 3
GG auf die Meinungs- und Pressefreiheit berufen (vgl. BVerfGE 80, 124 <131>;
95, 28 <34>). Das Grundrecht sichert die Freiheit der Herstellung und Verbreitung von Druckerzeugnissen und damit das Kommunikationsmedium Presse
(vgl. BVerfGE 85, 1 <12 f.>). Demgegenüber schützt die Meinungfreiheit des
Art. 5 Abs. 1 Satz 1 GG Form und Inhalt von Meinungsäußerungen, auch wenn
sie in einem Presseerzeugnis verbreitet werden (vgl. BVerfGE 97, 391 <400>).
48
Prüfungsmaßstab ist vorliegend die Pressefreiheit. Die staatliche Maßnahme
trifft das Presseerzeugnis selbst und beeinflusst die Rahmenbedingungen pres-
semäßiger Betätigung. Gegenstand der Verfassungsschutzberichte ist der Hinweis auf den Verdacht, dass die Beschwerdeführerin bestrebt sei, mit Hilfe der
Zeitung die freiheitliche demokratische Grundordnung in Bund und Ländern zu

beseitigen oder außer Geltung zu setzen. Die Verfassungsschutzberichte greifen zum Beleg des angenommenen Verdachts verfassungsfeindlicher Bestrebungen einzelne Artikel aus der „Jungen Freiheit" heraus, um auf dieser Grundlage ein Gesamturteil über die Zeitung und die hinter ihr stehende Gruppierung zu begründen: Die negative Beurteilung der Bestrebungen gilt der Organisation, die sich der Zeitung als Sprachrohr bedient.

49

In diesem Zusammenhang bewerten die Verfassungsschutzberichte einzelne Meinungsäußerungen je für sich als verfassungsfeindlich und rechnen sie der Beschwerdeführerin zu. Insoweit kann auch die Meinungsfreiheit des Art. 5 Abs. 1 Satz 1 GG zum Prüfungsmaßstab werden. Hier wendet sich die Beschwerdeführerin aber nur gegen die aus den Artikeln gezogenen Folgerungen über verfassungsfeindliche Bestrebungen der Beschwerdeführerin als Verlegerin einer Zeitung. Daher hat das Grundrecht auf Meinungsfreiheit keine eigenständige Bedeutung für die verfassungsrechtliche Beurteilung der angegriffenen Entscheidungen im vorliegenden Verfahren.

50

b) Nicht jedes staatliche Informationshandeln und nicht jede Teilhabe des Staates am Prozess öffentlicher Meinungsbildung ist als Grundrechtseingriff zu bewerten (vgl. BVerfGE 105, 252 <265 ff.> - zu Art. 12 Abs. 1 GG -; 105, 279 <294 ff., 299 ff.> - zu Art. 4 Abs. 1 GG -). Maßgebend ist, ob der Schutzbereich eines Grundrechts berührt wird und ob die Beeinträchtigung einen Eingriff oder eine eingriffsgleiche Maßnahme darstellt. Das ist bei der Nennung der Beschwerdeführerin im Verfassungsschutzbericht zu bejahen.

51

aa) Der Schutzbereich des Grundrechts der Pressefreiheit bestimmt sich unter Berücksichtigung des Zwecks der grundrechtlichen Verbürgung. Die Pressefreiheit ist grundrechtlich im Hinblick darauf besonders geschützt, dass eine freie, nicht von der öffentlichen Gewalt gelenkte Presse ein Wesenselement des freiheitlichen Staates und für eine Demokratie unentbehrlich ist (vgl. BVerfGE 20, 162 <174>). Aufgabe der Presse ist es dementsprechend, umfassende Information zu ermöglichen, die Vielfalt der bestehenden Meinungen wiederzugeben und selbst Meinungen zu bilden und zu vertreten (vgl. BVerfGE 52, 283 <296>). Dies setzt ihre Unabhängigkeit vom Staat voraus. Die Pressefreiheit schützt die Grundrechtsträger daher vor Einflussnahmen des Staates auf die mit Hilfe der Presse verbreiteten Informationen, insbesondere vor negativen oder positiven Sanktionen, die an Inhalt und Gestaltung des Presseerzeugnisses anknüpfen (vgl. BVerfGE 80, 124 <133 f.> - zu Subventionen).

52

Der Schutz vor inhaltsbezogenen Einwirkungen betrifft nicht allein Eingriffe im traditionellen Sinne (zum herkömmlichen Eingriffsbegriff siehe BVerfGE 105, 279 <300>), sondern kann auch bei mittelbaren Einwirkungen auf die Presse (vgl. BVerfGE 52, 283 <296>) ausgelöst werden, wenn sie in der Zielsetzung und ihren Wirkungen Eingriffen gleich kommen (vgl. BVerfGE 105, 252 <273>). Art. 5 Abs. 1 Satz 2 GG gewährt den Trägern der Pressefreiheit daher ein subjektives Abwehrrecht auch gegen Beeinträchtigungen, die mittelbar über eine Einflussnahme des Staates auf Dritte eintreten, etwa dadurch, dass das Verhalten dieser Dritten die publizistischen Wirkungsmöglichkeiten oder die finanziellen Erträge des Presseorgans in einer Weise nachteilig beeinflusst, die einem Eingriff gleichkommt. Dass über faktische Nachteile des Informationshandelns hinaus rechtliche Auswirkungen an die staatliche Maßnahme geknüpft sein müssen - wie der Zweite Senat im Jahre 1975 für den Bereich des Art. 21 GG angenommen hat (BVerfGE 40, 287 <293>) - ist demgegenüber nicht Voraussetzung dafür, dass die Kommunikationsfreiheit beeinträchtigt sein kann.

53

bb) Vorliegend dienen die Erwähnung der „Jungen Freiheit" und die kritische Auseinandersetzung mit ihr in den Verfassungsschutzberichten dem in § 3 Abs. 1 und § 15 Abs. 2 VSG NRW umschriebenen Zweck des Verfassungsschutzes, durch Aufklärung der Öffentlichkeit Bestrebungen gegen die freiheitliche demokratische Grundordnung des Bundes und der Länder abzuwehren. Die im Rahmen dieser Zielsetzung durch einen Verfassungsschutzbericht ausgelösten Wirkungen kommen einem Eingriff gleich.

54

Der Verfassungsschutzbericht ist kein beliebiges Erzeugnis staatlicher Öffentlichkeitsarbeit. Er zielt auf die Abwehr besonderer Gefahren (§ 1 VSG NRW) und stammt von einer darauf spezialisierten und mit besonderen Befugnissen (vgl. §§ 5 ff. VSG NRW), darunter der Rechtsmacht zum Einsatz nachrichtendienstlicher Mittel, arbeitenden Stelle. Insofern geht eine Veröffentlichung im Verfassungsschutzbericht über die bloße Teilhabe staatlicher Funktionsträger an öffentlichen Auseinandersetzungen oder an der Schaffung einer hinreichenden Informationsgrundlage für eine eigenständige Entscheidungsbildung der Bürger, etwa als Marktteilnehmer (vgl. BVerfGE 105, 252 <267 ff.>), hinaus. Sie ist eine an die verbreiteten Kommunikationsinhalte anknüpfende, mittelbar belastende negative Sanktion gegen die Beschwerdeführerin.

55

Die Verfassungsschutzbehörde bewertet in den Berichten einzelne Inhalte der Zeitung als verfassungsfeindlich und versieht dies mit Schlussfolgerungen über die Bestrebungen der Beschwerdeführerin. Die Äußerung im Verfassungsschutzbericht hat nach Auffassung des Verwaltungsgerichts zugleich den Charakter einer Warnung vor der Beschwerdeführerin und der von ihr verantworteten Zeitung (zur Warnfunktion siehe auch OVG NRW, NVwZ 1994, S. 588 f.; Murswiek, NVwZ 2004, S. 769 <771> m.w.N. in Fn 21). Der Verlag und die Redaktion der „Jungen Freiheit" werden durch die Erwähnung in den Verfassungsschutzberichten zwar nicht daran gehindert, die Zeitung weiter herzustellen und zu vertreiben sowie auch zukünftig Artikel wie die beanstandeten abzudrucken. Ihre Wirkungsmöglichkeiten werden jedoch durch den Verfassungsschutzbericht nachteilig beeinflusst. Potenzielle Leser können davon abgehalten werden, die Zeitung zu erwerben und zu lesen, und es ist nicht unwahrscheinlich, dass etwa Inserenten, Journalisten oder Leserbriefschreiber die Erwähnung im Verfassungsschutzbericht zum Anlass nehmen, sich von der Zeitung abzuwenden oder sie zu boykottieren.

56

Eine solche mittelbare Wirkung der Verfassungsschutzberichte kommt einem Eingriff in das Kommunikationsgrundrecht gleich.

57

2. Die Annahme der Behörde und der Gerichte, die allerdings im Rahmen der Prüfung des Art. 2 Abs. 1 GG erfolgt ist, eine solche Beeinträchtigung sei jedenfalls gerechtfertigt, hält verfassungsrechtlicher Prüfung nicht in jeder Hinsicht stand.

58

a) Der Staat ist grundsätzlich nicht gehindert, das tatsächliche Verhalten von Gruppen oder deren Mitglieder wertend zu beurteilen (vgl. BVerfGE 105, 279 <294> - zu Art. 4 Abs. 1 GG -). Die Verteidigung von Grundsätzen und Wertvorgaben der Verfassung durch Organe und Funktionsträger des Staates kann auch mit Hilfe von Informationen an die Öffentlichkeit und der Teilhabe an öffentlichen Auseinandersetzungen erfolgen. Führt das staatliche Informationshandeln aber zu Beeinträchtigungen, die einem Grundrechtseingriff gleichkommen (vgl. BVerfGE 105, 252 <273>), bedürfen sie der Rechtfertigung (vgl. BVerfGE 105, 279 <299 ff.> - zu Art. 4 GG -).

59

aa) Die Pressefreiheit ist nicht unbeschränkt gewährleistet. Sie findet ihre Schranken nach Art. 5 Abs. 2 GG unter anderem in den allgemeinen Gesetzen. Allgemein sind Gesetze, die sich nicht gegen das Grundrecht an sich oder gegen die Äußerung einer bestimmten Meinung richten, sondern dem Schutz eines schlechthin, ohne Rücksicht auf eine bestimmte Meinung, zu schützenden Rechtsguts dienen (vgl. BVerfGE 7, 198 <209 f.>; 97, 125 <146>; stRspr).

60

§ 15 Abs. 2 VSG NRW ist ein solches allgemeines Gesetz. Die in § 15 Abs. 2 VSG NRW enthaltene Ermächtigung zur Information der Öffentlichkeit in Verfassungsschutzberichten zum Zweck der Aufklärung über verfassungsfeindliche Bestrebungen und Tätigkeiten dient, wie die Bezugnahme auf § 3 Abs. 1 VSG NRW zeigt, dem Schutz der freiheitlichen demokratischen Grundordnung in Bund und Ländern. Die Ermächtigung ist weder gegen eine bestimmte Meinung noch gegen den Prozess der freien Meinungsbildung oder gegen freie Information als solche gerichtet, sondern zielt auf die Wahrung eines allgemein in der Rechtsordnung, hier der Verfassung, verankerten Rechtsguts, dessen Schutz unabhängig davon ist, ob es durch Meinungsäußerungen oder auf andere Weise gefährdet oder verletzt wird.

61

bb) Bedenken gegen die formelle Verfassungsmäßigkeit des § 15 Abs. 2 in Verbindung mit § 3 Abs. 1 VSG NRW bestehen nicht. Insbesondere hat das Land Nordrhein-Westfalen seine Gesetzgebungskompetenz nicht überschritten.

62

Der Bund hat nach Art. 73 Nr. 10 Buchstabe b GG zwar die ausschließliche Gesetzgebungskompetenz für die Zusammenarbeit des Bundes und der Länder im Bereich des Verfassungsschutzes, nicht aber für den Verfassungsschutz allgemein. Insoweit ergibt sich die Gesetzgebungskompetenz der Länder aus Art. 70 Abs. 1 GG. Die Länder sind zum Erlass von Gesetzen zur Abwehr von Bestrebungen gegen die freiheitliche demokratische Grundordnung befugt, soweit sich diese im jeweiligen Land auswirken und damit dort Gefahren hervorrufen können. Dies kann bei einer Zeitung in jedem Bundesland der Fall sein, in dem sie vertrieben wird. Entgegen der Auffassung der Beschwerdeführerin ist nicht entscheidend, ob die Bestrebungen ihren Ausgang in einem anderen Bundesland haben – vorliegend Berlin, dem Sitz von Redaktion und Verlag der „Jungen Freiheit".

63

Dem Gesetzgeber ist es auch nicht grundsätzlich verwehrt, zur Abwehr verfassungsfeindlicher Bestrebungen zu Maßnahmen zu ermächtigen, deren Wirkungen die Grenzen des Landes unvermeidbar überschreiten. Bei Verfassungsschutzberichten als Druckerzeugnissen ist niemals auszuschließen, dass die in ihnen enthaltenen Informationen auch in anderen Ländern wahrgenommen oder - etwa über die Berichterstattung in den Medien - weiter verbreitet werden.

64

cc) Auch in materiellrechtlicher Hinsicht bestehen keine verfassungsrechtlichen Bedenken gegen § 15 Abs. 2 in Verbindung mit § 3 Abs. 1 VSG NRW, der die Behörde unter näher bezeichneten Voraussetzungen dazu ermächtigt, in dem

Verfassungsschutzbericht über verfassungsfeindliche Bestrebungen zu informieren.

65

(1) Die Veröffentlichung in den Verfassungsschutzberichten ist eine grundsätzlich geeignete Vorkehrung zur Aufklärung der Öffentlichkeit und in diesem Rahmen zur Abwehr verfassungsfeindlicher Bestrebungen. Bei der Nutzung der Ermächtigung des § 15 Abs. 2 VSG NRW zur Veröffentlichung von Informationen im Verfassungsschutzbericht sind die rechtlichen Grenzen des Ermessens zu beachten (vgl. § 40 VwVfG NRW), zu denen der Verhältnismäßigkeitsgrundsatz gehört. Das Gebot der Erforderlichkeit wird in § 15 Abs. 2 VSG NRW zwar ausdrücklich nur für die Veröffentlichung personenbezogener Daten erwähnt. Es gilt aber als Bestandteil des Verhältnismäßigkeitsgrundsatzes kraft Verfassungsrechts stets bei Eingriffen oder eingriffsgleichen Beeinträchtigungen von Grundrechten und ist daher ungeschriebenes Tatbestandsmerkmal der Norm.

66

(2) Die rechtsstaatlichen Anforderungen an die Verhältnismäßigkeit einer belastenden Maßnahme werden im Einzelnen durch den Rang des zu schützenden Rechtsguts und die Intensität seiner Gefährdung beeinflusst, aber auch durch die Art und Schwere der Beeinträchtigung des Freiheitsrechts des nachteilig Betroffenen.

67

Die Verfassungschutzbehörde und die Gerichte haben § 15 Abs. 2 in Verbindung mit § 3 Abs. 1 Nr. 1 VSG NRW dahingehend ausgelegt, dass das Vorliegen tatsächlicher Anhaltspunkte für den Verdacht verfassungsfeindlicher Bestrebungen für die Aufnahme in den Verfassungsschutzbericht ausreicht. Zum Beleg haben sie sich auf den letzten Satzteil von § 3 Abs. 1 VSG NRW berufen, der die Aufgabe der Verfassungsschutzbehörde allgemein durch die Worte beschränkt: „soweit tatsächliche Anhaltspunkte für den Verdacht solcher Bestrebungen und Tätigkeiten vorliegen". Ungeachtet der in der Literatur an diesem Normenverständnis insbesondere aus systematischen Gründen geäußerten Kritik (vgl. Murswiek, NVwZ 2004, S. 769 <775>) hat das Bundesverfassungsgericht bei der verfassungsrechtlichen Bewertung der angegriffenen Maßnahmen von der Auslegung durch die Fachgerichte auszugehen, weil gegen sie verfassungsrechtliche Bedenken nicht zu erheben sind.

68

(a) Die tatsächlichen Anhaltspunkte müssen allerdings hinreichend gewichtig sein. Rechtfertigen sie nur den Schluss, dass möglicherweise ein Verdacht begründet ist, reichen sie auch nach dieser Auslegung als Grundlage einer Grundrechtsbeeinträchtigung nicht aus. Stehen die Bestrebungen noch nicht fest, begründen tatsächliche Anhaltspunkte aber einen entsprechenden Verdacht, muss

dessen Intensität hinreichend sein, um die Veröffentlichung in Verfassungsschutzberichten auch angesichts der nachteiligen Auswirkungen auf die Betroffenen zu rechtfertigen.

69

Unter Bestrebungen im Sinne des § 15 Abs. 2 VSG NRW versteht das Gesetz
politisch motivierte, ziel- und zweckgerichtete Verhaltensweisen in einem oder
für einen Personenzusammenschluss, der darauf gerichtet ist, einen der in § 3
Abs. 4 VSG NRW genannten Verfassungsgrundsätze zu beseitigen oder außer
Geltung zu setzen (§ 3 Abs. 3 Satz 1 Buchstabe c VSG NRW). Für einen Personenzusammenschluss handelt, wer ihn in seinen Bestrebungen nachdrücklich
unterstützt (§ 3 Abs. 3 Satz 2 VSG NRW). Verhaltensweisen von Einzelpersonen, die nicht in einem oder für einen Personenzusammenschluss handeln, sind
nur ausnahmsweise als Bestrebungen im Sinne des Gesetzes zu bewerten, so
wenn sie auf die Anwendung von Gewalt gerichtet sind (§ 3 Abs. 3 Satz 2 VSG
NRW).

70

Mit der Definition der Bestrebungen in § 3 Abs. 3 Satz 1 Buchstabe c VSG
NRW greift das Gesetz ein auch in § 92 Abs. 3 Nr. 3 StGB enthaltenes Tatbestandsmerkmal auf. Im Strafrecht ist anerkannt, dass die Missbilligung eines
Verfassungsgrundsatzes zur Erfüllung des Tatbestandsmerkmals nicht ausreicht.
Vorausgesetzt ist vielmehr, dass bestimmte Personen oder Gruppen sich bemühen, einen der Verfassungsgrundsätze zu beseitigen (vgl. Stree/Sternberg-Lieben
in: Schönke/Schröder, Strafgesetzbuch, 26. Aufl. 2001, Rn. 16 f. zu § 92). Die
bloße Kritik an Verfassungswerten und Verfassungsgrundsätzen ist nicht als
Gefahr für die freiheitliche demokratische Grundordnung einzuschätzen, wohl
aber darüber hinausgehende Aktivitäten zu deren Beseitigung. Unter Berücksichtigung des Grundsatzes der Verhältnismäßigkeit müssen Art und Schwere der
Sanktion auf das konkrete Gefahrenpotenzial abgestimmt sein.

71

(b) Knüpft die Sanktion an Meinungsäußerungen oder Presseveröffentlichungen
an, muss ergänzend berücksichtigt werden, dass die Meinungs- und die Pressefreiheit ihrerseits konstituierend für die Demokratie sind, die auch eine kritische
Auseinandersetzung mit Verfassungsgrundsätzen und -werten zulässt. Der
Schutzgehalt der Kommunikationsgrundrechte kann Auswirkungen sowohl auf
die Anforderungen an die Feststellung von Bestrebungen oder eines entsprechenden Verdachts als auch auf die rechtliche Bewertung der ergriffenen Maßnahme haben, insbesondere im Hinblick auf ihre Angemessenheit.

72

(aa) Es ist allerdings verfassungsrechtlich unbedenklich, wenn die Verfassungsschutzbehörde die Aufnahme in ihren Bericht insoweit an die Inhalte von Mei-

nungsäußerungen knüpft, als diese Ausdruck eines Bestrebens sind, die freiheitliche demokratische Grundordnung zu beseitigen. Es ist dem Staat grundsätzlich nicht verwehrt, aus Meinungsäußerungen Schlüsse zu ziehen und gegebenenfalls Maßnahmen zum Rechtsgüterschutz zu ergreifen. So dürfen Äußerungen zur Ankündigung einer Straftat zum Anlass für Maßnahmen gegen die Tatverwirklichung werden. Lassen sich Bestrebungen zur Beseitigung der freiheitlichen demokratischen Grundordnung aus Meinungsäußerungen ableiten, dürfen Maßnahmen zur Verteidigung dieser Grundordnung ergriffen werden. Der Schutz durch Art. 5 Abs. 1 GG wirkt sich aber bei der Prüfung aus, ob sich die verfassungsfeindliche Bestrebung in der Äußerung manifestiert. Dabei ist zu berücksichtigen, dass Kritik an der Verfassung und ihren wesentlichen Elementen ebenso erlaubt ist wie die Äußerung der Forderung, tragende Bestandteile der freiheitlichen demokratischen Grundordnung zu ändern.

73

Dementsprechend reicht die bloße Kritik an Verfassungswerten nicht als Anlass aus, um eine verfassungsfeindliche Bestrebung im Sinne des § 15 Abs. 2 in Verbindung mit § 3 Abs. 3 VSG NRW zu bejahen oder allein deshalb die negative Sanktion einer Veröffentlichung in den Verfassungsschutzberichten zu ergreifen. Auch sieht § 15 Abs. 2 VSG NRW eine von der Feststellung des Verdachts solcher Bestrebungen abgelöste inhaltliche Bewertung von Artikeln im Verfassungsschutzbericht nicht vor. Einzelne Artikel können allerdings zur Begründung des Verdachts verfassungsfeindlicher Bestrebungen herangezogen werden, wenn sie aus sich heraus oder im Zusammenwirken mit anderen Befunden darauf hindeuten.

74

(bb) Die Nutzung der in der Zeitung veröffentlichten Artikel als Anhaltspunkte für entsprechende Bestrebungen der Beschwerdeführerin darf sich auch auf solche Artikel beziehen, die sie oder die Mitglieder ihrer Redaktion nicht selber verfasst haben. Allerdings rechnet § 3 Abs. 3 Satz 1 VSG NRW Verhaltensweisen von Einzelpersonen, die nicht die Voraussetzungen des § 3 Abs. 3 Satz 3 VSG NRW erfüllen, ausdrücklich nicht zu den Bestrebungen im Sinne des Gesetzes, soweit sie nicht in einem oder für einen Personenzusammenschluss handeln. Es bedarf daher besonderer Anhaltspunkte, warum aus den Artikeln von Dritten, die der Redaktion nicht angehören, entsprechende Bestrebungen von Verlag und Redaktion abgeleitet werden können. Dies kann der Fall sein, wenn durch die redaktionelle Auswahl der von Dritten geschriebenen Veröffentlichungen verfassungsfeindliche Bestrebungen von Verlag und Redaktion zum Ausdruck kommen.

75

Bei der Bewertung ist allerdings zu berücksichtigen, dass Zeitungen sich üblicherweise nicht alle veröffentlichten Inhalte zu Eigen machen, auch wenn sie sich nicht jeweils ausdrücklich von ihnen distanzieren. Dementsprechend hat das Verwaltungsgericht ausgeführt, maßgebliche Anhaltspunkte folgten in erster Linie aus Artikeln und Kommentaren der Redaktionsmitglieder selbst sowie der freien Mitarbeiter. Andere Äußerungen schieden jedenfalls aus, soweit die Zeitung ohne eigene Identifikation einen „Markt der Meinungen" eröffne. Sei dies nicht der Fall, könnten Äußerungen Dritter, etwa sonstiger Autoren und Leserbriefschreiber, dem Verlag und der Redaktion zuzurechnen sein, es sei denn, es handele sich nur um einzelne Entgleisungen.

76

Diese Auffassung ist im Grundsatz verfassungsrechtlich nicht zu beanstanden. Bei ihrer Umsetzung ist aber zu beachten, dass es der Zeitung freisteht, Funktion und Reichweite des eröffneten Forums zu begrenzen, etwa auf ein bestimmtes politisches Spektrum. Wird aus dem Abdruck der von Dritten stammenden Artikel oder Leserbriefe der Wille der Redaktion erkennbar, sich nicht auf Beiträge zu beschränken, die einer bestimmten redaktionellen Linie entsprechen, kann aus ihrer Veröffentlichung nicht zwingend geschlossen werden, dass darin zugleich eine Bestrebung von Verlag und Redaktion erkennbar wird. Dazu bedürfte es ergänzender Anhaltspunkte. Versteht sich die Zeitung dagegen nicht auch als „Markt der Meinungen", ist es verfassungsrechtlich unbedenklich, der Redaktion die in den Artikeln veröffentlichten verfassungsfeindlichen Positionen zuzurechnen, wenn sie sich nicht ausdrücklich von ihnen distanziert. Eine Zurechnung ist ebenfalls möglich, wenn aus der Auswahl der Artikel und Meinungsäußerungen von Dritten eine bestimmte inhaltliche Linie erkennbar wird.

77

(c) Soweit ein auf Tatsachen gegründeter Verdacht verfassungsfeindlicher Bestrebungen der Gruppierung besteht, ist der Grundsatz der Verhältnismäßigkeit Maßstab für die Entscheidung, in welcher Art und Weise darüber berichtet werden darf.

78

Der Beschränkung der Maßnahme auf das zum Rechtsgüterschutz Erforderliche entspricht es, bei einer Berichterstattung aus Anlass eines Verdachts nicht den Eindruck zu erwecken, es stehe fest, dass die betroffene Gruppierung gegen die freiheitliche demokratische Grundordnung gerichtete Bestrebungen verfolgt. Daher ist - etwa in den gewählten Überschriften und der Gliederung des Berichts - deutlich zwischen solchen Organisationen zu unterscheiden, für die nur ein Verdacht besteht, und solchen, für die solche Bestrebungen erwiesen sind.

79

Der Grundsatz der Erforderlichkeit gebietet es ferner, bei einer über einen längeren Zeitraum wiederholt erfolgenden Veröffentlichung eines solchen nur auf einzelne Publikationen gestützten Verdachts anderweitige Maßnahmen zu ergreifen, um abzuklären, ob die Bestrebungen tatsächlich bestehen.

80

b) Diesen verfassungsrechtlichen Anforderungen tragen die Entscheidungen des Verwaltungsgerichts und des Oberverwaltungsgerichts nicht in jeder Hinsicht Rechnung.

81

aa) Wie ausgeführt, ist es grundsätzlich verfassungsrechtlich nicht zu beanstanden, dass der Verdacht verfassungsfeindlicher Bestrebungen auf Veröffentlichungen in der Zeitung gestützt wird, soweit sie der Beschwerdeführerin zuzurechnen sind.

82

(1) Ob bestimmte Artikel in der Zeitung der Beschwerdeführerin Ausdruck ihrer eigenen Bestrebungen sind, lässt sich jedoch entgegen der Auffassung von Verwaltungsgericht und Oberverwaltungsgericht nicht aus dem Institut der presserechtlichen Verantwortung ableiten. Es dient anderen Zwecken. Die in den Pressegesetzen ausdrücklich geregelte Pflicht zum Impressum und darin unter anderem zur Angabe des Verlags und des verantwortlichen Redakteurs (vgl. § 8 Landespressegesetz NRW) soll die Vereitelung einer straf- und zivilrechtlichen Haftung durch Flucht in die Anonymität verhindern (vgl. Sedelmeier in: Löffler, Presserecht, 4. Aufl. 1997, Rn. 1 zu § 9 LPG). Diese presserechtliche Verantwortlichkeit führt hingegen nicht zu einer publizistischen Zurechnung aller veröffentlichten Artikel, Leserbriefe und Anzeigen. Auch die Strafbarkeit des verantwortlichen Redakteurs oder Verlegers beruht nicht darauf, dass ihnen strafbare Artikel Dritter zugerechnet werden. Vielmehr machen sie sich eigenständig strafbar, wenn sie strafbare Veröffentlichungen anderer nicht unterbinden (vgl. § 21 Abs. 2 Landespressegesetz NRW).

83

(2) Der auf Tatsachen beruhende Verdacht verfassungsfeindlicher Bestrebungen von Verlag und Redaktion muss daher auf andere Weise begründet werden. Die Feststellung solcher Umstände obliegt der Behörde und den Fachgerichten. Das Bundesverfassungsgericht prüft lediglich, ob verfassungsrechtliche Maßstäbe bei der Tatsachenwürdigung missachtet worden sind (vgl. BVerfGE 18, 85 <92 f., 96>; 42, 143 <148>; 60, 79 <90>). Dies ist hier teilweise der Fall.

84

(a) Es ist verfassungsrechtlich allerdings nicht zu beanstanden, dass die Behörde und die Gerichte sich nicht allein auf die Auswertung von Artikeln gestützt haben, die in den Jahren 1994 und 1995 veröffentlicht worden sind. Aufgabe des Verfassungsschutzberichts ist die Information über Bestrebungen einer Gruppierung, ohne dass diese sich notwendig nur aus Artikeln in dem Berichtszeitraum ablesen lassen müssen.

85

(b) Den verfassungsrechtlichen Anforderungen genügt aber nicht die Begründung, warum die zum Beleg herangezogenen Artikel Ausdruck der verfassungsfeindlichen Bestrebungen von Verlag und Redaktion und nicht nur ihrer Autoren sein sollen. Das Verwaltungsgericht verwirft die Annahme, die „Junge Freiheit" habe einen „Markt der Meinungen" eröffnet, indem es dafür voraussetzt, es müsse dann „alles vertreten werden können und vertreten werden". Von der Pressefreiheit ist auch die Entscheidung erfasst, ein Forum nur für ein bestimmtes politisches Spektrum bieten zu wollen, dort aber den Autoren große Freiräume zu gewähren und sich in der Folge nicht mit allen einzelnen Veröffentlichungen zu identifizieren. Die „Junge Freiheit" ist nach eigener Einschätzung rechtskonservativ, veröffentlicht aber im rechten Spektrum Artikel höchst unterschiedlicher Autoren mit unterschiedlichen Anliegen. Darunter sind zum Teil auch Artikel von prominenten konservativen Politikern und Schriftstellern, die nicht im Verdacht verfassungsfeindlicher Bestrebungen stehen. Es bedürfte also besonderer Anhaltspunkte dafür, warum die Redaktion sich nicht mit diesen Artikeln, wohl aber mit den von den Gerichten herangezogenen Beiträgen identifiziert, oder aber dafür, dass sie sich dieses Spektrums von Meinungen nur bedient, um in einem solchen Umfeld verfassungsfeindliche Beiträge plazieren und der Öffentlichkeit besser vermitteln zu können. Ausführungen dazu haben die Gerichte offenbar deshalb unterlassen, weil sie irrig davon ausgegangen sind, die „Junge Freiheit" könne allein deshalb nicht als „Markt der Meinungen" verstanden werden, weil sie nur für ein bestimmtes politisches Spektrum offenstehe.

86

(c) Verfassungsrechtlichen Bedenken begegnen ebenfalls die Annahmen, maßgebend sei der objektive Erklärungsinhalt einer Verlautbarung, wie er auf Dritte wirke (so das Verwaltungsgericht), und dass es darauf ankomme, wie die Artikel bei vernünftiger Betrachtung verstanden werden können (so das Oberverwaltungsgericht). Diese Vorgehensweisen verkennen die Anforderungen an die Feststellung des Verdachts verfassungsfeindlicher Bestrebungen eines Presseverlags. Die gesetzliche Ermächtigung zu den hier maßgeblichen Grundrechtsbeeinträchtigungen knüpft nach § 3 Abs. 3 Satz 1 Buchstabe c VSG NRW ausschließlich an die Ziele der Gruppe an, stellt also insofern nicht auf die Wirkung auf Dritte ab.

87

(d) Ob die tatsächlichen Anhaltspunkte für einen Verdacht verfassungsfeindlicher Bestrebungen der Beschwerdeführerin auch unter Berücksichtigung dieser Grundsätze ausreichen, bedarf der erneuten fachrichterlichen Bewertung.

88

bb) Die Fachgerichte werden ferner prüfen müssen, ob die Art der Veröffentlichung in den Verfassungsschutzberichten 1994 und 1995 den Anforderungen des Verhältnismäßigkeitsgrundsatzes entsprach.

89

Obwohl die Behörde nur von tatsächlichen Anhaltspunkten für einen Verdacht ausgegangen ist, hat sie die Beschwerdeführerin unter den Überschriften „Rechtsextremismus", „Rechtsextremistische Publikationen, Verlage, Vertriebe, Medien" beziehungsweise „Rechtsextremistische Organisationen, Gruppierungen und Strömungen" ohne jede Differenzierung in der Gliederung oder in den Überschriften des Berichts auf die gleiche Stufe gestellt wie Gruppen, für die sie verfassungsfeindliche Bestrebungen festgestellt hat. Es könnte ein milderes Mittel sein, durch die Gestaltung des Berichts zu verdeutlichen, dass die verfassungsfeindlichen Bestrebungen keineswegs festgestellt sind. Zwar wird im Textteil des Berichts nicht behauptet, diese Bestrebungen stünden fest; vielmehr wird nur von tatsächlichen Anhaltspunkten für den Verdacht solcher Bestrebungen gesprochen. Der flüchtige Leser wird diese Differenzierung aber möglicherweise nicht wahrnehmen und könnte dazu durch die fehlende Differenzierung in der äußeren Aufmachung des Berichts verleitet werden. Auch ist zu berücksichtigen, dass die Medien bei ihrer Berichterstattung über verfassungsfeindliche Bestrebungen im Text enthaltene Nuancierungen üblicherweise nicht wiederzugeben pflegen, sondern alle im Verfassungsschutzbericht in der gleichen Rubrik aufgeführten Organisationen auf eine Stufe stellen. Es obliegt den weiteren Feststellungen durch die Fachgerichte, ob durch die äußere Aufmachung und die inhaltliche Darstellung im Bericht zweifelsfrei und leicht erkennbar verdeutlicht worden ist, dass verfassungsfeindliche Bestrebungen nicht erwiesen sind.

II.

90

Da die Gerichte die aus Art. 5 Abs. 1 Satz 2 GG folgenden verfassungsrechtlichen Anforderungen nicht hinreichend berücksichtigt haben, sind ihre Entscheidungen aufzuheben. Die Sache ist an das Verwaltungsgericht zur erneuten Entscheidung zurückzuverweisen.

91

Ob darüber hinaus weitere Grundrechte, etwa Art. 2 Abs. 1 und Art. 12 Abs. 1 GG, verletzt worden sind, kann vorliegend dahinstehen. Auch ist eine Entscheidung über die Rüge der Verletzung von Verfahrensgrundrechten entbehrlich. Die Beschwerdeführerin weist in ihrem Schriftsatz vom 6. Dezember 2004 darauf hin, dass ihr im Interesse der Herstellung von Rechtsfrieden in erster Linie an einer Sachentscheidung durch Klärung der verfassungsrechtlichen Grundsatzfragen liegt.

III.

92

Die Entscheidung über die Kosten beruht auf § 34 a Abs. 2 BVerfGG.

Papier, Haas, Hömig, Steiner, Hohmann-Dennhardt, Hoffmann-Riem, Bryde, Gaier

Personenregister

Sachregister

Autoren und Herausgeber

Braun, Stephan, Jg. 1959, Journalist. Beiträge unter anderem für die Agenturen epd und dpa, für Tages- und Wochenzeitungen, Fachzeitschriften und den Hörfunk. Seit 1996 Mitglied des Landtags von Baden-Württemberg, Vors. des Gremiums nach Art. 10 Grundgesetz, Sprecher der SPD-Fraktion für Fragen der Integration und Migration, des Extremismus und des Verfassungsschutzes. Autor in: Elisabeth Gropper, Hans-Michael Zimmermann (Hrsg.): „Zuwanderung, Zugehörigkeit und Chancengleichheit für Kinder und Jugendliche", Stuttgart 2000. Herausgeber der Bücher: „Der Jugend eine Chance. Perspektiven, Forderungen, Modelle", Stuttgart 1999 (zus. mit Matthias Klopfer und Peter Thomas) und „Rechte Netzwerke – eine Gefahr", Wiesbaden 2004 (zus. mit Daniel Hörsch).

Chatwin, Margret, Jg. 1950, zweiter Bildungsweg, Studium der Politikwissenschaft, nebenberuflich als freie Journalistin tätig. Langjährige Herausgeberin des 2006 eingestellten Online-Dienstes „Informationsdienst gegen Rechtsextremismus (IDGR)", einer der ersten Web-Auftritte im deutschsprachigen Web, in dem die zahlreichen Facetten des internationalen Rechtsextremismus systematisch dokumentiert und lexikalisch aufbereitet waren. In den Anfangszeiten des Internet Mitarbeit beim „Nizkor Project" und später bei „The Holocaust History Project (THHP)". Zahlreiche Artikel zu den Themenbereichen Rechtsextremismus, Holocaust-Leugnung, Antisemitismus sowie Rechtsextremismus im Internet.

Geisler, Alexander, M.A., Jg.1975, Studium der Politikwissenschaft, neueren und mittleren Geschichte und Soziologie in Mainz und Tours. 2004-2006 Büro- und Wahlkampfleiter beim Sprecher für Fragen des Verfassungsschutzes und des Extremismus der baden-württembergischen SPD-Landtagsfraktion, Stephan Braun MdL; seit 2005 wissenschaftlicher Mitarbeiter bei Martin Gerster MdB. Autor verschiedener Veröffentlichungen zu modernem Wahlkampfmanagement und Politikvermittlung.

Gerster, Martin, M.A., MdB, Jg.1971. Seit 2005 Mitglied der SPD-Fraktion im Deutschen Bundestag, Mitglied im Innen- und Sportausschuss. Stellvertretender Sprecher der SPD-Arbeitsgruppe Rechtsextremismus. Davor Studium der Politikwissenschaft, Geschichte und Wirtschaftswissenschaften in Mainz, Tätigkeiten in Journalismus, Politik und Wahlkampforganisation. Autor verschiedener Veröffentlichungen zum modernen Wahlkampfmanagement.

Gessenharter, Wolfgang, Prof. Dr., Jg. 1942, Studium der Politikwissenschaft, Geschichte, Soziologie, Philosophie, Staatsrecht in München und Freiburg i.Br., ab 1973 Univ.-Professor an der Helmut-Schmidt-Universität (Univ. der Bundeswehr) Hamburg, Lehrstuhl für Politikwissenschaft, insbes. Politische Theorie, seit 1.2.2007 emeritiert. Weit über 100 Publikationen insbes. zu den Themen Rechtsextremismus/Neue Rechte, Bürgerbeteiligung, Politische Kultur, u.a. Gessenharter, Wolfgang: Kippt die Republik? Die Neue Rechte und ihre Unterstützung durch Politik und Medien, München 1994; ders./Fröhling, Helmut (Hrsg.): Rechtsextremismus und Neue Rechte in Deutschland, Opladen 1998; ders. / Peiffer, Thomas (Hrsg.): Die Neue Rechte – eine Gefahr für die Demokratie?, Wiesbaden 2004. Bürgerbeteiligungsprojekte in Buxtehude, Hamburg und Bremen.

Kellershohn ,Helmut, Jg. 1949, Oberstudienrat an einem Moerser Gymnasium mit den Fächern Geschichte und Katholische Religion. Mitarbeiter am Duisburger Institut für Sprach- und Sozialforschung (DISS). Arbeitsschwerpunkt: Rechtsextremismus, Konservative Revolution. Jüngste Veröffentlichung zusammen mit Heiko Kauffmann und Jobst Paul (Hrsg.): Völkische Bande. Dekadenz und Wiedergeburt - Analysen rechter Ideologie. Münster: Unrast Verlag 2005

Lölhöffel, Helmut, Jg. 1944, ist Herausgeber des Informationsdienstes „blick nach rechts". Er war Redakteur beim Kölner Stadt-Anzeiger, bei der Süddeutschen Zeitung und der Frankfurter Rundschau, danach Senatssprecher in Berlin. Jetzt ist er Mediensprecher des Unternehmens Veolia.

Maegerle, Anton, ist freier Journalist und arbeitet für Hörfunk, Fernsehen und Printmedien. Langjähriger Mitarbeiter des Informationsdienstes „blick nach rechts" und der Vierteljahreshefte „Tribüne. Zeitschrift zum Verständnis des Judentums". Veröffentlichungen u.a.: Globalisierung aus Sicht der extremen Rechten (2004); Die Sprache des Hasses: Rechtsextremismus und völkische Esoterik – Jan van Helsing, Horst Mahler (2001); Thule: Vom völkischen Okkultismus bis zur Neuen Rechten (1998), die beiden letzten Publikationen mit Friedrich Paul Heller.

Nandlinger, Gabriele, Diplom-Politologin, ist seit 1993 Redaktionsleiterin des Fachinformationsdienstes „blick nach rechts"

Norbisrath, Volker, Jg 1970, ist Jurist und Referent für Innen- und Rechtspolitik beim SPD-Parteivorstand.

Pechel, Michael, Jg. 1950, Buchhandelslehre und Studium von Politik, Geschichte und Literaturwissenschaft. Referent in beruflicher und politischer Jugend- und Erwachsenenbildung, seit 1992 freier Mitarbeiter bei Landesbüros der Friedrich-Ebert-Stiftung. Engagement in der historisch-politischen Bildung, Mitglied im Besucherdienst der Gedenkstätte Bergen-Belsen. Gestaltung von Internetseiten und Online-Portalen der Politischen Bildung, z.B. www.internetgegenrechts.de. Zeitschriftenaufsätze und Beiträge u.a. für den Informationsdienst „blick nach rechts".

Pfeiffer, Thomas, Dr., Jg. 1970, Dipl.-Journalist und Sozialwissenschaftler, Wissenschaftlicher Referent beim Verfassungsschutz Nordrhein-Westfalen, Lehrbeauftragter an der Ruhr-Universität Bochum. Veröffentlichungen u.a.: Erlebniswelt Rechtsextremismus. Menschenverachtung mit Unterhaltungswert. Hintergründe – Methoden – Praxis der Prävention (2007 hrsg. mit Stefan Glaser), Die Neue Rechte – eine Gefahr für die Demokratie? (2004 hrsg. mit Wolfgang Gessenharter), Für Volk und Vaterland. Das Mediennetz der Rechten – Presse, Musik, Internet (2002).

Puttkamer, Michael, Jg. 1961, Dipl.-Verwaltungswirt, seit 1993 beim Verfassungsschutz Nordrhein-Westfalen, von 1994 bis 2003 insbes. für die Auswertung der Wochenzeitung ‚Junge Freiheit' zuständig. Vorsitzender des Personalrats im Innenministerium NRW. Veröffentlichungen u.a.: „Jedes Abo eine konservative Revolution". Strategien und Leitlinien der 'Jungen Freiheit', in: Gessenharter, Wolfgang und Pfeiffer, Thomas (Hrsg.): Die Neue Rechte – eine Gefahr für die Demokratie?, Wiesbaden 2004, S. 211-220.

Scherr, Albert, Prof. Dr., Jg. 1958, lehrt an der Pädagogischen Hochschule Freiburg. Arbeitsschwerpunkte: Bildungsforschung, Migration, Diskriminierung und Interkulturalität, Ursachen von Fremdenfeindlichkeit und Rechtsextremismus und pädagogische Interventionsstrategien. Aktuelle Veröffentlichungen zur Thematik: Bildung für die Einwanderungsgesellschaft, Wiesbaden 2004; 'Ich habe nicht gegen Juden, aber ...'. Jugendlicher Antisemitismus als Herausforderung für die politische Bildung (erscheint 2007).

Schlag, Thomas, Prof. Dr. theol. Dipl. pol., Jg. 1965, Prof. für Praktische Theologie an der Theologischen Fakultät der Universität Zürich mit den Schwerpunkten Religionspädagogik und Kybernetik, 1999-2004 Studienleiter für gesellschaftspolitische Jugendbildung an der Evangelischen Akademie Bad Boll. Forschungsschwerpunkte: Politische Bildung als Dimension evangelischer Religionspädagogik und Zusammenhänge von religiöser und ethisch-politischer Bildung in Schule und Jugendarbeit, Menschenrechte und "Verantwortungs-Lernen" als Thema ethischer Erziehung in Schule und Jugendarbeit; Evaluation evangelischer Bildungspraxis in Kirche, Erwachsenenbildung und Schule

Vogt, Ute, Jg. 1964 ist Rechtsanwältin, stellvertretende Parteivorsitzende der SPD sowie SPD-Landesvorsitzende und Fraktionsvorsitzende der SPD im Landtag von Baden-Württemberg. Die frühere Staatssekretärin im Bundesinnenministerium engagiert sich u. a. seit Jahren als Schirmherrin des Informationsdienstes „blick nach rechts".

Virchow, Fabian, Dr. rer. pol., Jg. 1960, Soziologe, Vertretungsprofessur für Friedens- und Konfliktforschung an der Philipps-Universität Marburg (2006-07). Forschungs- und Arbeitsschwerpunkte: Politische Soziologie, Militärsoziologie, Politische Kultur, soziale/politische Bewegungen, Politische Kommunikation. Aktuelle Veröffentlichungen: ‚Gegen den Zivilismus. Militär und Internationale Beziehungen in der Weltanschauung der extremen Rechten' (VS-Verlag 2006); als Mitherausgeber: ‚Banal Militarism. Zur Veralltäglichung des Militärischen im Zivilen' (transcript-Verlag 2006); ‚Dimensionen der ‚Demonstrationspolitik' der extremen Rechten in der Bundesrepublik', in: Andreas Klärner/Michael Kohlstruck (Hg.) (2006): Moderner Rechtsextremismus, Hamburg: Hamburger Edition, S. 68-101 sowie zahlreiche Aufsätze zum Thema extreme Rechte in peer-reviewed Zeitschriften (u.a. ‚Civil Wars', ‚Patterns of Prejudice', ‚Peace & Change').

Wamper, Regina M.A., Jg. 1977, ist Mitarbeiterin im Duisburger Institut für Sprach- und Sozialforschung (DISS). Sie studierte an der RWTH Aachen Politische Wissenschaft, Deutsche Philologie und Neuere Deutsche Literaturgeschichte. 2006 schloss sie ihr Studium mit einer Magisterarbeit zu dem Thema „Der christliche Antisemitismus der Jungen Freiheit. Eine kritische Diskursanalyse" ab.

Neu im Programm Politikwissenschaft

Heidrun Abromeit / Michael Stoiber

Demokratien im Vergleich
Einführung in die vergleichende Analyse
politischer Systeme
2006. 286 S. mit 15 Abb. und 8 Tab.
Br. EUR 19,90
ISBN 3-531-14544-4

Frank Decker (Hrsg.)

Populismus
Gefahr für die Demokratie oder
nützliches Korrektiv?
2006. 255 S. Br. EUR 24,90
ISBN 3-531-14537-1

Walter Euchner / Helga Grebing /
F.-J. Stegmann / Peter Langhorst /
Traugott Jähnichen / Norbert Friedrich

**Geschichte der sozialen Ideen
in Deutschland**
Sozialismus – Katholische Soziallehre –
Protestantische Sozialethik.
Ein Handbuch
2. Aufl. 2005. 1160 S. Geb. EUR 69,90
ISBN 3-531-14752-8

Thomas Jäger / Alexander Höse /
Kai Oppermann (Hrsg.)

Transatlantische Beziehungen
Sicherheit – Wirtschaft – Öffentlichkeit
2005. 520 S. Br. EUR 39,90
ISBN 3-531-14579-7

Hakki Keskin

Deutschland als neue Heimat
Eine Bilanz der Integrationspolitik
2005. 296 S. Br. EUR 24,90
ISBN 3-531-14673-4

Wolfgang Merkel / Christoph Egle /
Christian Henkes / Tobias Ostheim /
Alexander Petring

**Die Reformfähigkeit
der Sozialdemokratie**
Herausforderungen und Bilanz der
Regierungspolitik in Westeuropa
2006. 506 S. Br. EUR 39,90
ISBN 3-531-14750-1

Thomas Meyer

Theorie der Sozialen Demokratie
2005. 678 S. Br. EUR 39,90
ISBN 3-531-14612-2

Thomas Meyer

Die Ironie Gottes
Religiotainment, Resakralisierung
und die liberale Demokratie
2005. 135 S. Br. EUR 14,90
ISBN 3-531-14734-X

Klaus Ziemer

Das politische System Polens
Eine Einführung
2006. ca. 250 S. Br. ca. EUR 19,90
ISBN 3-531-13595-3

Neu im Programm
Politikwissenschaft

Maria Behrens (Hrsg.)

Globalisierung als politische Herausforderung

Global Governance zwischen Utopie und Realität
2005. 359 S. (Governance Bd. 3)
Br. EUR 32,90
ISBN 3-8100-3561-0

Der Band setzt sich kritisch mit dem Konzept der Global Governance auseinander. Ausgehend von dem Problem einer scheinbar unkontrollierten Globalisierung gehen die AutorInnen der Frage nach, ob und wie die politische Handlungsfähigkeit im internationalen System durch multilaterale Koordinationsmechanismen zurückgewonnen werden kann. Damit liefert der Band eine umfassende Einführung in das Thema und ermöglicht ein tieferes Verständnis von Global Governance.

Ludger Helms

Regierungsorganisation und politische Führung in Deutschland

2005. 237 S. mit 8 Tab. (Grundwissen Politik 38) Geb. EUR 19,90
ISBN 3-531-14789-7

Der Band bietet eine politikwissenschaftliche Gesamtdarstellung der Bedingungen und Charakteristika der Regierungsorganisation und politischen Führung durch Kanzler und Bundesregierung in

der Bundesrepublik Deutschland. Im Zentrum der Studie steht eine vergleichende Analyse der politischen Ressourcen und Führungsstile deutscher Kanzler seit Konrad Adenauer. Diese werden auf zwei Ebenen – innerhalb des engeren Bereichs der Regierung und auf der Ebene des politischen Systems – betrachtet. Historische Rückblicke und ein internationaler Vergleich runden die Studie ab.

Richard Saage

Demokratietheorien

Historischer Prozess – Theoretische Entwicklung – Soziotechnische Bedingungen. Eine Einführung
2005. 325 S. mit 3 Abb. (Grundwissen Politik 37) Br. EUR 24,90
ISBN 3-531-14722-6

Dieser Band stellt die Entwicklung der Demokratie und der Demokratietheorien von der Antike bis zur Gegenwart dar. Er erläutert die Veränderungen des Demokratiebegriffs und der wissenschaftlichen Diskussion über die Herrschaftsform und erklärt den Übergang von der alten, auf die Selbstbestimmung des Volkes abzielenden (direkten) Demokratie zur reduzierten Demokratie als Methode der Generierung staatlicher Normen und effizienter Elitenrekrutierung, wie sie sich in der Folge von Kontroversen und politischen Kämpfen herausgebildet hat.

Erhältlich im Buchhandel oder beim Verlag.
Änderungen vorbehalten. Stand: Januar 2006.

www.vs-verlag.de

VS VERLAG FÜR SOZIALWISSENSCHAFTEN

Abraham-Lincoln-Straße 46
65189 Wiesbaden
Tel. 0611.7878-722
Fax 0611.7878-400